조합장선거
당선바이블
BIBLE

개정판

선거란 누굴 뽑기 위해서가 아니라
누굴 뽑지 않기 위해 투표하는 것이다.

- 플랭클린 P. 아담스

조합장선거 　개정판

당선바이블
BIBLE

전국동시조합장선거

추천사 (가나다 순)

김희정
전) 청와대 대변인
전) 여성가족부 장관
22대 국회의원

도규상
전) 금융위원회 부위원장(차관급)
전) 청와대 경제정책비서관

배종찬
인사이트케이 연구소장
정치컨설턴트
KBS 배종찬의 시사본부 진행자

소병철
법무법인 김장리 변호사
21대 국회의원(법사위 간사)
전) 법무부 기조실장, 지검장·고검장

이정회
법무법인 플래닛 대표변호사
서울대 법과대학 졸업
전) 인천지방검찰청 검사장

정영환
고려대 법학전문대학원 교수
전) 국민의힘 공천관리위원장
전) 한국법학교수회 회장

선거에 나서는 이들의 기본 지침서 '당선바이블'

김희정

지금까지 많은 선거를 치렀지만, 지난 제22대 국회의원 선거만큼 힘든 선거는 없었던 것 같다. 당 경선 과정에서부터 본 선거에 이르기까지 수많은 위기를 겪으며 상대 후보와 치열한 접전을 펼쳤기 때문이다.

특히 세대가 바뀌고 시대의 흐름이 변화의 속도를 더해감에 따라 선거의 양상과 전개 방식이 많이 바뀌고 있다는 점을 느꼈다. 특정 이념이나 계파보다는 철저하게 해당 직책에 걸맞는 역할을 할 수 있는 이가 누구냐가 선택의 가장 중요한 기준이 되고 있는 것이다.

선거운동 방법도 매우 다변화되고 있다. 어찌보면 단순한 것 같은 전통적 방식의 대면 접촉은 여전히 매우 유효하다. 하지만 휴대전화와 문자 그리고 사회관계망서비스(SNS)와 같은 비대면 방식이 선거의 결과를 바꾸기도 한다. 온오프라인 모두에서 유권자와 소통이 이뤄져야 선거에서 승리할 수 있다는 얘기다. 이는 대통령 선거나 국회의원 선거와 같이 전국적인 선거뿐 아니라, 다양한 업종과 직군에서의 대표자 등을 뽑는 선거에서도 나타나는 현상이라 생각된다. 선거관리위원회 설치 근거를 헌법에 명시한 국가가 전 세계에 대한민국을 포함해 인도와 필리핀 그리고 엘살바도르 정도뿐이며, 경제협력개발기구(OECD) 국가 중에서는 대한민국이 유일하다는 조사 결과를 접한 적이 있다.

실제로 대한민국을 선거의 나라라고 일컫는 이들이 상당하다. 대통령과 국회의원, 광역단체장 선거는 물론이고 지역의 작은 모임 대표와 심지어 학교 반장에 이르기까지 거의 일년 내내 선거가 치러지고 있어서다.

조합장 선거도 마찬가지다. 조합장이 되려면 농수산림조합을 이끄는 이로 청렴함은 기본이고, 경영 능력을 갖고 있어야 한다. 이 책 '당선바이블'은 이러한 조합장 도전자들을 위한 다양한 선거 노하우를 담고 있다.

선거는 과학이다. 이 책에는 과학책과 같이 공식이 있고 실험을 거친 매뉴얼이 담겨 있다. 최종적으로 승리의 문으로 들어갈 수 있게끔 선거운동에 대해 차근차근 알기 쉽게 풀어냈다. 선거에 나서는 사람이라면 꼭 알아야 할 기본적인 내용이 담겨 있다.

모쪼록 필자의 경험이 고스란히 녹아있는 개정판 '당선바이블'을 접하는 독자분들의 당선을 진심으로 바란다.

추천사

농수산림조합의 비약적(飛躍的) 발전을 기원하며…

도규상

지금도 농수산림조합은 농수산림 종사자들의 경제사업보다는 금융 분야의 영역이 훨씬 많아서 금융위의 통제와 감독을 받고 있다.
주무관청(금융위 부위원장)에서 일했던 본인은 농협과 수협, 산림조합과 관련해 신용부문(금융)의 성장과 발전을 위해 다양한 정책을 입안하였다.

한국의 농수산림조합도 이제 고객이 1,000만 명에 자산 규모 560조 원으로 성장하여서 세계 농수산림조합들 중 미국, 캐나다, 호주에 이어 세계 4위의 규모에 이르고 있다.

지난 10여 년간 농수산림조합장 선거는 이미 3번의 전국동시선거를 거치면서 고질적 문제였던 불법·혼탁선거 양상이 크게 개선되었고 선관위의 공정한 선거관리를 통해 선거부정도 획기적으로 줄어들게 되었음을 우리는 경험하였다.

엄정한 선거에서 깨끗한 투표로 훌륭한 인물들이 조합원의 직접선거 방식으로 선출된다면 우리나라 금융조합의 획기적인 발전을 도모할 수 있으며 금융기관으로서 신뢰성을 담보할 수 있음은 두말할 나위가 없다.

때마침 좋은 인연으로 호형호제(呼兄呼弟)하고 있는 남대니 감독께서 이 책을 출간한다기에 일람(一覽) 하고서 몇 자 적어 본다.

이 책은 현직 조합장과 또 출마 결심을 하고 있을 조합장 도전자들을 위하여 선거법과 선거운동 방법 등 다양한 선거 노하우에 대해 알기 쉽게 안내하고 있다.
3회에 걸친 동시조합장선거를 치른 경험을 토대로 여전히 왕성한 컨설팅 활동을 하고 있는 필자의 높은 공력을 느낄 수 있다.
선거가 4차산업 물결에 새로운 트렌드로 치러지면서 후보들은 혼란을 겪을 수도 있는데 다행히 이러한 가이드 서적이 적기(適期)에 발간됨에 따라 조합장 후보들의 나침반이 되어 길을 안내하고 당선에 기여하리라 믿어 의심치 않는다.

조합장 선거에서 남대니 감독의 열정적인 건투(健鬪)와 지금 현직에 계신 조합장과 도전하는 후보들의 당선을 기원한다.

선거, 알아야만 이긴다

배종찬

조합장은 우리 귀에 익숙한 농수산림조합의 지도자다. 국가의 지도자인 대통령이 나라를 이끌어 가듯 농수산림조합의 운영은 조합장의 두 손에 달려 있다고 해도 지나치지 않다.
조합장은 조합에 대한 경영 의지가 분명하고 청렴하고 능력 있는 인물이 그 자리에 올라야한다.

다행히 '공공단체 등 위탁선거법'을 통해 국가에서 전국의 조합장 선거 관리를 공정하게 운영할 수 있는 길이 열렸고 2015년부터 시작된 전국동시조합장선거가 이를 잘 입증해 주고 있다. 시대는 변했다. 이제 조합장 선거에서 더 이상 주먹구구식의 선거 전략은 통하지 않는다. 선거는 과학이다. 그리고 선거는 전쟁이다. 전쟁의 신인 손자는 그의 인생작인 '손자병법'을 통해 승리 비결을 소개하고 있다. 누구나 알고 있는 '적을 알고 나를 알면 백전백승'이라는 승리 코드다. 하지만 어떻게 선거를 준비하고 실행할지에 대한 문제에 봉착하면 막막해진다.
'조합장 당선바이블'은 선거에 출사표를 던지는 후보자들에게 모든 것을 알려주고 있다. 바이블이라는 책 제목이 전혀 어색하지 않은 탁월한 내용을 갖추고 있다.

'대니 안대니?' 남을 되게 하는 남대니 감독의 오랜 선거 경험과 전략적 내공이 책 곳곳에 묻어난다. 직책도 감독이라는 말을 사용한 것을 보면 프로페셔널한 냄새가 난다. 영화감독처럼 선거를 잘 지휘할 것이다. 후보자들의 출마 의지에 대한 점검을 비롯해 선거준비사항 편에서는 선거메시지를 보내는 구체적인 내용에 이르기까지 선거에 나서면서 알아야 할 부분을 빠뜨리지 않고 있다. 조합장 선거에 나서는 후보들이 이 책을 읽지 않는다면 영어 공부를 작심한 이가 알파벳을 배우지 않는 거나 다름없다. 책 내용도 탁월하지만 남 감독의 인생이 책 구석구석 녹아 있어 더 경이롭다.
한국 정치 및 선거사(選擧史)에 남 감독의 기여는 결코 가볍지 않다. 그의 수십 년 인생 경험으로부터 우러나온 선거 전략은 돈을 주고도 살 수 없는 소중한 자산이다.
대부분의 전략 전문가들이 자신의 노하우를 비공개로 하는 경우가 다반사지만 남 감독은 이 책을 통해 모든 것을 쏟아놓고 있다.
전쟁의 신이 '손자(孫子)'라면 선거의 신은 '남 감독 형님'이다.

20년 가까이 선거판을 누비며 분석 전문가임을 자임해왔지만 남 감독의 책 앞에서 한없이 부족해 보이는 자신을 발견하는 건 왜일까. 선거의 손자병법이라 할 '당선바이블'의 추천사 기회가 주어졌다는 사실이 더할 나위 없는 영광이다. 당장 이 책을 사서 공부하고 다른 지인들에게 권하고 싶은 마음 간절하다.

추천사

정의로운 승리를 위한 '당선바이블'

소병철

21대 국회의원 선거에 출마한 필자가 선거캠프에서 '법!법!법!'을 강조하자 어느 늦은 밤 지역의 원로 한 분이 찾아와 "후보님, 선거는 승리가 정의예요. 법법법 하다가 선거에 지고나면 아무도 후보님이 법을 지켰다고 기억하지 못할 것입니다"라고 쓴 소리를 하셨다. 선거법을 지키는 데 급급한 사람과 선거법을 활용하여 선거운동을 하는 사람 중에 누가 승리할 것인지는 자명하다.

필자는 서울중앙지검에서 선거사범 담당 수석검사를 하였고, 농협대학교 석좌교수로 조합장 동시선거를 앞두고 전국에 선거법 순회강연과 농민신문에 '법을 지키면서 선거에 승리하는 법'에 대한 칼럼을 연재하였다. 게다가 국회 법사위 간사로서 선거법 개정 통과를 주도하였다. 선거법에 대해서는 누구보다도 전문가라고 감히 생각한다. 선거법은 전문 분야라서 일반 법률가도 어렵게 느껴지는데 하물며 일반인은 더 말할 필요도 없다.

여전히 금권선거와 흑색선전에 치중하는 불법적인 구태가 계속되는 주된 이유는 선거법을 지키면서 선거에 승리할 수 있는 전략과 방법을 잘 모르기 때문이기도 하다. 그래서 선거법을 알기 쉽게 설명해 주고 선거법을 활용해서 선거에 승리할 수 있는 전략과 구체적인 방법을 제시해 주는 바이블 또는 가이드가 반드시 필요한 것이다. 필자는 남대니 감독의 '당선바이블'(조합장)과 '당선가이드'(이사장), 두 책이야말로 선거에 나서는 우리 모두에게 필요한 책이라고 자신 있게 추천하고 싶다.

선거에 이겼다고 해서 승리가 확정된 것은 아니다. 선거법 위반에 대한 고소 고발이 제기되면 재판에서 확정될 때까지 당선자는 또 피 말리는 싸움을 해야 한다. 이러한 싸움은 사전에 빌미를 제공해서는 안된다.

공정한 경쟁의 토대 위에서 가장 깨끗하고 능력있는 후보를 선출하여 조합발전으로 이어지게 한다는 취지에서 보면 결국 핵심은 누가 얼마나 선거법의 테두리 안에서 조합원들로부터 최대한의 지지를 받는 선거운동을 하느냐 하는 것이 포인트이다.

이번에 개정판으로 나온 남대니 감독의 '당선바이블'은 출마 전 준비과정 부터 선거운동 그리고 선거 후 해야 할 사항까지, 선거법의 핵심은 물론 선거 전략까지 그야말로 선거에 관해서는 하나부터 열까지 필요한 사항을 모두 담아내고 있다. 선거에 출마한 후보들을 위한 필수 지침서로서 전문가의 역할까지 완벽하게 커버하고 있다. 남대니 소장이 수많은 선거 현장에서 직접 경험한 내용까지 녹여 넣어서 단순한 이론서가 아니라 실전에 유용하게 적용할 수 있는 책이다.

아무쪼록 이 책을 읽는 모든 후보님들이 최종적으로 승리함으로써 승리가 정의인 선거를 만들어 내시기를 기원 드리며 남대니 소장의 개정판 '당선바이블' 출간을 다시 한 번 축하하는 바이다.

선거법의 필수 참고서 '당선바이블'

이정희

농수산림조합 조합장 동시선거가 시작되면서, 기존보다 선거법 위반에 대한 재판이 대폭 증가하였으며, 이러한 추세는 앞으로도 지속될 것으로 보인다. 이는 예전과 달리 중앙선관위에 선거관리를 위탁한 것에 기인한 측면도 있지만, 선거에 임하는 출마자들이 위탁선거법에 대한 이해 부족으로 안일하게 대응해 온 것이 주요 원인이다.

위탁선거법은 우리가 흔히 아는 공직선거법과는 상당히 다른 부분이 많아 이를 숙지하지 않으면 당선되더라도 선거법 위반으로 무효가 될 수도 있으므로 출마자들은 출마에 앞서 반드시 위탁선거법의 내용을 충분히 이해하고 있어야만 할 뿐만 아니라 위탁선거법을 위반하지 않도록 많은 주의를 기울여 나가야 한다.

선거법 위반사건의 변론을 담당하면서 당사자들에게서 선거운동을 어떻게 해 나가야 하는지, 선거법에 대해서는 어디에 자문을 구해야 할지 막막하더라는 이야기를 많이 들었다. 충분히 공감되는 이야기이다. 하지만 이제 3회에 걸쳐 동시선거가 치러지면서 많은 사례들이 생겼으므로 출마자들이 조금만 신경을 쓰고 노력을 기울이면 선거법 위반으로 인한 위험을 줄일 수 있을 뿐만 아니라 관련 사건이 생기더라도 적절히 대응할 수 있다는 자신감을 가지고 선거에 임할 수 있다. 그런 의미에서 이번에 남대니 소장님이 출간하는 개정판 '당선바이블'은 출마를 준비하는 분들께 적극 추천할만한 책으로, 출마자들에게는 **사막의 오아시스와 같은 역할을 할 것으로 기대한다.**

남대니 소장님은 www.조합장.com이라는 블로그에서 제1회 동시조합장선거부터 지금까지 조합장 선거에 관한 많은 정보를 정리하여 공유하고 있고, 그 중 상당 부분을 이번에 출간하는 책에 반영시켜 놓은 걸로 알고 있다. 선거 전문가로서의 많은 경험과 자신감이 이번 개정판 곳곳에 녹아 있어 출마자들에게 큰 도움을 주리라 믿는다.

위탁선거법상의 선거운동은 극히 제한적으로 인정되기 때문에 선거를 전후해 경쟁자들 상호간의 고발이 끊이지 않고 있고, 선관위의 관리와 감독 하에 선거가 진행되면서 선거법 위반 사건이 더 늘어나고 있으며, 이로 인해 당선무효까지 되는 안타까운 일들이 자주 발생하고 있다.

또한, 선거법에 대해 잘 알고 있다고 하더라도 현실에서 선거운동의 적법성을 판단하는 것은 말처럼 쉽지 않다. 선거법을 너무 엄격하게 해석하면 사실상 할 수 있는 선거운동이 별로 없고, 그렇다고 너무 쉽게 생각하면 선거법 위반 논란을 불러 일으켜 오히려 당선에 방해가 될 수도 있다. 그래서 전문가의 도움이 필요하고 길라잡이가 될 참고서가 필요한 것이다.

위탁선거법 개정에 따라 조합장 선거를 준비하면서 혼란스러워 할 출마자들을 위하여 이번에 개정 사항들을 반영하여 책이 발간된다고 하니 참으로 다행이고 환영할 만한 일이다.

다시 한 번 남대니 소장의 조합장 선거 '당선바이블' 개정판 출간을 축하하며 이 책을 읽는 모든 출마자들이 좋은 결실을 거두기를 기원한다.

추천사

올바른 선거문화의 정착을 기원하며

정영환

민주주의에서 주권자의 의사를 직접적으로 표현하는 방식이 선거이다. 각종 단체의 주체가 그 대표자를 결정하는 것도 같은 원리라고 생각한다.

선거란 친숙하면서도 어려운 면이 참 많은 것 같다. 어린 시절 반장을 뽑았던 일상생활에서의 선거부터 국민을 대표하는 지방자치에서 대통령 선거까지 우리가 참여하는 선거는 많아도 막상 자신이 선거에 직접 출마하고자 할 때에는 막막한 면이 매우 많다.

농수산림조합 조합장 동시선거가 시작되면서 많은 부분이 변화되고 또 변화된 면을 어렵게 느끼는 후보자가 많을 것이라 생각한다. 저 역시 처음 한국법학교수회 제15대 회장 선거를 치를 때 선거운동은 어떻게 해야 하는지, 지켜야 할 법률이나 규약이 무엇인지 등이 생소하여 어려웠던 기억이 난다. 당시 선거 전략의 대가 남대니 감독의 조언이 큰 도움이 되었다.

내 나름대로 조직을 짜고 최선을 다하였지만 부족한 부분이 많았는데, 남대니 감독의 도움을 받아 전체 틀을 짜고, 구체적으로 SNS로 정책과 감동을 직접 전하고, 애경사 등도 살뜰히 챙기며 친밀하게 유권자에게 다가서다 보니 인지도와 지지도가 자연스럽게 상승해 당선이 되었던 경험이 있다.

이번 국민의힘 공관위원장으로 어떤 분을 공천해야 경쟁력이 있을지 판단하는 데 필요한 통찰력 또한 남 감독과 만남에서 얻어졌다.

어떤 선거든지 같은 원리가 작용한다고 생각한다. 전체 틀과 구체적 방법이 잘 조화를 이룰 때 승리할 수 있다. 조합장 선거는 동시선거로 치러지는 만큼 위탁선거법의 영향을 많이 받게 된다. 그동안 제약을 받았던 선거운동에서도 많은 부분이 가능해지기도 하고 또 더 준비해야 할 것들이 생기기도 할 것이다. 특히 법적인 부분에서 조심해야 한다.

다행히 남대니 감독이 위탁선거법 개정으로 혼란해하고 있을 후보들을 위하여 '당선바이블' 개정판을 발간하였다 하니 참으로 환영한다.

이 책을 적극 추천하는 바이다. 왜냐하면 내가 선거에 도움을 받았던 것에 더하여 선거 전체의 방향성과 구체적 실행 방법이 세밀하게 나와 있어 선거 승리에 큰 도움이 될 것으로 확신하기 때문이다.

'당선바이블'을 읽은 많은 후보자들이 선거에 대해서 올바르게 이해하고 실천하여 정정당당히 승리하길 기원한다. 또한 그것을 통하여 좋은 선거문화도 정착되기를 기원한다.

저자 스토리텔링

남 대 니

당선그룹(주.4차산업, 주.힐링엠엔비, 주.한국선거연구소, 당선허브, 당선) 회장,
선거감독, 힐링교회 목사
★ 중앙선거관리위원회 제1회 전국동시조합장선거 전국설명회 강사
  – 더불어민주당 21대 국회의원 후보 강사
  – 쌍용투자증권(현 신한투자증권) 입사, 국회의원 최연소 보좌관(15대),
    대통령 비서실장(김광일) 보좌관, 국책사업추진위원회 위원장,
    외식사업 왕돌잠 8년 경영
★ 경북 영덕 출생(62년생),
  연세대 경제학 석사(총원우회 회장)
★ 저서 : 이사장선거 당선가이드, 저! 학생회장 할래요

감수 및 보조집필

남 예 인

주.힐링엠엔비, 당선허브 대표이사
★ 고려대학교 법학전문대학원 최고위과정 수료
★ 조합장선거 1,2,3회, 국회의원 및 지방자치단체장 선거 500명 당선 기획 및
  업무 수행

손 재 권

한국선거정책연구원 원장, 대구한의대학교 특임교수
★ 중앙대학교 행정대학원 졸업, 국방대학교 안보과정 이수,
  서울대학교 행정대학원 국가정책과정 이수
★ 중앙선거관리위원회 법제국장, 선거정책실장(1급, 관리관) 역임
★ 저서 : 정석) 공직선거법(선관위 공무원 수험서), 공직선거의 이해

저자 남대니 감독

내가 태어난 고향(경북 영덕)은 동해안 바닷가와는 떨어진 농촌마을인데 영양 남씨 집성촌으로 당시 300여 가구가 살고 있었다.
가장 존경하는 아버지(남조윤·南朝允)는 일제시대 소학교(초등학교)에서 수재였지만 조부모님을 모시고 흙과 함께 평생 사셨던 분이다.

"협동댁! 협동댁!" 동네 사람들은 우리 어머니를 그렇게 불렀다.
"협동댁 둘째 맞제?" 동네 사람들이 나를 부르는 이름이다.
어릴 때 아버지께 "우리 집이 왜 협동조합입니까"하고 물으면 아버지는 웃으시면서 "우리가 동네 일을 도와주고 해서 동민들이 우리 동네 '협동조합'이라고 부른단다." 아! '협동조합'이 참 좋은 뜻이구나! 아버지가 조합장도 아니신데 우리 집은 '협동조합'이었다.
동네 사람들이 돈을 빌리러 우리 집에 오면 돈을 빌려주거나 돈 있는 이웃에게 가서 돈을 융통해 주셨다. 농산물 중매상들은 오면 우리 집에 와서 아버지를 만났다. 그러면 농사짓는 사람들 논밭에 가서 흥정을 하시는 분도 우리 아버지였다. 한마디로 지금 농수산림조합처럼 돈을 맡기고 돈을 빌려주는 역할과 비슷한 역할을 하신 것 같다.
농산물 흥정이 되면 계약서를 써 드리는 것도 우리 아버지의 역할이었다. 한학(漢學) 공부를 하신 분이라서 계약서를 써 드리면서 계약이 성사되게 하고 계약금을 받고 농산물을 가져가기 전 돈을 다 받아주시곤 하였다. 그래서 동네 사람들이 우리 집을 '협동조합'이라고 부르셨던 것이다. 협동조합의 일을 대신하는 동네 협동조합이었다.

사공의 뱃노래 가물거리면~~ '목포의 눈물'이 아버님의 18번 곡이셨는데, 2015년 1월 목포에서 역사적인 일이 시작되었다. 세찬 바닷바람이 얼굴을 때렸다.
"이렇게 추운 날 사람들이 올까요?", "글쎄! 날씨가 도와주지 않네?"

전남광주 지역 농수산림 조합장 후보들이 목포과학대학 대강당에 하나둘 몰려오기 시작해서 200여 명의 예비후보들이 자리를 채웠다.

"지금부터 중앙선거관리위원회 주최 제1회 조합장 동시선거 설명회를 시작하겠습니다." 사회자의 우렁찬 목소리가 울려 퍼졌다.
"오늘의 강사 한국선거연구소 남대니 소장께서 조합장 선거홍보방법을 강의하시겠습니다."

강단에 올라간 나는 주위를 살펴보았다. 전남도서지역과 시군 읍면에서 오신 조합장 선거를 준비하는 분들이었다. 바로 앞 시간에 전남도 선거관리위원회 지도담당관께서 잔뜩 겁을 주고 내려가서 그런지 사람들의 눈초리가 서로를 경계하고 있었다. 그 전에는 조합장 선거가 돈선거 였기 때문이다.
'이것은 선거법 위반이고 처벌을 받는다. 선거법을 꼭 준수해야 한다.' 선관위 공무원의 원칙적인 말씀에 오신 분들의 얼굴이 굳어져 있었다.
선거 출마하는 것이 마치 범죄자가 되는 것 같았기 때문이다.
'어떻게 하면 이분들이 선거를 즐겁게 재미있게 준비하고 선거운동을 잘할 수 있을까?' 나의 뇌리에는 선거에 대한 공포보다는 선거를 잘 준비할 수 있도록 해야겠다는 생각뿐이었다. 이 혹독한 추위를 이겨내고 이 자리까지 오셨는데 어떻게 하면 선거를 잘 준비해서 당선이라는 월계관을 쓰게 해줄까?

나는 먼저 서두를 이렇게 시작했다. "앞서 말씀하신 선관위 지도담당관님은 '하지 말라', '하면 위법이다' 주로 이런 말씀을 하셨는데 저는 '하면 된다', '이렇게 해야 당선된다'고 말씀드리고 싶습니다." 그제야 조금씩 얼굴에서 화색이 돌기 시작하였다.
그렇게 시작한 조합장 선거 설명회는 마지막 제주도까지 전국 16개 시도에서 2,000여 명의 현직 조합장과 후보들이 참석하는 성황을 이루었다.

그렇게 인연을 맺은 나와 조합장 선거는 200여 회의 강연과 당선 아카데미를 진행하면서 500여 명의 당선자를 배출했다. 그리고 각종 자료와 당선매뉴얼이 쌓이게 되었음은 물론이다.

선거에 관련된 일을 하게 된 것은 1992년부터이다.

김영삼 대통령 선거본부에서 조직부장이라는 중책을 맡아서 사조직 전략기획을 담당했고 당당히 대통령을 당선시키는 데 핵심적인 일을 수행하였다. 이후로 직접 선거에 출마하기도 하였고(2006년 영덕군수 선거), 대한민국 국회에서 주관한 SNS 정책토론회에 주 강사로 나서는 등 명실공히 선거 전문가가 되었다.

그래서 조합장이라면 누구나 한 권씩 갖고 있는 '당선바이블'이라는 책을 집필하기도 하였다.

그동안 쌓은 방대한 자료들과 경험, 사례 등을 보유하고 있다.

동시선거로 치러지는 조합장 선거를 위해 일찍이 조합장 당선바이블을 집필한 바 있다. 업그레이드된 이번 개정판에 담은 내용들은 모두 소중한 경험의 자료들로서 조합장을 준비하는 후보들이 선거의 알파(A)에서 오메가(Ω)까지 한 눈에 이해할 수 있도록 도움을 주게 되어 얼마나 영광스럽고 기쁜 일인지 모르겠다.

중앙선관위의 각종 자료는 물론이고 선거사범을 관리하는 검찰과 법원의 각종 자료(양형 기준과 판례 등), 막강한 우리 회사 당선 아카데미 강사들의 자료, 그리고 조합장에 출마하여 선거에서 승리하기까지의 생생한 당선 스토리는 무엇보다 소중하고 알찬 정보이다.

기존의 공직선거와는 판이한 위탁선거법은 대부분의 후보가 잘 모르는 편이다.

이 책이 조합장 선거를 준비하는 후보들에게 긴요한 정보를 제공하여 당선에 이바지하길 간절히 기도드린다. '조합장 선거는 돈 선거'라는 기존의 잘

못된 선거문화를 건전한 선거문화로 만드는 데 기여한다면 더욱 보람이 될 것이다.

그동안 이 책이 나오기까지 자료를 분석하고 정리하는 등 도움을 준 사랑하는 딸 남예인 CEO에게 감사를 전한다. 이제는 실무에 있어서는 후보들을 잘 섬기고 선거에 관련된 SNS 홍보와 IT 선거솔루션들을 꾸준히 개발하여 각종 선거에서 당선으로 결과를 나타내 주고 있어 든든하다.
지근거리에서 기도로 내조하는 아내 김현숙 목사께 감사드리며, 이 책의 편집에 헌신하신 나영빈 이사, 고재한 이사와 직원들, 김용상 교수와 디자이너께도 고마움을 전한다.
특히 위탁선거법 분야에서 크게 도움을 준 한국선거정책연구원 손재권 원장과 추천사를 써 주신 다섯 분의 멘토께 존경의 마음을 드린다.

유권자들을 감동하게 하는 4차산업 선거 솔루션과 시스템들이 전 세계에 퍼져 나가기를 기도하며 선거관련 솔루션 기업으로 거래소시장에 상장하는 날이 오리라 확신한다.
선거에 관련된 첫 번째 책(저! 학생회장 할래요: 초중고 학생회장 당선안내서)을 발간한 후 3년 만에 조합장 당선바이블이 발간되었고, 이사장 당선가이드와 조합장 당선바이블 개정판이 7년 만에 발간된 것도 큰 보람이다.

내가 믿는 하나님은 스스로 돕는 자를 돕고 있음을 느낀다.
Heaven helps those who help themselves!

독자님께 큰절 올리며, 꼭 당선되시길 기도드립니다.

목 차
Contents

I. 조합장으로 가는 길
1. 출마의 변 | 18
2. 미션과 비전 | 43
3. 조합장 선거 분석 | 62

II. 위탁선거법
1. 위탁선거와 공직선거 | 78
2. 위탁선거법 위반 사례 | 85
3. 법정 선거운동 방법과 금지·제한 규정 | 94

III. 선거준비 행위-당선 비법(1)
1. 당선 노하우 | 140
2. 메시지 | 172
3. 기타 홍보수단 | 205

IV. 선거준비 행위-당선 비법(2)
1. 시기별 준비사항 | 224
2. 유권자 감동(에티켓) | 249
3. SNS 도구 | 266
4. 선거용 SNS | 287

V. 선거운동- 당선 비법(3)
1. 각종 선거도구 | 306
2. 선거 당일 점검사항 | 350
3. 조합원 대면 방법 | 356
4. 공약 | 390
5. 중앙회 회장과 이사선거 | 398

VI. 조합장 당선 이후
1. 선거법을 해결하자 | 410
2. 4년을 하루같이 | 427
3. 4년 뒤는 무투표 당선 | 439

- 부록
회사 소개서 | 466

조합장선거
당선바이블
BIBLE

Ⅰ. 조합장으로 가는 길

1. 출마의 변
2. 미션과 비전
3. 조합장 선거 분석

1. 출마의 변

조합장동시선거 VOTE

가. 선거 출마의 기본

1) 출마란 무엇인가 – 말(馬)을 타고 전쟁터에 나가다(出)

선거는 전쟁이다. 상대를 죽이지(낙선시키지) 않으면 내가 죽는다. 적(敵)이 1명에서 여러 명까지 될 수 있다. 대부분 출마자들이 이 말을 자기 몸에 체질화하는데 오랜 시간이 걸린다. 체질화를 빨리 하면 할수록 최소의 비용(시간과 돈)으로 최대의 효과(당선)를 얻을 수 있다. 끝까지 고집을 피우다가 낙선하여 신세를 한탄하시는 출마자들이 많다.

우리가 흔히 사용하는 '선거 출마'라는 말에 담겨진 본래의 의미를 되새겨 보면 선거의 본질을 보다 잘 이해할 수 있을 것이다. 선거에 출마하는 후보들은 유권자와의 상호작용에서 어떠한 전략적 접근을 취해야 할지 끊임없이 분석해야 한다. 그리고 치열한 선거전에 반드시 뒤따르는 희생과 노력의 실체를 구체적으로 인식하고 선거에 임함으로써 더욱 철저한 준비를 해야 한다.

그렇다면 선거에 '출마하다'라는 것은 본질적으로 어떤 의미를 갖고 있을까? 우선 '출마(出馬)하다'를 그대로 풀이하면 '말을 타고 나가다'라는 뜻으로 '관리가 말을 타고 임지에 나가다.' 혹은 '장수가 말을 타고 전쟁터에 나가다'라는 둘 이상의 의미를 갖고 있다. 전자는 옛날에 군주로부터 공직의 임무를 부여받은 관리가 말을 타고 임지에 나간 것에서 그 의미가 비롯되었다.

오늘날 선출직 농수산림조합의 조합장이 되기 위해 출마한다는 것과 비교해 보면 출마에 담긴 옛날과 현대의 의미가 서로 일맥상통(一脈相通)함을 알 수 있다. 한편 당선과 낙선을 놓고 상대 후보와 치열하게 싸우는 선거의 속성에 비추어 볼 때 선거 출마는 후자와 같이 장수가 말을 타고 전쟁터에 나간다는 의미와도 동일한 맥락을 지닌다. 우리가 흔히 쓰는 선거전(選擧戰)이란 말도 전쟁과 다름없는 선거의 특성을 잘 보여주는 단어이다. 농수산림조합 조합장 선거에 적용되는 위탁선거법 23조에서 선거운동을 '당선되거나 되게 하거나 되지 못하게 하기 위한 행위'로 정의하였는데 후반부 '되지 못하게 하기 위한 행위' 이 조문은 '상대를 죽여야만 내가 살 수 있다'는 섬뜩한 표현으로 해석할 수도 있다. 왜냐하면 선거운동 현장은 전쟁터이기 때문이다.

2) 왜 출마하려 하는가?

만일 선거에 뜻이 있다면 무엇보다도 본인이 '왜' 출마하려 하는지, 즉 '출마 이유'를 명확하게 정립하는 것이 매우 중요하다. 출마 이유는 후보 및 후보 지지자를 정신적으로 무장하게 하는 힘이 될 뿐만 아니라 이후 선거과정에서 후보가 내는 메시지[1]와도 직결되기 때문이다.

그리고 선거에 입후보하려는 자는 '왜', '자신이' 선거에 출마하는지 간결하게 정리하여 언제 어디서 조합원을 만나든지 이것을 자신 있게 설명할 수 있어야 한다. 아울러 이러한 과정을 지속적으로 수많은 조합원들께 반복적으로 전달하여야 후보의 정체성(누구인지, 어떤 인물인지, 무엇을 하는지 등)이 여론으로, 바람으로 효과적으로 전달된다. 이렇게 정립한 출마의 변(辯)은 전체 선거과정에서 일관성을 갖고 흘러가는 큰 물줄기가 되어야 하며, 이후 후보의 선거 메시지와도 일맥상통하게 연결될 수 있어야 한다. 물론 조합원의 눈높이에 맞는 맞춤 선거 캠페인 커뮤니케이션을 과학적이고 전략적으로 전달하는 것도 중요하다.

1980년 미국 대통령선거의 민주당 경선 참여를 선언한 에드워드 케네디(Edward M. Kennedy) 연방 상원의원이 1979년 CBS 토크쇼에 출연한 적이 있었다.

당시 사회자가 "왜 대통령이 되려 하십니까(Why do you want to be a president)"라고 질문하였을 때 케네디 의원은 당황하며 즉답을 하지 못했

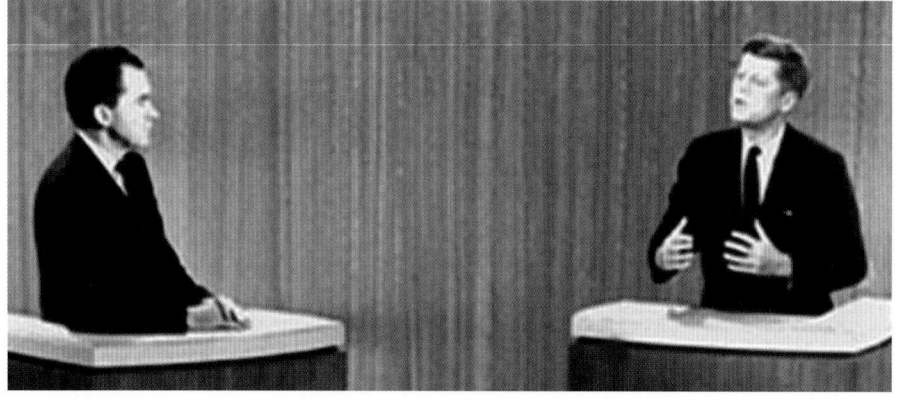

---

[1] '선거 메시지는 공공연하게 알려진 후보의 근본적 출마 이유로서 유권자들의 마음을 사로잡아 후보에게 투표하도록 만드는 가장 중요한 요인이다.' 로널드 A. 포첵스, 전광우 역, 2010, 『정치 캠페인 솔루션』, 88쪽, 나남

고, 이에 큰 타격을 입은 케네디 의원은 결국 민주당후보가 되는 데 실패하였다. 이 사건은 지금까지 '왜 선거에 출마하는지'의 중요성을 보여주는 대표적인 사례로 꼽히고 있다.

"OOO 후보님은 왜 조합장에 출마하십니까?"
"당선되기 위해서요?"

이것은 목표이지 출마의 변이 아니다. 가슴 뭉클하게 하고 조합원을 나의 지지자로 감동시킬 수 있는 답을 지금부터 펼쳐 보이려 한다.

3) 무엇을 준비해야 하는가?

선거 출마를 준비함에 있어 가장 기초적이고 중요한 사항들을 놓치는 후보들이 의외로 많다. 출마 전에 점검해야 할 핵심 사항들을 고려하지 않고 충동적으로 선거에 출마하는 것은 낙선될 확률을 높이는 것이다.
내가 왜 조합장 선거에 출마하는지에 대한 진지한 고민이나 준비를 하지 않거나, 전체 선거 과정에 대한 구체적인 선거기획보고서를 작성하지 않고 선거에 뛰어든다면 분명 수많은 난관 앞에서 흔들릴 수밖에 없을 것이다. 그렇기에 선거 출마를 생각한다면 이미 많은 축적된 자료와 경험, 과학적이고 체계적인 노하우와 전략 전술을 갖춘 선거전문가를 만나서 "내가 당선될 수 있는지? 조합장 선거에 어떤 준비가 필요한지? 당선 교육 과정에는 참여할 수 있는지?" 상담하고 도움을 얻어야 한다.

선거는 출마를 결심한 순간부터 후보를 비롯한 가족, 참모, 주변인 등의 부단한 노력과 희생을 요구하는 과정이다. 따라서 제대로 된 준비 없이 섣불리 선거에 뛰어들었다가는 큰 고통을 당할 수밖에 없다.

그렇다면 '제대로 된 선거준비'는 과연 무엇을 말하는가? 가장 기본적인 선거준비는 앞서 설명한 것처럼 우선 본인이 '왜', '무엇을 위해' 선거에 출마하는지에 관한 근본적 답변을 정립해야 한다. 그리고 선거에 출마하는 후보 본인과 경쟁 후보의 강점과 약점 파악, 전략 수립의 바탕이 되는 자료수집에서부터 기본적인 선거준비가 시작되는 것이다.

그리고 출마하고자 하는 조합의 특성 및 조합을 둘러싼 선거환경 분석(조합원 수, 조합원의 바람, 조합원의 성향 등) 또한 기본 준비 과정에 필수적으로 포함되어야 한다. 이러한 분석 결과를 바탕으로 출마 여부를 결정하고 전반적인 선거운동의 방향을 설정하여야 한다. 이는 곧 이어질 선거 과정에서 선거전략 및 전술을 수립하는 기본 토대가 될 것이다. 무엇보다도 선거 과정에 필수적으로 요구되는 '조직을 확보하고 구성하며 자금을 어떻게 얼마나 준비할 것인가'에 대한 구상도 미리 해두어야 할 것이다.

나. 선거 준비 전략

1) 전략적 접근은 승리의 지름길

전쟁에 임하는 장수가 전장에 나가기 전 각오를 다지고 장비를 점검하는 등 철저하게 준비를 해야 하는 것과 마찬가지로 선거 역시 완벽한 전략 및 전술이 준비되어야만 승리에 한 걸음 더 다가갈 수 있다. 그렇다면 선거에 있어 전략적 접근은 구체적으로 무엇을 의미하는가? 이는 선거에 출마할 나는 누구이며, 어떠한 무기(인맥과 돈, 조직 등)와 전력(전략과 전술)을 가졌는지, 경쟁할 상대방은 누구이며 무기와 전력은 어떤지, 내가 출마하려는 지역의 지리적·사회적 지형과 선거 구도는 어떠한지 등에 대해 광범위하게 정보를 수집하고 분석하여 최적의 전략을 수립하는 것을 말한다. 즉 과학적이고 객관적인 분석이 뒷받침된 전략적 접근이 중요한 것이다.

대부분의 출마자들은 비과학적이고 주먹구구식 방법으로 선거를 준비하고 치르는 경우가 허다한 실정이다. '선거는 과학이다'라는 명제를 남긴 정치 컨설턴트의 아버지 조셉 나폴리탄(Joseph Napolitan)은 "선거에서 가장 중요한 요소는 전략"[2]이라 하여 선거전략의 가치를 강조하였다.

이와 같이 올바른 전략을 수립하고 이에 맞추어 모든 선거 과정이 계획되고 실행되어야 당선의 확률을 높일 수 있는 것이다. 결국 객관적이고 과학적인 분석을 토대로 한 전략의 수립과 실행이 승리의 밑거름이자 지름길이다.

2) 선거, 전문가의 손길이 필요하다

선거에서 전문성을 가장 필요로 하는 분야는 대체로 여론조사, 홍보, 선거전략 수립 이 세 가지라 할 수 있다.[3] 이 분야에서는 다양한 정보를 바탕으로 한 선거 상황의 객관적·과학적 분석이 중요하기 때문에 후보와 선거조직만의 노력으로 타당한 결과를 얻기 어렵다. 뿐만 아니라 결과를 얻기 위해 투입되는 시간과 노력이 너무 과중할 수 있어 비효율성의 문제가 나타난다. 따라서 이러한 경우 전문가의 힘을 빌리는 편이 더욱 효율적이다.

---

2) 조셉 나폴리탄, 김윤재 역, 2003, 『정치 컨설턴트의 충고, 100 Things I Have Learned In Years As A Political Consultant』, 21쪽, 리북
3) 로널드 A. 포첵스, 전광우 역, 2010, 『정치 캠페인 솔루션』, 33쪽, 나남

특히 여론조사는 조합장 선거에는 법적인 제한이 거의 없는데, 반짝 특수를 노리고 급조되었거나 경험이 부족한 업체에 의뢰할 경우 전문성이 떨어져 신뢰성, 객관성, 정확성이 담보되지 않으므로 반드시 선거 경험과 노하우가 축적된 업체에 맡겨야 한다.

왜냐하면 여론조사는 그 목적이 무엇이든지 간에 조사 설계부터 결과 분석까지 정밀하고 정확하게 이루어져야 하기 때문이다. 따라서 그간의 평판, 이력 등을 다각적으로 검토하여 현재 여론의 향방을 파악하고 향후 추이까지 정확히 분석할 수 있는 최적의 업체를 선정해야 한다.

현재 우리나라의 선거 현장에서 후보가 선거관련 전문 업체, 즉 선거기획사 혹은 정치컨설턴트를 활용하는 방법과 범위는 천차만별이다. 후보와 참모들의 역량과 경험, 재정 상황 등 여러 변수에 따라 선거벽보, 선거공보 등 선거 홍보물 도안 및 인쇄 정도만 기획사 등에 맡기는 경우부터 선거 전반에 관한 사항까지 통째로 맡겨서 선거를 치르는 경우까지 그 활용 범위가 매우 다양하다. 명심할 점은 선거 때마다 우후죽순으로 등장하는 홍보업체들, 특히 역량이 검증되지 않은 선거기획사들은 반드시 피해야 한다.

최근에는 국회에서 일,이십년 근무를 한 보좌관들이 젊은 국회의원의 당선으로 실직하게 되면서 설립한 1인 기획사가 우후죽순으로 생겨났다. 튼튼한 인맥을 이용하여 출마자에게 접근, 계약하여 기획은 가능하나 기획 외에 디자인, 인쇄, 위탁선거법 등 에는 문외한인 경우가 태반으로 선거운동과정에 혼란을 빚어서 출마자를 어렵게 만드는 경우가 허다하다. 선거운동 준비와 지원은 원스톱으로 되어야만 후보가 당선될 수 있다. 심지어 공직선거법 기준에 따른 선거운동으로 후보를 혼란하게 하고 선거법을 위반하는 사례도 허다하다. 예를 들어 선거운동기간에 공직선거는 문자를 발송할 경우 화상(그림이나 동영상)이 가능하지만 위탁선거는 불가능하다. 1회 발송하여 벌금이 80만원 부과된 사례가 있다.

최소한 선거기획사를 방문해서 회사 실체가 어떤지? 그동안 몇 명의 후보를 위해 선거 기획을 하고 당선시켰는지(후보들의 벽보, 선거공보를 필히 확인)? 회사 블로그나 홈페이지, 대표의 학력과 경력 등을 꼼꼼히 파악해야 한다. 3회에 걸친 농수산림조합 선거에서 선거공보, 벽보를 마감일까지 제출하지 못한 경우도 있었다. 선거공보와 벽보를 디자인까지 하였지만 인쇄를 해주지 않고 회사를 폐업했기 때문이다.

선거 환경은 시시각각 변한다. 선거에 영향을 미치는 정치 상황은 항상 유동적이며, 정치에 영향을 미칠 수 있는 여러 가지 주변 환경도 수시로 급변하고 있다.

특히 최근에 IT 기반의 소셜 네트워크 서비스(Social Network Service: SNS·사회관계망·社會關係網) 확대는 사회의 새로운 패러다임이자 선거환경 변화의 핵심으로 떠오르고 있다. 이와 같이 선거환경이 급변하는 상황에서는 아무리 경험이 많은 노련한 후보라 할지라도 혼자서 모든 정보를 분석하여 활용하기란 거의 불가능하다. 따라서 현대 선거에서는 형식에 구애됨이 없이 선거 전문가들의 도움과 조언이 필수적이다. 필자의 오랜 경험으로 볼 때 후보의 학력이 화려할수록 자기교만에 빠져 낙선율이 높다.

3) 공식적인 선거사무 일정은 반드시 확인하자

이는 우선 공식적인 선거 일정에 따른 후보 등록, 선거사무 신고 같은 공식적인 선거 절차사무의 일정을 파악하는 것을 의미한다. 선거 절차사무의 대부분은 법에 정해져 있기 때문에 기한 내에 관련 서류를 제출하여 등록 신청을 하지 않으면 후보 등록이 불가능하거나 절차상 큰 문제가 생길 수 있다.

특히 후보 등록과 관련해서 일정을 파악해 두는 것은 중요하다. 아주 당연한 이야기지만 '필수 구비서류'가 제대로 준비되지 않아 후보 등록을 하지 못하면 선거 전부터 준비해온 모든 노력들이 수포로 돌아간다. 이런 면에서 본다면 선거에 관한 법정 선거사무 일정에 대하여 잘 알아두는 것이 선거준비에서 가장 중요한 일이라고 할 수 있다. 선거관리위원회(이하 '선관위')나 기획사에서 본격적인 선거가 시작되기 전에 현직 조합장이나 후보들을 대상으로 잘 짜인 공식 일정표를 보내 주거나 설명회를 개최하고 있으므로 이를 통해 반드시 확인해야 한다.

잘 짜인 공식 일정표를 꼼꼼히 살펴보고 일정표에 나와 있는 기한은 꼭 지켜야 한다. 그렇다고 접수나 등록 개시일까지 기다려서 실행할 필요는 없다. 일정표상의 마감일은 반드시 지켜야 하지만, 접수 시작일보다 앞서 준비하여 사전 검토를 받는 것은 선관위 입장에서도 오히려 권장사항이다. 이렇게 사전 검토를 받으면 예기치 않은 등록 서류상의 문제들을 예방할 수 있음은 물론 시간까지 절약할 수 있다.

제1, 2, 3회 전국동시조합장(농수산림조합)선거에서 수십 종의 구비서류를 정확하게 갖추지 못해 등록조차 하지 못한 후보가 많았다. 선거공보와 벽보 안에 들어간 학력과 경력의 오류로 인하여 몇 차례 선관위 사무실을 오간 이들도 많다.

학력과 경력 및 수상(受賞)에 대하여는 선관위에서 증빙을 필요로 하는 경우가 있다. 실제 학력을 허위로 기재하여 당선 무효가 되는 경우가 있다(허위사실유포죄). 졸업할 당시 학교명과 현재 학교명이 바뀐 경우 현재 학교명을 기입하고 괄호 안에 당시 학교명을 기입하여야 한다. 학력에 있어 수료인지 졸업인지에 따른 엄격한 기준이 있다.

출마자들이 각 대학교에서 특별과정으로 개설한 단기과정(예를 들어 00대학교 00대학원 최고경영자과정, 대부분 6개월 이상)은 공직선거의 경우 학력으로 기입할 수 없지만 조합장 선거의 경우 학력란에 적을 수 있다. 이런 과정에서 꾸준히 학업을 연마하고 인간관계를 넓히는 것은 출마자로서 바람직한 방법이다.

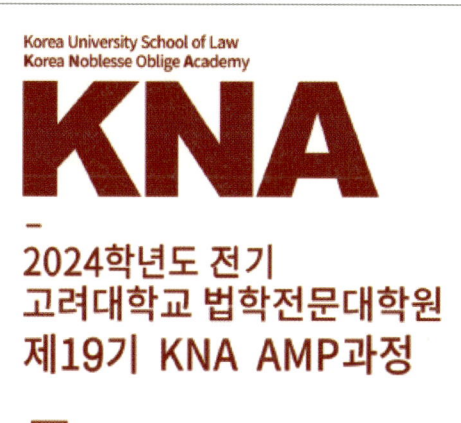

당사에서는 수십 명의 현직 조합장이나 후보들을 고려대학교 법학전문대학원 최고위과정 등에 입학 안내하여 선거 시 선거공보나 벽보, 명함에 한 줄 더 활용하게 한 사례가 있다.

상을 받은 경우(수상·受賞) 상장이나 훈·포장 발급 원본 같은 것을 요구하는데 실제 상을 수상하여도 상장이나 훈·포장 발급 원본이 없는 경우 수상란에 기입할 수가 없다. 수상의 경우 조합원으로 부터 존경의 대상이 되며 선거운동 기간에 상대 후보와 수상 비교표를 작성하여 조합원에게 알려서 준비된 후보, 인정받은 후보의 이미지로 표를 모을 수도 있다.

평소에 모범된 삶으로 지역 공공단체에 공적조서를 작성하여 지원하거나 추천받으면 된다. 대통령상을 비롯 장관상 등 다양한 상을 수상하여 조합장 당선에 한 발 더 다가설 수 있어야 한다. 수상의 경우 관공서, 각종 단체 등이 공적조회서를 작성하여 상 받는 경우가 대부분이다. 평소에 봉사활동을 많이 하거나 그 분야에 두드러진 인물을 추천하여 수상하게 된다. 관공서나 단체의 담당자를 평소에 교류하여 각종 기념일(어버이날 효도상, 농업인의 날 농업유공자 등)에 훈포장과 대통령 상, 장관 상을 수상할 수 있다.

각종 자격증도 큰 도움이 된다. 공인중개사, 자산관리사, 한식조리사 등 각종 자격증을 취득하면 평소 근면 성실한 모습을 어필하고 끊임없는 학구열로 준비된 조합장 후보라는 이미지를 조합원께 전달할 수 있으며 덤으로 동일 직종 조합원들의 지지도 얻어낼 수도 있다.

4) 나만의 일정을 별도로 세워야한다

또 다른 하나는 '나의 선거 일정'에 따라 언제, 무엇을, 어떻게 해야 할지에 대한 타임 테이블이다. 예를 들면 언제부터 자신을 지역에 알릴 것인지, 언제 어떤 방식으로 핵심 공약을 이슈화할 것인지, 선거운동 기간 중 어느 시기에 어느 장소에서 어떤 내용을 갖고 선거 캠페인(24년 7월 31일부터 시행하여 개정된 위탁선거법에 따르면 각종 조합원 모임에서 정책발표를 할 수 있다)을 전개할 것인지와 같이 선거와 관련하여 각 시기에 알맞게 해야 할 것들에 관한 고려 사항을 말한다. 흔히 말하는 '타이밍을 맞추는 것'이다. 버스 지나간 다음에 손을 흔들어 봤자 의미가 없듯 선거캠페인도 타이밍이 맞아야 효과가 있다.

예를 들어, 상대방에 대하여 이슈를 제기하는 경우를 생각해보자. 선거기간 막바지에 가서 이슈를 제기한다면 사람들의 결정에 영향을 미치는 정도가 적을 것이다. 반면 너무 일찍 이슈를 제기한다면 상대방이 역이용하거나 시간이 지나면서 희석되어 버릴 수도 있을 것이다.

예를 든다면, 원로 조합원을 위해서 '조합원님 생일 때 생일밥상을 차려 드립니다'라는 공약을 너무 일찍 알려서 다른 후보가 이 공약을 베껴서 사용하면서 아이디어를 낸 후보보다 더 홍보를 적극적으로 하면 이슈 선점 기회를 빼앗기게 되는 것이다. 조합원들이 감동하면서 지지할 수 있는 캠페인(공약)을 어떤 방법으로 언제 어떻게 홍보할 것인지 구체적인 전략수립이 필요하다. 표를 모을 수 있는 파괴력 있는 공약은 선거운동 기간 막판에 카톡이나 문자로 발송하여 효과를 극대화할 필요가 있다.

다. 선거 캠페인 방법론

1) 출마를 결심하다

미국 대선에서 빌 클린턴의 핵심 선거참모로 활동하기도 했고, 선거천재라 일컬어질 정도로 실제 선거에서 뛰어난 역량을 보여준 로널드 A. 포첵스(Ronald A. Faucheux)는 『정치캠페인 솔루션』이라는 자신의 저서에서 출마 전에 반드시 점검해야 할 10가지 사항을 꼽고 있다. 아래에 출마 전 체크포인트의 핵심적인 내용을 요약, 정리하여 제시하면서 선거 출마에 대해 다시 한 번 생각해 볼 것을 권유한다.

첫째, 자신이 출마하고자 하는 본질적인 이유는 무엇이며, 본인이 당선되면 '하고 싶은 일이 진정 무엇인가'에 대해서 정립해야 한다.

둘째, 선거에 자신의 모든 물적·시간적 에너지를 쏟을 수 있는지 확인해야 한다. 이 과정에서 필수적으로 수반되어야 할 과제는 선거자금을 확보할 수 있는지와 조달 가능한 선거자금 액수가 얼마인지를 구체적으로 확인하는 것이다.
이때 단순히 막연하게 추정하면 안된다. 실제로 운용할 수 있는 선거자금을 가늠하고 이에 따른 구체적인 지출 계획도 사전에 시험적으로라도 수립해 봐야 한다.

셋째, 지금이 선거에 출마할 적당한 시기인지, 본인이 과연 당선 가능한지 객관적으로 판단해야 한다. 여론조사 결과와 주변 지인들이나 조합원들의 여론 등을 토대로 냉정하게 판단해 보고, 객관적인 시각을 가진 제3자의 의견도 적극적이고 열린 마음으로 수용해야 할 것이다.

넷째, 선거 과정에서 비난과 매도당하는 것을 감내할 수 있으며, 가족의 고통까지 감당할 수 있는가? 실제 여러 선거에서의 '선거 후유증' 사례를 참고해 선거 실패에 따른 심적·물적 고통을 감당할 수 있을지 냉철하게 판단하여 결정하여야 한다. 그리고 당선되었을 경우 포기해야만 하는 자신의 생업과 이에 따른 소득 감소 등의 고충과 어려움 등에 대해서도 진지하게 고민해 보아야 한다.

한 가지 더 생각해볼 것이 있다. 전쟁에서도 짧은 시간의 전투보다도 그 준비과정이 중요하고, 준비를 얼마나 잘했는가에 따라 승패가 갈리듯이 선거도 마찬가지이다. 즉 단순히 선거운동 기간 동안 치열하게 경쟁하는 것 만으로는 당선될 수 없고, 오랜 기간 동안 자신이 출마할 지역사회에서의 진심이 담긴 활동과 신뢰가 결정적 요소로 작용한다는 것을 명심하자. 선거운동 기간을 평소의 노력에 대해 유권자가 평가하는 기간으로 생각한다면 선거를 준비하는 자세와 전략도 달라질 것이다. 그래서 지역의 각종 단체(동창회, 종친회, 후계농업경영인, 로타리클럽 등)와 종교(교회, 사찰 등), 취미(조기축구회, 배드민턴 동호회 등)활동이나 마을이장이나 어촌계장, 조합의 이사나 대의원 등을 사전에 역임하여 조합원을 파악해 놓고, 이후 조직을 구성하고 여론을 주도해서 후보의 이미지를 높여야 한다.

위에서 살펴본 것처럼 선거 출마를 결심하기 위해서는 꼼꼼하게 준비해야 할 것이 많고, 장기적인 계획 하에 추진해야 할 일들도 많다. 무엇보다도 모든 어려움을 헤쳐 나가겠다는 의지와 마음가짐이 중요할 것이다. 모든 것이 완벽하지는 않더라도 마음의 준비가 되었다면 이제 출마를 결심하자!

2) 선거! 이것만은 알고 시작하자

우리나라 정치인들이 곧잘 인용하는 일본 속담이 있다. '원숭이는 나무에서 떨어져도 원숭이지만, 정치인은 선거에서 떨어지면 인간이 아니다' 또는 '나무에 떨어진 원숭이는 쳐다보지만 선거에 떨어진 사람은 쳐다보지도 않는다'라는 속담으로 정치인에게 낙선의 고통과 참담함이 어떤 의미인지를 적나라하게 표현한 것이다.

일본 나카소네 전 총리는 "선거에 출마한다는 것은 교도소 담장 위를 걷는 것과 같다"는 유명한 말을 남겼다. 선거법의 저촉 유무, 유권자들의 유혹 등으로 교도소 담장에서 안으로 들어가면 감방 신세가 되는 것이고 다행히 운(?)이 좋아서 담장 밖에 있게 되면 자유의 몸이 된다는 비유이다.

그렇다면 조합장 출마자들에게 낙선의 고초와 아픔이 큰 이유는 무엇일까? 단지 목표 달성에 실패했기 때문만은 아닐 것이다.

앞서 말한 것처럼 선거 출마와 그 이후 선거운동 등 일련의 선거 과정은 후보 자신 뿐만 아니라 가족, 지인들의 노고와 희생까지 요구한다. 육체적인 고생은 물론이고 때로는 상대 진영의 네거티브 전략으로 인해 정신적 고통을 받을 수도 있다. 선거 과정에서 생각하지도 못한 돌발변수가 나타나 후보와 가족들을 괴롭힐 수도 있다. 그 외에도 정신적, 육체적 혹은 금전적으로 후보를 좌절시킬 수 있는 사건은 수도 없이 발생할 것이다. 믿었던 죽마고우(竹馬故友)같은 친구가 상대 후보를 지지하는 일, 믿었던 참모가 고소고발하는 일, 자신도 모르는 일('조부가 친일파였다, 돈을 떼 먹었다, 사기를 쳤다, 바람을 피웠다' 등)이 후보의 귀에 들려질 때 '아! 선거판이 이런 거구나!', '내가 무엇 때문에 이 짓을 하고 있는지' 자괴감이 들고 포기하고 싶은 마음이 굴뚝같을 것이다. 심지어 공공장소에서 상대 후보의 지지자들이 욕을 하거나 따지는 경우도 허다할 것이다. 문자를 보내면 욕을 하는 조합원도 있을 것이다.

대부분의 후보들은 실망하거나 낙담을 하지만 그 가운데 당선될 분들은 이런 일을 당할 때 오히려 희열을 느낀다고 한다. '아! 이제 당선되는구나! 상대 후보 지지자들이 이제 당선될 만하니까 집중적으로 공격하는구나! 그래 앗싸!!' 하면서 부정적인 모든 것을 긍정적으로 생각하고 더 일찍 일어나고 한 사람도 더 만나려는 오기가 발동이 되고 더욱 힘을 내면서 오늘도 조합원을 찾아 달려가는 것이다. 이런 내공이 있는 사람만이 당선될 수 있다.

가수 태진아가 부른 '사랑은 아무나 하나'라는 노래가사에 보면 '어느 세월에 너와 내가 만나 점 하나를 찍을까'라는 소절이 있는데 바로 그 점이 투표용지 내 이름 옆에 도장을 꾹 찍는 것 아닐까? 그래서 많은 조합원들은 이 노래를 이렇게 부를 것이다. '조합장은 아무나 하나~~'

여러 가지 시행착오를 겪지 않으려면 본격적인 선거 준비에 들어가기 전에 기본적으로 알아야 할 사항이 많다. 이에 대해 하나씩 알아보자.

(1) 나는 어떤 사람인가 - 냉정하게 나를 분석하자
단일 후보(무투표)로 당선되는 경우를 제외하고 선거는 나와 상대 후보들의 경쟁 구도 속에서 치러진다. 따라서 나 자신과 경쟁 상대에 대한 철저하고 다각적인 분석과 객관적 평가가 먼저 이루어져야 한다. 이를 바탕으로 제대로 된 선거 메시지, 선거 공약을 개발하고, 효과적인 선거운동 방법을 기획할 수 있다. 즉 이 분석 절차는 정확한 선거 전략을 수립할 수 있는 토대가 되는 동시에 궁극적으로 선거 과정의 오류를 감소시킬 수 있는 수단이 된다는 점에서 매우 중요하다.

선거에 출마하겠다는 결심을 굳혔다면 우선 '내가 누구인가'에 대한 분석을 하고 이를 정리해 두어야 한다. 신상, 경력, 학력 등 자신에 관한 가장 기초적인 정보는 두말할 필요 없이 우선적으로 챙겨야 할 것이고, 그 외에 보다 심층적인 분석이 필요하다. 이러한 심층 분석에 가장 유용하게 사용하는 방법은 바로 'SWOT 분석'이다.

SWOT 분석방법[4]은 선거에 출마하는 자신 및 경쟁 후보의 경력, 평판, 지지기반, 성향을 비롯하여 강점과 약점을 분석할 수 있게 하는 기본적 분석 틀이 된다. 이는 자신의 강점을 부각시키고, 약점을 보완하며 외부의 위협 요인에 대해 방어하고 역공을 준비할 수 있게 해준다.

SWOT 분석에서 특히 중요한 것은 분석 과정에서 나온 모든 정보와 특성이 바로 '진실(truth)'을 바탕으로 해야 한다는 것이다. 진실을 토대로 자신의 모든 점을 분석해야 올바른 선거 전략이 나오고, 진정성 있는 선거를 치를 수 있기 때문이다.

---

4) SWOT 분석방법은 원래 경영학의 마케팅 기법에서 나온 것으로 기업의 내부 환경을 분석하여 강점(strengths)과 약점(weaknesses)을 발견하고, 외부 환경을 분석하여 기회(opportunities)와 위협(threats)을 찾아내어 이를 토대로 경영 전략을 수립하는 것으로서 여러 분야에 응용되고 있다.

● SWOT 분석의 구체적인 사례 : 직원 출신의 조합장 후보

S (강점)	W (약점)
· 오랜 조합 근무로 조합원과 소통 및 유대 · 직원 출신으로 조합에 대한 전문지식 · 직원들과 우호적인 관계 ☞ 상대 후보에 비해 우월한 나의 강점을 크게 부각시켜 유권자에게 긍정적 이미지를 심어주고 나아가 득표로까지 연결시킬 수 있는 방안을 모색해야 한다.	· 수동적이고 제한적인 사고 · 방어적이고 안정 위주의 태도 · 외모, 스피치, 금전 등 한계 ☞ 후보의 약점으로 공격받을 수 있는 사항을 다각적으로 찾아내어 사전 방어책을 강구하고, 경쟁 후보가 약점을 공격하거나 쟁점화할 경우 이에 대해 역공할 수 있도록 대비해야 한다.
O (기회)	**T (위협)**
· 각종 업무에서 취득한 정보로 출마의 변, 공약으로 선점 · 열성 지지층 존재 · 현 조합장과 관계 설정 ☞ 선거환경에서 유리한 요인이며 후보가 통제하기 어려운 외부 변수임. 기회 요인을 잘 포착하고 이를 유리하게 이용하기 위해서는 끊임없이 선거환경을 관찰·분석해야 한다.	· 상대 후보의 탄탄한 조직력 · 상대 후보의 지위(선거 구도) · 상대 후보의 이미지(엘리트, 유능함) ☞ 그 영향력을 줄이거나 피해야 하는 불리한 선거환경 요인으로 내가 통제할 수 없는 변수임을 전제하고 최대한 그 불리한 영향력을 축소시키려는 노력이 필요하다.

더불어 이러한 분석을 바탕으로 후보자만의 강점을 살린 '나만의 스토리텔링(storytelling)'[5]을 준비해 두는 것도 선거 승리에 중요한 요소가 될 수 있다. 최근 유행하는 말로 성공하는 기업에는 스토리텔링이 있듯이 성공하는 정치인에게도 스토리텔링이 있다. 훌륭한 스토리텔링을 할 수 있는 후보가 선거에 훨씬 유리한 시대가 온 것이다. 미국 컬럼비아대 교수인 사이먼 샤마(Simon M. Schama)는 『미국의 미래』라는 책에서 "미래의 미국 대통

---

5) 스토리텔링은 사전적으로 '이야기를 들려주는 활동, 이야기가 담화로 변하는 과정'을 의미한다. 오늘날 스토리텔링은 마케팅 기법을 비롯하여 각종 분야에 활발하게 이용되고 있는 기법이다

령은 스토리텔러일 것"이라 하였는데 이러한 예견은 오바마의 당선으로 정확히 들어맞았다. 좋은 스토리텔링을 준비했으면 이를 구전을 통해서 혹은 선거운동 과정에서 반복하는 것이 중요하다.

(2) 나의 경쟁상대는 누구인가 - 적을 알아야 이길 수 있다[6]

선거에서 나와 대결할 가능성이 높은 출마 예상자들을 사전에 파악하고 이들에 관해서 정보를 수집하고 분석해야 한다. 출마 예상자들이 갖고 있는 장점과 단점 등이 무엇인지 정확히 알아야만 나의 상대적 강점과 약점을 찾아낼 수 있기 때문이다. 또한 상대방에 대한 분석 결과를 통해 선거 전략을 유추해 보고 나는 어떻게 대응해 나갈 것인지 전략을 구상하는 것도 매우 중요한 과정이다. 적을 알아야 이길 수 있는 것과 마찬가지로 선거에서도 상대가 누구인지 잘 알고 있어야 승리할 가능성이 높아진다.

경쟁 상대에 대한 심층 분석은 나에 대한 분석과 마찬가지로 SWOT 분석 방법을 유용하게 이용할 수 있다. SWOT 분석을 통해 도출된 상대방의 장점과 단점, 기회 요인과 위협 요인은 곧 나의 선거 전략 수립과도 직결되는 핵심 사항들이다. 나에 대한 분석과 마찬가지로 상대방에 대한 정보 수집과 분석도 선거가 본격적으로 시작되기 전에 미리 완료되어야 할 절차이다. 아무리 괜찮은 정보라도 시의적절하게 사용되지 못하면 무용지물이 된다는 사실 또한 잊지 말아야 한다. 선거에서 자료와 정보는 현명하고 지혜롭게 사용하여야 한다.

---

[6] 지피지기백전불태[知彼知己百戰不殆], 상대를 알고 나를 알면 백 번 싸워도 위태롭지 않다는 뜻으로, 상대편과 나의 약점과 강점을 충분히 알고 승산이 있을 때 싸움에 임하면 이길 수 있다는 말. 중국 전국시대(戰國時代)에 지어진 병법서(兵法書)인 『손자병법』에 나오는 말이다.

(3) 언론기관, 특히 기자와 친해지자

언론의 가장 큰 힘은 신뢰성과 인지도를 높여 준다는 점이다. 이런 이유로 선거를 준비하는 사람이라면 언론과 소통을 잘하는 능력이 필요하다. 그러나 언론에 이름을 낼 수 있는 기회가 그리 자주 오지 않는 것이 사실이므로, 여기서는 언론과 친해질 수 있는 몇 가지 방법을 소개하고자 한다.

첫째, 기자도 사람이다. 인간다운 매력을 보여주자. 따뜻한 가슴과 언어, 투명한 눈빛을 기자에게 보낸다면 냉정하고 프로페셔널한 기자라 하더라도 그러한 사람에게는 호감을 느끼게 될 것이다. 또한 부정적인 취재에도 충분히 설명하여 기자가 납득할 수 있도록 설득하는 자세가 필요하다.

둘째, 언론사 간 차별은 하지 말자. 지방의 소도시나 농어촌 지역에서는 중앙지 못지않게 지방지도 그 영향력이 상당하고 작은 언론사일수록 기자의 독립성이 크기 때문에 보도 가능성이 높다는 것을 간과해서는 안 된다. 최소한 작은 실수로 언론기관과 불편한 관계가 되는 일을 피해야 한다.

셋째, 반은 기자가 되어야 한다. 기자는 매일 기삿거리를 찾는 사람이므로 보도거리는 뭐든지 알리는 것이 중요하며, 따라서 무엇이 기삿감이 되는지 안되는지 판단할 수 있는 능력을 갖춘 반(半) 기자가 되어야 한다. 또한 기사는 타이밍이 중요하므로 각 언론사의 마감시간(보통은 오후 4시 전후이다)을 유의하고, 편집 방향에 맞춰 보도자료(특히 준비된 사진 등)를 작성해 보는 등 기자에 버금가는 수준이 되어야 한다.

마지막으로 자신의 정보를 간략히 정리한 내용, 출마 준비 계획과 준비하고 있는 정책의 핵심 내용, 잘 나온 사진 등을 항상 갖고 다니며, 기자들을 만나 자신을 소개할 때 활용하는 것도 중요하다고 하겠다.

후보로서 이런 준비를 하기가 쉽지 않기 때문에 기획사에서 대부분 보도자료를 작성하고 언론방송에 접촉하여 신문에 기사화되거나 방송에 나가는 경우가 대부분이다.

당사는 그동안 후보 본인들의 요청이 있을 시 후보들의 보도자료를 작성해서(주로 출마 기자회견 또는 인물 소개 보도자료) 언론방송에 기사화될 수 있도록 하여 왔다.

특별히 출마 기자회견은 중요한 선거일정 중의 하나가 되어야 한다. 지역 시군 기자실에 방문하여 출마 기자회견문을 발표하고 기자들로부터 질문을 받고 대답하는 형식으로 미리 시군 기자실 담당공무원께 상의를 하고 일정을 잡은 후 출마 기자회견 현수막과 지지자들과 함께 기자실에서 출마 기자회견을 하면 된다. 다음 날 각종 언론방송에 대서특필 될 수 있도록 사전에 충분한 준비가 필요하다. 기자 질문의 경우도 사전에 문답서를 작성해서 잘 아는 기자가 질문을 하고 답변을 명쾌하게 하여 다른 후보와 뭔가 다른 차별성을 부각시켜야 한다.

그러나 다른 활동도 마찬가지겠지만 언론을 이용하는 것 역시 양날의 검과 같다. 언론을 통해 노출되는 이미지가 실제와 상반될 때는 역풍을 불러일으킬 수도 있고, 그렇게 형성된 이미지가, 특히 그것이 부정적 이미지일 경우에는 회복이 불가능하다. 어떤 선거 전문가는 "퍼블리시티(publicity)[7]에만 맛 들이면 더 빨리 가게 문을 닫는다"라고 말하기도 했다. 결국 입후보 예정자는 언론홍보의 궁극적 목적이 '여론 선동'이 아닌 '활동 홍보 및 유권자의 알 권리 충족'이라는 사실을 명심해야 할 것이다.

간혹 처음 출마를 하는 경우 관공서 기자실이 높은 벽이라고 생각하고 '내

---

7) 신문·잡지 등의 기사나 라디오·방송 등을 이용하여 자연스럽게 광고·선전하는 것을 말한다.

주제에~', '기자들이 나를 우습게 보지 않을까?' 하면서 아예 시도조차 못하는 경우가 있는데 그런 자세는 바꿔야 한다. 그런 소극적 자세는 금물이다. 이제 '평범한 인간 OOO에서 조합장 OOO'로 지위 상승하여 공인으로 변화해야 하는데 득표 요인이 되는 일이라면 무조건 해야 하는 것이다.

'나는 누구에게도 무릎 꿇은 적이 없다'고 큰소리 칠 일이 아니다. 언제든지 조합원 앞에서 무릎을 꿇고 표를 달라고 울부짖어야 한다.

(4) 선거관리위원회를 친구처럼 - 선거관리위원회를 활용하자
선거는 정해진 규칙 하에서 치러지는 일종의 경기(game)이다. 이 경기에 참가하는 선수들은 바로 선거에 출마한 후보들이고, 정해진 규칙은 위탁선거 관계법령이라 할 수 있다. 그리고 선관위는 선거라는 경기의 심판으로서 규칙을 공정하게 적용하고 집행하는 역할을 수행한다.

〈 선관위 발간 선거사무안내와 위탁선거법 사례예시집 〉

경기에 임하는 선수들이 갖추어야 할 자세는 규칙을 지키고 심판의 판정을 따르는 것이다. 마찬가지로 선거에 출마하는 후보들의 기본 덕목은 선거법을 성실히 준수하고 선관위의 결정을 존중하는 것이라 할 수 있다.

선관위는 기본적으로 선거의 심판으로서 제반 선거 과정을 규제하는 독립규제위원회[8]의 성격을 지니지만 한편으로 선거와 관련된 각종 행정서비스를 제공하는 행정기관이기도 하다. 따라서 출마를 준비한다면 선관위가 어떤 부분을 제한하는지 또한 어떤 행정서비스를 제공하는지 잘 알고 있어야 선거를 치르기가 한결 수월하다.

선관위가 제공하는 행정서비스의 활용 방안을 구체적으로 알아두면 선거를 잘 치를 수 있다. 이제부터 그 활용 방안을 몇 가지 소개하고자 한다.

첫째, 중앙선관위 홈페이지(www.nec.go.kr)를 적극적으로 활용하는 방법이다. 중앙선관위 홈페이지에는 선거와 관련하여 유용한 정보를 얻을 수 있는 다양한 콘텐츠가 있다. 이러한 각종 자료를 선거가 본격적으로 시작되기 전에 미리 시간적 여유를 갖고 살펴보고 분석해 놓으면 이후 선거 과정에서 크나큰 도움이 된다. 만약 보다 구체적인 해석이 필요하거나 새로운 사안이 발생한다면 선관위에 질의하여 더욱 상세한 답변을 얻으면 된다.

둘째, 선관위가 주최하는 각종 설명회에 주목해야 한다. 특히 선거를 앞두고 지역 선관위와 함께 개최하는 입후보 안내 및 선거법 설명회 등은 반드시 참석해서 관련 정보를 얻어야 한다. 이러한 설명회에서는 선거에 출마할 예비후보 및 선거사무 관계자들에게 실질적인 도움을 주고자 입후보 등록 과정과 같은 절차사무 및 개정된 위탁선거법 등 선거를 치르기 위해 필

---

[8] 우리나라에 있어서도 중앙선거관리위원회의 경우를 보면 그것이 일반 행정기관에 속하지 않는 합의제기관으로서 준입법권·준사법권을 지니고 있다. 신두범·오무근, 2010, 『최신행정학개론』, 168~169쪽, 박영사

수적으로 알아야 할 사항을 조목조목 안내해 준다. 간혹 이런 설명회의 가치를 소홀히 여겨 아예 참석조차 하지 않다가 나중에서야 자료를 요청하고 관련 사항을 설명해 달라고 하는 후보들이 있는데 이는 결코 바람직한 모습이 아니다. 더불어 선관위가 배부한 각종 책자 등 자료를 제대로 활용해야 한다. 실제 본격적으로 선거가 시작되었음에도 불구하고 책자에 명시된 기본적인 내용조차 알지 못해 뒤늦게 선관위로 문의하며 아까운 시간과 노력을 허비하는 경우를 종종 본다. 한정된 선거 자원을 효율적으로 사용하기 위해서라도 선관위의 자료를 사전에 꼼꼼히 살펴보고 효과적으로 활용해야 한다.

입후보 안내 설명회는 이제 예비후보(30일) 제도가 있어서 아마 60일 전쯤 입후보 안내 설명회를 개최할 것이다. 3월 첫째 주 수요일 선거일 기준으로 하면 1월 첫째 주에 설명회를 개최할 것이다.

관계자의 말을 빌리면 "농수산림조합별로 정관에 따라 후보자등록 서류가 다를 수 있는 만큼 출마 예정자들은 반드시 참석해 자신이 준비할 서류 등을 확인해 달라"며 "불법 선거운동으로 인한 처벌이나 당선 무효 등을 예방하고 공정한 선거를 치르기 위해 선거운동 방법과 제한·금지 행위 등도 구체적으로 안내할 계획"이라고 말했다.

〈 선관위 주최 입후보 안내 설명회 〉

셋째, 선관위와 친하게 지내도록 한다. 후보와 선거사무관계자들이 좋든 싫든 선거 현장에서 가장 빈번히 마주쳐야 할 사람들은 아마도 선거를 관리하고 선거 부정행위를 감시하는 해당 지역의 선관위 직원과 공정선거지원단 단원들이 아닐까 싶다. 선거 과정에서 선관위는 후보와 선거사무 관계자들에게 기본적으로 선거 절차 사무 등을 안내하는 역할을 하고 더불어 공정한 선거 관리를 위한 예방·감시·단속 활동을 한다. 그렇기에 후보는 선거운동 과정에서 선거에 관한 규제나 제한을 받을 경우 선관위가 마치 방해꾼으로 여겨질 수도 있을 것이다.

특히 선거가 치열해질수록 선관위에 대해 공격적이고 적대적인 태도를 보여 상황을 어렵게 만드는 후보와 후보의 가족, 참모들이 있다. 그러나 선관위 직원이 이러한 제재를 할 때는 해당 선거운동 방법이 선거법이 허용하는 범위를 넘어서는 등의 문제가 있기 때문임을 이해해야 한다. 이러한 규제는 공정한 선거 관리를 위한 위탁선거법 집행이라는 선관위 본연의 의무에서 비롯된 것이지만 동시에 후보를 보호하기 위한 측면도 있음을 알아야 할 것이다.

정치와 선거는 결국은 모두 사람이 하는 일이다. 선거법을 집행하고 적용하는 선관위도 그 조직 내부에는 사람들이 있는 것이다. 그렇기에 후보와 선거사무 관계자들이 선관위에 부담 없이 위탁선거법을 문의하며 상호 협력·신뢰 관계를 형성하는 것은 선거를 잘 치르기 위해 매우 중요한 일이다. 많은 후보들이 선관위에 질의하면 "하지 말라고 해서 할 수 있는 것이 거의 없다"고 항변한다. 저자의 오랜 경험으로 볼 때도 선관위 직원들이 공직선거법은 잘 알고 있지만 위탁선거법에 대해서는 다소 해석을 달리하는 경우가 많았는데 그것은 위탁선거법령과 규칙을 기준으로 하기 때문이다. 중앙선관위 법제국에서 운용 기준을 정하는 경우 지역선관위 직원들이 모르는 경우가 더러 있었다. 어떤 후보들은 아예 선거사무 질의를 본사에 하는 경우가 많았고 필자는 나름 성심성의껏 답을 해주었다.

신속한 대응이 중요하다!

선거를 치르다 보면 후보와 관계자들은 선거법 위반 혐의 등을 이유로 선관위의 조사협조 요청을 받을 때가 있다. 이 때는 되도록 신속하게 선관위 조사에 응해야 유리하다. 이유 없이 차일피일 약속을 미루는 후보와 관계자들이 많은데 이 경우 오히려 본인들에게 불리한 자료와 정보가 수집되는 시간을 줄 수도 있음을 알아야 한다. 또한 시간이 촉박한 선거 때 자칫 걸림돌이 될 수 있는 사안을 빨리 해결하지 못한다면 나중에 오히려 더 큰 불이익을 당할 수도 있다는 사실을 명심해야 한다. 그러나 선거운동기간(14일)에는 후보의 선거운동 권리를 방해하거나 훼방할때는 선거의 자유 방해죄에 해당된다.

공직선거법 제237조(선거의 자유방해죄)
① 선거에 관하여 다음 각 호의 어느 하나에 해당하는 자는 10년 이하의 징역 또는 500만 원 이상 3,000만 원 이하의 벌금에 처한다. <개정 2010.1.25>
1. 선거인·후보자·후보자가 되고자 하는 자·선거사무장·선거연락소장·선거사무원·활동보조인·회계책임자·연설원 또는 당선인을 폭행·협박 또는 유인하거나 불법으로 체포·감금하거나 이 법에 의한 선거운동용 물품을 탈취한 자
2. 집회·연설 또는 교통을 방해하거나 위계·사술 기타 부정한 방법으로 선거의 자유를 방해한 자
3. 업무·고용 기타의 관계로 인하여 자기의 보호·지휘·감독하에 있는 자에게 특정 정당이나 후보자를 지지·추천하거나 반대하도록 강요한 자
② 검사 또는 경찰공무원(사법경찰관리를 포함한다)이 제1항 각호의 1에 규정된 행위를 하거나 하게 한 때에는 1년 이상 10년 이하의 징역과 5년 이하의 자격정지에 처한다.

2. 미션과 비전

한 번 뿐인 인생을 살아가며 지금 하고 있는 일에 대해 얼마나 진지하게 고민해 보았던가? 지금 하고 있는 이 일은 내가 진정으로 원하고 있는가? 조합장 당선을 목표로 하고 있는 나를 조합원들이 어떻게 생각하고 있을까? 조합장 후보로 이제 출마를 결심하면 주변 사람들의 여론이 어떨까?
바로 미션과 비전이다.
먼저 후보스타일을 살펴 보기로 한다. 나는 어디에 해당되는지 한 번 돌아보기를 바란다.

가. 후보 스타일

선거에 출마하는 인물을 주변 사람들의 반응을 기준으로 4가지 스타일로 분류할 수 있는데 나는 어디에 속할까?

▶ "뭐! OOO가 조합장 출마해… 동네 개도 웃겠다."(천방지축형·天方地軸

型)
▶ "그래! 000가 조합장을 출마한다고… 잘 해보라고 그래."(수수방관형·袖手傍觀型)
▶ "정말! 이제 현직 조합장이 바짝 신경 써야 되겠구먼…"(일취월장형·日就月將型)
▶ "와! 내가 인정하는 000씨가 나온다면 내가 운동하러 다녀야지…"(장원급제형·壯元及第型)

현직 조합장인 경우 기득권을 갖고 비교적 순탄하게 다음 선거를 준비하면 되지만 도전자로서는 자기 자신을 다시 한 번 돌아봐야 한다. 지금 이 책을 읽고 있는 나는 다음 중 몇 번에 해당될까?

1) 천방지축 스타일(天方地軸型)

너무 급하여 허둥지둥 함부로 날뛰는 모양을 천방지축이라 한다. 다른 사자성어로는 天方地方(천방지방)이라고 하는데 주변 사람들 특히 조합원들의 애경사(결혼, 장례식 등)에 얼굴 한 번 나타나지 않고 지역의 단체나 행사, 특별히 조합이나 조합원들의 모임에는 발걸음을 하지 않고 혼자서 잘난 체하며 명예욕이나 권력욕에만 사로잡힌 사람들이 부지기수이다. 그래도 표는 일정부분 얻는 것이 선거이다. 때로는 인심을 다 잃고 밥 한번 사지 않으면서 이름을 드러내려고 이리저리 다니며 선거 때만 되면 기웃기웃거리는 선거출마 전과자들이 생각보다 많다는 것이 선거판의 현실이다.

중국 제(齊)나라 때에, 남곽이라는 사람이 생황을 불 줄 모르면서 악사(樂士)들 가운데에 끼어 있다가 한 사람씩 불게 하자 도망하였다는 데서 유래하는 濫竽(남우)라는 고사성어가 있는데 무능한 사람이 재능이 있는 체하는 것이나 또는 실력이 없는 사람이 어떤 지위에 붙어 있는 일을 이르는 말이다. 바로 천방지축형의 후보가 이에 해당한다.
평소 그의 사회활동은 眼中無人(안중무인, '눈에 보이는 사람이 없다'는 뜻)으로, 방자하고 교만하여 다른 사람을 업신여기고 사람 귀한 줄 모르고 자기 혼자 잘난체 하면서 살아가는 사람이다.

이런 부류라면 나의 정체성을 깨닫고 4년 후를 바라보면서 조합원을 섬기고 이미지를 바꾸어야 한다. 학력이 부족하면 다양한 과정을 찾아서 학업을 연마하고 닦아야 한다. 각종 세미나 특수교육과정을 이수하고, 조합원 애경사나 모든 조합 모임에 참석하면서 이미지 개선에 적극 나서야 한다. 사람들은 섣불리 마음을 바꾸지 않을 것이다. 한마디로 개과천선(改過遷善, '지난 잘못을 고쳐 착하게 바뀌다' 라는 뜻으로, 지난 날의 잘못을 뉘우치고 착한 사람이 되었다는 말) 해야 할 것이다.

2) 수수방관 스타일 (袖手傍觀型)

이 부류의 후보들은 적군도 아군도 없는 분류이다.
나름 조합원에게 인지도는 있지만 호감도는 알 수가 없다. 한 번쯤 지난 선거에 출마하여 이름은 알려졌지만 관심도 없고 선거의 기본인 조직도 없는 분류이다.

조합의 대의원 경력이 한 번 쯤 있어서 조합의 사정을 잘 알고 있다.
한 번 출마하여 재정적인 출혈도 있어서 가족의 적극적인 지지가 없는 경우가 대부분이다.
선거에서 기본인 4가지 원칙이 선거운동 자금, 조직, 조합원 D/B(핸드폰 번호와 인적사항), 그리고 솔루션(콘텐츠)이다.

이런 후보들에게는 頂門一針(정문일침, '정수리에 침을 놓는다'는 뜻)같은 충고를 하여, 즉 후보의 급소를 짚어 따끔한 훈계를 줄 수 있는 선거 전문가를 만나서 선거운동 전략과 전술, 노하우를 몸으로 체득할 경우 다소 승산이 있을 수도 있다.
하지만 이번 선거에 당선은 쉽지 않을 것이며 4년 후 다음 선거를 준비하는 것이 현명할 것 같다. 무리하게 자신감만 갖고 무모하게 도전할 경우 많은 사람들에게 피해를 줄 수 있다. 그 동안 이런 부류의 후보들을 만나면서 질문하는 것이 있다. "사모님(부인)께서 선거 출마에 찬성하십니까?" 대부분은 女必從夫(여필종부, '아내가 반드시 남편의 뜻을 따라야 한다'는 말)니, 사나이 대장부니 하면서 고집을 피우거나. "내가 하는 일에 여자가 왜 나서요"라며 잘난체 한다.
침묵이 한참 흐르고 더 이상 대꾸를 하고 싶지 않다.
"네, 심사숙고하셔서 잘 결정하셔요."
그런데 결과는 천지개벽이 일어나지 않는 한 낙선이라는 아픔으로 돌아올 것이 뻔하다. 선거는 수신제가(修身齊家)이다. 몸과 마음을 닦아 수양하고 집안부터 화합해야 조합을 잘 운영할 수 있을 것이다.

3) 일취월장 스타일 (日就月將型)

이제 본격적으로 이런 후보가 당선의 월계관을 쓸 수가 있다. 지난 선거에서 차점자로서 4년 동안 준비를 하였거나 오랜 조합 생활로 조합원과 동고동락하였다.

이번에는 기지개를 켜고 찬물에 세수를 하면서 칼을 갈 수 있다. 19세기 일본의 월성(月性) 스님이 어릴 때 출가하여 불교에 입문하였다. 그때 집을 나서는 아들에게 아버지가 한 말이 '男兒立志(남아입지)하여 出鄕官(출향관)이니 學若不成(학약불성)이면 死不還(사불환)이라. 이 뜻은 남자가 뜻을 세워 고향을 떠났으니 배워서 뜻을 이루지 못하면 죽더라도 돌아오지 않으리라'라는 중국인 제벽의 시구이다. 이제 칼을 갈고 말에게 먹이를 먹여 출전한 뒤에는 적진을 무찌르고 승리해야 개선문을 통해 돌아올 수 있는 것이다.

見物生心(견물생심, '어떠한 실물을 보게 되면 그것을 가지고 싶은 욕심이 생김')이라는 말처럼 오직 당선을 위하여 후보가 파란 상추를 먹는데 피는 붉게 나오듯이 모든 일거수일투족이 당선을 위해 사투를 벌이고 그후 결과는 하늘에 맡기면 당선될 수도 있다. 내 몸에 흐르는 붉은 피가 당선의 피로 바뀌어 모든 혈관(사람 혈관의 길이가 12만 키로, 지구의 두 바퀴)에 흐르면서 나의 모든 신체기능이 조합원들을 감동시키는 기능으로 바뀌게 되고 내가 하는 말과 내가 보는 눈, 나의 발걸음까지도 풀가동한다면 나는 당선될 수 있다.

자기 자신을 냉철히 분석하고 조합장으로서의 적합도와 지지도를 끌어 올리면서 본사의 보석 같은 노하우를 전수받아 완벽한 조합장 선거 전략과 전술로 전쟁에 임한다면 당선의 고지에 다가설 수 있다.

4) 장원급제 스타일(壯元及第型)

이런 사람들은 대부분 주변에서 출마를 적극 권유해도 심사숙고(深思熟考)하게 된다. 선친의 후덕이 있었고 평소 많은 사람들에게 덕과 선을 베풀었다. '받기보다는 주기'가 체질화되어 있다. 이런 분들이 출마하면 천군만마(千軍萬馬, '천 명의 군사와 만 마리의 군마'라는 뜻)들이 음으로 양으로 돕기 시작하고 다른 여타 후보들이 출마를 포기하여 무투표당선이 될 수도 있다. 주변에 많은 군사(軍士)와 말들이 있지만, 선거는 다 자기 뜻대로 되지는 않는다. 선거법에 저촉된다든지, 막상 나가 보면 살벌한 현장에서 좌절하여 포기하는 경우도 많이 있다. 평소 평이 좋다고 하더라도 네거티브나 마타도어에 의해서 쌓아온 형설지공(螢雪之功, '반딧불과 눈빛으로 공부하여 이룬 공'이란 뜻으로, 어려움을 이겨 내고 공부하여 얻는 보람을 이르는 말)이 한 순간에 땅에 떨어질 때가 있다는 것이다. 군대 말년에 '떨어지는 낙엽도 조심한다'는 말이 있듯이 선거 개표까지 어떤 변수가 생길지 노심초사(勞心焦思)하여야 한다.

선거는 과학이다. 선거공학이라는 말이 있다. 양반이 문무를 갖추었듯이 선거법과 선거전략에 能文能筆(능문능필, '글 짓는 솜씨와 글씨가 모두 능함 또는 그런 사람') 하여야 하며 후보 본인과 가족, 참모 나아가 조합원에 이르기까지 渾然一體(혼연일체, '생각 행동 의지 따위가 완전히 하나가

됨')가 되어 선거일까지 함께 뛰어야 할 것이다.
특별히 참모나 주변 후원자로 三益友(삼익우, '사귀어서 자기에게 도움이 되는 세 가지의 벗') 즉, 심성이 곧은 사람, 믿음직한 사람, 문견이 많은 사람을 가까이 두어야 한다.

중국 형산에서 나는 옥이라는 뜻으로, 보물로 전해 오는 흰 옥돌을 이르는 말이 荊山之玉(형산지옥)인데 어질고 착한 사람을 비유로 일컫는 말로 그런 후보가 되어야 한다. 평소의 그의 삶은 조상으로부터 흘려 내려와≪주역≫의 <문언전(文言傳)>에 나오는 사자성어 가운데 積善餘慶(적선여경, '착한 일을 많이 한 결과로 경사스럽고 복된 일이 자손에게까지 미침')이라는 말로 설명되어야 하리라. 내가 열심히 해서 되는 것도 중요하지만 선대의 후광이 큰 지렛대가 되면 더욱 바람직하다.
"그집 손자라면 물어볼 필요도 없어! 그 집 아들이면 조합장으로 충분해!"

一騎當千(일기당천, '한 사람의 기병이 천 사람을 당한다'는 뜻)하여 싸우는 능력이 아주 뛰어남으로 승전가를 부르게 될 것이다(압승으로 당선되든지, 무투표로 당선되든지). 조합장이 되어서 평소 그의 훈훈한 삶과 선한 영향력, 아름다운 향기가 온 사방에 퍼져서 살 맛 나는 삶, 그저 바라만 보아도 기분이 좋아지는 사람, 때로는 조합의 경영에 있어서는 生殺與奪(생살여탈, '어떤 사람이나 사물을 마음대로 쥐고 흔듦'을 비유적으로 이르는 말)로서 정의와 공정이 흐르는 아름다운 세상을 만들어 가게 될 것이다.

내가 왜 조합장이 되어야 하는가?
조직의 목표를 달성하는 과정에 조합장 후보 본인 삶의 방향성을 접목시켰는가?
아래에 조합 경영에 대한 참고할 만한 이야기를 옮겨 본다.

"개인의 삶과 조직을 분리하지 않고, 개인의 최종 목표가 곧 조직의 최종 목표와 같도록 설정하는 것은 중요한 요소이다. 조합원들의 이윤과 복지증진을 위해 사업을 진행하는 것, 자신이 몸담고 있는 조합이 1등이 되는 것, 이러한 일련의 사업 목표는 '조합 경영 관리자'로서 본인 삶의 목표와 같은 것이다.

조합장의 진정성이 조합원들을 감동시켰고, 조직 구성원들이 협조하도록 하였다. 결국 조합원들의 마음을 움직이게 하였다."[9]

나. 미션

미션(Mission)이란 사명(使命), 존재 이유, 존재 가치, 조직 이념 등으로 표현된다. 조직이 존재하는 이유와 가치 또는 정체성(Identity), 수행하는 업(業)의 개념을 정의하고 국가, 사회, 고객에게 이렇게 기여하겠다고 설득력 있게 선언하는 것을 의미한다. 미션은 구성원들에게 자부심을 느끼게 하여 조직의 일에 몰입하도록 동기를 부여한다.[10]

조합장 선거에서 목표가 무엇일까? 당선이다. 당선이 되어야만 조합을 발전시키고 조합원들의 이익을 대변할 수 있다. 당선되지 않고 조합과 조합원을 위하여 할 수 있는 일은 거의 없다.

그럼 과연 나는 조합장이란 직(職)에 대한 철학이 분명한가? 선거운동을 하여 조합상이 되는 것이 먹고 사는 문제로 인식한다면, 그것은 노동이다. 그러나 가치창출을 위한 투자이고 조합과 조합원들을 위한 봉사와 사명이라

---

9) 이충수, 『협동조합 경영 이야기』, (서울, 시간여행, 2017)
10) 출처: https://flash0518.blog.me/220517123576, 꿈꾸는 코끼리의 '같이 잘사는 일상'연구소

면 이것은 소명이 될 수 있다. 그렇다면, 나는 어느 단계에 와 있는가?

'나는 왜 조합장이 되어야 하는가'에 대한 정체성(正體性, What I am), '나는 누구인가? 어디에서 와서 어디로 가고 있는가'에 대한 답을 찾고 조합장 선거 준비를 시작해야 한다. 단순히 나의 명예욕을 위하여, 평소 원한이 있거나 꼴 보기 싫은 상대가 출마한다고 하기에 등 이런 이유들이라면 조합장이란 직이 걸맞지 않을 것이다.

이제 구체적으로 나의 정체성을 파악하고 내가 공부한 지식과 다양한 경험 등을 종합하여 나의 조합장 선거 미션을 수립할 때이다. 당선이라는 미션은 너무 단조롭다. 조금 더 미션을 구체화하여 조합장 선거에 맞는 나의 존재 가치를 세우는 것이 중요하다. 그런 다음 출마 경쟁자가 몇 명인지를 파악해서 몇 %의 득표율을 달성할 것인지 등 선거 전반을 기획하고 전략을 치밀하게 세워 나가야 한다.

1) 농협의 역사와 미션

농업협동조합(農業協同組合·Agricultural cooperative)은 농민을 중심으로 조직된 협동조합이다.

농협은, 1907년 5월 대한제국에서 '지방금융조합규칙'과 '지방금융조합설립에 관한 건'이 공포되었고, 그 해 8월에 광주(光州)지방금융조합이 설립되었으며 1910년 6월까지 130개로 늘어났다. 지금의 신협과도 비슷한 서민금융기관이었다.
1914년과 1918년에 법령 개정으로 농촌과 도시에도 조합을 설치하고 각도 금융조합연합회를 결성하였고, 1918년 6월 '금융조합령'이 제정되면서 지방금융조합도 금융조합으로 명칭이 변경되었다.

1928년 9월 조선금융조합협회가 결성되었지만 운영이 원활하지 않자 해체되고 1933년 조선금융조합연합회가 결성되었다.

1945년까지 912개의 조합이 있었으며 1956년에 농업은행이 설립되면서 대한금융조합연합회가 해산되었다.

한국전쟁 이후 자유당 정권에서 농업협동조합에 대한 논의를 하였다. 1949년 농림부의 주도의 농협법의 입법화를 추진하게 되었으나 논의가 지지부진하게 이루어지다가 1957년에 가서야 농업협동조합법과 농업은행법이 제정되었다.

1958년 4월 1일에 창립총회를 개최하고 농업은행이 업무를 개시하였다. 농업협동조합(農業協同組合)은 설립된 농업관련 협동조합으로 농민을 지원하기 위해 조직되었다.

4·19 혁명으로 자유당 정권이 무너지고 새롭게 정권을 잡은 민주당 정권에서 농협법 개정에 대한 논의를 시작했지만 5·16 사태로 인해 논의는 물거품이 되어 버렸다. 당시 군부는 쿠데타의 이유로 '혁명공약'을 내세웠는데, 이 중 4번째인 '민생고를 시급히 해결하고 국가자주경제의 재건에 총력을 경주할 것'을 수행하기 위해 농촌 경제 안정화가 가장 시급한 문제하고 인식했다.[11] 그러나 농촌 경제 안정화를 주도해야 할 농협은 자금부족에 시달

---

11) 브런치스토리 농협은 어떻게 탄생되었을까?에서 인용

리고 있었다. 이를 해결하기 위해 국가재건최고회의에서 농업협동조합과 농업은행의 합병이 결정되었고 이후 1961년 8월 15일에 구 농협과 농업은행은 통합되어 종합농협이 발족되었다. 통합 당시 종합농협의 출자금은 30억 1000만 환이었다. 현재 농협은 이 날을 창립 연도로 지키고 있다.

농업협동조합법 제1조(목적)에 따르면 이 법은 농업인의 자주적인 협동조직을 바탕으로 농업인의 경제적·사회적·문화적 지위를 향상시키고, 농업의 경쟁력 강화를 통하여 농업인의 삶의 질을 높이며, 국민 경제의 균형 있는 발전에 이바지함을 목적으로 한다.

〈 출처 : 신동아 〉

농협의 비전은 변화와 혁신을 통한 새로운 대한민국 농협이다.

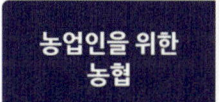
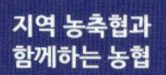

국민에게 사랑받는 농협	지역사회와 국가경제 발전에 공헌하여 온 국민에게 신뢰받고 사랑받는 농협을 구현
농업인을 위한 농협	농업인의 행복과 발전을 위해 노력하고, 농업인의 경제적·사회적·문화적 지위 향상을 추구
지역 농축협과 함께하는 농협	협동조합의 원칙과 정신에 의거 협동과 상생으로 지역 농축협이 중심에 서는 농협을 구현
경쟁력 있는 글로벌 농협	미래 지속가능한 성장을 위하여 국내를 벗어나 세계 속에서도 경쟁력을 갖춘 농협으로 도약

〈 출처 : 농협박물관 홈페이지 및 NH농협 홈페이지 〉

2) 수협의 역사와 비전

수산업협동조합(水産業協同組合, National Federation of Fisheries Cooperatives), 약칭 수협(水協)은 1962년 1월 20일 수산업협동조합법 1013호에 따라 같은 해 4월 1일 출범하였다.

〈 출처 : 수협중앙회 블로그 〉

1937년 5월 조선어업조합으로 출발해 1944년 4월 조선수산업회로 개편한 뒤, 1949년 한국수산협회를 거쳐 1962년 4월 지금의 회원조합과 중앙회를 동시에 발족하였다.

수산업협동조합법 제1조(목적) 이 법은 어업인과 수산물가공업자의 자주적인 협동조직을 바탕으로 어업인과 수산물가공업자의 경제적·사회적·문화적 지위의 향상과 어업 및 수산물가공업의 경쟁력 강화를 도모함으로써 어업인과 수산물가공업자의 삶의 질을 높이고 국민경제의 균형 있는 발전에 이바지함을 목적으로 한다.

현재 전국에 92개 조합, 수산인 70만 명을 아우르는 수협은 지도사업과 경제사업, 신용사업을 활발하게 전개하고 있다.

3) 산림조합의 역사와 비전

일제강점 후 산림녹화운동에 이용하고자 면 또는 군 단위로 삼림조합(森林組合)을 구성하게 하였는데, 이것이 민족자결운동의 근원이 된다 하여 1932년 해산시키고, 그 재산은 1921년에 조직된 사단법인 조선산림회(朝鮮山林會)로 인계·청산하였다.

산림조합중앙회(山林組合中央會, National Forestry Cooperative Federation)는 산주와 조합원의 권익향상과 지속 가능한 산림경영 촉진을 위한 국민 경제의 균형 발전에 기여하기 위해 1949년 창립한 중앙산림조합연합회를 모태로 설립되었다. 조선시대 향약의 일종인 송계가 산림조합의 근본 뿌리이다.

조선산림회는 식민정치하의 유력한 임업인과 산림 경영자로 구성되어 광복 후까지 존속하다가, 1949년 사단법인 시·군 산림조합, 시·도 산림조합연합회, 중앙산림조합연합회를 설립하게 됨에 따라 해산되고, 그 재산은 산림조합 계통에 인계되었다.

일제 수탈과 6·25전쟁의 혼란과 파괴로 전국 산림이 극도로 황폐해지자, 이를 복구하기 위해 1953년 「산림보호임시조치법」을 제정하고, 이에 의거하여 전국의 마을 단위로 산림계를 조직하여 정부와 산림조합의 지도 아

〈 출처 : 산림조합중앙회 홈페이지 〉

래 지역의 산림 보호·조림·육림·사방·임산연료 소비 절약 등을 국민운동으로 전개하였다.

1962년 새로 제정된 「산림법」의 규정에 따라 산림계·산림조합 및 산림조합연합회를 모두 일원화된 특수법인계통 조직으로 개편했으며, 1980년 1월 「산림법」에서 산림조합 관계 규정을 분리하여 별도로 「산림조합법」을 제정·시행하였다.

이후 1990년대에 들어와 녹화가 완성된 산림을 경영체제로 전환해야 할 필요성이 요구됨에 따라 산림조합 체제가 산주와 산림경영자를 중심으로 하는 협동조합 체제로의 개편이 추진되었으며, 마침내 1993년 12월 「산림조합법」이 「임업협동조합법」으로 개정되어 임업협동조합에 이르게 되었다. 이후 2000년 5월 1일 「임업협동조합법」이 다시 「산림조합법」으로 바뀌어 임업협동조합이 산림조합으로 개칭되었다.[12]

다. 비전

비전(vision) 이라는 말은 '보다'라는 의미의 라틴어 '비지오·visio'에서 왔으며, visio는 다시 그리스어인 '이데인·idein'에 근거를 두고 있다. '이데인·idein'은 '보다'라는 의미를 가지고 있으나 좀 더 은밀하게 그 의미를 따져보면 '보여지는 것을 보다'라는 의미이다.

○ "우리는 진정 무엇을 원하는가"에 대한 대답으로, 현실성 있고 믿을 만한 진정으로 열망하는 미래의 기대 모습.

---
12) 출처 : 한국민족문화대백과사전

○ 조합과 조합원 전체가 합의한 '꿈(Dream)이 실린 목표(Objective)'
○ 일반적으로 '조합의 1년 ~ 4년 후의 미래에 마땅히 있어야 할 모습(미래상)을 표현한 것'이라고 할 수 있다.

비전은 추상적이어서는 안 되며, 가능한 한 원하는 미래의 모습(그림)을 명확한 말로 표현하고 위로는 미션(Mission)과 아래로는 전략(Strategy)의 연관 관계를 설명할 수 있어야 한다. 강력한 비전은 조합의 미래에 대한 윤곽을 제시한 것으로 모든 조합원 및 직원들이 공유하는 정신적인 틀을 제공한다.

『제대로 만들어지지 않은 비전은 아예 없는 것보다 못하다. 제대로 만들어지지 않은 비전을 따르게 하는 것은 사람들을 벼랑 끝으로 내모는 것과 같다.

…… (중략)

충분한 노력과 시간, 참여를 통한 "비전 만들기와 전략 수립"은 더 좋은 미래를 창조하기 위한 하나의 투자, 그것도 아주 중요한 투자다 …….』[13]

짐 콜린스는 저서 『성공하는 기업들의 8가지 습관』에서 "크고 위험하고 대담한 목표(BHAG: Big Hairy Audacious Goal)"를 비전으로 삼으라고 이야기하고 있다.[14]

---

13) 출처: https://flash0518.blog.me/220517123576, 꿈꾸는 코끼리의 '같이 잘사는 일상' 연구소
14) JohnP.Kotter(1996),LeadingChange

1) 성공적인 비전수립

출마를 결심한 후보에게 묻습니다. OOO에게 조합장이란?
OOO의 전부다. 다시 태어나도 조합장을 할 것.

▶ 어떤 내용의 비전이어야 하는가?
   - 핵심 이념과 부합되는 미션을 설정할 것
   - 명확한 장래 선거 전략을 정할 것
   - 조합원들의 열망을 담아낼 것
   - 명확하고 구체적인 조합의 미래 방향 제시

▶ 어떻게 비전을 수립할 것인가?
   - '의지'에서 출발할 것
   - 조합원과 더불어 수립할 것
   - 조합원의 합의(Consensus)를 확보할 것

▶ **어떻게 비전을 실현할 것인가?**

   - 계단을 오르듯 단계적으로 접근할 것
   - 조합의 모든 활동과 비전 간의 정합성(整合性)[15]을 확보할 것
   - 비전 실현 주체들의 지속적인 추진이 가능하도록 동기부여
   - 신속하고 효과적인 조율 기능 구비

2) 좋은 비전이란?

☐ 조합과 시대와 조화를 이룬다.
☐ 탁월성의 기준을 설정하고 높은 이상을 반영한다.
☐ 목적과 방향을 명료하게 해준다.
☐ 열정과 헌신적 참여를 고무시킨다.
☐ 매우 명확하게 표현되고 쉽게 이해된다.
☐ 조합의 독특성, 조합의 능력, 조합의 대의명분, 조합이 성취할 수 있는 것을 보여 준다.
☐ 큰 뜻을 지닌다.

비전 수립, 즉 조직의 미래상을 그리는 데 있어 반드시 고민해 보아야 할 질문들!!
"나는 조합을 활기 넘치게 하는가?"
"나는 조합 구성원들을 움직이는가?"

---

15) matching : 시스템을 이루는 물리적 부품간의 상호 용량이 잘 맞아 전체 시스템의 유효성을 극대화할 수 있을 때, 부품 간에는 정합성이 좋다고 말한다. 예를 들어 증폭기의 출력용량이 20와트로 설계되어 있으면 스피커의 용량도 20와트 짜리를 연결해야지, 40와트 또는 10와트 짜리를 연결하면, 제대로의 성능을 발휘할 수 없는 것이다. 마찬가지의 논리로 조합장후보-조합원, 더 나아가 조합 직원에 이르기까지 상호 신뢰와 의존 등 정합이 되어야 좋은 시스템이라고 할 수 있다.

"나는 조합 구성원들을 앞으로 나아가게끔 자극하는가?"
"나는 조합 구성원들을 일하게 하는가?"

당신은 조합원들이 활기차게 살아 숨쉬는 꿈을 함께 꾸고, 그 꿈을 나침반 삼아 앞으로 나아가도록 할 수 있는가?

통합의학의 선구자이자 저술가인 버니 S. 시겔(Bernie S. Siegel)의 저서 《내 마음에도 운동이 필요해》에는 <박자와 강약, 쉼표와 리듬>이란 짤막한 글이 나온다.

앞으로 어떤 일이 일어날지 걱정하기보다는 매 순간 나 자신이 무엇을 바라는지에 귀를 기울이세요.
음악의 박자나 강약처럼, 당신도 삶의 리듬을 찾아야만 비로소 균형을 이룰 수 있습니다.
어떤 사람은 시속 15km로 달리기를 좋아하는 반면 어떤 사람은 4km로 달립니다. 우리는 제각기 편안하게 느끼는 속도가 다릅니다.

최선을 다한 후보님께 조합장 선거일 저녁에 이런 메시지를 보내게 될 것이다.

'삶의 연습이 끝나고 비로소 최고의 인생이 시작되었습니다.'

3. 조합장선거 분석

전국동시조합장선거가 2015년 제1회 이후 4년마다 실시되어 제3회 선거가 2023년 3월 8일에 실시되었고 각종 통계가 나왔다.
후보의 선거출마 결심에서 당선까지의 통계를 위주로 하였으며, 이 자료는 중앙선거관리위원회에서 발간한 총람에서 대부분 발췌하였다.
선거전문가 입장에서 바라본 분석이나 해석은 저자의 오랜 경험과 실제 상황에서 수집한 자료들을 바탕으로 추가하였다.

가. 도표로 이해하는 통계

1) 선거실시 조합 현황(관할 조합기준)

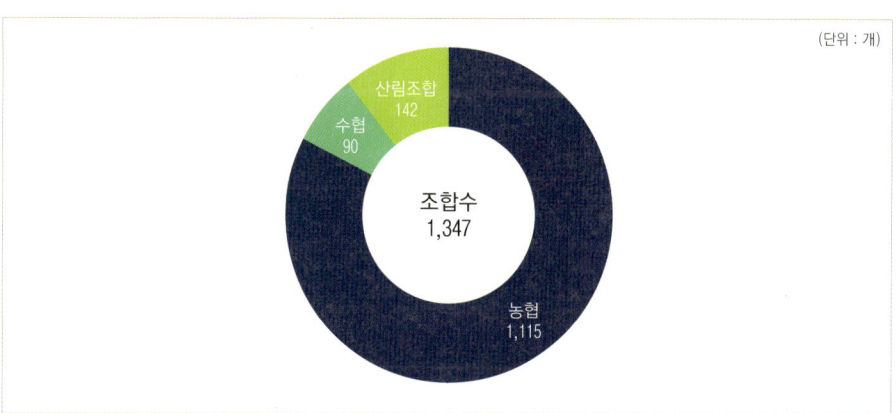

(단위 : 개)

구분	총계	서울	부산	대구	인천	광주	대전	울산	세종
합계	1,347	22	24	26	23	18	16	19	9
농협	1,115	19	16	25	16	16	15	17	8
수협	90	2	7	0	4	1	0	1	0
산림조합	142	1	1	1	3	1	1	1	1

구분	경기	강원	충북	충남	전북	전남	경북	경남	제주
합계	180	103	76	158	111	182	178	170	32
농협	163	79	66	136	94	142	146	134	23
수협	1	9	0	8	4	19	9	18	7
산림조합	16	15	10	14	13	21	23	18	2

2) 성별 연령별 선거인수

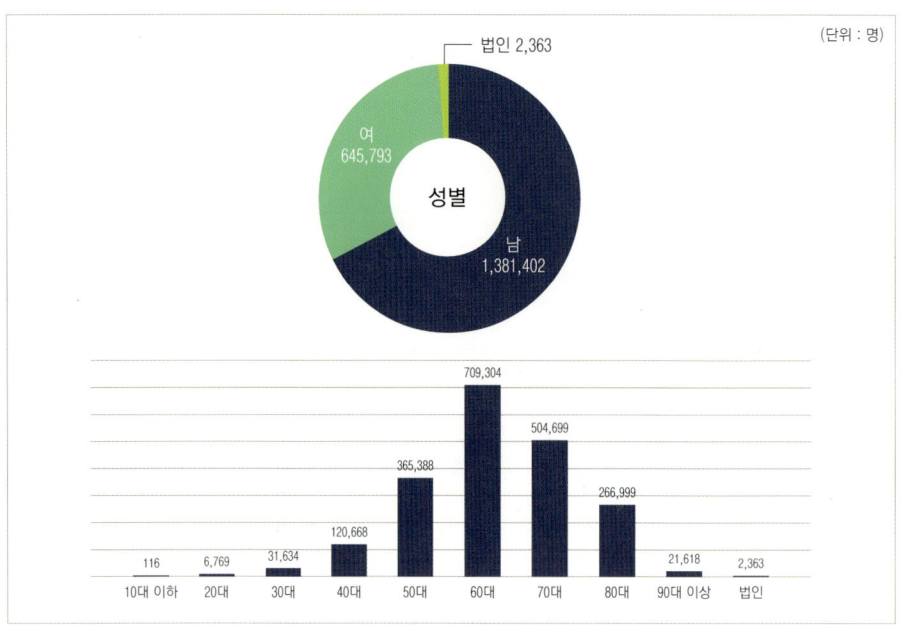

구분	확정된 선거인수				법인
	합계	개인			
		소계	남	여	
합계	2,029,558	2,027,195	1,381,402	645,793	2,363
농협	1,649,878	1,648,548	1,091,080	557,468	1,330
수협	125,629	125,324	79,865	45,459	305
산림조합	254,051	253,323	210,457	42,866	728

구분	합계	10대 이하	20대	30대	40대	50대	60대	70대	80대	90대 이상	법인
합계	2,029,558	116	6,769	31,634	120,668	365,388	709,304	504,699	266,999	21,618	2,363
농협	1,649,878	15	4,983	24,190	96,745	297,887	583,128	412,007	215,289	14,304	1,330
수협	125,629	2	710	3,160	9,941	22,860	41,311	30,349	15,371	1,620	305
산림조합	254,051	99	1,076	4,284	13,982	44,641	84,865	62,343	36,339	5,694	728

3) 등록 후보자 수

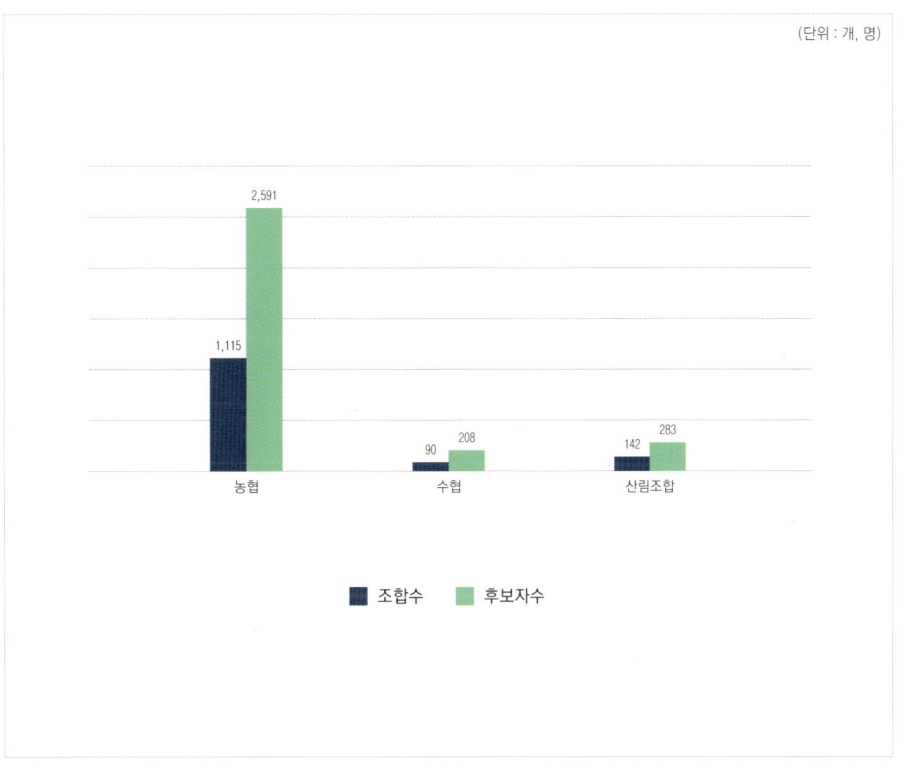

(단위 : 개, 명)

구분	조합수	등록 후보자수			경쟁률
		합계	등록	사퇴·사망·등록무효	
합계	1,347	3,082	3,071	11	2.3:1
농협	1,115	2,591	2,582	9	2.6:1
수협	90	208	207	1	2.5:1
산림조합	142	283	282	1	2.3:1

4) 무투표 조합 현황

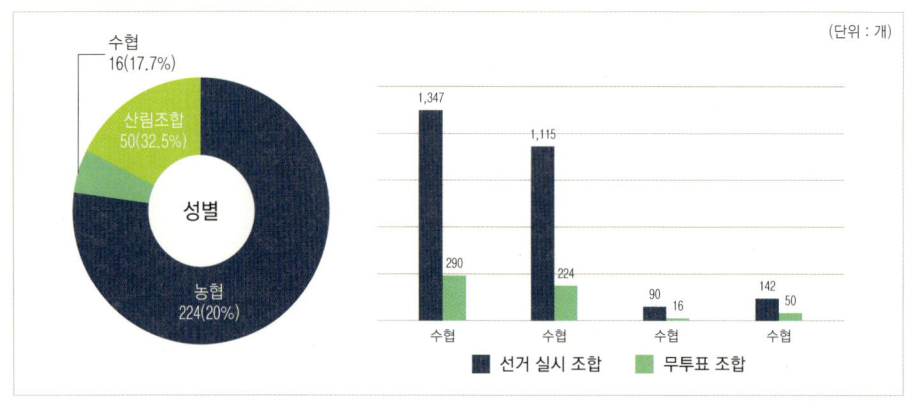

(단위 : 개)

구분		합계	서울	부산	대구	인천	광주	대전	울산	세종
합계	조합수	1,347	22	24	26	23	18	16	19	9
	무투표	290	6	8	2	4	2	1	5	2
농협	조합수	1,115	19	16	25	16	16	15	17	8
	무투표	224	5	8	2	4	1	1	5	1
수협	조합수	90	2	7	0	4	1	0	1	0
	무투표	16	1	0	0	0	1	0	0	0
산림조합	조합수	142	1	1	1	3	1	1	1	1
	무투표	50	0	0	0	0	0	0	0	1

구분		경기	강원	충북	충남	전북	전남	경북	경남	제주
합계	조합수	180	103	76	158	111	182	178	170	32
	무투표	42	14	19	28	21	52	42	35	7
농협	조합수	163	79	66	136	94	142	146	134	23
	무투표	34	10	13	23	14	41	30	28	4
수협	조합수	1	9	0	8	4	19	9	18	7
	무투표	1	1	0	0	2	6	2	1	1
산림조합	조합수	16	15	10	14	13	21	23	18	2
	무투표	7	3	6	5	5	5	10	6	2

현직 조합장이나 후보 모두 꿈에 그리는 것이 무투표로 당선되는 것이다.
무투표 조합이 농협 1,115개 조합 가운데 224개(20.08%), 수협 90개 가운데 16개(17.78%), 산림조합 142개 가운데 50개(35.21%)이다. 산림조합이 무투표 당선율이 높은 이유는 농수협보다는 조합장의 권한이나 혜택이 비교적 미미해서 관심을 갖는 후보군이 적은 편이고 지역이 군 단위 전체 또는 몇개 시군이 합쳐져서 후보가 현직 조합장을 이길 수 있는 여건이 열악한 편이기 때문이다.

5) 직업별 후보자 수

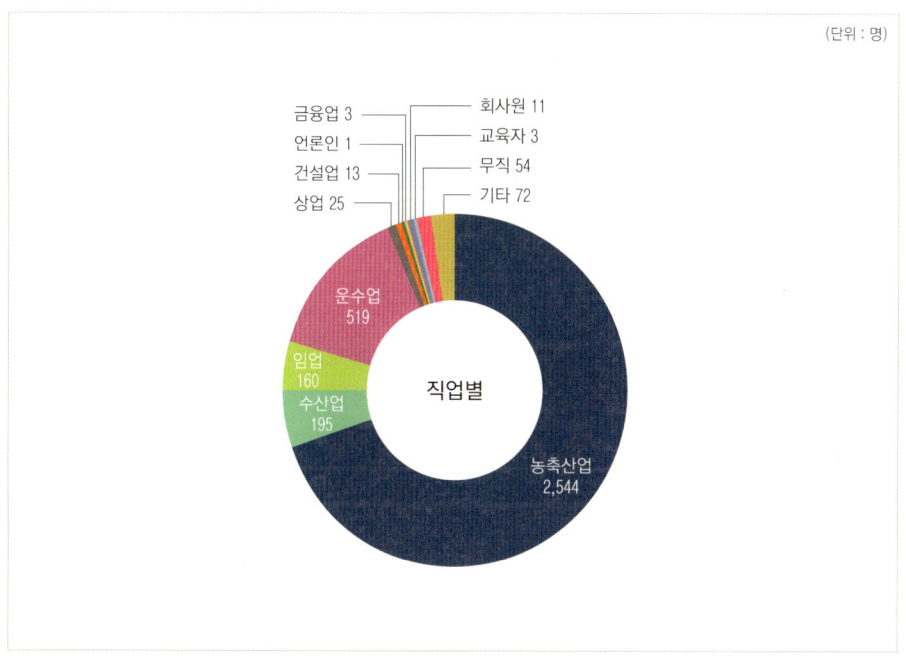

구분	후보자수	농축산업	수산업	임업	운수업	상업	건설업
합계	3,082	2,544	195	160	519	25	13
농협	2,591	2,492	3	0	412	13	9
수협	208	3	192	0	31	1	0
산림조합	283	49	0	160	76	11	4

구분	언론인	금융업	회사원	교육자	무직	기타
합계	1	3	11	3	54	72
농협	1	3	6	3	16	44
수협	0	0	0	0	5	7
산림조합	0	0	5	0	33	21

직업별 당선인 수도 후보자 수와 대동소이하다.
전체 당선인이 1,346명인 가운데 농협(전체 1,114명)의 경우 농축산업이 1,098명, 수협(전체 90명)의 경우 수산업이 88명, 산림조합(전체 142명)의 경우 산림업이 103명이다.

6) 성별 연령별 후보자 수

(단위 : 명)

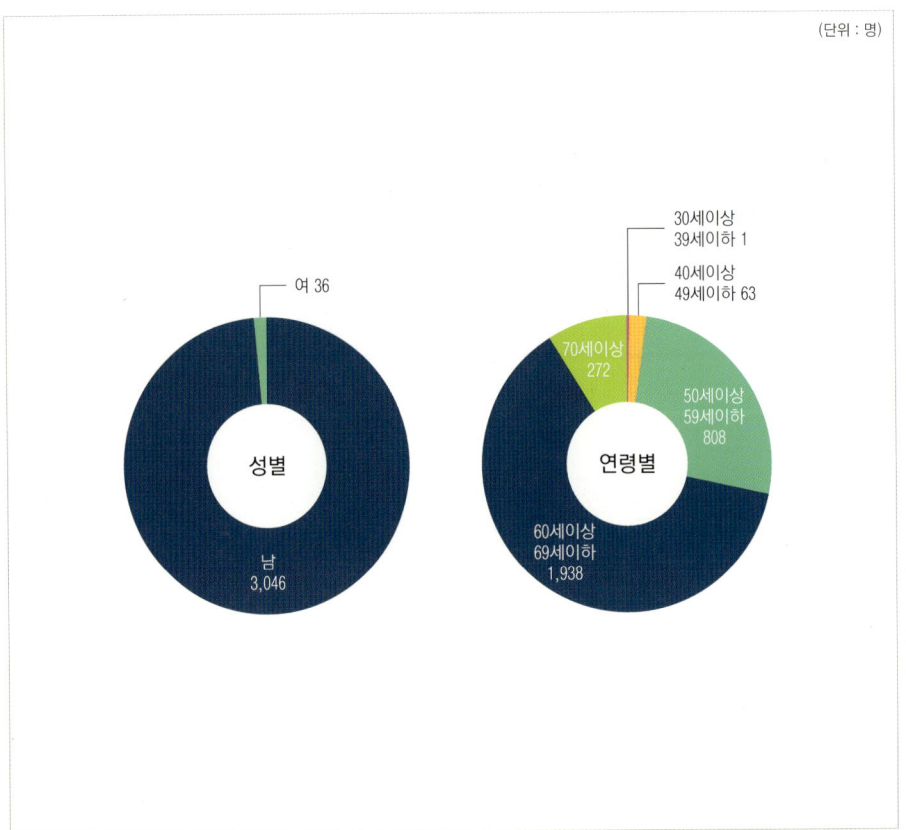

(단위 : 명)

구분	후보자수	성별		연령별				
		남	여	30세이상 39세이하	40세이상 49세이하	50세이상 59세이하	60세이상 69세이하	70세이상
합계	3,082	3,046	36	1	63	808	1,938	272
농협	2,584	2,564	30	1	53	679	1,642	216
수협	208	206	2	0	7	54	124	23
산림조합	283	279	4	0	3	75	172	33

7) 성별 연령별 당선인 수

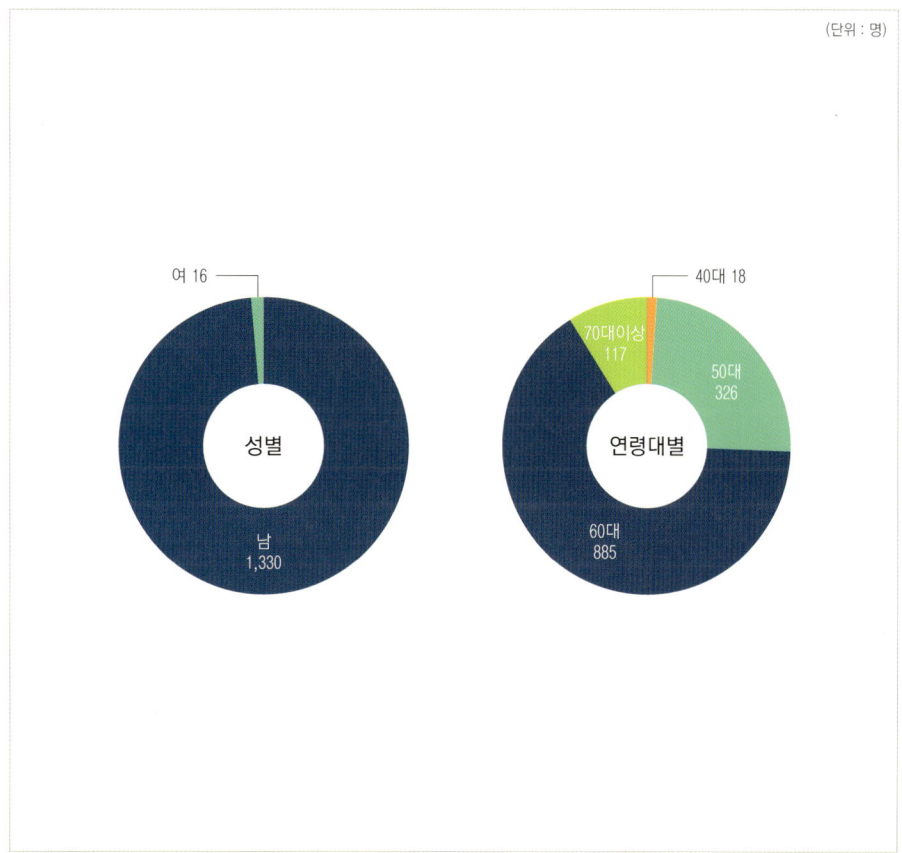

(단위 : 명)

구분	당선인수	성별		연령대별			
		남	여	40대	50대	60대	70대이상
합계	1,346	1,330	16	18	326	885	117
농협	1114	1101	13	14	262	751	87
수협	90	89	1	2	27	48	13
산림조합	142	140	2	2	37	86	17

실제 여성 당선인은 농협이 13명(2회 8명에서 5명 증가), 수협이 1명(3선인 서귀포수협의 김미자 조합장), 산림조합이 2명(2회 1명에서 1명 증가, 재선인 이현희 평택시산림조합장, 초선인 추양악 거제시산림조합장) 현재 여성조합장은 16명이다(전체의 12%).

8) 학력별 후보자 수

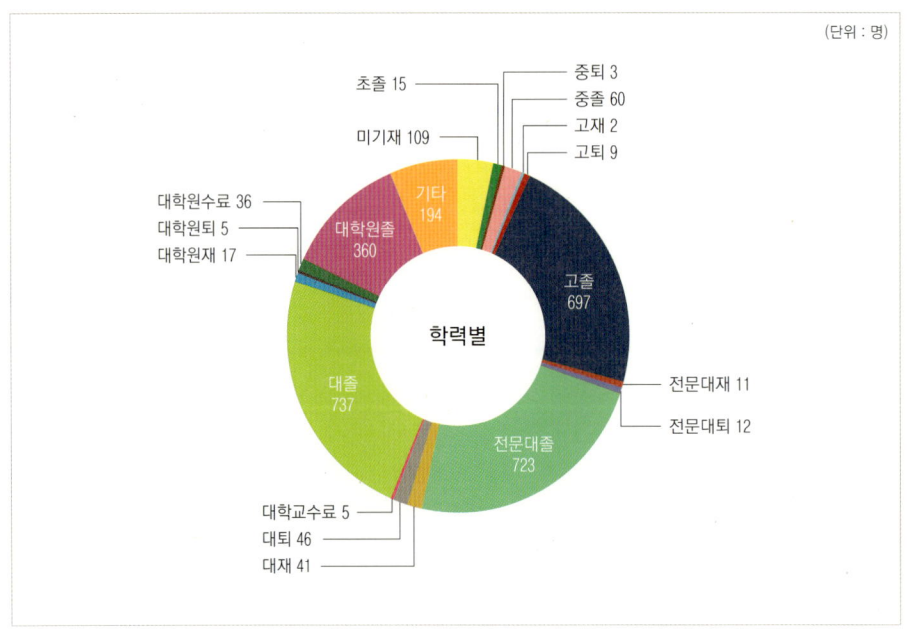

구분	후보자수	미기재	초졸	중퇴	중졸	고재	고퇴	고졸
합계	3,082	109	15	3	60	2	9	697
농협	2,591	80	15	3	44	2	8	602
수협	208	24	0	0	13	0	0	43
산림조합	283	5	0	0	3	0	1	52

구분	전문대재	전문대퇴	전문대졸	대재	대퇴	대학교수료	대졸	대학원재	대학원퇴	대학원수료	대학원졸	기타
합계	11	12	723	41	46	5	737	17	5	36	360	194
농협	9	10	617	31	40	4	621	11	5	28	309	152
수협	0	2	37	5	2	1	36	2	0	3	12	28
산림조합	2	0	69	5	4	0	80	4	0	5	39	14

9) 학력별 당선자 수

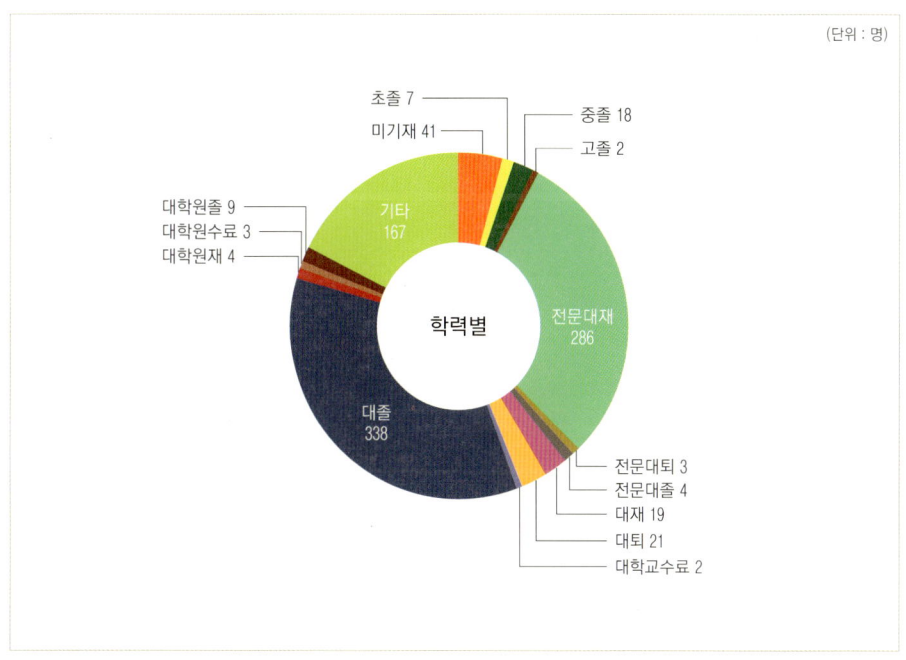

(단위 : 명)

구분	당선인수	미기재	초졸	중졸	고졸	전문대재	전문대퇴	전문대졸
합계	1,346	41	7	18	2	286	3	4
농협	1,114	32	7	14	2	239	2	4
수협	90	7	0	3	0	16	0	0
산림조합	142	2	0	1	0	31	1	0

구분	대재	대퇴	대학교수료	대졸	대학원재	대학원수료	대학원졸	기타
합계	19	21	2	338	4	3	9	167
농협	15	19	1	279	2	3	5	141
수협	2	0	1	19	1	0	1	6
산림조합	2	2	0	40	1	0	3	20

10) 현직 조합장 당선현황

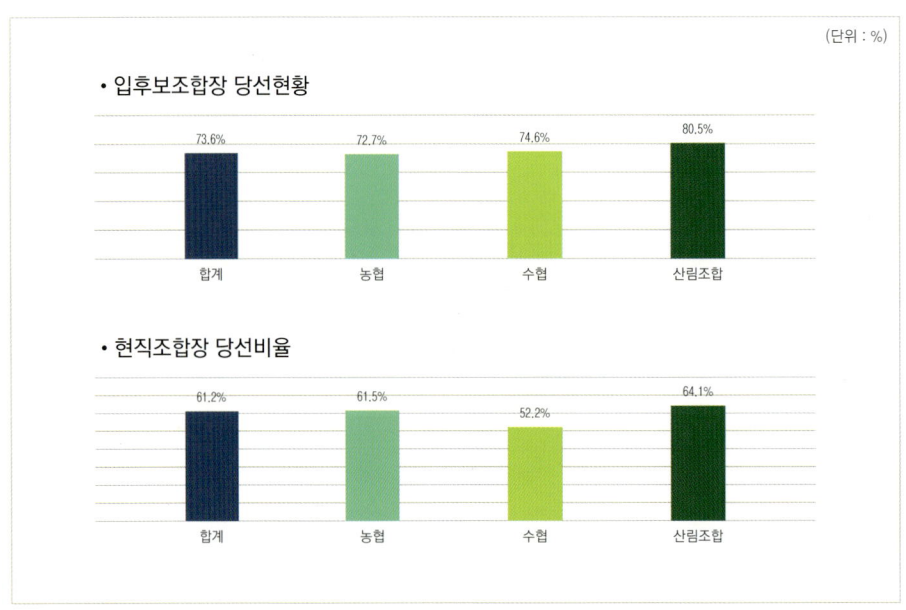

■ 입후보조합장 당선현황

(단위 : 명, %)

구분	조합수 (A)	현직조합장 입후보 (B)	현직조합장 당선인수 (C)	입후보조합장 당선비율 (D)=C/B×100
합계	1,347	1,119	824	73.6
농협	1,115	943	686	72.7
수협	90	63	47	74.6
산림조합	142	113	91	80.5

■ 현직조합장 당선비율

(단위 : 명, %)

구분	조합수 (A)	현직조합장 당선인수 (B)	현직조합장 당선비율 (C)=C/A×100
합계	1,347	824	61.2
농협	1,115	686	61.5
수협	90	47	52.2
산림조합	142	91	64.1

현직조합장 가운데 입후보하지 않은 이유는 본인이 포기한 경우 보다는 대부분 상임조합장으로 3선 임기 만료인 경우가 대부분이다.

나. 선거관련 주요 통계

1) 선거인수(유권자, 조합원) 현황

시도명	선거인명부에 등재된 선거인수					확정된 선거인수				
	계	개인			법인	계	개인			법인
		남	여	계			남	여	계	
합계	2,543,285	1,740,596	799,605	2,540,201	3,084	2,029,558	1,381,402	645,793	2,027,195	2,363
서울	11,311	7,310	3,954	11,264	47	10,054	6,514	3,516	10,030	24
부산	24,863	16,297	8,529	24,826	37	19,034	12,554	6,444	18,998	36
대구	28,465	19,565	8,878	28,443	22	27,093	18,580	8,501	27,081	12
인천	41,843	27,712	14,083	41,795	48	34,904	23,205	11,651	34,856	48
광주	27,432	17,528	9,821	27,349	83	25,314	16,147	9,150	25,297	17
대전	18,504	13,155	5,332	18,487	17	17,650	12,544	5,089	17,633	17
울산	34,149	23,313	10,789	34,102	47	26,739	17,946	8,748	26,694	45
세종	18,612	12,319	6,276	18,595	17	12,230	7,423	4,798	12,221	9
경기	320,706	216,762	103,463	320,225	481	257,303	173,061	83,897	256,958	345
강원	162,704	118,017	44,417	162,434	270	142,350	103,798	38,309	142,107	243
충북	147,615	104,856	42,581	147,437	178	115,193	81,850	33,219	115,069	124
충남	294,373	195,683	98,399	294,082	291	258,774	169,825	88,707	258,532	242
전북	241,906	162,289	79,344	241,633	273	201,552	133,495	67,843	201,338	214
전남	385,136	259,892	124,820	384,712	424	278,274	187,437	90,509	277,946	328
경북	388,726	276,983	111,494	388,477	249	295,216	208,547	86,493	295,040	176
경남	297,806	204,764	92,812	297,576	230	238,935	164,509	74,241	238,750	185
제주	99,134	64,151	34,613	98,764	370	68,943	43,967	24,678	68,645	298

선거인 수(조합원)는 경북이 가장 많으며(388,726명) 다음으로 전남, 경기 순이다. 같은 위탁선거를 실시하고 있는 새마을금고와 신협의 경우 서울이 가장 많은 선거인을 갖고 있지만 조합원 수는 시도 가운데 가장 적은 편이다. 농수산림조합은 조합의 특성상 조합원이 대부분 농어산촌에 거주하고 있다.

2) 설치 장소별 투표소 현황

(단위 : 개)

시도	총 투표소수	선거관리위원회	읍면동사무소 등 관공서	조합사무소	공공기관	기타
합계	2,062(42)	140	244	896	596	186(42)
서울	26	3	0	21	2	0
부산	34	10	2	20	1	1
대구	27	6	1	17	1	2
인천	55(12)	4	18	12	8	13(12)
광주	22	2	5	13	1	1
대전	24	2	1	19	1	1
울산	22	1	1	19	1	0
세종	13	0	1	9	2	1
경기	264(1)	17	23	176	47	1(1)
강원	160	15	19	30	79	17
충북	131	9	16	62	35	9
충남	208(7)	13	18	102	52	23(7)
전북	213(7)	10	38	86	60	19(7)
전남	291(15)	13	40	49	132	57(15)
경북	290	17	36	108	107	22
경남	259	17	19	149	55	19
제주	23	1	6	4	12	0

※ 괄호( )의 숫자는 순회투표소 수로 본수에 포함

3) 설치 장소별 개표소 현황

(단위 : 개)

시도	개표소 설치수	설치장소 현황개표소					
		선관위	읍·면·동 사무소 등 관공서	조합	공공기관	투표소	기타
합 계	233	70	7	64	76	12	16
서울	10	4	0	5	1	0	0
부산	9	4	1	4	0	0	0
대구	6	3	0	1	0	0	2
인천	15	4	0	4	6	5	1
광주	4	2	0	0	1	0	1
대전	5	1	1	3	0	0	0
울산	4	2	0	2	0	0	0
세종	1	1	0	0	0	0	0
경기	40	14	2	15	7	0	2
강원	18	6	0	8	3	0	1
충북	14	3	0	5	6	0	0
충남	15	1	0	3	7	0	4
전북	15	4	0	2	9	0	0
전남	27	0	2	6	18	5	1
경북	24	11	0	2	8	0	3
경남	22	10	0	3	8	0	1
제주	4	0	1	1	2	2	0

4) 시간대별 투표율 현황

(단위 : 명, %)

조합	선거인수 (거소·순회)	구분	8시	9시	10시	11시	12시	13시 (거소·순회)	14시 (거소·순회)	15시 (거소·순회)	16시 (거소·순회)	17시 (거소·순회)	최종 (거소·순회)
합계	2,025,013 (6,156)	투표자수	172,847	358,951	640,540	916,212	1,113,455	1,245,329 (3,426)	1,393,835 (3,426)	1,498,453 (3,426)	1,566,503 (3,426)	1,612,573 (3,426)	1,612,573 (3,426)
		투표율	8.5	17.7	31.6	45.2	55.0	61.5	68.8	74.0	77.4	79.6	79.6
농협	1,645,333 (1,132)	투표자수	143,301	297,768	533,720	765,430	930,433	1,038,795 (765)	1,163,301 (765)	1,250,329 (765)	1,306,537 (765)	1,344,719 (765)	1,344,719 (765)
		투표율	8.7	18.1	32.4	46.5	56.5	63.1	70.7	76.0	79.4	81.7	81.7
수협	125,629 (4,567)	투표자수	10,983	23,294	39,730	55,165	67,054	77,434 (2,386)	85,893 (2,386)	92,416 (2,386)	96,964 (2,385)	99,786 (2,385)	99,786 (2,385)
		투표율	8.7	18.5	31.6	43.9	53.4	61.6	68.4	73.6	77.2	79.4	79.4
산림 조합	254,051 (457)	투표자수	18,563	37,889	67,090	95,617	115,968	129,100 (276)	144,641 (276)	155,708 (276)	163,002 (276)	168,068 (276)	168,068 (276)
		투표율	7.3	14.9	26.4	37.6	45.6	50.8	56.9	61.3	64.2	66.2	66.2

* 13시부터 거소투표 및 순회투표 투표자수 포함 / 17시에 간선제 선출 조합선거의 투표자수 포함
* 선거인수의 (거소·순회) = 거소투표 및 순회투표대상선거인수, 본수에 포함 / 시간대별 투표진행상황의 (거소·순회) = 거소투표 및 순회투표자수, 본수에 포함

조합장선거
당선바이블 BIBLE

II. 위탁선거법

1. 위탁선거와 공직선거
2. 위탁선거법 위반사례
3. 법정 선거운동 방법과 금지·제한

1. 위탁선거와 공직선거

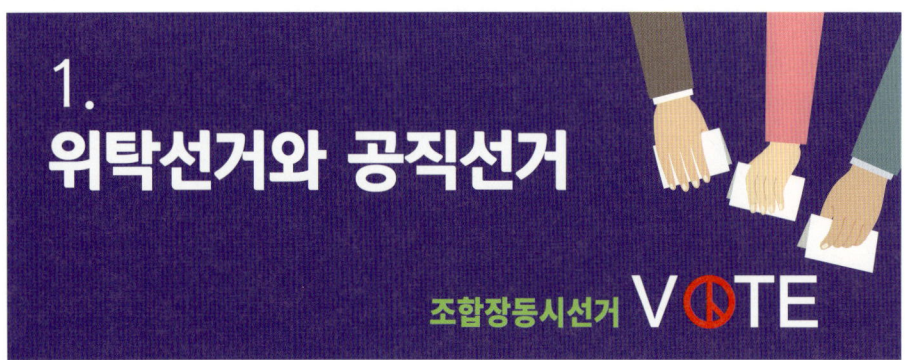

가. 위탁선거(조합장 선거)와 공직선거

공직선거는 수십 년에 걸쳐서 대통령 선거를 비롯 다양한 선거가 실시되며 관계 법령이 수시로 바뀌면서 오늘에 이르렀다. 공직선거법[16]과 규칙, 판례, 양형기준 등이 정리가 되어서 비교적 대부분의 사람들이 기본적인 사항을 알고 있다. 그래서 대부분의 후보자들이 공직선거를 기준으로 해석하고 공직선거 운용방법을 적용하고 있다.

최근의 예로 경북 A 지역의 농협 조합장 후보 동생이 형의 선거를 도우면서 문자 메시지를 발송하게 되었는데 벌금 300만 원이 부과된 사건이 있었다. 후보 동생이 그 지역 시장선거에서 문자메시지를 발송한 경험이 있어서 공직선거(시장)의 경우 선거운동 기간에 문자에 그림(화상)을 삽입할 수 있지만 위탁선거에서는 그림을 삽입할 수가 없었던 것을 몰라서 3회에 걸

---

[16] 공직선거법은 위탁선거법에 비해 4배 가량 많은 법률(279개 조항)과 규칙(159개 조항)이 적용된다.

쳐 조합원에게 그림을 넣은 문자를 발송하여서 처분을 받게 되었다.
그동안 조합에서 3회에 걸쳐 동시선거를 실시하면서 양형기준과 판례, 선관위의 운용기준이 마련되어 있으므로 선거법에 대한 이해가 당락에 영향을 미친다. 뿐만 아니라 당선이 되더라도 선거법 저촉으로 100만 원 이상 벌금일 경우 조합장 자격상실이 되므로 이런 실수를 범하지 말아야 할 것이다.

한편으로는 이전까지 실시한 동시조합장 선거가 깜깜이 선거라고 할 만큼 현직에 유리한 법이 많아서 도전자에게는 현행 위탁선거법 때문에 불리한 점이 한두 가지가 아니다. 예를 든다면 현직은 조합원 명단을 활용하기가 비교적 용이하지만 도전자는 발품을 팔지 않는 한 조합원 핸드폰 번호를 비롯 인적사항을 파악하기 여간 힘들지 않다. 그러나 최근 위탁선거법 개정으로 휴대전화 가상번호를 제공받아 선거운동 기간 중 활용할 수 있게 된 것은 도전자에겐 그나마 다행이라 할 수 있겠다.

위탁선거법은 특별히 금품수수에 대한 잣대가 공직선거보다 훨씬 엄격하다. 농협 현직 조합장이 매년 봄에 개최하는 조합 산악회 시산제에서 돼지머리에 5만 원을 꽂았다가 50만 원 벌금형을 받았다.
현행법상 조합장은 재임 중 선거인 등에게 재산상 이익을 제공하는 행위를 할 수 없다.

재판부는 "동종 범죄로 처벌받은 전력이 있고, 이 같은 범행은 공정하고 투명한 선거 제도의 운용을 저해하는 행위로 죄책이 가볍지 않다"고 했다.
다만 "피고인이 기부하게 된 동기나 기부 행위의 횟수, 기부 금액의 규모 등을 고려할 때 범행이 비교적 중하지는 않다"고 설명했다. 또 A씨가 조합장 선거에서 낙선한 점을 들어 "기부 행위가 선거의 결과에 영향을 미치지는 않은 것으로 보인다"며 양형 이유를 밝혔다.

관례적으로 그동안 5만 원 정도를 돼지머리에 꽂는 것은 문제가 되지 않았지만 재판부는 엄격한 잣대를 적용해 이를 기부 행위로 판단했다. 만약 당선되었거나 전과가 있었다면 더 큰 벌금이 부과되었을 것이다.

일반적으로 많이 혼동하고 있는 공직선거와 위탁선거의 각종 차이점을 비교표로 정리해 본다.
법령이 바뀌는 경우가 수시로 있으므로 달라질 수 있음을 감안해야 한다.

1) 공직선거법과 위탁선거법 비교

● 개요

	공직선거법	위탁선거법
법률이름	공직선거법	공공단체 등 위탁선거에 관한 법률(약칭: 위탁선거법)
목 적	「대한민국헌법」과 「지방자치법」에 의한 선거가 국민의 자유로운 의사와 민주적인 절차에 의하여 공정히 행하여지도록 하고, 선거와 관련한 부정을 방지함으로써 민주정치의 발전에 기여함을 목적으로 한다.	공공단체 등의 선거가 깨끗하고 공정하게 이루어지도록 함으로써 공공단체등의 건전한 발전과 민주사회 발전에 기여함을 목적으로 한다.
적용범위	대통령선거·국회의원선거·지방의회의원 및 지방자치단체의 장의 선거에 적용	금고와 신협이사장, 농수산림조합장 및 중앙회장의 선거에 적용
선거인의 정 의	선거권이 있는 사람으로서 선거인명부 또는 재외선거인명부에 올라 있는 사람	해당 위탁선거의 선거권이 있는 자로서 선거인명부에 올라 있는 자
선거운동	예비후보자, 선거사무원, 일반유권자 등	예비후보자와 그가 지정하는 1명
선거기간	대통령선거 23일, 국회의원, 지방선거 14일	14일
선거운동 방 법	선거공보, 선거벽보, 어깨띠·윗옷·소품, 전화, 정보통신망, 명함, 후보자 토론회, 신문광고, 방송광고 등	선거공보, 선거벽보, 어깨띠·윗옷·소품, 전화, 정보통신망, 명함, 공개 행사 정책발표
선거사무소	○	×
투표방법	사전투표, 선거일투표	선거일투표(07-17시)

● 선거운동

	공직선거법	위탁선거법
선거운동 기간 전 선거운동	규정된 방법에 한하여 선거운동 가능	금지
후보자 이외의 선거운동	- 예비후보 등록 기간에는 예비후보자만 가능, 배우자, 선거사무장, 일정 수의 선거 사무원은 가능 - 선거운동기간 중에는 누구든지 가능	(예비)후보자와 그가 지정하는 1명
통신망을 통한 선거운동	문자·음성·화상·동영상 등을 인터넷 홈페이지의 게시판·대화방 등에 게시하거나 전자우편·문자메시지로 전송은 상시 허용(문자메시지의 동보통신은 제한)	선거 운동기간 중 인터넷 홈페이지의 게시판·대화방 등에 게시하거나 전자우편·문자메시지 전송 가능
선거운동을 목적으로 특정 장소에 사람을 모으는 행위	법에 명시된 방법으로 선거운동이 가능한 사람을 모을 수 있음	금지
선거운동으로 보지 않는 내용	1.선거에 관한 단순한 의견 개진 및 의사 표시 2.입후보와 선거 운동을 위한 준비 행위 3.정당의 후보자 추천에 관한 단순한 지지·반대의 의견 개진 및 의사 표시 4.통상적인 정당 활동 5.설날·추석 등 명절 및 석가탄신일·성탄절 등에 하는 의례적인 인사말을 문자메시지로 전송하는 행위	1.선거에 관한 단순한 의견 개진 및 의사 표시 2.입후보와 선거운동을 위한 준비 행위

● SNS

	공직선거법	위탁선거법
문자메시지의 동보통신 전송	선거 기간 내 8회, 신고한 전화번호에 한해 가능	제한없음 (무제한 전송 가능)
인터넷 게시판 이용	선거운동기간을 불문하고 인터넷 공간을 이용한 선거운동은 제한이 없으나, 선거운동 기간 중에는 인터넷 언론사, 정당·후보자가 운영하는 인터넷 홈페이지의 게시판 등에는 실명인증을 하여야 게시가 가능함	선거운동 기간 중 인터넷 홈페이지의 게시판과 대화방 등에 글이나 동영상 등을 게시할 수 있음.
전자우편 (SNS, 인터넷 메신저포함)	허위사실 공표 등 위반 사항이 없는 한 상시 가능	위반 사항이 없는 한 선거운동 기간 중 가능

● 명 함

	공직선거법	위탁선거법
명 함	길이 9cm 이내, 너비 5cm 이내 크기의 명함으로 직접 주거나 지지를 호소하는 방법으로 사용 가능	길이 9cm 이내, 너비 5cm 이내 크기의 명함으로 직접 주거나 지지를 호소하는 방법으로 사용 가능하며 위탁단체의 주된 사무소나 지사무소의 건물의 안 등에서는 사용금지
명함 내용	자신의 성명·사진·전화번호·학력(정규 학력과 이에 준하는 외국의 교육과정을 이수한 학력을 말한다)·경력 그 밖에 홍보에 필요한 사항을 게재	게재 내용에 제한을 두고 있지 않으며 정규 학력외의 학력도 게재 가능

	공직선거법	위탁선거법
명함 배포자	후보자, 배우자, 직계 존·비속 등	후보자와 그가 지정하는 1명
명함을 이용한 선거운동 제한 지역	선박, 여객자동차, 열차, 전동차, 항공기 안과 그 터미널 구내병원, 종교시설, 극장 안	병원·종교 시설·극장 안

● 어깨띠, 윗옷, 소품

	공직선거법	위탁선거법
어깨띠 규격	길이 240cm·너비 20cm이내	규격의 제한 없음
표지물 규격	길이 100cm·너비 100cm이내	규격의 제한 없음
형태 재질	제한 없음	제한 없음
착용 가능 범위	- 예비후보자 등록기간 중: 후보자만 - 선거운동기간 중: 후보자와 그의 배우자나 직계 존·비속, 선거사무장, 선거연락소장, 선거사무원 등	선거운동 기간 중 후보자와 그가 지정하는 1명만 사용 가능

● 현수막

	공직선거법	위탁선거법
가능 여부	당해 선거구 안의 읍·면·동마다 1매의 현수막 게시 가능	사용 불가

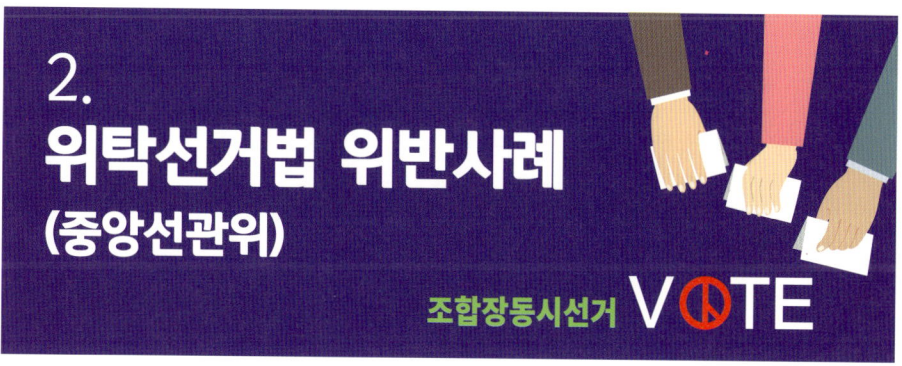

2. 위탁선거법 위반사례 (중앙선관위)

가. 사건사례

1) [사건을 말하다] 대리운전비도 불법

휴대전화 문자가 왔다. '동네 조기축구회 번개 모임에 참석할 수 있느냐'는 내용이었다. A 씨는 가능하다고 답했다. 그런데 차가 문제였다. 술자리를 겸한 회식 자리였기 때문이다. 차를 놓고 가자니 좀 불편하기도 해서 대리운전을 부르기로 마음먹고 손수 운전을 해서 모임 장소로 향했다. 조합원 20여 명 가운데 9명이 참석했다. 저녁 식사를 겸해 반주도 했다. 이들은 모두 □□조합의 조합원이었다.

누군가 "그런데 오늘 왜 모인 거지"라고 물었다. 식사가 끝나갈 때쯤 조기축구회장이 잠깐 나갔다가 누군가와 함께 들어왔다. 회장은 이번 조합장 선거의 후보라며 B 씨를 소개했다. B 씨는 조합원들과 일일이 소주잔을 부딪쳤다. B 씨는 "제가 음식 값은 못 냅니다. 선거법 때문에 내고 싶어도 낼 수 없어요"라고 말했다. 그때야 조합원들은 선거운동을 겸한 모임인 것을 눈치챘다. 몇몇 조합원들은 "식사를 대접받았다가는 과태료 폭탄 맞아. 허허"라고 웃으며 말했다. 조합원들은 이구동성으로 조기축구회의 회비에서 식사비를 내기로 했다. 음식 값은 회장이 회비에서 지출했다.

회식이 끝날 때까지 B 씨는 함께했다. 헤어지면서 조합원들과 일일이 악수도 했다. 그런데 B 씨가 악수를 하며 1만 원짜리 지폐를 한 장씩 건넸다. 그는 "대리운전비 하세요. 만 원인데 이건 선거법에 걸리지도 않아요"라고 말했다. 조합원들 중 한 사람이 "이것도 걸리지 않나요"라고 물었다. A 씨는 "10만 원도 아니고 만 원은 괜찮지 않나"라고 말했다. 이 말을 시작으로 "그래, 이 정도는 괜찮겠지"라고 다들 맞장구를 쳤다. 이들은 아무 생각 없이 B 씨로부터 1만 원씩을 받고, 대리운전 기사를 불러 운전대를 맡겼다.

1만 원 정도는 괜찮다고 안심한 A 씨는 혹독한 대가를 치렀다. △△군 선관위는 조합장 선거 후보로 나선 B 씨를 선거법 위반으로 검찰에 고발했다.

대리운전비도 '공공단체 등 위탁선거에 관한 법률' 제35조(기부행위 제한) 위반에 해당하기 때문이다. 선관위는 또 대리운전비를 받은 A 씨 등에게 10~50배의 과태료를 부과하였다. 같은 법 제68조(과태료의 부과·징수 등)에서는 기부행위 제한 기간 중 해당 선거에 관하여 후보자 등으로 부터 음식물 그 밖의 재산상 이익을 제공받은 자에게 그 제공받은 금액이나 가액의 10배 이상 50배 이하에 상당하는 과태료(3천만 원 상한)를 부과하도록 규정하고 있다. 대리운전비 역시 재산상 이익에 해당함은 물론이다.
대리운전비 1만 원 정도는 괜찮다던 A 씨 등은 최고 50만 원의 과태료를 물게 되었다.

2) 전통 미풍의 양속 세뱃돈

또 하나의 사례는 설을 앞두고 농협 직원들에게 세뱃돈 2만 원씩을 준 전남 광양의 한 농협 조합장에게 벌금 90만원을 선고한 것이다.

담당 판사는 선고공판에서 "피고인의 범죄는 조합장 재임기간 중 모든 기부행위를 금지한 위탁선거법에 비춰 유죄가 인정된다"면서도 "기부행위에 참작할 만한 점이 있다"고 판시했다.

이어 "기부행위가 이뤄진 설은 선거와 시기적으로 떨어져 있다"며 "범죄의 구성요건은 기부행위에 해당하나 피고인의 의식은 선거를 염두에 두지 않은 것으로 보인다"고 설명했다.

이어 "범행의 내용으로 볼 때 세뱃돈을 받거나 회식을 한 사람들의 1인당 가액 등은 이후 선거결과에도 중대한 영향을 미치지 못한 것으로 볼 수 있다"고 양형 이유를 밝혔다.

재판 과정에서 피고인의 변호인은 "피고인이 조합장이 된 후 직원들에게 세뱃돈으로 2만 원씩 준 것은 직원 화합 차원으로, 선거와 관련된 기부행위로는 볼 수 없다"며 "연말 송년회도 농협 계획에 따라 매년 실시하는 행사로 선거를 목적으로 한 것은 아니다"고 주장한 바 있다.
앞서 검찰은 결심공판에서 ○○농협 조합장 A 씨에게 벌금 600만 원을 선고해 달라고 요청했다.

A 씨는 지난 2018년 2월 설 세뱃돈 명목으로 농협 본점과 지점 임직원 33명에게 1인당 2만 원 상당의 금품을 제공하고, 같은 해 12월 임직원과 배우자 등을 포함한 40여 명에게 416만 원 상당의 음식을 제공한 혐의로 재판에 넘겨졌다.

유권자들은 선관위의 단속이 값비싼 선물이나 향응에만 적용된다고 착각한다. 하지만 그렇지 않다. 조합장선거에서 후보자의 기부행위는 관련 법률에 따라 기부행위로 보지 않는 직무상의 행위, 의례적인 행위 등을 제외하고는 액수에 관계없이 금지된다. 아무리 소액이라도 기부행위를 한 후보자는 처벌받을 뿐 만 아니라, 이를 받은 유권자도 과태료를 부과받게 된다. 당연히 1만 원의 대리운전비도 기부행위 위반에 해당한다. 다시 말해 500원짜리 음료수를 제공받는 것도 안 된다.

선거와 관련해서 이렇게 엄격하게 기준을 정한 이유가 있다. '막걸리 선거', '고무신 선거'라는 돈으로 표를 사는 구태를 뿌리뽑기 위해서다.
깨끗한 선거는 후보자뿐만 아니라 유권자도 의식이 깨어 있어야 가능하다. 주지도 받지도 말고 행사하는 소중한 한 표가 민주주의를 키우는 밑거름이다.

3) '제로섬 게임'으로 끝나는 불법 선거

피 말리는 접전이었다. ○○군 □□□□조합장을 뽑는 선거는 A 후보와 B 후보 중 누구도 승리를 장담하지 못했다. A 후보는 현직 조합장이었고, B 후보는 전 조합장으로 둘 다 마당발을 자랑했다. 선거운동은 치열하고 뜨거웠다. 두 후보의 비공식 운동원들도 사력을 다했다. 접전이 펼쳐지면서 조합원들 사이에 관심도 높았다. 조합원들이 "투표함을 열어 봐야 알 수 있다"라고 말할 정도였다.

드디어 선거일, 개표 결과 간발의 차로 당락이 갈렸다. 50여 표 차, 현 조합장이었던 A 씨가 당선되었다. 조합장에 당선된 A 씨는 취임과 함께 업무에 복귀했다. 당선 인사에 나서는 등 첫 행보부터 왕성하게 활동했다. 그러면서도 마음 한구석으로 찜찜한 게 남아 있었다. 경찰과 검찰이 불법 선거운동에 대한 수사를 계속한 것이다. 자신을 도왔던 관계자들이 소환조사를 받았다. '설마 당선됐는데……' 라며 A 조합장은 안심했다. 경찰 조사를 받고 온 사람들에게도 A 씨는 "조합원이 선택해 당선된 조합장을 어찌하지 못할 것이다"라며 큰소리를 쳤다. 그는 경찰이 불기소나 무혐의 처분을 내릴 것이라며 그들을 안심시켰다.

착각이었고 희망사항이었다. 경찰은 당선 뒤 한 달도 안 돼 그를 소환 조사했다. A 씨는 조합원에게 선물을 돌린 혐의로 구속 기소되었다. 당선증의 잉크가 마르기도 전에 구속된 것이다. A 씨는 현직 조합장 시절부터 103차례에 걸쳐 조합원들에게 300만 원 상당의 사골 세트를 돌린 혐의를 받았다. 경찰은 A 씨가 자신의 차량에 사골 세트를 싣는 모습이 담긴 폐쇄회로(CCTV)를 확보했고, A 씨로부터 선물을 받은 조합원들의 진술도 확보했다.

A 씨처럼 당선증을 '면죄부'로 착각하는 경우가 적지 않다. 당선되었다고 불법 선거운동 흔적마저 사라지는 것은 아니다. 운이 좋게도 공소시효(6개월)가 완성될 때까지 수사기관이 흔적을 발견하지 못할 수도 있지만 그런 경우는 흔치 않다. 대개 불법 선거의 꼬리표는 따라 다니고, 꼬리가 길면 잡힌다.

△△군 ◇◇◇◇조합장 후보로 나선 C 씨도 큰 표 차로 당선되었다. 그 역시 현직 조합장 프리미엄의 덕을 보았다. 조합장으로서 경영 성과도 좋았다. 조합장 선거에서 뚜렷한 경쟁자도 없었다. 조합원들 누구나 그의 당선을 점쳤다. 하지만 그도 당선증을 받고 보름도 안 되어 기소되었다. C 씨는 목욕탕 무료 이용권을 배포한 혐의다. 김 아무개 조합원에게 매월 4,000원 상당의 목욕권 10매씩, 12개월간 시가 48만 원 상당의 무료이용권을 배부하는 방법으로 기부행위를 한 것이다. C 씨는 김씨뿐 아니라 다수의 다른 조합원들에게도 무료 이용권을 배포했다. C 씨의 기소 소식을 접한 조합원들은 의아한 반응을 보였다.
"굳이 당선이 확실한 사람이 저런 짓을 왜 했을까?"
C 씨는 경찰 조사에서 "상대 후보들이 돈을 뿌려 불안했다. 그래서 어쩔 수 없이 목욕탕 이용권이라도 뿌렸다. 후회된다"라고 진술했다. 때늦은 후회

였다.

돈 선거 등 불법 선거는 '치킨 게임' 양상이다. 상대방이 뿌리니까 나도 하지 않을 수 없다며 시작한다. 개중에는 선거 때마다 등장하는 '선거꾼(브로커)'으로 불리는 사람들의 유혹에 넘어간 경우도 있다. '저쪽 후보는 선물도 주는데, 당신은 뭐 안 주냐'는 식이다. 그 유혹에 넘어간 순간 선거는 '제로섬 게임'으로 변한다. 후보 모두 불법 선거의 덫에 걸리는 것이다.

A 씨와 C 씨는 현직 조합장 신분이다. 조합장의 궐석은 아무래도 조합 운영에 차질을 빚게 만들고, 결국 그 피해는 조합원들에게 돌아간다. 깨끗한 선거를 위해 제도를 바꾸고, 법을 강화해도 결국 불법 선거를 뿌리 뽑는 건 유권자와 후보자의 몫이다. 주지도 받지도 말자. 그래야 후보자도 유권자도 모두 '윈-윈' 할 수 있다.

4) 비닐하우스에서 무슨 일이?

낯선 전화번호가 휴대전화에 떴다. A 씨는 전화를 받았다. "안녕하세요. 이따 뭐 하세요? 거기 비닐하우스에서 잠깐 만날까요?" 조합원 A 씨는 목소리만 듣고도 전화를 건 이가 누군지 대번 알아차렸다. 조합장 선거 후보로 나서는 B씨였다. 오후 2시, A씨는 약속 장소인 동네 한편에 자리 잡은 비닐하우스로 나갔다. 비닐하우스 안에는 B 씨 혼자였다. 밖에는 참모인 듯한 이가 서 있었다. A씨가 들어서자 B 씨는 악수를 청했다. A 씨는 '비닐하우스에서 선거운동도 하나'라며 특이하다고 생각했지만 대수롭지 않게 받아들였다. B 씨는 마을 사정을 이것저것 묻더니, 쇼핑백에서 봉투를 하나 꺼내 들었다.

"조합 출자금이라고 생각하고 받으시면 됩니다." A 씨는 이게 무슨 소리인가 했다. 얼떨결에 봉투를 받았다. 집에 돌아와서 보니, 5만 원짜리 4장 20만 원이 들어 있었다. 그날부터 A 씨는 돈을 다시 돌려주어야 하나 고심했다. 쓰지도 못하고 차일피일 시간은 지나갔다.

일주일 뒤, B 씨가 구속되었다는 뉴스가 보도되었다. 동네에는 금품을 제공받은 조합원들에게 자수를 권유하는 현수막이 내걸렸다. '자수하면 최대한 선처하겠다'라는 마을 방송도 나왔다. 선관위 차량이 수시로 마을을 들락날락했다.

마을 주민 150여 명이 1인당 적게는 20만 원, 많게는 1,000만 원씩의 돈을 받았다. 조용하던 마을이 한순간에 발칵 뒤집혔다. '누구는 얼마를 받았고, 누구는 끝까지 시치미를 뗐다'라는 말이 돌았다. 인심 좋던 마을이 서로서로 의심하고 성토하는 마을로 바뀌었다. A 씨는 전전긍긍하다 선관위에 자진 출석해 자신도 돈을 받았음을 실토했다.

선관위는 A 씨처럼 자수한 이들에게는 과태료를 면제해 주기로 했다. 그렇지 않은 주민은 받은 돈의 10~50배에 해당하는 과태료를 부과할 방침이다. 20만 원을 받은 주민은 많게는 1,000만 원의 과태료를 물어야 할 처지가 되었다.[17]

---

17) 출처 : 중앙선관위 공식 블로그

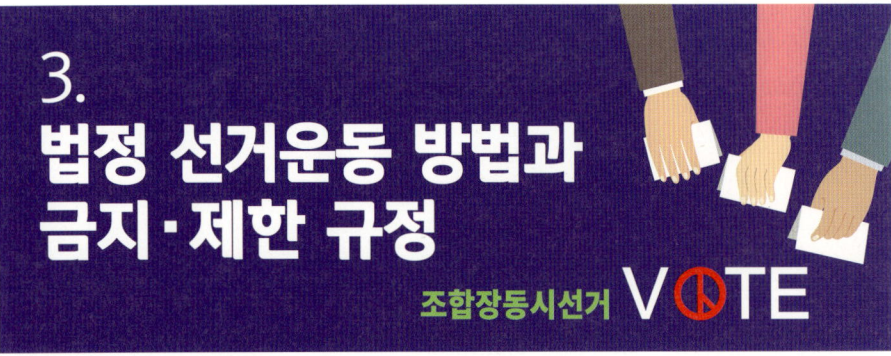

3. 법정 선거운동 방법과 금지·제한 규정

조합장동시선거 VOTE

> 중앙선관위 발간 사례 예시집을 개정된 위탁선거법(2024. 7. 31 시행, 법률 제20179호)을 반영하여 재작성

◆ 법규의 개정이나 헌법재판소의 결정, 법원의 판결 또는 중앙선거관리위원회의 유권해석에 따라 일부 내용이 달라질 수 있습니다.

◆ 이 사례 예시에 열거되지 아니한 사례도 「공공단체등 위탁선거에 관한 법률」에서 금지·제한하는 행위는 허용되지 아니하며, 할 수 있는 사례로 제시된 경우라도 그 행위의 주체·시기·목적·내용·방법·대상·범위 등 구체적인 양태에 따라 관련법에 위반될 수 있습니다.

◆ 따라서 특정 행위의 위법 여부에 대한 판단이 어려운 경우나 기타 궁금한 사항이 있을 경우 본사로 전화하시면 중앙선관위 출신 전문가들의 도움이나 안내를 받을 수 있습니다. 중앙선관위 안내를 받으시려면 1390번으로 문의하면 안내를 받으실 수 있는데 연결에 어려움이 많습니다.

◆ 용어의 표기
- '후보자' ⇒ 선거관리위원회에 후보자로 등록을 마친 자
- '입후보예정자' ⇒ 후보자가 되려는 사람
- '「공공단체등 위탁선거에 관한 법률」' ⇒ '법' 또는 '위탁선거법'으로 표기
- '「공공단체등 위탁선거에 관한 규칙」' ⇒ '규칙'으로 표기
- '제68조제1항' ⇒ '제68조제1항' 또는 '§68①'로 표기
- '선거관리위원회' ⇒ '선관위'로 표기
- '농업협동조합' ⇒ '농협'으로 표기
- '수산업협동조합' ⇒ '수협'으로 표기
- '농업협동조합법' ⇒ '농협법'으로 표기
- '수산업협동조합법' ⇒ '수협법'으로 표기
- '산림조합법' ⇒ '산림법'으로 표기

가. 선거운동

1) 선거운동의 정의(법 §23)

• 선거운동 정의

선거운동: 당선되거나 되게 하거나 되지 못하게 하기 위한 행위

< 선거운동으로 보지 아니하는 행위 >
  - 선거에 관한 단순한 의견 개진 및 의사 표시
  - 입후보와 선거운동을 위한 준비 행위

• **선거운동의 주체(법 §24)** : 후보자와 그가 지정하는 1명

• **선거운동 기간(법 §24)**

후보자 등록 마감일의 다음날부터 선거일 전일까지

다만, 후보자가 선거일에 자신의 소견을 발표하는 행위는 가능

(농협법·수협법·산림법에 따라 총회 및 대의원회에서 선출하는 조합장 선거에 한함)

> • 「공공단체등 위탁선거에 관한 법률」에서는 선거운동 기간과 방법을 엄격하게 제한하고 있으며, 선거운동 주체도 '후보자와 그가 지정하는 1명'으로 한정하고 있음.
> • 따라서, <u>선거운동 기간 전에는 누구든지 일체의 선거운동을 할 수 없으며, 선거운동 기간 중이라도 '후보자 등'에 한하여 법에서 정한 방법과 절차에 따라 선거운동을 하여야 함.</u>
>
> • **'선거운동'의 판단기준**
> '선거운동'이란 위탁선거법 제3조에서 규정한 위탁선거에서의 당선 또는 낙선을 위하여 필요하고도 유리한 모든 행위로서 당선 또는 낙선을 도모한다는 목적 의사가 객관적으로 인정될 수 있는 능동적·계획

적인 행위를 말하고, 구체적으로 어떠한 행위가 선거운동에 해당하는지 여부를 판단함에 있어서는 단순히 그 행위의 명목뿐만 아니라 행위 태양, 즉 그 행위가 행하여지는 시기·장소·방법 등을 종합적으로 관찰하여 그것이 특정 후보자의 당선 또는 낙선을 도모하는 목적의지를 수반하는 행위인지 여부를 선거인의 관점에서 객관적으로 판단하여야 함(대법원 2017. 3. 22. 선고 2016도16314 판결).

• **'선거운동'의 상대방**
'기부 행위'의 경우와는 달리 '선거운동'에 있어서는 그 상대방이 제한되어 있지 않으므로, 그 선거운동의 상대방이 선거인이나 그 가족 또는 선거인이나 그 가족이 설립·운영하고 있는 기관·단체·시설을 대상으로 하여야만 선거운동에 해당한다고 볼 것은 아님(대법원 2007. 3. 30. 선고 2006도9043 판결).

• **'후보자가 되려는 사람'의 정의**
'후보자가 되려는 사람'이란 선거에 출마할 예정인 사람으로서 그 신분·접촉 대상·언행 등에 비추어 선거에 입후보할 의사를 가진 것을 객관적으로 인식할 수 있을 정도에 이른 사람을 말함.

| 사 례 예 시 |

▶ **할 수 있는 사례**
● 각종 행사에 참석하여 의례적인 인사말을 하거나 행사 주제와 관련된 사항에 대하여 자신의 견해를 밝히는 행위
※ '의례적': 선거와 무관한 내용을 말함(이하 같음)
● 조합장이 연말연시에 자신의 직·성명(사진 포함)이 게재된 의례적인 내용의 연하장을 소속 조합원들에게 조합 또는 개인의 경비로 발송하는 행위
● 후보자가 되려는 사람이 선거운동 기간 전에 자신의 직·성명(사진 포함)을 표시한 의례적인 내용의 명절 현수막을 거리에 게시하는 행위

● 후보자가 되려는 사람이 선거운동 기간 전에 자신의 직·성명(사진 포함)을 게재한 의례적인 내용의 명절 인사 신문 광고를 하는 행위

● 후보자가 되려는 사람이 선거운동 기간 전에 다수의 조합원에게 명절 등을 계기로 의례적인 내용의 인사말(음성·화상·동영상 파일 등 포함)을 문자메시지로 전송하는 행위

⇨ 의례적인 인사말을 문자메시지로 전송할 수 있는 명절 등의 범위에 정월대보름 등 세시풍속, 연말연시, 농번기, 성년의 날, 각종 기념일 등은 포함되나 향우회·종친회·동창회·동호인회·계모임 등 개인 간의 사적모임이나 행사 등은 포함되지 아니함

● 후보자가 되려는 사람이 통상적으로 사용하는 업무용 명함에 자신의 학력이나 경력을 게재하여 통상적인 수교 방법으로 교부하는 행위

⇨ 이 경우 허위학력을 게재하거나 통상적인 수교 방법을 벗어나 배부하는 때에는 위반

● 후보자가 되려는 사람이 선거와 무관하게 선거인이 포함된 지인들이 참석하는 퇴임식 행사를 개최하거나, 본인 또는 참석한 지인이 선거와 무관한 내용의 퇴임사나 축사를 하는 행위

▶ **할 수 없는 사례**

● 후보자나 그가 지정하는 1명이 아닌 제3자(후보자의 가족 포함)가 후보자나 후보자가 되려는 자를 위하여 선거운동을 하는 행위

● 선거운동 기간 전에 선거인의 모임 등에 참석하여 지지호소·선거공약 발표 등 선거운동에 이르는 발언을 하는 행위

● 후보자 명의 또는 기호를 나타내거나 후보자의 목소리로 녹음된 투표독려용 ARS메시지(음성)를 전송하는 행위

| 주 요 위 반 행 위 판 례 |

● 후보자가 선거운동기간 전날 '○○농협 조합장후보 기호 ○번 ○○○'이라는 내용의 문자메시지를 160명의 조합원에게 발송(대전지방법원 2020. 12. 10. 선고 2019노3487 판결)

● 입후보 예정자가 현직 조합장에게 불리하도록 조합 운영을 비판하는 내용으로 작성된 카카오톡 메시지를 전달받은 후 선거운동 기간 전에 선거인 및 선거인의 가족 총 49명에게 전송(대법원 2021. 2. 4. 선고 2020도13757 판결)

● 평소에 연하장 등을 보낸 사실이 없는 조합원들에게 "(전) ○○연합회 감사, (현)○○협동조합 선거관리 부위원장 ○○○ 올림" 등의 내용이 기재된 연하장을 3회(1회 947명 성탄절 카드, 2회 947명 연말 연하장, 3회 944명 설날 연하장) 발송(대법원 2021. 2. 2. 선고 2020도17313 판결)

● 입후보 예정자가 선거운동 기간 전에 자신에 대한 지지 호소 문구와 학력 등이 게재된 인쇄물을 제작하여 조합원 1,745명에게 우체국을 통해 발송·배부(광주지방법원 2015. 7. 16. 선고 015고단1263 판결)

• 조합장 선거는 선거인들이 비교적 소수여서 서로를 잘 알고 있고, 인정과 의리를 중시하는 특정 집단 내에서 이루어지므로 정책보다는 후보자와의 친소 관계에 따라 선거권을 행사하는 분위기가 조성되어 있다는 특성 때문에 선거를 자칫 과열·혼탁으로 빠뜨릴 위험이 있음(헌법재판소 2012. 2. 23. 2011헌바154 결정).
이러한 상황에서 가족이나 선거사무원 등 후보자가 아닌 사람에게 선거운동을 허용하게 되면, 선거가 과열되어 상호 비방 등에 의한 혼탁 선거가 가중될 우려가 있고, 선거 결과가 정책 대결이 아닌 친소 관계에 의해 좌우될 가능성도 더욱 커지며, 선거인의 올바른 후보자 선택에 혼란을 안겨 줄 위험성을 배제하기 어려움. 게다가 조합원들은 조합장 선거의 후보자들과는 대부분 가까운 친·인척이나 이웃, 친구, 선·후배 관계인 경우가 많고, 누가 조합장이 되느냐에 따라 각종 환원 사업의 종류와 규모가 달라지는 등 직접적인 경제적 이해 관계를 가진다

> 는 점에서 조합장 선거에 대한 관심이 높을 수밖에 없는 바, 이에 비추어 보더라도 후보자가 아닌 사람에게 선거운동을 허용해 줄 필요성은 크지 않음(헌법재판소 2017. 6. 29. 2016헌가1 결정).

2) 후보자의 선거운동 방법

(1) 선거공보(법 §25, 규칙 §12)
• **작성·제출자**: 후보자
• **규격·종수 등**
- 규격: 길이 27cm 너비 19cm 이내
- 종수·면수: 1종, 8면 이내
• **게재내용**
- 앞면에 선거명, 후보자의 기호·성명
- 후보자의 홍보 등 선거운동을 위하여 필요한 사항과 범죄 경력 게재
⇨ 제출된 선거공보는 정정 또는 철회할 수 없음. 다만, 후보자는 선거공보에 오기나 위탁선거법에 위반되는 내용이 게재되었을 경우에는 제출 마감일까지 정정할 수 있음.
• **제출 및 발송시기**
- 제 출: 선거인 명부 확정일 전일(선거일 전 11일)까지
⇨ 제출 마감일까지 제출하지 아니하거나 규격을 넘는 선거공보를 제출한 때에는 발송하지 않음.
- 제출처: 관할 선관위
- 발 송: 관할 선관위가 선거인 명부 확정일 후 3일(선거일 전 7일)까지
• **경력 등 이의제기**
- 선거인은 선거공보의 내용 중 경력·학력·학위·상벌에 관하여 거짓으로 게

재되어 있음을 이유로 관할 선관위에 서면으로 이의 제기 가능

| 사 례 예 시 |

▶ **할 수 있는 사례**

● 비방 또는 허위사실에 이르지 않는 내용으로서 선거공약 등 자신의 홍보에 필요한 사항을 게재하는 행위

● 경력·학력(비정규 학력 포함) 등을 사실대로 게재하는 행위

● 과거에 타인과 함께 찍었던 활동사진이나 제3자가 직업적 또는 단순한 모델로서 출연한 사진을 선거공보에 게재하는 행위
  ⇨ 다만, 선거인에게 인지도와 호감도 등이 높아 후보자의 득표에 도움이 되는 인사들이 후보자로부터 출연 요청을 받고 그에 응하여 출연하는 경우에는 선거운동의 고의가 인정되므로 위반

▶ **할 수 없는 사례**
- 허위의 사실 또는 비방에 이르는 내용을 게재하는 행위
- 합성사진을 게재하는 행위
- 허위학력·경력 등을 게재하는 행위
- 제3자의 추천사를 게재하는 행위
- 선거공보의 종수·수량·면수 또는 배부 방법을 위반하는 행위

| 주 요 위 반 행 위 판 례 |

- "○○대학교 행정대학원 최고관리자과정", "○○대학교 경영대학원 경영자 연수과정"을 각각 이수하였을 뿐임에도 선거공보에 "○○대학교 행정대학원 수료", "○○대학교 경영대학원 수료"라는 허위사실 게재(전주지방법원 2015. 9. 4. 선고 2015고단808 판결)
- 조합장으로 재직할 당시 하나로마트 ○○지점을 개설한 사실이 없음에도 선거공보 제2면 '조합장 임기성과'란에 '하나로마트 ○○지점 개설'이라는 허위사실 게재(춘천지방법원강릉지원 2015. 8. 13. 선고 2015고단662 판결)
- 불우이웃돕기 성금을 동사무소에 기탁한 사실이 없음에도 선거공보에 "매월 불우이웃돕기 성금을 동사무소에 기탁하였다"는 허위사실 게재(대법원 1999. 2. 24. 선고 98도4388 판결)
- 선거공보를 가정집 우편함에 투입하거나 선거인에게 임의로 배부(서울고등법원 1995.12.29. 선고 95노2832 판결)

(2) **선거벽보(법 §25, 규칙 §12)**
- **작성·제출자:** 후보자(농협법·수협법에 따라 대의원회에서 선출하는 조합장 선거의 후보자는 제외)
- **규 격:** 길이 53cm 너비 38cm
- **작성방법:** 길이를 상하로 하여 종이로 작성

- **종 수**: 1종
- **게재 내용**: 선거운동을 위하여 필요한 사항

⇨ 제출된 선거벽보는 정정 또는 철회할 수 없음. 다만, 후보자는 선거벽보에 오기나 위탁선거법에 위반되는 내용이 게재되었을 경우에는 제출마감일까지 정정할 수 있음.

- **제출 시기**: 선거인명부 확정일 전일까지

⇨ 제출 마감일까지 제출하지 아니하거나 규격을 넘거나 미달하는 선거벽보를 제출한 때에는 첩부하지 않음.

- 첩부시기: 관할 선관위가 제출마감일 후 2일까지
- 제 출 처: 관할 선관위
- 첩부장소: 위탁 단체의 주된 사무소와 지사무소의 건물 또는 게시판 및 위탁 단체와 협의한 장소

- **경력 등 이의 제기**
- 선거인은 선거벽보의 내용 중 경력·학력·학위·상벌에 관하여 거짓으로 게재되어 있음을 이유로 관할 선관위에 서면으로 이의제기 가능

| 사 례 예 시 |

▶ **할 수 있는 사례**
- 방송통신대학교 법학과 1학년에 재학 중인 경우 선거벽보나 선거공보에 '방송통신대학교 재학 중'이라고 기재하는 행위
- 대학교를 졸업한 자가 선거벽보에 학력을 기재하지 아니하거나 대학교 학력은 기재하지 아니하고 고등학교 졸업 학력만을 기재하는 행위
- 선거벽보에 자신의 기표란에 기표한 투표용지 모형을 게재하는 행위

▶ **할 수 없는 사례**
- 허위 사실 또는 비방에 이르는 내용을 게재하는 행위

- 정규 학교를 수학한 이력이 있음에도 학력 또는 경력에 '독학'으로 게재하는 행위
- 선거벽보의 종수·수량 또는 첩부방법을 위반하는 행위

(3) 어깨띠·윗옷·소품(법 §27)

- **주 체**: 후보자 등(농협법·수협법에 따라 대의원회에서 선출하는 조합장 선거의 후보자는 제외)
- **기 간**: 선거운동 기간 중(선거일로부터 14일 전부터 선거일 전일까지)
- **방 법**: 어깨띠나 윗옷 착용 또는 소품 이용
- **종류 및 규격**: 제한 없음(다만, '소품'은 본인이 입거나 옷에 붙여 사용하거나 한 손으로 지닐 수 있는 크기여야 함)

> **Tip**
> - '착용'의 의미: 직접 몸에 입고 두르거나 머리에 쓰는 것 내지 그와 유사한 방법으로 신체의 일부와 떨어지지 않은 상태로 사용하는 것을 뜻한다고 봄이 상당함(서울고등법원 2014. 12. 18. 선고 2014노3279 판결).

| 사 례 예 시 |

▶ **할 수 있는 사례**
- 후보자가 자신의 홍보에 필요한 사항을 게재한 어깨띠나 상의를 착용하고 선거운동을 하는 행위
- 선거운동을 위한 어깨띠·윗옷·소품에 발광 기능을 부착하는 행위
- 어깨띠나 윗옷 또는 소품에 후보자 성명, 기호, 구호 등 선거운동을 위해 필요한 문자·그림 등을 삽입하는 행위
- 후보자가 어깨띠를 착용한 채 자전거를 타고 이동하는 행위
- 후보자가 선거벽보와 동일하게 제작한 피켓 등을 제작하여 들고 다니면서 선거운동을 하는 행위

▶ 할 수 없는 사례
● 후보자가 자전거 또는 오토바이 등에 자신을 선전하는 선전물을 부착하여 이동하는 행위
● 후보자 등이 아닌 가족이나 제3자가 어깨띠나 윗옷·소품 등을 이용하여 선거운동을 하는 행위
● 어깨띠 등에 허위사실 또는 비방 등 위탁선거법에 위반되는 내용을 게재하는 행위

(4) 전화를 이용한 선거운동(법 §28)
• 주 체: 후보자와 그가 지정하는 1명
• 기 간: 선거운동 기간 중(예비후보 기간 포함)
• 방 법
- 전화를 이용하여 송·수화자간 직접 통화하는 방법
- 문자(문자 외의 음성·화상·동영상 등은 제외) 메시지를 전송하는 방법
• 금지 시간: 오후 10시부터 다음날 오전 7시까지

| 사 례 예 시 |

▶ 할 수 있는 사례
● 후보자가 선거운동 기간에 자신의 홍보 및 안내 멘트('후보자 기호○번 ○○○입니다. 많은 성원과 지지 부탁드립니다' 등)를 자신의 휴대폰 통화 연결음으로 사용하는 행위
● 후보자가 자동동보통신에 의한 방법으로 선거운동정보를 문자(문자 외의 음성·화상·동영상 등은 제외)메시지로 전송하는 행위
⇨ 발신번호 사전 신고, 문자메시지 전송 횟수, 선거운동 정보에 해당하는 사실 표시, 수신 거부의 의사 표시를 쉽게 할 수 있는 조치 및 방법 등에 대한 제한 규정은 없음

- 후보자가 조합원에게 전화를 걸어 자신 또는 누구인지 알 수 없는 제3자의 녹음된 음성을 이용하여 단순히 조합원의 통화의사를 물은 후 직접 통화하는 행위
⇨ 녹음된 음성에 후보자의 성명을 밝히는 것을 넘어 후보자를 선전하는 내용이 있는 경우에는 위반

▶ **할 수 없는 사례**
- 후보자와 그가 지정하는 1명 외에 가족이나 제3자가 전화를 이용하여 선거운동을 하는 행위
- 특정 장소에 전화를 가설하고 전화홍보팀을 운영하는 행위

| 주 요 위 반 행 위 판 례 |

- 후보자가 10명의 인원으로 하여금 선거운동을 하도록 교사하고, 피교사자들이 선거인에게 전화를 걸어 후보자에 대한 지지호소(대법원 2021. 4. 29. 선고 2020도16599 판결)

- 후보자가 지인을 통해 선거운동기간 중 대량문자 발송사이트를 이용하여 문자메시지를 발송하면서 자신의 명함사진과 함께 조합원 2,200명에 전송하도록 지시(창원지방법원 진주지원 2016. 2. 16. 선고 2015고단719 판결)

- 입후보예정자의 부친이 조합원 108명에게 전화하여 "아들이 ○○축협 조합장 선거에 나오니까 잘 부탁한다"라는 취지로 말하며 아들의 출마사실을 알리고 지지호소(춘천지방법원 원주지원 2015. 7. 3. 선고 2015고약1658 판결)

- 입후보예정자가 선거운동기간 전에 조합원 1,444명에게 "○○농협이사 ○○○입니다. 12월 31일자로 이사직을 퇴임합니다. 다가오는 2015년 3월 11일, 큰 뜻을 가지고 조합장 선거에 출마하오니, 많은 성원 부탁드리며, 귀댁에도 웃음과 행복이 가득한 새해 되시길 기원합니다. - ○○○ 올림 -"이라는 내용의 문자메시지 발송(창원지방법원 거창지원 2015. 6. 24. 선고 2015고

단99 판결)

(5) 정보통신망을 이용한 선거운동(법 §29)
• **주 체:** 후보자와 그가 지정하는 1명
• **기 간:** 선거운동 기간 중(예비후보 기간 포함)
• **방 법**
- 인터넷 홈페이지의 게시판·대화방 등에 글이나 동영상 등을 게시하는 방법
- 전자우편(컴퓨터 이용자끼리 네트워크를 통하여 문자·음성·화상 또는 동영상 등의 정보를 주고받는 통신시스템을 말함)을 전송하는 방법

| 사 례 예 시 |

▶ **할 수 있는 사례**
● 입후보 예정자가 선거와 무관한 자신의 일상적인 활동 등으로 구성된 인터넷 홈페이지, 블로그 등을 개설·운영하는 행위
● 후보자가 선거운동 기간에 위탁단체의 인터넷 홈페이지에 선거공보, 선거운동용 명함을 스캔하여 게시하거나 특정 후보자에 대한 지지·반대를 표현한 글 또는 동영상을 게시하는 행위
● 후보자가 선거운동 기간에 선거운동을 위하여 만든 후보자 홍보 관련 제작물인 글, 이미지, 동영상 등을 직접 PC, 스마트폰 등을 활용해 SNS(X, 페이스북, 카카오톡 등)로 조합원들에게 전송 또는 전달(리트윗)하는 행위
● 후보자가 선거운동 기간에 전자우편 전송 대행업체에 위탁하여 전자우편(문자·음성·화상·동영상 등 포함)을 전송하는 행위
● 후보자 등이 선거운동 기간에 인터넷 홈페이지의 게시판·대화방 등에 선거운동 글 등을 게시하는 행위
● 후보자가 선거운동 기간에 자신의 인터넷 홈페이지를 제작하여 선거운동에 이르는 글 등을 게시하는 행위

● 명함에 후보자의 선거운동용 홈페이지나 블로그로 이동할 수 있는 QR코드를 삽입하는 행위

(6) 명함을 이용한 선거운동(법 §30, 규칙 §15)

• **주 체**: 후보자 등(농협법·수협법에 따라 대의원회에서 선출하는 조합장 선거의 후보자는 제외)

• **기 간**: 선거운동 기간 중(예비후보 기간에는 정책발표 장소에서 가능)

• **규 격**: 길이 9cm 너비 5cm 이내

• **게재사항**: 후보자의 홍보에 관한 사항

• **방 법**
- 다수인이 왕래하거나 집합하는 공개된 장소에서 선거인에게 명함을 직접 주거나 지지를 호소할 수 있음.

• **명함 배부 및 지지 호소 금지 장소**
- 병원·종교시설·극장의 안
- 위탁단체의 주된 사무소나 지사무소의 건물 안

| 사 례 예 시 |

▶ **할 수 있는 사례**

● 후보자가 선거운동 기간에 마트, 시장, 찜질방, 백화점, 공원 등에서 명함을 배부하는 행위
⇨ 다만, 호별 방문에는 이르지 아니하여야 하며 명함을 배부할 수 있는 장소의 경우에도 그 소유·관리자의 의사에 반하여 사유재산권 또는 관리권을 침해하는 방법까지 위탁선거법에서 보장하는 것은 아님

● 후보자가 관공서·공공기관의 민원실에서 명함을 배부하거나 지지호소를 하는 행위

● 명함에 합성사진이 아닌 일반인(할머니·어린이·청년 등)과 함께 찍었던

사진을 게재하는 행위
- 후보자가 명함에 자신의 기표란에 기표한 투표용지 그림을 게재하는 행위

▶ **할 수 없는 사례**
- 후보자 등이 아닌 자가 명함을 이용하여 선거운동을 하는 행위
- 후보자가 조합 총회 등에 참석하여 단상으로 나와 자신을 지지해 줄 것을 호소하는 행위
- 명함에 허위사실(합성사진 포함)을 게재하여 배부하는 행위
- 후보자의 명함을 경로당, 식당, 이·미용실 등에 비치하는 행위
- 후보자가 호별 방문을 하며 명함을 배부(우편함마다 투입하는 행위 포함)하는 행위

| 주 요 위 반 행 위 판 례 |

- 후보자가 명함을 직접 주거나 '개별적'으로 지지를 호소하는데 그치지 않고 집회를 이용하여 정견을 발표하는 방식 등 '집단적'으로 지지 호소(대법원 2007. 9. 6. 선고2007도1604 판결)
- 명함을 호별 투입, 아파트 세대별 우편함에 넣어 두거나 아파트 출입문 틈새 사이로 투입(대법원 2004. 8. 16. 선고 2004도3062 판결)

(7) 공개 행사에서의 정책 발표 (법 §30의 4)
- **주 체**: 예비후보자와 후보자
- **방 법**: 해당 위탁단체가 개최하는 공개 행사에 방문하여 자신의 정책을 발표할 수 있음
- **신 고**: 참석할 공개 행사의 일시, 소견 발표에 소요되는 시간과 발표 방법 등을 해당 위탁단체에 미리 신고

- **공 고**: 위탁단체는 예비후보자 등록 신청 개시일 전 5일부터 선거일 전일까지 매주 공개 행사의 일시와 소견 발표가 가능한 시간 공고

(8) 선거운동을 위한 휴대전화 가상번호 제공 (법 §32의 3)
- **주 체**: 후보자
- **방 법**: - 후보자가 조합에 조합원의 휴대전화 가상번호 요청
  - 조합이 선관위 경유하여 이동통신사업자에게 서면 요청
  - 선관위 심사 후 이동통신사업자는 조합에 제공
- **경비 부담**: 조합

나. 금지 · 제한 규정

1) 금품·음식물 등 기부행위 금지·제한

(1) 기부행위 금지·제한
○ **기부행위의 개념(법 §32)**

선거인(선거인 명부를 작성하기 전에는 그 선거인 명부에 오를 자격이 있는 자((선거권자 및 가입 신청을 한 자))를 포함함)이나 그 가족, 선거인이나 그 가족이 설립·운영하고 있는 기관·단체·시설을 대상으로 금전·물품 또는 그 밖의 재산상의 이익을 제공하거나 그 이익 제공의 의사를 표시하거나 그 제공을 약속하는 행위

※ **선거인의 가족의 범위(이하 같음)**
- 선거인의 배우자, 선거인 또는 그 배우자의 직계존비속과 형제자매
- 선거인의 직계존비속 및 형제자매의 배우자

> - '기부 행위'란 당사자 일방이 상대방에게 금품 기타 재산상 이익을 무상으로 제공하거나 일부 대가 관계가 있더라도 급부와 반대급부간의 불균형으로 그 일부가 무상이나 다름없는 경우를 말하며, 비록 유상으로 행해지는 경우에도 그것으로 인하여 다른 일반인은 얻기 어려운 재산상 이익을 얻게 되는 경우 기부 행위로 봄.
> - 기부 행위를 약속한 후 비록 사후에 이를 취소하였다고 하더라도 약속을 함으로써 기부 행위 위반죄는 성립됨.
> - 어떠한 행위가 기부 행위라고 인정되기 위하여는 기부 행위의 상대방이 위 규정에서 정해진 자로 특정되어야 할 뿐만 아니라, 그 상대방은 금품이나 재산상 이익 등을 제공받는 구체적이고 직접적인 상대방이어야 하고 추상적이고 잠재적인 수혜자에 불과할 경우에는 이에 해당되지 아니함.
> - 후보자가 '매년 (연봉) 5,000만 원을 조합원의 복지기금으로 내놓겠습니다'라는 내용이 기재된 선거공보와 소형 인쇄물을 발송한 행위는 금품이나 재산상 이익 제공의 의사표시를 한 것으로 볼 수 없음(대법원 2008. 6. 12. 선고 2008도3019 판결)

○ **기부 행위 제한 기간(법 §34)**

임기만료일 전 1년부터 선거일까지

○ **주체별 제한 내용(법 §35)**

주 체	제한 기간	제한 내용	조 문
후보자와 그의 배우자, 후보자가 속한 기관·단체·시설	기부 행위 제한기간 중	조합장 선거에 관한 여부를 불문하고 일체의 기부 행위 금지	§35①

주 체	제한기간	제한내용	조 문
누구든지	기부 행위 제한 기간 중	해당 조합장 선거에 관하여 후보자를 위하여 기부 행위를 하거나 하게 하는 행위 금지 ※ 이 경우 후보자의 명의를 밝혀 기부 행위를 하거나 후보자가 기부하는 것으로 추정할 수 있는 방법으로 기부 행위를 하는 것은 해당 조합장선거에 관하여 후보자를 위한 기부 행위로 봄	§35②
누구든지	기부 행위 제한 기간 중	해당 조합장 선거에 관하여 기부 행위가 제한되는 자로부터 기부를 받거나 기부의 의사표시를 승낙하는 행위 금지	§35③
누구든지	기부 행위 제한 기간 중	위 제35조 ①항부터 ③항까지 규정된 행위에 관하여 지시·권유·알선·요구하는 행위 금지	§35④
조합장	재임 중	조합장 선거에 관한 여부를 불문하고 일체의 기부행위 금지	§35⑤

※ '후보자'에는 '후보자가 되려는 사람'을 포함함.

○ 기부 행위로 보지 아니하는 행위(법 §33)

● 직무상의 행위

- 기관·단체·시설(위탁단체 제외)이 자체 사업계획과 예산에 따라 의례적인 금전·물품을 그 기관·단체·시설의 명의로 제공하는 행위(포상 포함)
- 조합이 해당 법령이나 정관 등에 따른 사업 계획 및 수지 예산에 따라 집행하는 금전·물품을 그 조합의 명의로 제공하는 행위(포상 포함)
- 물품 구매·공사·역무의 제공 등에 대한 대가의 제공 또는 부담금의 납부 등 채무를 이행하는 행위
- 법령에 근거하여 물품 등을 찬조·출연 또는 제공하는 행위라 집행하는 금

전·물품을 그 조합의 명의로 제공하는 행위(포상 포함)
※ 그가 하는 것으로 추정할 수 있는 방법에 해당하는 위탁단체의 직무상 행위
(신설)

위탁단체의 직무상 행위는 해당 법령이나 정관 등에 따라 포상하는 경우를 제외하고는 해당 위탁 단체의 명의로 하여야 하며, 해당 위탁 단체의 대표자의 직명 또는 성명을 밝히거나 다음과 같이 그가 하는 것으로 추정할 수 있는 방법으로 제공하는 행위는 기부행위로 봄.

1. 종전의 대상·방법·범위·시기 등을 법령 또는 정관 등의 제정 또는 개정 없이 확대 변경하는 경우
2. 해당 위탁단체의 대표자의 업적을 홍보하는 등 그를 선전하는 행위가 부가되는 경우

〈 조합의 명의로 화환·화분 제공 가능 여부 〉

대상 \ 시기	〈종전〉 기부 행위 제한 기간 중	〈개정〉 기부 행위 제한 기간 중
선거인 (선거인 명부를 작성하기 전에는 그 선거인 명부에 오를 자격이 있는 자를 포함)	제공 불가	제공 가능
선거인의 가족 (선거인의 배우자, 선거인 또는 그 배우자의 직계존비속과 형제자매, 선거인의 직계존비속 및 형제자매의 배우자)	제공 불가	제공 가능
선거인이나 그 가족이 설립·운영하고 있는 기관·단체·시설	제공 불가	제공 가능
위에 해당하지 않는 제3자	제공 가능	제공 가능

● **의례적 행위**

- 「민법」 제777조(친족의 범위)에 따른 친족의 관혼상제의식이나 그 밖의 경조사에 축의·부의금품을 제공하는 행위

※ 친족의 범위(이하 같음) : 8촌 이내의 혈족, 4촌 이내의 인척, 배우자

- 친족 외의 사람의 관혼상제 의식(그 밖의 경조사는 제외)에 통상적인 범위(5만 원 이내)에서 축의·부의금품을 제공하거나 주례를 서는 행위
- 관혼상제의식이나 그 밖의 경조사에 참석한 하객이나 조객 등에게 통상적인 범위에서 음식물(3만 원 이내) 또는 답례품(1만 원 이내)을 제공하는 행위
- 소속 기관·단체·시설(위탁 단체 제외)의 유급 사무직원이나 친족에게 연말·설 또는 추석에 의례적인 선물(3만 원 이내)을 제공하는 행위
- 친목회·향우회·종친회·동창회 등 각종 사교·친목단체 및 사회단체의 구성원으로서 그 단체의 정관 등 또는 운영관례상의 의무에 기하여 종전의 범위에서 회비를 납부하는 행위
- 평소 자신이 다니는 교회·성당·사찰 등에 통상의 예에 따라 헌금(물품 제공 포함)하는 행위

● **구호적·자선적 행위**

- 법령에 의하여 설치된 사회 보호 시설 중 수용 보호 시설에 의연금품을 제공하는 행위
- 「재해구호법」의 규정에 의한 구호기관(전국재해구호협회 포함) 및 「대한적십자사 조직법」에 의한 대한적십자사에 천재·지변으로 인한 재해의 구호를 위하여 금품을 제공하는 행위
- 「장애인복지법」 제58조에 따른 장애인 복지시설(유료 복지시설 제외)에 의연금품·구호금품을 제공하는 행위
- 「국민기초생활 보장법」에 의한 수급권자인 중증 장애인에게 자선·구호

금품을 제공하는 행위

- 자선사업을 주관·시행하는 국가·지방자치단체·언론기관·사회단체 또는 종교단체 그 밖에 국가기관이나 지방자치단체의 허가를 받아 설립된 법인 또는 단체에 의연금품·구호금품을 제공하는 행위

⇨ 다만, 광범위한 선거인을 대상으로 하는 경우 개별 물품 또는 그 포장지에 직명·성명을 표시하여 제공하는 행위는 위반

- 자선·구호사업을 주관·시행하는 국가·지방자치단체, 그 밖의 공공기관·법인을 통하여 소년·소녀가장과 후원인으로 결연을 맺고 정기적으로 제공하여 온 자선·구호금품을 제공하는 행위

- 국가기관·지방자치단체 또는 구호·자선단체가 개최하는 소년·소녀가장, 장애인, 국가유공자, 무의탁노인, 결식자, 이재민, 「국민기초생활 보장법」에 따른 수급자 등을 돕기 위한 후원회 등의 행사에 금품을 제공하는 행위

⇨ 다만, 개별 물품 또는 그 포장지에 직명·성명을 표시하여 제공하는 행위는 위반

- 근로청소년을 대상으로 무료 학교(야학을 포함함)를 운영하거나 그 학교에서 학생들을 가르치는 행위

| 사 례 예 시 |

① **직무상의 행위**

▶ **할 수 있는 사례**

● 법령이나 정관 등에 따른 당해 조합의 사업계획 및 수지예산에 따라 당해 조합의 명의로 생활지도·법률구조사업 등을 실시하는 행위

● 법령이나 정관 등에 따른 당해 조합의 사업 계획 및 수지 예산에 따라 당해 조합의 명의로 선진지 견학 등을 지원하는 행위

● 법령이나 정관 등에 따른 당해 조합의 사업 계획 및 수지 예산에 따라 당

해 조합의 명의로 좌담회를 개최하면서 참석한 조합원에게 식사류의 음식물을 제공하는 행위
● 법령이나 정관 등에 따른 당해 조합의 사업 계획 및 수지 예산에 따라 당해 조합의 명의로 조합원 자녀 학자금·경조사비를 지원하는 행위
● 법령이나 정관 등에 따른 당해 조합의 사업 계획 및 수지 예산에 따라 조합장 명의로 조합원에게 상장(부상수여 가능 단, 부상은 "조합명의"로 하여야 함)을 수여하는 행위
● 법령이나 정관 등에 따른 당해 조합의 사업 계획 및 수지 예산에 따라 조합장 이·취임식에서 통상적 범위의 다과·음식물 또는 답례품을 조합의 명의로 참석자에게 제공하는 행위
● 조합이 기부 행위 제한기간 중에 해당 법령이나 정관 등에 따른 사업 계획 및 수지 예산에 따라 조합의 명의로 축·부의금을 제공하는 행위
● 조합이 해당 법령이나 정관 등에 따른 사업 계획 및 수지 예산에 따라 병원에 입원한 조합원에게 조합의 명의로 위로금을 제공하는 행위
● 조합이 기부행위 제한기간 중 당해 조합의 사업 계획 및 수지 예산에 근거한 금품제공 행위로서 선거인(선거인 명부를 작성하기 전에는 그 선거인 명부에 오를 자격이 있는 자를 포함함) 및 그 가족에게 화환·화분을 제공하는 행위

▶ **할 수 없는 사례**
● 조합이 사업 계획 및 수지 예산에 근거 없이 조합원 또는 조합원의 가족이 설립·운영하는 단체 등에 사무실·사무기기·용품 등을 무상으로 사용하게 하는 행위

② **의례적 행위**
▶ **할 수 있는 사례**

● 후보자가 되려는 사람 또는 조합장이 기부 행위 제한 기간 중 「민법」 제777조에 따른 친족의 관혼상제의식이나 그 밖의 경조사에 축의·부의금품을 제공(금액 제한 없음)하거나, 친족 외의 사람의 관혼상제의식에 통상적인 축의·부의금품(5만 원 이내)을 제공하는 행위
● 조합장이 친족 또는 조합원 자녀의 결혼식에 주례를 서는 행위
● 후보자가 되려는 사람이 각종 사교친목 단체 및 사회 단체의 구성원으로서 그 단체의 정관 또는 운영 관례상의 의무에 기하여 종전의 범위에서 회비를 납부하는 행위
● 후보자가 되려는 사람이 관혼상제 의식이나 그 밖의 경조사에 참석한 하객이나 조객 등에게 음식물(3만 원 이내) 및 답례품(1만 원 이내)을 함께 제공하는 행위

▶ **할 수 없는 사례**
● 후보자가 되려는 사람이 기부 행위 제한 기간 중에 개최하는 본인의 퇴임식 행사에 참석한 선거인이나 그 가족에게 음식물 또는 답례품을 제공하는 행위
● 후보자가 친족이 아닌 선거인의 관혼상제 의식에 5만 원을 초과하는 축의·부의금품을 제공하거나 기타 경조사(회갑, 칠순, 병문안, 동창회, 집들이 등)에 축의·부의금품을 제공하는 행위
● 제3자가 후보자로부터 활동비 등의 명목으로 금품을 받아 이를 선거인이나 그 가족의 경조사비로 제공하는 행위
● 후보자가 되려는 사람이 선거인의 모임, 야유회, 체육대회 등 각종 행사에 금품을 제공하는 행위
● 후보자가 되려는 사람이 변호사·공인회계사·세무사 등 전문직업인으로 하여금 선거인에게 행하는 법률·세무 등 전문 분야에 관한 무료 상담 행위
● 후보자가 되려는 사람이 특정 행사의 추진을 위하여 일시적으로 구성된

단체의 고문이 되어 분담금을 납입하는 행위
● 후보자가 되려는 사람이 평소 다니는 교회(사찰, 성당)가 아닌 다른 교회(사찰, 성당)에 헌금하는 행위

| 주 요 위 반 행 위 판 례 |

☞ **직무상 행위 중 기부 행위로 본 사례**
● 조합장이 조합의 이사, 감사, 대의원 및 봉사단원들에 대하여 선진지 견학 명목으로 관광을 실시하면서 조합의 사업 계획 및 수지 예산상 분과위원회 실비로 책정된 예산을 전용하여 총 546만 원 상당의 교통편의, 음식물, 주류, 선물 등 제공(대구지방법원 2010. 10. 15. 선고 2010고단855 판결)
● 조합의 사업 계획 및 수지 예산서에 영농회 총회를 개최하면서 상품권과 식사를 제공하는 것으로만 규정되어 있으나, 별도의 법령 등에 근거 없이 업무 추진비로 총회에 참석한 반장들에게 물품 제공(춘천지방법원 2009.12. 3. 선고 2009고단463 판결)

☞ **의례적 행위 중 기부행위로 본 사례**
● 입후보예정자가 식당에서 조합원에게 '장어정식과 음료 등 35,000원 상당의 음식물'을 제공한 것을 비롯하여, 총 5명의 조합원에게 합계 137,000원 상당의 음식물을 제공하거나 제공의 의사표시(대전지방법원 제2형사부 2020. 12. 10. 선고 2019노3487 판결)
● 조합장의 모친상에 10만 원을 제공한 조합원의 결혼식에 그 답례로 10만 원을 축의금으로 제공(광주지방법원 2010. 5. 25. 선고 2010노335 판결)
● 후보자가 병원에서 입원치료를 받고 있는 조합원을 병문안하면서 현금 20만 원을 제공(청주지방법원 2009. 2. 5. 선고 2008고단1746 판결)
● 후보자가 관광버스 총 6대로 인적사항을 모르는 조합원들을 투표소까지 운송하도록 하는 등 총 180만 원 상당의 교통편의를 제공(광주지방법원 순천

지원 2008. 7. 4. 선고 2008고단969 판결)

(2) 후보자 또는 선거인 등 매수 및 이해유도 금지(법 §58)
- **주 체**: 누구든지
- **제한시기**: 상 시
- **주관적 목적**: 선거운동을 목적으로
- **내 용**

- 선거인(선거인 명부를 작성하기 전에는 그 선거인 명부에 오를 자격이 있는 자((선거권자 및 가입 신청을 한 자))를 포함함)이나 그 가족, 또는 선거인이나 그 가족이 설립·운영하고 있는 기관·단체·시설에 금전·물품·향응이나 그 밖의 재산상 이익이나 공사의 직을 제공하거나 그 제공의 의사를 표시하거나 그 제공을 약속하는 행위
- 위탁 단체의 조합원으로 가입하여 특정 후보자에게 투표하게 할 목적으로 위탁 단체의 조합원이 아닌 자에게 하는 위와 같은 행위

- **'제공의 의사 표시'의 의미**
'제공의 의사 표시'는 금전·물품·향응 등을 제공하겠다는 의사를 표시하고, 그 의사가 상대방에게 도달함으로써 성립함. 의사 표시는 문서에 의하든 구술에 의하든 무방하고, 명시적이든 묵시적이든 불문함(헌법재판소 2002. 4. 25. 2001헌바26 결정).

- **'구분된 형태로 되어 있는 금품'의 의미**
구분이라 함은 소정의 금품을 일정한 기준에 따라 전체를 크게 또는 작게 몇 개로 갈라 나누는 것을 말하고, 구분의 방법에는 제한이 없어 돈을 포장 또는 봉투에 넣거나 물건으로 싸거나 띠지로 감아매는 것은 물론, 몇 개의 단위로 나누어 접어 놓는 등 따로따로 배부할 수 있도록 분리하여 소지하는 것도 포함됨(대법원 2009. 2. 26. 선고 2008도11403 판결).

- 후보자가 되지 아니하도록 하거나 후보자가 된 것을 사퇴하게 할 목적으로 후보자가 되려는 사람이나 후보자에게 금전·물품·향응이나 그 밖의 재산상 이익이나 공사의 직을 제공하거나 그 제공의 의사를 표시하거나 그 제공을 약속하는 행위
- 위에 규정된 이익이나 직을 제공받거나 제공의 의사표시를 승낙하는 행위
- 위에 규정된 행위에 관하여 지시·권유·알선하거나 요구하는 행위
- 후보자 등록 개시일부터 선거일까지 포장된 선물 또는 돈 봉투 등 다수의 선거인(선거인의 가족 또는 선거인이나 그 가족이 설립·운영하고 있는 기관·단체·시설을 포함)에게 배부하도록 구분된 형태로 되어있는 금품을 운반하는 행위

| 주 요 위 반 행 위 판 례 |

● 입후보 예정자가 선거운동을 목적으로 ○○농협 하나로마트 지점장에게 선물세트를 보낼 명단을 전달하며 "소고기 선물세트를 준비해서 배송해 달라. 내가 주는 것이라고 얘기해 달라"라고 하여 위 하나로마트 배달서비스를 통해 선거인 명부에 오를 자격이 있는 조합원 총 46명에게 합계 230만 원 상당의 선물세트(1세트 5만 원) 제공(대전지방법원 홍성지원 2019. 10. 15. 선고 2019고단406 판결)

● 후보자의 친형이 동생을 당선되게 할 목적으로 조합원의 집을 찾아가 조합장 선거에 출마하는 동생을 잘 부탁한다는 취지로 인사하면서 현금 20만 원을 건네주려고 하였으나 조합원이 그 자리에서 거절하는 등 조합원에 대하여 금전제공의 의사를 표시(울산지방법원 2007. 10. 18. 선고 2007고단 1767 판결)

● 선임 이사의 지정 권한이 있고 조합에서 상당한 영향력이 있는 현직 조합장이 전직 조합장인 입후보 예정자에게 이사직을 제공하겠다고 하고 입

후보 예정자가 이를 승낙(대법원 1996. 7. 12. 선고 96도1121 판결)

(3) 현직 조합장의 기부 행위 상시 제한(법 §35⑤)
- **주 체:** 조합장
- **제한시기:** 재임 중 상시
- **주관적 목적:** 법 §33조(기부 행위로 보지 아니하는 행위)를 제외한 일체의 기부 행위

| 주 요 위 반 행 위 판 례 |

● 조합장과 조합 직원이 공모하여 설 명절을 계기로 조합원 2명에게 시가 45,000원 상당의 굴비 1세트씩(시가 합계 90,000원 상당)을, 조합원 41명에게 시가 25,000원 상당의 사과 1상자씩(시가 합계 1,025,000원 상당)을 제공(대법원 2021. 5. 7. 선고 2021도1707 판결)

● 조합장이 "풍요롭고 행복한 추석 보내세요. 1등 농협을 이룬 큰 일꾼 ○○농업협동조합장 △△△" 내용의 스티커가 부착된 '1만 원 상당의 쌀'을 농협 직원 5명으로 하여금 조합원(선거인 명부에 오를 자격이 있는 자 포함) 77명에게 제공(시가 총 770,000원 상당)(대구지방법원 2019. 8. 22. 선고 2019고단3283 판결)

● 조합장이 농협 조합원 180명에게 '○○농협 △△△'이라고 표시한 멸치 세트 1박스(시가 17,500원 상당)를 각각 택배를 이용하여 발송함으로써 합계 315만 원 상당의 물품 제공(전주지방법원 2015. 8. 28. 선고 2015고단 830 판결)

(4) 현직 조합장의 축의·부의금품 제공 제한(법 §36)
- **주 체:** 조합장
- **제한시기:** 재임 중 상시
- **제한내용**

- 「농협법」, 「수협법」, 「산림법」에 따른 조합의 경비로 관혼상제 의식이나 그 밖의 경조사에 축의·부의금품을 제공하는 경우에는 해당 금고의 경비임을 명기하여 해당 조합의 명의로 제공하여야함
- 해당 조합의 대표자 직명 또는 성명을 밝히거나 그가 하는 것으로 추정할 수 있는 방법으로 제공할 수 없음

〈 관혼상제 의식이나 그 밖의 경조사에 축의·부의금품 제공방법 구분 〉

경비주체	제공명의	기재사항	유의사항
조합	조합	해당조합의 경비임을 명기해야 함.	조합장의 직명 또는 성명을 밝히거나, 조합장이 하는 것으로 추정할 수 있는 방법으로 제공할 수 없음
조합장(개인)	조합장	-	친족이 아닌 선거인의 경우 관혼상제 의식에만 5만 원 이내에서 제공 가능함

Tip

- **주요 위반 행위 판례**
- 조합장이 총 360회에 걸쳐 조합원들의 장례식에 시가 14,000원 상당의 근조 조향세트를 조합 경비로 제공하면서 '○○농업협동조합 조합장 △△△'라고 기재하여 조합의 경비임을 명기하지 않고 조합의 대표자의 직·성명을 밝혀 제공(전주지방법원 제2형사부 2020. 8. 20. 선고 2019노1649 판결)

- 조합장이 모친상을 당한 조합원에게 조합의 경비로 부의금을 지급하면서 조합장의 명의를 밝히는 방법으로 기부 행위를 하였으며, 총 37회에 걸쳐 조합원들에게 축·부의금 등을 지급하면서 자신의 명의를 밝히거나 자신이 직접 지급하는 등의 방법으로 합계 3,250,000원 상당을 기부(대전지방법원 공주지원 2016. 9. 23. 선고 2015고단308 판결)

- 조합장이 조합원의 장인상에 참석하여 조합의 경비로 부의금 5만 원을 제공하면서 그 봉투에 '○○농업협동조합'이라고만 기재하고 그 부

> 의금이 ○○농업협동조합의 경비임을 명기하지 아니하였으며, 총 35회에 걸쳐 조합원의 장례식에 조합경비로 합계 1,050,000원 상당의 근조 영정 화환을 제공하면서 그 화환 비용이 위 조합의 경비임을 명기하지 아니함(제주지방법원 2015. 12. 22. 선고 2015고단987 판결)

2) 그 밖의 금지·제한 규정

(1) 임·직원의 지위를 이용한 선거운동 금지 등(법 §31)

- **주 체:** 조합 임·직원
- **금지 기간:** 상시
- **금지 내용**

- 지위를 이용하여 선거운동을 하는 행위
- 지위를 이용하여 선거운동의 기획에 참여하거나 그 기획의 실시에 관여하는 행위
- 후보자(후보자가 되려는 사람 포함)에 대한 선거권자의 지지도를 조사하거나 이를 발표하는 행위

| 사 례 예 시 |

▶ **할 수 있는 사례**

● 조합이 조합사업과 관련된 유언비어에 대하여 조합의 자본 현황에 대한 객관적인 사실을 당해 조합이 설치·운영하는 인터넷 홈페이지나 기관지(조합 소식지)·내부 문서·게시판 등 통상적으로 행하여 오던 고지·안내 방법에 따라 소속 조합원에게 알리거나 언론기관에 보도 자료를 제공하는 행위
⇨ 다만, 선거가 임박한 시기에 별도의 해명서를 작성하여 전 조합원에게 배부하는 것은 위반

- **'임·직원이 지위를 이용하여 선거운동의 기획에 참여하는 행위'의 의미**
  임·직원이 개인의 자격으로서가 아니라 임·직원의 지위와 결부되어 선거운동의 기획에 참여하거나 그 기획의 실시에 관여하는 행위를 뜻하는 것으로, 임·직원의 지위에 있기 때문에 특히 선거운동의 기획 행위를 효과적으로 할 수 있는 영향력 또는 편익을 이용하는 것을 의미하고 구체적으로는 그 지위에 수반되는 신분상의 지휘감독권, 직무권한, 담당 사무 등과 관련하여 임·직원이 직무를 행하는 사무소 내부 또는 외부의 사람에게 작용하는 것도 포함되고, 이때 '선거운동의 기획에 참여하는 행위'라 함은 선거운동의 효율적 수행을 위한 일체의 계획 수립에 참여하는 것을 말함(대법원 2007. 3. 29. 선고 2006도9392 판결 등 참조)

- **'선거운동의 기획에 참여하거나 그 기획의 실시에 관여하는 행위'의 의미**
  당선되게 하거나 되지 못하게 하기 위한 선거운동에는 이르지 아니하는 것으로서 선거운동의 효율적 수행을 위한 일체의 계획 수립에 참여하는 행위 또는 그 계획을 직접 실시하거나 실시에 관하여 지시·지도하는 행위를 말하는 것으로 해석하여야 하고, 반드시 구체적인 선거운동을 염두에 두고 선거운동을 할 목적으로 그에 대한 기획에 참여하는 행위만을 의미하는 것으로 볼 수 없음(대법원 2007. 10. 25. 선고 2007도4069판결 등 참조)

▶ 할 수 없는 사례

- 조합의 임·직원이 그 방법(여론조사기관 의뢰 등)이나 횟수를 불문하고 후보자(후보자가 되려는 사람 포함)에 대한 선거권자의 지지도나 적합도를 조사하거나 이를 발표하는 행위
- 조합의 임·직원이 후보자의 선거운동을 하는 행위
- 조합의 직원이 후보자로 출마하는 조합장의 인터뷰 자료 등을 작성하는 행위
- 조합의 임원 또는 간부가 소속 직원을 자신의 사무실로 불러 특정 후보자의 지지를 부탁하는 발언을 하는 행위

● 조합의 직원이 선거공약 등 선거운동에 활용되는 기획 문건 등을 작성하여 후보자에게 제공하는 행위

| 주 요 위 반 행 위 판 례 |

● 조합장이 선거운동 기간 전에 자신의 사진, 이력, 경영 성과, 공약 사항 등이 포함되어 있는 '○○산림조합 보도자료'라는 제목의 파일을 작성하여 조합직원에게 ○○산림조합 홈페이지 공지사항란에 게시하도록 지시(광주지방법원 목포지원 2016. 2. 16. 선고 2015고정412 판결)

● ○○농협 총무과장이 조합장 후보자로 출마한 □□□를 위하여 조합원 1,986명에게 "안녕하십니까? 존경하는 ○○조합원님! 이번 조합장 선거에 출마한 기호 1번 □□□ 인사드립니다"라는 내용의 문자메시지를 발송(광주지방법원 2015. 8. 19. 선고 2015고단2292 판결)

● 후보자인 조합장과 조합의 임원인 상임이사가 공모하여 수차례에 걸쳐 신규 조합원을 대상으로 특강을 실시하면서 조합장 재직 중의 사업실적과 향후 계획을 홍보(대법원 2011. 6. 24. 선고 2010도9737 판결)

(2) 허위사실 공표 금지(법 §61)

① 당선목적 허위사실 공표(법 §61①)

- **주 체**: 누구든지
- **금지기간**: 상시
- **주관적 요건**: 당선되거나 되게 할 목적으로
- **금지행위**

선거공보나 그 밖의 방법으로 후보자(후보자가 되려는 사람을 포함함)에게 유리하도록 후보자, 그의 배우자 또는 직계존비속이나 형제자매에 관하여 허위의 사실을 공표하는 행위

- **벌 칙**: 3년 이하의 징역 또는 3,000만 원 이하의 벌금

- **'허위의 사실'의 판단 기준**

'허위의 사실'이란 진실에 부합하지 않은 사항으로서 선거인으로 하여금 후보자에 대한 정확한 판단을 그르치게 할 수 있을 정도로 구체성을 가진 것이면 충분함. 하지만 공표된 사실의 내용 전체의 취지를 살펴볼 때 중요한 부분이 객관적 사실과 합치되는 경우에는 세세한 부분에 진실과 약간 차이가 나거나 다소 과장된 표현이 있더라도 이를 허위의 사실이라고 볼 수는 없음. 어떤 표현이 허위사실을 표명한 것인지는 일반 선거인이 그 표현을 접하는 통상의 방법을 전제로 하여 그 표현의 전체적인 취지, 객관적 내용, 사용된 어휘의 통상적인 의미, 문구의 연결 방법 등을 종합적으로 고려하여 그 표현이 선거인에게 주는 전체적인 인상을 기준으로 판단하여야 함(대법원 2015. 5. 14. 선고2015도1202 판결).

- **'공표'의 의미**

- '공표'라 함은 불특정 또는 다수인에게 허위 사실을 알리는 것이고, 비록 개별적으로 한 사람에 대하여 사실을 유포하더라도 이로부터 불특정 또는 다수인에게 전파될 가능성이 있다면 이 요건을 충족한다고 할 것임(대법원 1998. 12. 10. 선고 99도3930 판결).
- 후보자의 비리 등에 관한 의혹의 제기는 비록 그것이 공직 적격 여부의 검증을 위한 것이라 하더라도 무제한 허용될 수는 없고 그러한 의혹이 진실인 것으로 믿을 만한 상당한 이유가 있는 경우에 한하여 허용되어야 하며, 또한 제시된 소명 자료 등에 의하여 그러한 의혹이 진실인 것으로 믿을 만한 상당한 이유가 있는 경우에는 비록 사후에 그 의혹이 진실이 아닌 것으로 밝혀지더라도 표현의 자유 보장을 위하여 이를 벌할 수 없음(대법원 2007. 7. 13. 선고 2007도2879 판결).

② 낙선 목적 허위사실 공표(법 §61②)

- **주 체**: 누구든지
- **금지 기간**: 상시
- **주관적 요건**: 당선되지 못하게 할 목적으로
- **금지 행위**: 선거공보나 그 밖의 방법으로 후보자에게 불리하도록 후보자,

그의 배우자 또는 직계존비속이나 형제자매에 관하여 허위의 사실을 공표하는 행위
- **벌 칙**: 5년 이하의 징역 또는 5백만 원 이상 5천만 원 이하의 벌금

(3) 후보자 등 비방죄(법 §62)
- **주 체**: 누구든지
- **금지기간**: 상시
- **주관적 요건**: 선거운동을 목적으로

> - **'비방'의 의미**
> '비방'의 의미는 '사회생활에서 존중되는 모든 것에 대하여 정당한 이유 없이 상대방을 깎아내리거나 헐뜯는 것'이라고 해석할 수 있음(헌법재판소 2004. 11. 25. 2002헌바85 결정).
>
> - **'사실의 적시'의 의미**
> '사실의 적시'란 가치 판단이나 평가를 내용으로 하는 의견 표현에 대치하는 개념으로서 시간과 공간적으로 구체적인 과거 또는 현재의 사실관계에 관한 보고 내지 진술을 의미하는 것이며 그 표현 내용이 증거에 의한 입증이 가능한 것을 말하고, 판단할 진술이 사실인가 또는 의견인가를 구별함에 있어서는 언어의 통상적 의미와 용법, 입증가능성, 문제된 말이 사용된 문맥, 그 표현이 행하여진 사회적 정황 등 전체적 정황을 고려하여 판단하여야 할 것임(대법원 1996. 11. 22. 선고 96도1741 판결).
>
> - **'위법성 조각' 사유**
> 적시된 사실이 전체적으로 보아 진실에 부합하고 그 내용과 성질에 비추어 객관적으로 볼 때 공공의 이익에 관한 것으로서 행위자도 공공의 이익을 위하여 그 사실을 적시한다는 동기를 가지고 있으며, 반드시 공공의 이익이 사적 이익보다 우월한 동기가 된 것이 아니더라도 양자가 동시에 존재하고 거기에 상당성이 인정된다면 위법성이 조각된다고 할 것임(대법원 2000. 4. 25. 선고 99도4260 판결).

• **금지 행위**

선거공보나 그 밖의 방법으로 공연히 사실을 적시하여 후보자, 그의 배우자 또는 직계존비속이나 형제자매를 비방하는 행위

• **예외(위법성 조각사유)**

진실한 사실로서 공공의 이익에 관한 때에는 처벌하지 아니함.

| 사례예시 |

▶ **할 수 있는 사례**

● 적법한 선거운동을 위한 선거공보, 선거벽보, 명함 등에 비정규 학력을 정규 학력으로 오인되지 않도록 사실대로 게재하거나 공표하는 행위

▶ **할 수 없는 사례**

● "○○대학원 최고경영자과정"을 수료했음에도 "○○대학원 수료"라고 공표하는 행위

| 주요 위반행위 판례 |

● 후보자가 본인이 ○○농협조합장으로 재임하였던 기간인 2018년도의 ○○농협의 출자 배당률이 관내 최고가 아니었음에도 조합원 3,286명에게 "2018년도 3.5%라는 관내 최고의 출자 배당률이 이를 증명합니다."라는 문구가 포함된 선거운동 문자메시지를 전송함으로써 후보자인 자신을 당선되게 할 목적으로 자신의 업적에 관한 허위사실을 공표(대전지방법원 공주지원 2019. 9. 6. 선고 2019고단219 판결)

● A 후보자의 도덕성과 농협 경영상 비리, 공사발주 시 담합 의혹이 게재된 유인물을 조합원들에게 보여주고 진정서에 서명을 받는 등 A 후보를 비방(대법원 2016. 10. 27. 선고 2016도9766 판결)

● 조합장으로 재직할 당시 하나로마트 ○○지점을 개설한 사실이 없음에도 선거공보 제2면 '조합장 임기 성과'란에 '하나로마트 ○○지점 개설'이라는 허위사실을 게재(춘천지방법원 강릉지원 2015. 8. 13. 선고 2015고단662 판결)

(4) 호별방문 등의 제한(법 §38)
• **주 체**: 누구든지
• **금지기간**: 상시
• **주관적 요건**: 선거운동을 위하여
• **금지행위**
- 선거인(선거인 명부 작성 전에는 선거인 명부에 오를 자격이 있는 자를 포함함)을 호별로 방문하는 행위
- 선거인을 특정 장소에 모이게 하는 행위

| 사 례 예 시 |

▶ **할 수 있는 사례**
● 후보자가 조합원의 점포를 방문하는 행위
⇨ 점포가 주거와 함께 구성되어 있는 경우 방문할 수 있는 부분은 주거가 아닌 영업하는 장소에 한정됨.

▶ **할 수 없는 사례**
● 후보자가 병원의 병실을 방문하여 입원환자인 조합원에게 명함을 배부하고 지지를 호소한 행위

| 주 요 위 반 행 위 판 례 |
● 입후보예정자가 조합원의 주거지 마당에서 "조합의 이사로 있는데 이번

- **'호'의 의미 및 판단기준**

호별방문죄가 성립하는 방문 장소의 전형적인 예는 '거택'이라고 할 것이나, 호별방문죄가 성립하는 '호(戶)'에는 '관혼상제의 의식이 거행되는 장소와 도로, 시장, 점포, 다방, 대합실 기타 다수인이 왕래하는 공개된 장소'가 아닌 곳으로서, 비록 피방문자가 일시적으로 거주하는 경우라도 불특정·다수인의 자유로운 출입이 제한된 비공개적인 장소도 포함됨(대구고등법원 2007. 3. 15. 선고 2007노38 판결).

- **'호별방문'의 성립요건**

호별방문죄는 연속적으로 두 호 이상을 방문함으로써 성립하는 범죄로서, 연속적인 호별방문이 되기 위해서는 각 방문행위 사이에 어느 정도의 시간적 근접성은 있어야 하지만 반드시 각 호를 중단 없이 방문하여야 하거나 동일한 일시 및 기회에 방문하여야 하는 것은 아니므로 해당 선거의 시점과 법정 선거운동기간, 호별방문의 경위와 장소, 시간, 거주자와의 관계 등 제반 사정을 종합하여 단일한 선거운동의 목적으로 둘 이상 조합원의 호를 계속해서 방문한 것으로 볼 수 있으면 그 성립이 인정됨(대법원 2010. 7. 8. 선고 2009도14558 판결).

에 조합장에 출마하니 부탁한다"는 취지로 말하는 등 총 17개의 호를 호별방문하고, 조합원의 고추하우스 앞 도로에서 '음료 10병들이 1상자를 교부'한 것을 비롯하여 총 14회에 걸쳐 합계 196,775원 상당의 음료 등을 제공하거나 제공의사를 표시(대법원 2020. 9. 25. 선고 2020도8887 판결)

(5) 선거일 후 답례 금지(법 §37)

- **주 체**: 후보자, 후보자의 배우자, 후보자가 속한 기관·단체·시설
- **금지내용**: 선거일 후 당선되거나 되지 아니한 데 대하여 선거인에게 축하·위로 그 밖의 답례를 하기 위하여
  - 금전·물품 또는 향응을 제공하는 행위
  - 선거인을 모이게 하여 당선 축하회 또는 낙선에 대한 위로회를 개최하는 행위

다. 과태료, 포상금 지급 등

1) 50배 이하 과태료 부과·징수 등(법 §35, §68)

(1) 부과 대상
기부 행위 금지·제한 규정을 위반하여 금전·물품이나 그 밖의 재산상 이익을 제공 받은 자(제공받은 금액 또는 물품의 가액이 100만 원을 초과한 자는 제외함)
※ 제공받은 금액 또는 물품의 가액이 100만 원을 초과한 자는 벌칙으로 처벌

(2) 부과 금액
3,000만 원 범위 내에서 제공받은 금액이나 가액의 10배 이상 50배 이하에 상당하는 금액

(3) 과태료 면제
제공받은 금액 또는 음식물·물품(제공받은 것을 반환할 수 없는 경우에는 그 가액에 상당하는 금액을 말함) 등을 선관위에 반환하고 자수한 자로서(법 §68③ 단서),
- 선관위와 수사기관이 금품·음식물 등의 제공 사실을 알기 전에 선관위 또는 수사기관에 그 사실을 알려 위탁선거범죄에 관한 조사 또는 수사단서를 제공한 사람(규칙 §34⑤2호가목)
- 선관위와 수사기관이 금품·음식물 등의 제공사실을 알게 된 후에 자수한 사람으로서 금품·음식물 등을 제공한 사람과 제공받은 일시·장소·방법·상황 등을 선관위 또는 수사기관에 자세히 알린 사람(규칙 §34⑤2호나목)

(4) 과태료 감경

금품·음식물 등을 제공받은 경위, 자수의 동기와 시기, 금품·음식물 등을 제공한 사람에 대한 조사의 협조 여부와 그 밖의 사항을 고려 감경(규칙 § 34⑤1호)

2) 신고자 포상금 지급(법 §76)

(1) 지급 대상
기부행위 금지·제한 규정을 위반하여 금전·물품이나 그 밖의 재산상 이익을 제공받은 자(제공받은 금액 또는 물품의 가액이 100만 원을 초과한 자는 제외함)

(2) 지급금액
포상금심사위원회의 의결을 거쳐 3억 원 이내에서 지급

3) 자수자에 대한 특례(법 §74)

매수 및 이해유도죄(법 §58) 또는 기부 행위의 금지·제한 등 위반죄(법 §59)를 범한 사람 중 금전·물품이나 그 밖의 이익 등을 받거나 받기로 승낙한 사람이 자수한 때에는 그 형을 감경 또는 면제

▶ **특례 대상자가 아닌 사람**
- 후보자 및 그 배우자
- 후보자 또는 그 배우자의 직계존비속 및 형제자매
- 후보자의 직계비속 및 형제자매의 배우자

• 거짓의 방법으로 이익 등을 받거나 받기로 승낙한 사람

▶ 자수 시기

선관위에 자신의 해당 범죄사실을 신고하여 선관위가 관계 수사기관에 이를 통보한 때에는 선관위에 신고한 때를 자수한 때로 봄

4) 신고자 등의 보호(법 §75)

▶ 적용 대상

이 법에 규정된 범죄에 관한 신고·진정·고소·고발 등 조사 또는 수사 단서의 제공, 진술 또는 증언, 그 밖의 자료 제출 행위 및 범인 검거를 위한 제보 또는 검거 활동을 한 사람이 그와 관련하여 피해를 입거나 입을 우려가 있다고 인정할 만한 상당한 이유가 있는 경우

▶ 신원 보호 범위

해당 범죄에 관한 형사 절차 및 관할 선관위의 조사과정에서 「특정범죄신고자 등 보호법」에 따라 불이익 처우 금지 및 인적 사항의 기재 생략 등 조치

5) 위탁선거 범죄 조사권(법 §73)

(1) 주체

선관위(읍·면·동선관위 제외) 위원·직원

(2) 발동 요건

- 위탁선거 위반 행위의 가능성이 있다고 인정되는 경우
- 후보자가 제기한 위탁선거 위반 행위의 가능성이 있다는 소명이 이유 있다고 인정되는 경우
- 현행범의 신고를 받은 경우

(3) 조사 방법

- 발동요건에 해당하는 경우 그 장소에 출입하여 관계인에 대하여 질문·조사를 하거나 관련 서류 그 밖의 조사에 필요한 자료의 제출을 요구할 수 있음
- 위탁선거 위반 행위 현장에서 위반 행위에 사용된 증거 물품으로서 증거 인멸의 우려가 있다고 인정되는 때에는 조사에 필요한 범위 내에서 현장에서 수거할 수 있음
- 누구든지 위원·직원의 위반 혐의가 있는 장소의 출입을 방해하여서는 아니되며, 질문·조사를 받거나 자료의 제출을 요구받은 자는 이에 응하여야 함
- 위반 행위 조사와 관련하여 관계자에게 질문·조사하기 위하여 필요하다고 인정되는 경우에는 선관위에 동행 또는 출석을 요구할 수 있음. 다만, 선거 기간 중 후보자에 대해서는 동행 또는 출석을 요구할 수 없음
- 현행범의 신고를 받은 경우

라. 위탁선거 범죄로 인한 당선 무효 등 특별 규정

1) 위탁선거 범죄로 인한 당선 무효(법 §70)

(1) 당선인의 위탁선거 범죄로 인한 당선 무효

당선인이 해당 위탁선거에서 이 법 위반으로 징역형 또는 100만 원 이상의 벌금형을 선고 받은 때 당선을 무효로 한다. 판결 확정에 의하여 바로 당선이 무효로 되고 별다른 절차가 필요 없다. '징역형을 선고 받은 때'에는 징역형의 집행유예를 선고받은 경우도 포함된다.

(2) 당선인 가족의 위탁선거 범죄로 인한 당선 무효

당선인의 가족은 당선인의 배우자 및 직계존비속을 일컫는다. 당선인의 가족이 해당 위탁선거에서 매수 및 이해유도죄(제58조), 기부 행위의 금지 제한 등 위반죄(제59조)를 범하여 징역형 또는 300만 원 이상의 벌금형의 선고를 받은 때에 당선인의 당선을 무효로 한다.

2) 공소 시효(법 §71)

위탁선거법은 공직선거법과 마찬가지로 위탁선거법 위반 범죄에 대해 형사소송법상의 공소 시효와는 달리 당해 선거일 후 6개월이 경과함으로써 공소 시효가 완성된다고 규정하고 있다. 선거일 후에 행하여진 범죄는 그 행위가 있는 날부터 6개월이 경과하면 공소 시효가 완성된다. 다만 범인이 도피한 때나 범인이 공범 또는 범죄의 증명에 필요한 참고인을 도피시킨 때는 그 기간을 3년으로 한다. 공소 시효의 기산일과 관련하여 '해당 선거일'은 해당 위탁선거와 직접 관련된 선거의 투표일을 의미한다.

3) 재판기간 (법 §제71조의2)

이 법을 위반한 죄를 범한 자와 그 공범에 관한 재판은 다른 재판에 우선하여 신속히 하여야 하며, 그 판결의 선고는 제1심에서는 공소가 제기된 날부터 6개월 이내에, 제2심 및 제3심에서는 전심의 판결의 선고가 있은 날부터 각각 3개월 이내에 하도록 노력하여야 한다.

III. 선거 준비 행위 – 당선 비법

1. 당선 노하우
2. 메시지
3. 기타 홍보 수단

Ⅰ,Ⅱ장에서는 군대에 입대하여 5주 신병 훈련 교육을 받는 것이라면, Ⅲ장과 Ⅳ장 그리고 Ⅴ장은 이제 자대에 배치되거나 실전에 배치되어 전쟁을 치르는 단계로서 조합장 선거 당선을 위한 비법을 설명한다.

조합장이라는 선출직에 꿈을 꾸는 단계에서 당선에 이르기까지 당선 보고서를 써 내려간다. 후보의 정체성(正體性, 즉 학력, 경력, 재력, 성품, 네트워크, 조합의 활동 및 조합원 D/B와 소통, 관계 등)을 기본 자료로 하고 후보의 조건에 맞는 맞춤 당선 보고서가 독창성 있게 작성되어야 한다.

일반적으로 출마에서 당선까지의 프로세싱(과정)에서 기본적인 도구(Fundamental Solution)를 중심으로 전개할 것이며 10여 년 농수산림조합 조합장 선거에서 축적된 방대한 양의 자료들을 분석하고 분류하여 펼쳐 나간다.

크게 사전에(일반적으로 2년 이상) 준비해야 하는 홍보 수단과 콘텐츠[18] 그리고 선거일 1년 전부터 준비해야 하는 당선 전략 수단과 솔루션,[19] 마지막으로 선거운동 기간 14일 동안에 준비해야 하는 당선 전술 수단과 선거운동 방법[20]으로 나눌 수 있다.

Ⅲ장과 Ⅳ장에서는 선거일 1~2년 전 부터 선거일 180일 전까지 솔루션을 중심으로 Ⅴ장에서는 본격 선거운동 기간인 예비후보 30일과 본 선거운동 14일의 당선 전술을 기록한다.

조합장 선거를 계획하고 있는 후보에게 다음과 같은 질문을 던진다고 하자. 그 중 몇 개에 예스라고 답할지 체크해 보자.[21]

1. 나만의 독창적인 브랜딩(당선 이미지)이 있습니까?
2. 경쟁 후보와 다른 나만의 차별화 포인트가 있습니까?
3. 그 차별점이 조합원이 가장 원하는 것입니까?

---

18) 일반적으로 이 기간에는 인지도(認知度)와 호감도(好感度)를 높이는 전략이 필요하다.
19) 일반적으로 이 기간에는 적합도(適合度) 또는 충성도(忠誠度)를 높이는 전략이 필요하다.
20) 마지막 당선으로 향하는 지지도(支持度) 51% 이상을 달성하는 전략으로 당선이 된다.
21) 출처 : 『선거 당선 비법 37 전략』 신강균, 컴온북스, 2010

4. 조합원에게 뚜렷한 미래의 비전을 보여주고 있습니까?

5. 나를 한마디로 표현하는 키워드가 있습니까?

6. 인지도가 경쟁자에 비해 우월합니까?

7. 짧은 시간에 인지도를 높일 전략이 세워져 있습니까?

8. 나의 배후에 신뢰할 만한 인물이 받쳐주고 있습니까?

9. 메시지 전달력(조합원의 눈높이에서 감동하는)에서 독창성이 있습니까?

10. 조직(선거 준비팀 및 각종 공·사조직)을 파워풀하게 가동하고 있습니까?

후보님은 'yes'로 대답한 것이 몇 개입니까?

세계인들이 사용하고 있는 컴퓨터 프로그램 마이크로소프트의 창업자 빌 게이츠(Bill Gates)는 <나의 성공비결>이라는 글에서

나는 힘이 센 강자도,
두뇌가 뛰어난 천재도 아닙니다.
날마다 새롭게 변했을 뿐입니다.

그것이 나의 성공 비결입니다.
Change(변화)의 g를 c로
바꿔보십시오.

Chance(기회)가 되지 않습니까?
변화 속에는 반드시 기회가 숨어있습니다.

내 몸에는 붉은 피가 아니라 당선의 피가 흐르고 있다.
당선의 옷을 입고 당선의 마음과 행동으로 변화되시길 간절히 바란다.

1. 당선노하우 (비결)

앞의 이론적이고 선거공학적(選擧工學的)인 질문에 이어 이번에는 실제적(實際的)이고 현실적(現實的)인 질문을 해본다. 본사가 실시하고 있는 당선아카데미에서 첫 시간에 아래 질문으로 강의를 시작한다. 대부분 배우자들(부인들이 대부분)이나 참모들이 함께 참석해서 후보가 답하는 것이 아니라(자의적이라서 정확하지 않음) 객관적(客觀的)이고 냉철(冷徹)한 배우자나 참모에게 후보의 아래 질문지에 답하도록 한다.

답하고 점수를 매긴 후 "60점 이하 손들어 보세요?"
이런 분들께는 "죄송하지만 지금이라도 포기하는 것이 나와 가정, 주변 사람들을 위해서 좋을 겁니다." 청운(靑雲)의 꿈을 갖고 당선 아카데미에 참석했는데 분위기가 싸늘해진다. 선거를 만만하게 보면 안된다. 준비되지 않은 후보들은 대부분 낙선의 고배를 마시게 되고 출혈(돈, 건강, 관계 등)이 생각보다는 너무 심해서 병이 들거나 매일 술로써 신세 한탄을 하는 것을 무수히 보아 왔다.

그래도 고집을 피우고 출마하겠다고 하면 두 가지를 제시한다.

첫째, 당선바이블 이 책을 2번 완독하고 난 후 결정하자.
둘째, 1년밖에 남지 않았다면 먼저, 여론조사를 권유한다.

'인지도가 30% 이하 나오면 포기하시고 다음을 준비하자.' 그래도 가망성이 있는 후보는 경청을 하고 위의 2가지를 시도하려고 한다. 그러나 많은 후보들은 이런 권유를 무시하고 혼자서 백방으로 뛰지만 선거에서 낙선해 후회하는 것을 보아 왔다.

자! 이제 아래 질문에 답해보자.
조합의 상황에 맞춰 중요도를 기준으로 위에서부터 가중치를 고려하여 점수를 매겨보자.
각 문항별로 예를 들어 완벽하면 만점, 반쯤이면 점수의 50%(10점이면 5점), 20% 정도이면 점수의 20%(10점이면 2점) 이렇게 점수를 매기면 된다.

---

1. 사랑하는 동반자(아내나 남편)가 출마하도록 승낙하셨습니까? (20점)
2. 선거 경비는 준비되었습니까(조합원 1,000명 기준으로 1억 원 이상)? (20점)
3. 조합원 이름과 연락처 등 기초 자료가 준비되었습니까? (15점)
4. 조직이 구성되어 있습니까(리동별 1명, 조합원 300명당 1명 이상 참모)? (15점)
5. 조합원 성향 파악(소속단체, 동호회, 종교 등)이 되어 있습니까? (10점)
6. 조합원들이 나의 이름을 얼마나 알고 있습니까(최소 50% 이상)? (10점)
7. 선거 전략보고서(약 10페이지)가 작성되어 있습니까? (10점)

체크하였으면 이제 점수를 합산해 보자(선거일 1년 전 기준).

① 80점 이상이면 무난히 당선될 수 있다.
그러나 선거는 상대적이기 때문에 상대 후보도 80점이 넘는다면 각축전(角逐戰, 당락을 다투는 싸움)을 펼쳐야 한다. 상대 후보에 대해서도 주관적으로 한번 점수를 매겨본 뒤 점검하고 대비하는 것이 바람직하다.

② 70점 이상이면 부족한 부분을 최대한 보완하는 것이 중요하다.
1차 3개월 내에, 2차 6개월 내에 보완해서 당선 안정권에 들어갈 수 있도록 내 삶의 라이프 스타일을 바꾸고 선거 전문가와 수시로 상의하면서 진행 사항을 체크하여야 한다.

③ 60점 대는 전적으로 기획사에 모든 것을 맡기고 당선 매뉴얼을 작성해서 차근차근 체크해 나가야 한다.
금전적으로도 많은 지출이 있을 것이다. 그래도 당선되기 위해서는 모든 홍보 수단을 다 동원해야 한다. 추석이나 연말연시, 설에는 연하장을 비롯, 현수막(동네마다 전체 100장 이상) 등 모든 수단과 방법을 다 활용해야 한다. 마누라 빼고 다 바꾸어야 한다.

④ 60점 이하 후보는 서두에 밝힌 대로 포기하는 것이 가장 바람직하다.
그래도 출마 하겠다고 하면 특별 족집게 과외를 받아야 한다. 어떤 후보들은 점쟁이한테 갔는데 무조건 당선된다고 하면서 우긴다. 선거는 과학이고 시스템이다. 특별히 이런 분류에 해당하는 사람들의 특징은 오만과 자만으로 가득차 있다. 학력, 경력 등 스펙이 대단하신 분들이 많다. 그러나 선거는 냉정하다. 조합원들이 결정하는 것이지 점쟁이들이 결정하는 것은 아니다.

위의 질문 문항 외에 후보의 건강, 유권자들로부터의 평판, 상대 경쟁자의 지지도, 선거사무 기능 숙련도(선거 지식), SNS 활용도, 에티켓 등 조합장 선거에서의 승리 요소들을 하나씩 매듭지어 가야 한다. 최소한 시기적으로 선거일 6개월 전이라면 80점 이상 점수가 나와야 당선 가시권에 들어갈 수 있다.

1, 2번은 후보 스스로 해결해야 하지만 3~7번 항목은 본사와 협의하면 빠른 시간에 해결할 수가 있다.

어떤 후보들은 '2~7번은 높은 점수인데 1번 항목이 해결되지 않았다'고 한다.
사랑하는 배우자가 "당신! 조합장 선거 출마하려면 이혼 도장 찍고 하세요!"
"집 나가서 혼자 알아서 나가든지 말든지 하세요!"
심지어 자녀들까지 가세해서 반대한다. 부친이나 모친 등 일부 주변 친척들은 승낙하고 지원군이 되지만 가까운 식구들의 반대가 만만치 않아서 갈등을 느끼는 후보가 의외로 많은 것이 현실이다. 후보의 가정사에 '이래라 저래라' 할 수는 없지만 무어라고 답해야 할지 난감한 일이다. 난감하네~~

선거에 출마하시는 분들의 성격은 저돌적이고 공격적이다. 북극에서 아이스크림을 팔 수 있는, 무에서 유를 만드는 성향이다. 그러나 대부분의 부인들이 바라는 여자의 일생은 안정과 행복이다.
"이렇게 편안하게 잘 살면 되지 꼭 그렇게 남에게 굽신거리고 수모당하고 또 당선되어도 조합원과 술 마셔야 하고 애경사 찾아 다녀야 하고 자기 삶이 없는데 꼭 그렇게 살아야 하느냐?" 대부분 이런 마음이다.
1장에서 미션과 비전을 다루었듯이 대부분의 배우자(부인)들은 투덜거리면서 조합장 출마라는 거시적이고 원대한 꿈을 이해하지 못해 힘들어 한다.

당선되신 분들의 공통적인 특징은 부인의 절대적인 헌신이 있다는 점이다. 오히려 부인표가 더 많다고 할 정도로 부인이 음지에서 남편을 적극 뒷바라지했기 때문에 좋은 결과를 거둔 것이다.

당선되신 분 가운데 제주의 어떤 후보는 현직과 양자 대결에서 당선되었는데 초등학교 선생님인 아들이 무려 1년 휴가를 내서 아버지 선거 준비에 몰두하였다.

충북 진천의 어떤 후보는 금요일 저녁부터 월요일 아침까지 아들과 며느리, 사위와 딸이 집으로 와서 조합원 명단 정리, 동향 파악, 후보 차 운전, 선거공보 작성과 공약 개발 등 가족 전체가 적극적으로 나서서 선거를 도왔고 그래서 무난하게 당선되었다.

조합원들은 여론에 민감하다. 소문은 금방 쫙 퍼진다.
집안의 아내(혹은 남편)도 설득하지 못하고 인정받지 못하면서 수천 명의 조합원들을 설득한다는 것은 언어도단(言語道斷)이 아니겠는가?
'수신제가 치국평천하(修身齊家 治國平天下)'[22]가 나오는 대학(大學)에는 이렇게 적혀 있다.

"사물의 본질을 꿰뚫은 후에 알게 된다. 알게 된 후에 뜻이 성실해진다. 성실해진 후에 마음이 바르게 된다. 마음이 바르게 된 후에 몸이 닦인다. 몸이 닦인 후에 집안이 바르게 된다. 집안이 바르게 된 후에 나라가 다스려진다. 나라가 다스려진 후에 천하가 태평해진다. 그러므로 천자로부터 일개 서민에 이르기까지 모두 몸을 닦는 것을 근본으로 삼는 것이다."

---

22) [네이버 지식백과] (고사성어랑 일촌 맺기, 2010. 9. 15., 기획집단 MOIM, 신동민)

입시 전쟁 가운데 강남 수험생들이 일류 대학(SKY, 서울대 고려대 연세대)에 입학하려면 세 가지 조건을 갖추어야 한다는 말이 있다. 할아버지의 재력, 어머니의 정보력, 하나는 우스갯소리지만 아버지의 무관심……

이 말은 돈이 무엇보다 중요하다는 것이고, 정보력이 좌지우지 한다는 것이다. 또 아버지가 이래저래 잔소리하면 수험생은 더 스트레스를 받는다는 것이다. 남존여비(男尊女卑, 남자는 높고 귀하게 여기고, 여자는 낮고 천하게 여긴다)의 현대적인 뜻은 '남자(남편)가 존재하는 이유는 여자(아내)의 비위를 맞추기 위해서이다' '비자금을 눈감아 주는 것이다' '비밀을 지켜 주는 것이다'라는 우스갯소리가 있다. 부인(남편)이 찬성은 하지 않더라도 반대는 하지 않아야 한다. 요즘 세상은 부인의 입김이 남편의 권위보다 위에 있는 시대이다. 부인이 선거운동을 도와주고 선거자금을 지원하지는 않더라도 반대하는 것은 어떻게 하든지 설득하고 나서 출마해야 한다. 그렇지 않다면 외로운 선거 전쟁이 될 것이다.

아내 반대를 극복하고 당선되신 후보들도 있다는 것은 정치의 이율배반적(二律背反的) 현실인 것 같다. 아마 아내에게 무시당했기 때문에 보란 듯이 더 이를 악물고 열심히 뛴 결과가 아닌가 생각한다.

다음은 자금이다. '무슨 돈이 그렇게 많이 필요하냐'고 묻는다면 당선되신 분들의 입에서 공통적으로 4당3락이니 5당4락이니 하는 말이 회자(膾炙)되고 있음을 알려 드리고 싶다.

구체적으로는 책에서 다 밝힐 수는 없지만(선거법에 민감?) 후보는 1년 전까지 기부행위가 가능하고 주로 자금이 많이 집행되는 것이 조합원 애경사인데 주말에는 조합원 가족들의 결혼식과 장례식에 수시로 참석하게 된다. 또 봄가을이면 지역의 봄 나들이, 단풍 구경 관광차 출발 장소에서 선거 출마자들이 약간의 먹거리를 준비하여 인사를 하는 것이 얼굴을 알릴 수 있는 가장 좋은 기회이다. 돈이 들지 않을 수 없다.

농수산림조합의 경우 주로 농촌 어촌 지역이라서 리동별로 홍보 활동을 펼치지만 농수산림조합 가운데 도시에 있는 조합의 경우 조합에서 개최하는 행사나 모임에 참석해서 외연을 넓혀가는 것이 가장 효과적이다. 상대적으로 지역 밀집도가 높은 조합의 경우 중소도시에 집중되어 있고 평균 조합원 숫자가 5,000명에서 1만 명이나 되기 때문에 선거에 나서는 후보자들은 홍보 활동을 어떻게 해야 할지 막막할 것이다.

그동안 1, 2, 3회 동시조합장선거에서 본사가 지원한 후보 가운데 당선되신 분들의 비용에 대한 일치된 의견은 아래와 같다.

① 4년 동안 애경사 축하금, 부의금이 만만치 않다는 것이다. 현직은 5만 원 이하이지만 후보는 액수가 정해져 있지 않아서 대개 일반 조합원의 경우 10만 원, 아주 친밀한 조합원의 경우 20만 원 정도하는 것이 관례인데 월 30건에서 50건이 된다고 한다.
결혼 시즌인 주말에는 3~4건이 되는 경우가 허다하다.
평균 월 300만 원에서 500만 원 정도가 지출될 것이다. 1년이면 3,000 ~ 5,000만 원, 4년이면 1~2억 원 가량이 될 수 있다.
추석, 설 명절에 지인·친교 있는 분께 보내는 선물, 조합원 생일선물, 수시로 만나는 조합원과 식사 비용, 조합원 단풍구경 관광버스 등 각종 행사에 참석해 물품을 기부하는 비용 등을 다 더하면 2~3년 동안 만만치 않은 금액이 지출된다.

② 기획사와 협의하여 진행하는 카톡이나 문자 메시지 발송, 콘텐츠 제작, 연하장 등 각종 인사장 발송, SNS 관리 등에 드는 비용과 선거운동 기간

에 소요되는 각종 비용(선거공보 등 선거용품, 사진촬영과 ARS 발송비용 등)도 만만치 않다. 아마 2,000명 기준으로 매월 2회 메시지 발송비만 1년에 500여만 원, 연하장 1회 발송 비용이 2,000명 기준(우편료 포함) 300여만 원이 필요할 것이다. 선거운동 기간에는 평균 2,000~3,000여만 원의 비용이 소요된다. 그래서 4년여 동안 필요한 돈은 5,000만 원에서 1억 원에 달한다.

이것은 도전자 기준이고, 현직인 경우 사업 계획과 예산 편성에서 조합 경비로 지출할 수 있어 50~80%가 절감된다.

③ 기타 조직을 관리하는 데 쓰이는 비용이 필요하다. 수시로 만나서 식사를 하거나 소주 한잔하는 비용도 만만치 않다. 이 부분은 각 후보들이 위탁선거법의 합법, 불법 여부를 잘 판단해야 한다.

그래서 공직선거(국회의원, 지자체장)의 경우 후원회가 결성되고 국회의원의 경우 4년 동안 약 6~8억 원의 비용을 후원회에서 충당하며, 선거를 치르는 기간에 소요되는 선거비용은 선거비용 보전이라는 제도로 15% 이상 득표를 할 경우 선거운동 기간에 사용된 비용을 대부분 국가에서 보전받을 수 있다. 그러나 위탁선거는 모든 것이 후보의 주머니에서 지출되어야 한다. 공탁금도 평균 1,000만 원을 납부하는데 15% 이상 득표를 얻어야만 돌려받을 수 있다.

공직선거는 회계 처리를 정치자금과 선거비용으로 나누어서 철저히 신고해야 한다. 또 상한액이 있으므로 법을 엄격히 준수해야 한다. 그러나 조합장 선거는 위탁선거법이 적용되어 선거비용 신고의무나 상한액 같은 것이 없다. 얼마를 어떻게 사용하든 아무도 따지지 않고 묻지 않는다. 다만 기부제한 등 제반 선거법만 준수하면 된다.

아무리 후보의 경력이나 스펙이 좋아도 그것만으로는 표를 얻을 수 없다. 조합원의 마음을 움직일 수 있는 동력과 솔루션, 콘텐츠를 만들어서 활용해야 한다.
출마에서 당선까지 선거 환경과 특성, 상대 후보 등 여러 가지 요인에 의하여 당락이 결정된다.
당선되는 데 필요한 활동을 크게 다음 세 가지로 구분할 수 있다.

가. 기본 활동

선거에서 기본 활동은 후보 누구나 하고 있는 비슷한 활동이다. 누가 얼마만큼 효율적으로 기능적으로 하느냐에 따라 유권자들의 표를 어느 정도 확보할 수 있다. 유권자 100명 중에서 30명 정도가 기본 활동을 기준으로 후보를 결정한다.

당선비결

	분류	당선요인	방법	지지회원(조합원)	합법/불법	불법 행위 여부	당선 기여도
1	기본활동	금품 살포	조합원 20-30% 포섭	지지층 확보	불법	불법	?
2		애경사 참석	조합원 축의금, 부의금 제공	평소 애경사 활동	현직 5만원 이하 후보 1년 전 규정 없음	선거일부터 1년까지는 5만원 이하	20%
3		유대 강화	혈연(성씨), 학연, 지연(고향) 등 네트워크 구축	비교적 지지층	현직은 임기 내 기부 행위 금지	금액 과다에 따라 불법	10%

1) 금품 살포(기부 행위)

농수산림조합장 선거의 경우 '조합장 선거는 돈 선거', '5당 4락 : 5억 쓰면 당선, 4억 쓰면 탈락', '30만 원 당선, 20만 원 낙선'이라고 할 만큼 '돈을 주면 표를 준다'는 인식이 팽배하였다. 조합장 선거가 전국적으로 1,100군데에서 실시되는데(무투표가 1/4정도, 250개 조합) 선거가 끝난 후 선거법이나 조합장의 유고(有故)에 의하여 4년 동안 50여 조합에서 보궐선거가 치러졌다. 50여 명의 당선 조합장 대부분이 금품 수수를 비롯 선거법 위반 행위로 100만 원 이상 벌금형을 받고 조합장직을 상실하였다.

돈을 살포하는 수단도 지능화되어서 쥐도 새도 모르게 금품을 살포한다. 필자도 금품 살포가 당선에 지대한 영향을 끼칠 수 있다는 것은 인정한다. 그러나 대부분은 금품 살포 후에 발 뻗고 잘 수 없을 것이다. 당선되었더라도 선거 후 6개월 동안 언제 어디서 어떻게 금품 살포 사실이 들통날지 노심초사(勞心焦思)하느라 잠이 오지 않을 것이다. 공명선거에 의한 공정한 게임을 반칙으로 몰고 가는 선거, 나만 당선되면 그만이라는 이기주의에서 비롯된 명예욕과 경쟁심의 사이코패스 현상을 이제 조합장 선거에서 몰아내야 할 때이다. 정직하고 공정하게 조합원들께 정책으로 어필하고 경영능력과 공약 등을 잘 홍보하여 정정당당하게 당선되어야 할 것이다.

금품 살포(엄격하게 돈 살포)는 당선된 대부분의 후보는 살포한 돈을 회수하기 위하여 다시 돈의 유혹에 빠지게 된다. 조합의 각종 대출 및 사업에 뒷돈을 요구하거나 사업비를 횡령하면서 악순환을 반복하다가 결국은 패가망신한 사례들이 너무나 많다. 지금은 회계 처리, 입찰 등이 투명하여 범죄를 저지르면 바로 발각되는 시스템이다. 결국 조합장 당선 이후 '아! 옛날이여' 하면서 4년을 지내다가 퇴직하여 신용 불량으로 경제 파탄을 맞는 분들이 생겨날 수도 있다.

그동안의 몇 가지 사례를 보면, 비위로 말미암아 중앙회장이 사퇴한 사례를 비롯 조합장들의 '자녀 부정 채용', '예탁금 횡령', '각종 금품 수수 의혹' 등으로 신뢰를 잃은 경우가 있고 따라서 상대적으로 경각심도 크게 올라간 상태이다.

2) 애경사(哀慶事) 활동

현직의 애경사 부조금과 축하금은 5만 원 이하로 제한되어 있다.[23] 친인척인 경우 제한하고 있지 않지만 결혼식 밥값을 감안할때 5만 원 축하금은 현실적으로 어려움이 많다. 낯간지러울 때가 많을 것이다. 편법을 이용하여 축하금을 낼 수도 있다. 현직 조합장은 4년 내내 기부제한법을 적용 받지만 도전자들은 애경사 활동에 있어 조금은 자유로운 편이다. 중요한 것은 선거법은 지키라고 만들어 놓은 것이지만 현실적으로 다 지키기가 쉽지 않다는 점이다. 어떤 후보는 '선거법은 걸리지만 않으면 된다. 고소·고발만 당하지 않으면 된다'라고 생각할 것이다. 현실적인 이야기이다. 그래서 편법이 동원되고 탈법이 만연한 것이 선거판이다.

애경사 활동만 제대로 하여도 후보 인지도를 높여 당선 가능성을 높일 수 있다. 전체 유권자의 지지율에서 애경사가 차지하는 비율은 20% 정도이다.

---

23) 공공단체등 위탁선거에 관한 규칙 제16조(축의·부의금품 등의 금액의 범위) 법 제33조제2항에 따른 금액 범위는 다음 각 호와 같다.
법 제33조제1항제2호 나목에 따른 축의·부의금품: 5만원 이내
법 제33조제1항제2호 다목에 따른 음식물: 3만원 이내
법 제33조제1항제2호 다목에 따른 답례품: 1만원 이내
법 제33조제1항제2호 라목에 따른 선물: 3만원 이내

이것은 조합장이 되려는 후보는 누구나 하는 일이다. 4년 동안 장례식에서 결혼식, 개업식이나 칠순 잔치 등에 이르기까지 열심히 애경사를 찾아다니면서 조합원과 조문객, 축하객들과 담소를 나누고 명함을 나누면서 조합원과 소통하고 자신을 알리는 것은 후보로서 기본적인 활동이다.

생활 현장에서 애경사의 독특한 아이디어를 실천해 정치를 오랫동안 하신 분들 사이에 회자(膾炙)되고 있는 분이 있다. 유명한 영화배우로서 국회의원과 성남시장을 2번 지낸(2002-2010) 이대엽(1935~2015) 씨의 이야기는 유명하다. 현행 선거법으로는 불법이지만 당시 선거법으로는 가능한 이야기인데 그는 성남 일대의 산부인과 병원을 찾아다니기로 유명하였다. 신생아실에 찾아가서 산모의 보호자를 만나 미역을 전해 주는 일이었다. 하루에 몇 개 병원을 찾아다니면서 산모를 위하여 미역을 전해 주는 일은 누구나 할 수 없는 일이다. 미역을 받은 보호자는 감동을 받고 그 집안 가족 모두 몰표를 몰아 주었다고 한다. 효율적이고 부지런한 애경사 활동만으로도 20%의 조합원을 확보할 수 있다.

지금은 SNS 시대이고 인공지능(AI) 시대이다.
당사와 계약한 후보들의 당선율이 높은 것은 평소에 꾸준히 조합원 관리를 하였기 때문이다. 특별히 전화 통화는 후보를 알리고 호감을 갖게 할 수 있는 최고의 방법이다. 단순히 통화로만 그치는 것이 아니라 한 분 한 분 전화할 때마다 조합원의 말씀을 놓치지 않고 메모해서(요즘은 음성을 녹음해서 음성을 글자, 텍스트로 변화해주는 앱이 개발되어 있다 – 클로바노트 등)

다음 통화 시에 활용하거나 선거운동 기간에 조합원이 말씀하신 것을 삽입해서 문자나 카톡으로 메시지를 발송한다.

어떤 할아버지 조합원이 손녀 자랑을 늘어놓으신다.
"아이고, 우리 손녀가 얼마나 영특한지 이번에 서울에 있는 고려대에 입학했어. 기특하기 짝이 없어!"
후보는 이 정보를 놓칠 수 없다. 맞춤메시지는 그 조합원에게 이렇게 보내진다.
"000 조합원님! 000 손녀 고려대에 잘 다니고 있죠? ~~~"
메시지 받은 조합원은 저절로 웃음 지으며,
"역시 000 후보가 최고야!" 이것이 바로 다른 후보와 차별화되는 이유다.
한 사람 한 사람 일일이 기록해서 개별적으로 메시지를 작성하는 것이 아니라 모든 조합원을 대상으로 엑셀 파일에서 저절로 각 개인에 차별화된 메시지가 일괄적으로 생성되어서 메시지가 보내진다. 이것이 바로 우리 회사가 개발한 카톡에서 보낼 수 있는 머지(merge, '정의'로 표현) 기능이다.

SNS에서 유행하고 있는 <애경사에 따라 나이가 보인다>[24]는 글이 있다.
10대는 고교, 대학 진학과 생일잔치로 바쁘다.
20대는 결혼식, 취업 축하 자리에 참석하느라 분주하다. 한 세대가 태동하는 시기다.
30대는 돌잔치하고 승진 턱 내느라 바쁘지만 집들이라는 행복도 잊을 수 없다.
40대는 사회적 활동이 가장 왕성한 시기이다. 개업식이나 칠순잔치가 많아 시간이 부족하다.

---

[24] ttps://blog.naver.com/jw6006/20143858843, 애경사 따라 나이가 보인다. 철든 남자

50대는 인생에서 가장 바쁜 시기이다. 애경사가 교차하는 시기로 자녀들 결혼식과 부모님 상갓집 조문하기 바쁘다. 아쉽게도 부모님은 떠나고, 한 세대의 집안 어른이 되는 시기다.

60대, 70대는 아직 경험이 없어 모르겠지만 눈에 넣어도 아프지 않을 손주를 맞는 것, '손자 바보'가 되는 때가 아마도 내 평생에서 제일 쏠쏠한 재미를 느낄 시기가 아닐까?

<애경사에 따라 나이가 보인다> 이런 현실을 홍보활동에 잘 활용하면 된다. 머지 기능은 엑셀 파일에 쓰여진 텍스트를 메시지로 나타나게 해서 발송하는 시스템이다. 수 천명의 조합원에게 발송하는 카톡 메시지를 한 번에 발송하면서도 조합원 각각 다른 메시지 내용이 발송되고 본인에게만 해당되는 메시지를 받는 순간 감동하게 된다.

"바쁜 000 후보가 직접 메시지를 작성해서 보냈구먼. 나는 자네 편이야~~"

3) 유대강화(紐帶强化)(연결할 수 있는 모든 수단을 동원하여~)

선거는 연(緣, 또는 끈)에 의해서 좌우된다. 우리 사회는 태어나면서부터 온갖 연에 속하게 된다. 태어나면서부터 성(姓)을 갖고 나오면서 나는 어디 0씨가 된다. 바로 혈연(血緣)이다.

선거 때만 되면 종친회가 왜 그리 많이 열리는지? 종친회에서 출마한 후보가 간절히 호소한다. 족친들과 항렬에 따라 끈끈한 유대(紐帶)가 맺어진다. 선거판에서 자주 나타나는 현상 가운데 하나는 '특정 문중에서 누구를 민다더라', '특정 문중 간의 갈등 때문에 수십 년 반목의 세월을 보냈다.' 특별히 선거는 혈연과 지연에 연결된 표심이 선거 결과를 좌우하는 특징을 지니고 있다. 이를 두고 유권자들은 "특정 지연과 혈연 등 이해관계에 따라 표심이 움직여서는 안 된다", "능력 있고 경쟁력이 있는 인물을 뽑아야 한다"는 목소리를 낸다. 하지만 그런 말을 한 분도 투표장에 들어가면 같은 족친이나 지역 사람에게 투표하는 것은 인지상정(人之常情)이다.

전통적인 양반의 고장인 경우 더욱 심하다. 경북 안동 지방의 경우, 조합장 이름이 권씨나 김씨들이 대부분이다. 안동 김씨와 안동 권씨가 압도적인 영향을 미치는 안동에서는 아예 시장과 국회의원의 역할을 나눠 두 성씨가 번갈아 가면서 맡는다는 관행이 있다. 안동은 그래서 "당의 공천보다 문중의 공천이 더 중요하다"라는 말까지 나온다. 이 무슨 희한한 일인가.
조선시대도 아닌 21세기 4차 산업시대에…
이것은 역사적으로 문화적으로 보수적인 지역일수록 심하다. 인구 이동이 적고 타 지역과의 교류가 빈번하지 않은 도시일수록 혈연과 학연에 얽매이는 경우가 많다. 심지어 특정 학교를 졸업하지 않으면 관직이나 공직, 혹은 사업에서까지 소외받는 경우까지 생긴다.

조합장 출마를 생각하였다면 평소에 종친회나 동창회에 꾸준히 나가는 것이 중요하다. 평소 그런 모임에 참석하지 않던 후보가 문득 나타나 인연을 강조하면서 표를 호소하는 경우가 많다.
학연의 경우 출마 지역에서 초등학교나 중학교를 졸업하고 일찌감치 대도시로 유학을 떠났던 인사들도 학연의 끈을 찾기 위해 동분서주하는 것을 자주 목격한다. 아무리 언론 방송에서 과거의 낡은 인연에 기대어서 덮어놓고 표를 던지는 어리석은 유권자들이 아직 존재하는지 묻고 싶다고 이야기하지만 아직 우리 사회에서 혈연, 학연, 지연은 엄연히 존재하고 있는 현실이다. 후보의 능력과 비전을 살피고 조합장을 뽑는, 공명정대한 선거가 이뤄지기를 간절히 바라지만 그것이 언제쯤이나 이루어질까?

주요(主要)한 선거 전략과 전술은 그래도 선거에서는 사람을 믿어야 한다고 말한다.

지역별 책임자 한 사람 정도는 선정해야 하는데 그래도 학교 동기동창과 평소 자주 만나고 소통하는 종친이나 고향사람을 선정하여 연락책으로, 향후 여론 주도자로 조직을 구성하는 것이 필요하다. 혈연, 지연, 학연을 통해 10% 정도의 조합원을 지지자로 만들 수 있다.

그 밖에 운(運)을 기대하는 후보도 가끔씩 만날 수 있다. 이름이 좋지 않아서 개명(改名)하는 후보도 보았고, 명당(明堂)을 찾아서 집을 이사하거나 심지어 조상 묘소(墓所)를 이장(移葬)하는 후보도 있다.

명당은 좋은 에너지가 흐른다는 것이다.[25] 겨울엔 비교적 훈훈하고 따뜻하다. 여름엔 창문을 열면 청량하고 시원한 바람이 들어오는 곳이라면 명당 에너지가 있는 곳이다. 여름에 시원하고 겨울에 따뜻함은 명당 기운이 일정한 온도를 유지해 주고 있기에 느껴지는 현상들이다.

---

25) 브레이크뉴스 2018.02.20. 기사, 정치에서 〈혈연·지연·학연〉 등 연대(緣帶)가 중시되는 이유

또 욕실과 화장실 그리고 온실이나 비닐하우스 바닥의 물기가 잘 마르고 습하지가 않다. 그릇에 물을 담아 놓았는데 누가 마신 것처럼 하룻밤 사이에 감쪽같이 사라진다. 실내에 둔 감자, 고구마, 양파, 과일 등을 오래 두어도 마르기만 할 뿐 썩지를 않는다면 이런 곳도 명당 에너지가 있는 곳이다.

정원의 조경수, 실내의 화초가 잘 자라며 꽃도 잘 핀다. 집에서 키우는 동물들도 잘 크고 새끼를 잘 낳는다. 평수가 작은 소형 주택이고 소형 아파트이지만 전혀 답답함이 느껴지지 않는다. 똑똑하고 영리하며 노력하는 자녀가 태어난다. 밤새워 공부해도 피로가 덜 쌓이고 성적도 쑥쑥 오른다면 이런 곳도 명당 에너지가 있는 곳이다.

"그래서 선거에서 <혈연·지연·학연> 등의 연대(緣帶)를 중시하는 이유다. 이런 <혈연·지연·학연>의 연대력(緣帶力)이 바로 정치에서의 당선을 좌우하는 명당 에너지가 솟아나는 원천이기 때문이다"라고 이야기한다.

나. 평소 지지 기반 조성 방법

	분류	당선요인	방법	조합원	합법/불법	불법행위 여부	당선 기여도
1	평소 지지기반 조성방법	생일문자	조합원 년1회	인지도	합법	문자 불법, 카톡 합법	5%
2		카톡, 문자	월 2-3회 이상	조합원 소통	합법	선거운동 콘텐츠	10%
3		SNS활동	블로그, 페이스북, 카카오스토리, 유튜브, 밴드 등	젊은 조합원 및 여성 조합원 지지	합법	선거운동 콘텐츠	10%
4		특별활동	여론조사, 자서전	세 과시, 감동	합법		10%

기본 활동에서 조합원들이 어느 후보를 지지할 것인가 결정하는 비율은 30% 정도가 된다. 이번에는 평소 누가 어떻게 선거운동을 하느냐에 따라서 45%의 조합원들이 후보를 결정하게 된다.

선거를 치른 바로 그 해부터 본격적인 선거운동 기간 전까지의 선거 전략과 전술이다.

1) 생일 메시지

지긋지긋한 선거 문자 홍수에 유권자들은 식상해한다. 그러나 평소에 누군가 나의 생일을 기억해 주고 나의 생일에 축하 메시지를 보내 준다면 조합원은 그 후보를 기억하고 그 후보에게 우호적이 될 것이다. 한편으로는 짜증나는 생일 메시지를 자주 보게 된다. 요즘 메시지가 문법도 지키지 않고 발음 그대로, 보내는 사람의 마음에 따라 발송된다고는 하지만 선거에 출마한 후보는 그 후보의 됨됨이가 판단되어질 수 있으므로 문법에 충실해야 하고 받는 분이 감동할 메시지를 보내야 한다.

생일 메시지를 보내는 것도 중요하지만 생일날 조합원과 전화 한 통 소통하는 것이 중요하다. 아무리 다른 후보를 지지한다 하더라도 귀 빠진 날 축하 메시지를 보내고 전화 통화를 하면 그리 싫어하지 않을 것이다.
서양속담에 <Make hay while the sun shines>이라는 말이 있다. <햇빛이 날 때 건초를 말려라>. 그렇다 기회를 포착하고 타이밍을 잘 선정하는 것은 선거에서 최고의 전술이다. 모든 일에는 할 수 있는 때와 장소가 있다 (There is a time and place for everything).

생일을 맞은 조합원과 통화를 하면서 소위 '신상명세'(조합원의 환경과 배경 등 인적사항)를 파악한다.

어떤 질문을 유도하느냐에 따라서 단순한 정보에서 어마어마한 정보까지 얻을 수 있다. 조합원이 내 편인지 다른 후보 편인지도 알 수가 있다. 모든 것을 메모하거나 녹취해서 조합원 성향 분석과 맞춤 서비스에 활용하도록 한다.

상대 후보에 대한 정보, 조합에 대한 불만과 민원, 선거 공약, 가족들의 안부, 조합원과 친밀한 사람들 등 헤아릴 수 없는 정보를 얻을 수 있다. 이 정보들을 엑셀 파일에 기입해 두면 선거에 100% 활용할 수 있다.

2) 카톡과 문자

카톡과 문자 메시지가 후보를 결정하는데 20% 정도 기여한다. 아마 대부분의 후보들은 이해가 잘 되지 않을 것이다. 위탁선거법은 공직선거법과 달리 SNS를 포함하여 사전 선거운동을 일체 허용하고 있지 않다. 그러나 헌법재판소는 공직선거법에서 '인터넷에서의 정치적 표현과 선거운동은 상시 허용되어야 한다'는 의견을 제시하며 인터넷과 SNS를 단속하는 대표적 근거 규정이었던 공직선거법 93조 1항에 대해 '위헌'을 선고한 이후 인터넷 선거운동은 상시로 허용되어 SNS 선거운동이 활발하게 하고 있다.

위탁선거법에서는 SNS에 대한 규정이 모호하게 나타나 있다. 한마디로 선거운동에 관한 SNS는 선거운동 기간에 할 수 있고 평소에는 선거운동에 관한 활동은 하지 말라는 것이다. 그러나 이것은 SNS에서 선거운동을 할 수 없다는 것이지 인지도나 긍정적 이미지 제고를 위한 활동조차도 일체 할 수 없다는 의미는 아니다. 그러한 활동은 헤아릴 수 없이 많다. 안부 메시지를 지인에게만 보내는 것이 문자에 대한 규정이고 SNS에 관한 규정은 따로 없다.

조합원과 카톡 친구(카친)를 맺은 후 조합원 카친에서 얻을 수 있는 정보가 너무 많다. 생일도 파악할 수 있다. 생일 조합원이 매일 카톡에 나타난다. 물론 조합원이 생일을 입력한 경우인데 카톡 사용하시는 분들이 평균 50% 이상 오늘 생일로 나타난다. 현재는 생일날로부터 3일 전과 생일 후 7일까지 명단을 확인할 수 있다.

그리고 카카오스토리의 활동을 보면 조합원의 생활 환경을 대부분 다 파악할 수 있다. 조합원이 기독교 신자인지 불교 신자인지도 알 수 있다.
평소 지지 기반 조성 방법으로 카톡이 최고이다. 카톡이 조합원 인지도나 지지도를 올릴 수 있는 도구임은 확실하지만 중요한 것은 '어떻게 사용하느냐'하는 것이다. 조합원들이 감동하는 콘텐츠가 중요하다.

3) SNS 활동

산업의 대변혁은 1, 2, 3차 산업혁명에 이어 이제는 4차 산업혁명 시대를 열었다. 여러 가지 SNS 기능을 조합장 선거에서 활용해야 한다. 위탁선거법은 사전 선거운동으로 SNS 활동을 허용하고 있지 않지만 선거운동에 이르지 않는 범위 안에서 인지도나 긍정적 이미지 제고를 위한 활동, 즉 지지 기반 조성 행위에 대해 금지하고 있지 않으므로 중앙선거관리위원회의 해석 범위 안에서 SNS를 활용할 수 있는 방법을 찾아내 적극 활용하여야 한다. 적합도, 지지도 이전의 인지도, 호감도 상승을 위해서는 얼마든지 활용할 수 있다. 아무튼 평소에 지지 기반을 조성하는 수단으로 SNS만 한 것은 없다는 데 당선되신 분들 누구나 동의한다.

조합원들은 대부분 고학력이고 여성 조합원들이 증가하고 있는 추세인데 여성들은 페이스북, 인스타그램 등 SNS 활동을 적극적으로 하고 있다. 대부분 선거 결과가 10% 이내의 차이로 결판이 나므로 SNS 활동으로 특수 계층을 공략하는 것은 필수불가결한 것이다. 여성 조합원의 경우 SNS가 생활화되어 있다. 후보는 컴맹이고 페이스북이나 카카오스토리를 전혀 사용하지 않는다면 SNS에 활발한 조합원들은 그 후보를 무시하거나 관심도 갖지 않을 것이다. 그리고 SNS를 활발하게 활용하고 있는 조합원들이 여론을 주도하거나 영향력이 있어서 다른 조합원을 설득하거나 표심에 영향을 미친다면 더욱 더 그러할 것이다. 후보 당사자가 SNS 활용에 익숙하든지 유능한 참모를 두든지 컨설팅 회사에 의뢰하든지 해야 한다.

이제는 조합장 선거 당락이 SNS에 있음을 두 번 세 번 강조해도 지나치지 않을 것이다. 실질적 SNS 사용자가 15%라도 파급력을 생각한다면 카톡이나 SNS 활동이 득표에서 차지하는 비중은 30% 이상이다.

선거운동 기간에 조합 홈페이지에만 동영상 등 콘텐츠를 올릴 수 있던 것이 이번에 개정된 위탁선거법에서 모든 SNS 도구(유튜브, 블로그 등)에 콘텐츠를 올릴 수 있도록 개정되었다. 따라서 이제 평소에도 꾸준히 SNS를 활용하여 홍보할 수 있게 되었다.

4) 특별 활동

또 다른 평소 선거 활동 중에 여론조사가 있다. 현행 위탁선거법상 여론조사는 규정이 없다. 언제든지 누구나 할 수 있다. 출마를 결정했다면 조합원의 정책 개발(공약)을 위한 기초 조사, 조합원 환경 조사 등을 통하여 세밀한 선거 전략을 수립하는 데 활용할 수 있는 여론조사가 있다.

기타 투표 독려를 위한 ARS 등 다양한 평소 활동이 있을 수 있다. 위탁선거도 이제는 공직선거와 거의 다를 바 없게 되었다. 오히려 공직선거보다 더 과열되었다고 해도 과언이 아니다.

그 밖에 평소에 조합원들의 주변 환경이나 조합에 대한 민원, 건의사항 등을 취합하여 선거에 활용할 수도 있다. 심지어 조합원들의 부인(남편)이나 자녀들의 핸드폰 번호를 파악하여 선거에 활용할 수도 있다.

그리고 대다수 조합장 후보들의 학력이 다른 선거 선출직보다는 낮은 편인데 평소에 스펙을 갖추어 두는 것이 좋다. 학력란이나 경력란에 기입할 수 있는 스펙이 다양한데 대학교에서 개설한 최고위과정 같은 경우 누구든지 입학할 수 있다. 6개월 과정으로 1주일에 한 번 3시간 정도 강의에 참석하면 된다. 단순히 스펙만 쌓는 것이 아니라 다양한 직업군의 인물들과 접촉하면서 인맥을 넓힐 수도 있다. 더욱 중요한 것은 유명한 교수와 사진 촬영한 것을 선거 홍보나 선거 홍보물에 활용할 수 있다는 점이다. 가능하면 이러한 6개월 과정을 들으며 선거를 어떻게 치러야 하는지에 대한 감도 익히고 유명 인사와 기념 촬영도 하면 스펙 그 이상의 효과를 얻을 수 있다.

이밖에 후보들이 비교적 취약한 점이 수상 경력이다. 제2회 동시조합장 선거의 경우 고졸 후보자는 34.2% 고졸 당선자(1,326명 가운데 435명)는 31%이다. 다른 후보에 비해 학력이 열악할 때 극복할 수 있는 것이 수상이다. 선거공보에 다른 후보와의 비교표를 만들어서 게재할 수도 있다. 상대 후보보다 훌륭한 조건을 게재해서 조합원을 설득할 수 있다.
노력하면 다양한 상을 수상할 수 있다. 기념일마다 상을 수여하는데 어버이날에는 효자상, 금융의 날에는 금융 유공자상 등을 수여하고 있다. 대부분 추천하는 기관이 관공서(군청, 시청, 도청)와 협회, 지역 관변단체이다. 각종 상을 관할하는 부서에 정보를 공유하여 공적서를 제출하면 추천을 통해 상을 받을 수 있다. 훈장 포장은 아니더라도 도지사상이나 장관상 정도는 평소에 수상하는 것이 선거에 크게 도움이 된다. 국회의장, 국회의원들이 수여하는 상은 국회나 지역구 국회의원들이 추천하여 수여하기도 하며, 도지사의 경우 지역 도의원, 시장 군수의 경우 지역 군, 시의원들이 종종 추천한다.

5) 강점을 강화하라

선거에서 내가 갖고 있는 강점과 장점이 무엇인지를 파악하고 더욱 세분화하여 그것들을 극대화하는 것이 바람직한 방법이다. 프랭크 시나트라의 '마이웨이(My way)'라는 노래에서 나타나듯이 프랭크는 아주 정치적인 인물이었다. 본인의 향후 성장을 위해서 당시 민주당 후보였던 프랭클린 루즈벨트를 지지했으며 루즈벨트를 존경하는 뜻에서 그의 이름을 따 자기 아들의 이름을 프랭클린 웨인 시나트라로 짓기도 했다. 가수조차도 자기의 아성을 지키고 발전시키기 위해 정치인에게 접근하여 자기 자신의 강점을 최대한 활용하였다. 때로는 백악관의 만찬석상에 출연하여 노래를 부르기도 하였다.

어떤 후보들은 사람을 만나면 10분 이내에 형님 아우를 만든다고 한다. 아주 구수한 말로 마음의 문을 열고 술자리에서는 여러 종류의 폭탄주를 만들어 주고받기도 한다. 특별히 충성주라는 폭탄주 방법이 있는데 맥주잔 위에 젓가락을 놓고 그 위에 소주

잔을 올려서 이마로 탁자를 내리쳐서 소주잔을 떨어뜨리는 것이다. 소주잔이 떨어지면서 맥주잔 속으로 들어가는데, 어떤 식당에서 실제 있었던 일인데 테이블이 돌로 된 것이라서 이마에 피를 흘렸다는 것이다.
"형님으로 영원히 모시겠습니다." 하고 충성을 맹세한다고 해서 충성주라는 이름이 붙었다. 대부분 이 잔을 받은 사람들은 아우로 관계를 맺어 그 다음부터는 형님 아우 사이가 된다는 것이다.

손 편지를 써서 보내는 후보들의 이야기도 선거에서 자주 회자된다.
세로로 옛글처럼 글을 써서 보내는 것이다. 상대방으로 하여금 아련한 향수와 함께 감성에 젖어들게 해 후보의 인간미를 느낄 수 있게 해 주는 매개체가 된다.

선거판에서는 '마누라 때문에 당선되었다'는 말도 많이 들을 수 있다. 필자가 만난 당선자들 면면을 보면 만나는 자리에 아내가 함께 나와서 진두지휘하는 경우를 가끔씩 보게 된다. 특별히 돈을 조달하기도 하고 SNS를 능수능란하게 다루기도 한다.
충북의 어떤 후보 부인은 제주도 선진지 견학을 가서 저녁 만찬 자리에서 50명의 여성조합원 한 분 한 분과 소줏잔을 주고 받았다고 한다.
경북 K 농협의 C 조합장의 경우 조합원의 수가 5,000명이 넘어서 메시지의 효과가 큰 것을 깨닫고는 전적으로 메시지 발송은 아내가 책임지고 맡았다. 수시로 필자에게 전화해서 관련 지식을 얻고 그 다음에 문자 내용을 직접 만들어서 다시 필자에게 철자법이 틀렸는지 문구가 매끄러운지 확인하는 것을 보았다. 대단한 선거운동원인 셈이다.

이렇듯 후보의 장점을 극대화하여 선거에 활용하는 것은 그렇지 않은 후보보다 몇 배의 효과를 발휘한다.

다. 선거기간

1) 선거운동

이 부분은 5장에서 구체적으로 다뤄질 것이지만 개략적인 내용을 적어본다.

4년 동안 갈고 닦은 실력을 마음껏 펼칠 선거운동 기간, 엄격히 14일이라는 짧은 시간에 진검승부를 하게 된다. '위탁선거는 깜깜이 선거'라고 할 만큼 공직선거에 비해 제약이 너무 많다. 선거운동도 후보자와 그가 지정하는 1인만 할 수 있고, 연설도 할 수 없고, 조합원을 가가호호 방문할 수도 없다. 유일하게 공직선거보다 자유로운 것은 문자 메시지를 마음껏 보낼 수 있다는 것이다(공직선거는 선거 기간 동안 단 8차례만 보낼 수 있음).
문자는 횟수, 발송 통수, 비용 등에 제한이 전혀 없고, 선거공보는 8페이지로서 공직선거에 비해 필수기재 사항에서 더 자유롭다. 예를 들어 공직선거는 재산 신고나 공약 이행 사항 등을 일정 면에 기재하도록 하고 있지만 조합장 선거는 앞면 필수기재 사항 1~2개와 범죄경력 게재 외에는 제약이 거의 없다.

가끔씩 실무적으로 지역 선관위에서 공직선거를 기준으로 위탁선거 선거공보나 벽보를 제한하는 경우가 있기도 하다. 그런데 공직선거 후보자들은 선거공보의 당선 기여도가 크지 않다고 생각하는 경향이 있으나 위탁선거는 이점에서 공직선거와는 분명히 다르다. 위탁선거 가운데도 지역이 제한되고 유권자 수가 적은 조합장 선거의 경우를 보면 막판까지 표심을 결정하지 못하고 선거공보를 비교해서 후보를 선택하는 경우가 전체 유권자의 10~20%가 된다. 한 마디로 조합원이 후보 모두와 인연이 있기 때문에 막

	분류	당선요인	방법	조합원	합법/불법	불법행위여부	당선기여도
1	선거기간	선거운동	14일 선거기간 메시지와 선거공보 등 전방위 선거운동, 조합원 접촉	효율적인 선거운동	선거운동 범위에서	없음	20%
2		선거당일	조합원 투표 격려와 카풀	투표 참여와 이탈표 방지	수송 수회 반복 불법		5%

판까지 후보를 결정하지 못하는 경우가 많은데 그런 경우 선거공보와 마지막 선거 메시지를 보고 마음을 정하게 된다.

아래에서 다양한 선거운동의 사례들을 살펴본다.

(1) 깨끗한 선거 위해 경쟁 후보 동반 여행

00 농협 조합장 보궐선거에 출마한 ○○○, △△△ 후보는 선거 과열을 막고 돈선거를 근절하기 위해 동반 여행을 떠났다. 경산시선거관리위원회와 농협중앙회 경산시지부는 경산시선거관리위원회에서 이들 후보들이 참석한 가운데 후보자 자정 결의 기자회견을 개최했다. 도내 일부지역 조합장 선거에서 금품선거에 연루된 수백 명의 조합원들이 한꺼번에 처벌을 받는 등 농·축협조합장 선거가 과열·혼탁 불법선거로 치달아 눈총을 받고 있었

다. ○○○, △△△ 후보는 이 같은 우려를 불식시키고 공명정대한 선거 문화정착에 기여하기 위해 선관위에 휴대폰을 맡기고, 농협시지부 선거 담당자와 함께 선거운동 기간 동안에 동해안으로

여행을 떠난다고 밝혔다. 후보자들은 그동안 지역사회와 조합원들에게 이바지한 공과와 경영 능력만으로 평가를 받고 선거운동에 바칠 여력을 조합 경영 구상의 시간으로 활용, 선거 후 사업 추진과 지역사회 단합을 도모키로 했다. 선관위 관계자는 "앞으로 있을 모든 선거에 모범이 될 것 같다. 후보자들 스스로 자정 노력의 중요함을 깨우치는 소중한 계기가 될 수 있기를 바란다"고 말했다.

(2) △△△ 예비후보, 이모티콘 선거운동 '눈에 띄네'[26]

제주도의회 제주시 오라동 선거구에 출마하는 △△△ 예비후보가 이색 이모티콘을 이용해 선거운동에 나서고 있어 눈길을 끌고 있다. 이 예비후보는 각계각층 표심을 흡수하기 위해서 '화이팅입니다', '방가방가요', '아자아자', '최고최고', '감사해용', '행복합니당', '최고예요' 등의 표현을 후보자 이미지와 하나로 묶어서 이모티콘으로 제작해 이를 카카오 스토리, 블로그, 페이스북, 밴드 등 각종 SNS를 통해 전파하고 있다. △△△ 예비후보는 "SNS를 활용한 선거운동은 자유롭고 적은 비용으로도 상당한 파급력을 불러 일으킬 수 있으므로 마땅히 권장돼야 할 것"이라며 "이번 지방선거가

---
26) 제주도민일보 최병근 기자

오라동민을 비롯한 제주도민들의 축제의 장이 되기를 기원한다. 즐겁고 재미있게 선거운동에 임할 것"이라고 말했다.

(3) △△△ '색소폰 연주' 이색 선거운동[27]

△△△ 후보는 아침 출근길 인사와 전통시장을 돌며 유세 말미에 유세차 한 켠에 세워 둔 색소폰을 집어 연주를 한다. 네다섯 개의 로고송을 틀며 유세를 펼치는 다른 후보들과 다르게 후보는 로고송을 일절 틀지 않는다.

△△△ 후보의 이색 유세에 처음에는 크게 관심을 가지지 않던 유권자들은 색소폰 소리가 이어지자 이 후보의 유세에 호응을 보내고 있다.

00군 내 마을회관 등에서 정기 봉사활동을 꾸준히 해왔던 △△△ 후보는 "처음에는 색다른 봉사의 일환으로 같이 활동을 하던 일부 조합원들과 함께 색소폰을 배워 연주하기 시작했는데 이후 자연히 색소폰을 부는 시간이 늘어났고 십여 년이 지난 지금 그의 곁에는 언제나 색소폰이 있다"고 설명했다.

(4) 00시장 재선거 웹툰을 통한 이색 선거운동 호응[28]

4.13 총선과 함께 치러지는 00시장 재선거에 SNS를 통한 선거운동이 보다 체계적이고 다양하게 펼쳐지고 있는 가운데 △△△ 예비후보가 웹툰을 앞세운 이색 선거운동으로 시민들의 호응을 이끌어 내고 있어 화제다.

---

27) 대구일보 기사(강성규 기자)
28) 경기일보 기사(이종현기자)

△△△ 예비후보의 SNS가 유권자들로부터 호응을 얻는 것은 딱딱하고 반복되기 쉬운 후보자의 일상을 웹툰(만화) 형태로 코믹하게 다뤄 시민들에게 매 회 웃음코드를 전달하는 등 다양한 콘텐츠를 실시간으로 전달하고 댓글을 통해 소통하는 것이 성공 요인으로 분석되고 있다.

최근 시도된 방법 중 네이버의 모바일 커뮤니티인 밴드(BAND)를 통한 표심 잡기가 대표적인 SNS 선거운동 중 하나로 꼽히고 있다. 거제축협 조합장을 역임하고 거제시장에 출마하여 당선된 박종우 시장의 경우 밴드에서 지지자 및 자원봉사자 약 5,000여 명을 확보해 서로 소통하고 행사 및 유세 안내 등을 밴드 커뮤니티를 통해 왕성한 선거운동을 펼쳐서 당선되었다.

2) 선거 당일

드디어 선거일이 되었다. 선거 당일은 일절 선거운동을 못하도록 규정하여 실제 선거 운동은 선거일 전날에 마감하게 된다. 그러나 실제 선거 당일 당락이 바뀌는 경우가 너무나 많다. 그 가운데 가장 중요한 것이 선거 전날 금품을 살포하는 경우이다. 악수를 하면서 5만 원짜리 몇 장을 손에 쥐어 주는가 하면 일급 참모들이 구역을 나누어서 007 금품 살포 작전을 펼친다. 금품을 살포하는 노하우도 별의별 것이 다 있다. 조합장 선거에서 금품살포 현장을 검거한 예를 보면 다양하다.

(1) 금품 살포 혐의 모 조합장 집유형 선고[29]

금품 살포 혐의로 기소된 도내 모 조합장에게 1심에서 집행유예가 선고됐다. 대법원에서 형이 확정될 경우 해당 조합장은 직위를 상실하게 된다. 춘천지법 강릉지원 형사2단독 000 판사는 전국동시조합장선거 당시 조합원들에게 금품을 살포한 혐의로 기소된 도내 모 조합장 이모(66)씨에게 징역 6월에 집행유예 1년을 선고했다. 000 판사는 판결문에서 "동시조합장선거 과정에서 당선을 목적으로 금품을 살포한 점은 선거의 공정성을 훼손한 것

으로 가볍게 볼 수 없다"고 양형 이유를 밝혔다. 농업 및 수산업 협동조합법 등에 따르면 당선인이 징역형 또는 100만 원 이상의 벌금형을 선고받거나 당선인의 직계 존속·비속, 배우자가 해당 선거에서 매수나 기부행위 금지위반으로 징역형 또는 300만 원 이상의 벌금형을 선고받을 경우 당선은 무효가 된다.

(2) 전국동시조합장선거서 금품 살포한 50대 구속[30]

조합장 선거에서 금품을 살포하며 불법 선거운동을 한 50대가 구속됐다. 00경찰서는 전국동시조합장선거와 관련해 후보에게 금품을 건네받아 조합원들에게 살포한 혐의로 김모(57) 씨를 구속했다. 김 씨는 지난해 11월 자신의 친인척이자 기장 모 농협 조합장 후보로 나선 A 씨로부터 현금 650만 원을 받아 이중 일부를 조합원들에게 전달한 혐의를 받고 있다. 관련법상 전국동시조합장선거가 선관위에 위탁된 지난해 9월 중순부터 후보자는

---

29) 강원일보 임재혁기자
30) 부산CBS 박중석 기자

선거와 관련한 여부를 불문하고 기부 행위를 할 수 없다고 경찰은 설명했다.

경찰은 김 씨에게 금품을 전달한 조합장 후보 A 씨의 혐의가 확인되는 대로 추가 입건할 예정이다. 또 몇몇 후보들이 이번 동시조합장선거 과정에서 후보자 비방이나 사전 선거운동을 한 정황을 잡고 관련자들에 대한 수사를 진행하고 있다.

(3) 조합장 선거 '혼탁 양상', 불법선거운동 19건 적발[31]

000선관위 '무관용 원칙' 특별 단속, 24시간 비상근무 중대 사안 5건 검찰 고발… 과열 지역 광역조사팀 집중 단속 조합장 선거가 일부 후보자들의 금품 살포, 불법 선거운동 등으로 얼룩지고 있다.

제주특별자치도 선거관리위원회는 조합장 선거에서 중대 선거범죄에 대한 '무관용 원칙'을 선포하고 전면전에 나섰지만, '사각지대'에서 벌어지는 불법 행위까지 감지하기는 힘겨운 실정이다.

000선관위는 총 19건의 위법 사항을 적발하고 이중 5건의 사건은 고발하고 2건은 이첩시켰다. 다소 경미하다고 판단된 사안 12건에 대해서는 후보자에게 경고 조치를 내렸다.

A 씨의 경우 지난 6월부터 8월까지 해당 조합원으로 구성된 단체의 각종 행사에 찬조금 명목으로 총 7회에 걸쳐 80여만 원의 현금을 제공한 혐의를 받아 검찰에 고발됐다.

B 씨는 조합원들에게 총 9회에 걸쳐 70여만 원 상당의 빵과 음료수를 직접 전달한 혐의로, C씨는 조합원 270여명의 경조사에 조합경비의 축·부의금

---
31) 헤드라인제주 박성우 기자

을 직접 전달한 혐의로 각각 고발 조치됐다.

이는 '공공단체 등 위탁선거에 관한 법률' 제35조 '후보자가 되려는 사람은 기부 행위 제한 기간 중 기부 행위를 할 수 없다'는 규정에 따른 조치다.

선관위 관계자는 "금품을 받은 사람은 자수할 경우 과태료를 면제해 주고 포상금까지 받을 수 있으므로, 불·탈법행위를 발견하면 국번 없이 1390으로 신고해 달라"고 당부했다.

2. 메시지

소통의 가장 좋은 수단은 메시지 발송이다.
문자로 발송하는 경우와 카톡으로 발송하는 경우, 기타 SNS로 콘텐츠를 올려서 서로 친구를 맺은 조합원과 소통하는 방법이다.

왕년에 장학퀴즈 프로그램 사회를 보신 차인태 아나운서님의 《흔적》이라는 책 가운데 <행복한 하루>라는 글이 있다.

살아보니 행복이란 별난 게 아니었다.
나를 진심으로 이해해주고 아껴주는 누군가와 기분 좋은 아침을 맞는 것,
이것이 진짜 행복이다.
기분 좋은 아침을 시작하라!
행복한 아침은 행복한 하루, 행복한 하루는 행복한 일생이 된다.

내가 보내는 메시지가 누군가(조합원님)에게 기분 좋은 아침을 만드는 소식이 되어야 한다. 정치인들이 마구 보내는 메시지는 짜증을 유발하고 혹시 갖고 있었을 호감의 이미지조차 비호감으로 바뀌게 만든다. 글귀 하나에도, 그림 하나에도 감성과 디자인을 담아서 보내야 한다.

가. 카톡 메시지

전 국민의 90%가 사용하고 있는 카카오톡이 문자보다는 훨씬 더 효과적이고 다양한 기능을 활용할 수 있다.

당사에서는 카톡 발송 프로그램(AI톡, 힐링톡)을 개발하여 조합원의 이름은 물론이고 직책이나 각기 다른 내용을 입력해 두면 그에 따라 발송이 되게 했다. 그룹별로 해서 여성 조합원에게, 대의원 간부들에게, 직원들에게 각각 맞춤 메시지를 구성해서 발송할 수 있다.

무엇보다도 콘텐츠가 중요한데 생일 등 특별한 날의 콘텐츠와 계절의 변화를 알게 하는 24절기 콘텐츠, 그리고 국경일과 부부의 날 등 기념일에 보내는 콘텐츠로 조합원께 감동을 주며 나를 지지하도록 유도한다.

크리스마스에 보내는 콘텐츠(캐리커처를 활용한 재미있는 콘텐츠)

1) 콘텐츠

1 24절기 및 법정공휴일 콘텐츠

1월 ~ 12월까지 월별 절기와 법정공휴일 등에 해당하는
콘텐츠를 제작하여 조합원님께 보내드릴 수 있습니다.

- **24절기**: 입춘, 우수, 경칩, 춘분, 청명, 곡우, 입하, 소만, 망종, 하지, 소서, 대서, 입추, 처서, 백로, 추분, 한로, 상강, 입동, 소설, 대설, 동지, 소한, 대한
- **4대 명절**: 설, 한식, 단오, 추석
- **삼복**: 초복, 중복, 말복
- **기타**: 농업인의 날, 어버이날, 수산인의 날 등

2 농협별 맞춤 콘텐츠

조합원님께 안내드릴 사항을 농협별 맞춤 디자인으로
더욱 효과적으로 전달드릴 수 있습니다.

- 조합원 안내사항
- 금융·예금·보험 안내
- 하나로마트
- 영농정보
- 안전수칙(방역)
- 기타 주문 콘텐츠(경조사, 수상 내역 등)

콘텐츠는 위탁선거법 운용기준이 허용하는 범위 내에서 보낼 수 있다. 대체적으로 선거운동이 아니면 큰 무리는 없어 보이지만 문제는 콘텐츠의 내용과 디자인이다. 가끔씩 조합장이나 후보들이 저자에게 보내는 콘텐츠, 조합원들에게 보내는 콘텐츠를 보면서 "표를 다 까먹는구나" 할 정도로 유치한 콘텐츠를 보내는 것을 종종 보게 된다. 본인 기준으로는 그 콘텐츠가 괜찮아 보여서 누구한테 콘텐츠를 받았거나 한 것을 취사 선택해서 보낸 것인데 이는 조합원들의 수준을 깔보는 것 밖에 되지 않는다. 요즘은 디자인 안목이 뛰어나서 그런 유치한 콘텐츠를 보내는 후보에게 수준 있는 조합원(귀농 조합원이나 여성 및 젊은 세대 조합원)은 호감을 갖지 않을 것은 뻔한 일이다. 심지어 문법이 틀린 콘텐츠도 자주 발견하게 된다.

아래 몇 가지 콘텐츠를 예로 설명해 본다.

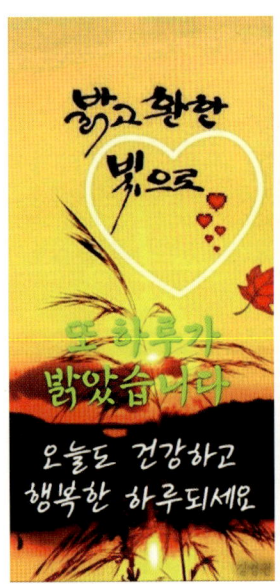

후보님들은 지인들이 보내주는 위와 같은 콘텐츠를 자주 보았을 것이고 다른 지인들에게 전달한 경험도 있을 것이다. 예를 든 세가지 콘텐츠는 왼쪽부터 오른쪽으로 갈수록 조금 나아진 경우이지만 글씨 배치나 글꼴 그리고

디자인과 내용이 조잡해서 이런 콘텐츠를 받은 조합원은 실망하게 될 것이다.

최근에는 지적소유권 문제로 어려움을 겪는 조합이나 후보를 가끔씩 만나게 된다. 빅데이터나 인공지능(AI) 기능으로 무단 도용한 콘텐츠를 적발해서 배상을 하라는 카톡이나 문서(내용증명)를 보내는 경우가 종종 있다.

(1) 생일, 조문, 결혼 특별한 날 콘텐츠

생일(연로하신 조합원은 생신)을 맞이하신 분께 보내는 생일 콘텐츠는 인지도 호감도를 올리는데 가장 효과적이다. 더욱이 왼쪽 콘텐츠처럼 받는 분의 사진과 이름을 삽입해서 발송한다면 더욱 효과적이다. 단, 생일콘텐츠를 비롯 결혼, 장례 등 애경사 콘텐츠는 문자는 불가능하며 카톡으로만 가능하다(중앙선관위 운용기준).

한국법학교수회장 선거에서 정영환 고려대 법학전문대학원 교수는 이 콘텐츠로 압도적인 당선을 하였다. 이후로 대법원장의 직에까지 추천받았고 집권 여당 국민의힘 공천관리위원장을 역임하였다. 콘텐츠 하나가 유권자의 표를 몰아주는 것은 물론이고 두고두고 기억에 남게 된다.

슬픈 소식을 접한 장례의 조문 콘텐츠는 직접 조문을 하는 경우에도 위의 콘텐츠를 먼저 발송하고 조문하면 효과가 배가되며 강렬한 인상을 남긴다.

조합원의 본인 결혼은 물론이고 자녀, 손주들의 결혼을 축하해 주고 특별히 1년 후 1주년을 축하해 주면 조합원은 잊지 않고 후보를 지지하게 된다.

조합원이 특별히 관심을 가지고 있는 날에 보내는 콘텐츠는 조합원을 감동시킨다. 손주나 자녀, 조카, 친척들 중 많은 사람들이 수능 시험과는 다 관련되어 있다. 그래서 수능 날은 교회와 사찰에 기도하는 사람으로 넘쳐난다고 한다. 이날 다른 후보들은 그냥 넘어가는데 우리 후보님은 콘텐츠를 제작해서 매년 발송하여 왔다. 그 후보님이 받은 답글의 수가 얼마나 인기 있었는지를 증명하였다. 이런 기회를 찬스로 잡는 것이 선거 홍보 방법이다.

(2) 매월 콘텐츠

선관위에 따르면 선거 전 평소에 보낼 수 있는 콘텐츠는 크게 3가지로 나눌 수 있다. 농사를 기준으로 정해진 24절기와 국경일(정식 공휴일)과 농수산림조합 및 조합원과 관련된 기념일로 분류할 수 있다. 관례나 관행을 벗어나서 자주 발송하거나, 나를 지지해 달라는 선거운동 성격의 메시지는 사전 선거운동으로 간주되어 처벌받을 수 있다. 매월 마다 2번씩 찾아오는 24절기, 1월에 소한(음력을 기준으로 매년마다 날짜가 바뀜)부터 시작해서 12월 마지막 동지까지 당사에서는 매년 업그레이드 된 콘텐츠를 제공한다. 문구 작성에서 디자인에 이르기까지 최고의 카피라이터와 대학교 교수 출신의 디자인 전문가 등이 콘텐츠 제작에 참여한다. 물론 마지막은 중앙선관위 법제국장 출신 당사 고문으로부터 선거법 불법 여부에 대한 자문도 받는다.

공휴일인 국경일은 일터에 나가는 조합원들이 좋아하는 날이다.

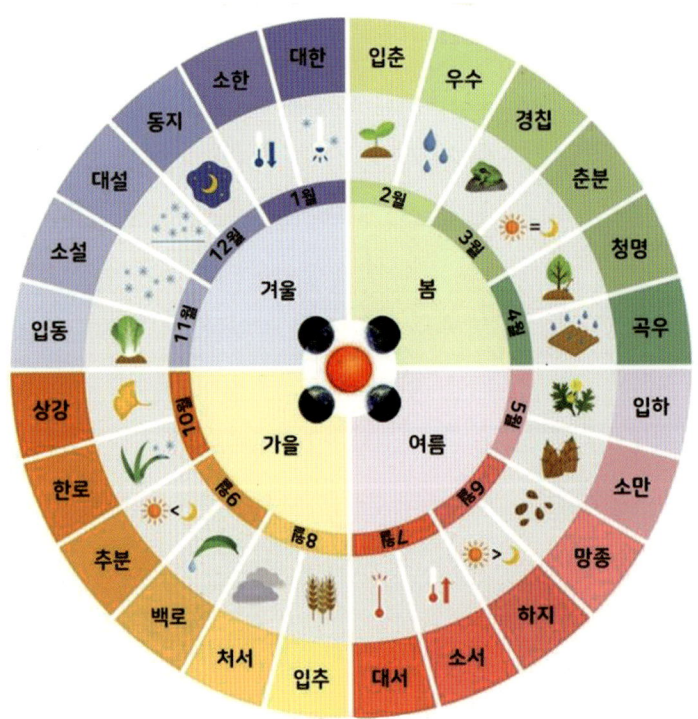

쉬는 날이므로 너무 일찍 메시지를 보내지 않는 것도 중요하다.

크리스마스, 연말연시, 설날, 추석 같은 경우 축하의 말과 함께 즐겁고 기쁜 날이 될 수 있는 메시지를 담는 것도 중요하다.
특정한 주제로 그날을 기념하는 기념일이 있다. 부부의 날과 같이 조합원에게 기념이 되는 날에 메시지를 발송하면 기념일도 모르고 지나치는 조합원이 의외로 좋은 반응을 보인다.

1월

1월 1일(새해), 소한, 대한, 설날(음력에 따라 1,2월)

2월 — 매월 1일, 입춘, 정월대보름, 우수

3월

매월 1일(3.1절), 선거 및 취임기념, 경칩, 춘분

4월

매월 1일(수산인의 날), 식목일(5일), 청명, 곡우

5월

매월 1일(근로자의 날), 어린이날(5일), 입하, 어버이날(8일), 스승의 날(15일)
부처님오신날, 소만, 부부의 날(21일), 바다의 날(31일)

6월

매월 1일, 망종, 현충일(6일), 단오, 하지, 6·25전쟁일(25일)

7월

매월 1일, 소서, 초복, 제헌절(17일), 대서, 중복

8월 — 매월 1일, 입추, 광복절, 말복, 처서

9월

매월 1일, 백로, 추석, 추분

10월

매월 1일(국군의날), 개천절(3일), 한로, 한글날(9일), 상강

11월

매월 1일, 입동, 소방의 날(9일), 농업인의 날(11일), 소설

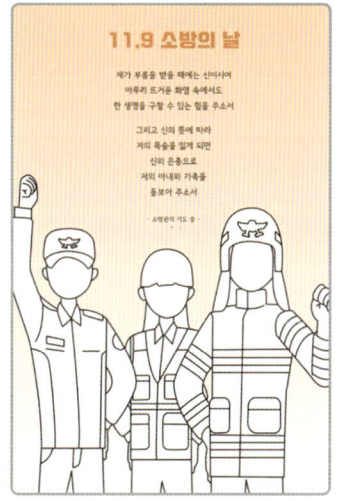

12월 — 매월 1일, 대설, 동지, 크리스마스(25일), 연말(31일)

나. 문자 메시지

일부 카톡을 하시지 않는 조합원께[32]는 문자 메시지를 보낸다.

1) 문자 발송 기준

먼저 핸드폰에서 발송할 수 있는 문자는 통신사마다 조금씩 다른데 SK통신사를 기준으로 일반 요금제(대부분 문자 무제한) 경우 매일 200명 이하에게 발송할 수 있으며 월 10회까지는 500명 이하에게 발송할 수 있다.

통신사별 무제한 문자조건	KT	SK	LG
1일 건수	149건	200건	199건
1일 최대	499건 (월 10회)	499건 (월 10회)	499건 (월 10회)
월가능회선	3,000회선	제한없음	3,000회선
초과시조치	문자요금 과금	이용제한 및 과금	이용제한 및 과금
초과요금	SMS : 건당 22원 LMS : 건당 33원 MMS : 건당 220원	SMS : 건당 22원 LMS : 건당 33원 MMS : 건당 110원	SMS : 건당 22원 LMS : 건당 22원 MMS Text 44원 사진/음악 220원 영상 첨부 440원

핸드폰 입력 시 100명씩 그룹을 설정하여 입력해 놓으면 3,000명 발송하더라도 30번만 발송하면 전체를 발송할 수 있다.

[32) 조합원 주소록을 정리해서 핸드폰에 입력하고 분류하는 것은 본사에 위임할 경우 대행해 드리며 일반적으로 카톡이 가능한 조합원은 카톡으로 발송하며, 카톡을 활용하지 않는 조합원은 문자로 발송한다. 각 통신사에서 매월 발송할 수 있는 무료 메시지를 활용할 경우 이름 삽입 등 제한이 있다.

월 500명 이하 10회, 200명 이하 20회 합계 9,000명 이하 발송은 무료이나 초과할 경우 SMS(40자 이하)는 22원, LMS(1000자 이하)는 33원, MMS(그림문자)는 110원 요금이 부과된다.

SK통신사 가입자의 경우 하루에 3,000통을 월 10회 보낼 수 있는 방법도 최근에 생겼다.

컴퓨터에서 자동 동보통신으로 문자를 통해 발송하는 시스템이 있다. 수신자 이름 데이터가 있다면 이름도 삽입할 수 있다.

회사마다 특징이 있으며 최근에는 기술이 많이 발달해서 가격도 점점 저렴해지고 있다.

지금은 그림에 익숙해져 있으므로 카톡의 경우 그림을 첨부한 메시지를 활용하면 되나, 문자의 경우 그림메시지(MMS)로 발송할 경우 비용이 만만치 않다.

정치인들이 주로 발송하는 짧은 메시지(4-50자 이내, SMS, Simple Message System)의 경우 10원 정도(문자 발송 대행업체 기준, 통신사 요금은 더 비싸다) 금액으로 발송할 수 있으며 긴문자(LMS, 50자 이상)는 30원, 그림문자(MMS)의 경우 80원 이상 요금이 부과된다. 만약 7,000명을 그림과 같이 발송할 경우 1회 발송비용이 56만 원 정도이다. SK통신사의 경우 위에 설명하였지만 하루에 3,000명을 보낼 수 있는 제도가 있다. 그러나 신청서를 제출하고 SK본사에서 심의해서 통과가 되어야만 발송할 수 있으며 매월 신청서를 제출해야 하는 번거로움이 있다.

2) 조합장 선거 운용 기준

중앙선관위에서 위탁선거법과 규칙을 적용해서 관리하고 감독하지만 법의 사각지대에 있는 다양한 홍보 방법에 대해 중앙선관위 법제국에서 운용기준을 만들고 있다. 아래는 최근에 여러 차례 결정한 운용기준을 한 장의 표

〈 조합장 선거 관련 「의례적 문자메시지 발송」 선관위 유권해석 〉

	구 분	조합 발송	후보자(현 조합장 포함) 개인경비발송	비 고
문 자	(선거기간이 아닌 때) 24절기, 국경일, 기념일 농사정보(기후정보 포함)	직·성명·사진(**가능**)	직·성명·사진(**가능**)	2018. 10. 18. 운용 기준에는 조합의 경우 사진 불가(변경)
	선거기간 때	전체 **불가**	사진 **불가**	위탁선거법 28조
	생일, 결혼, 장례 등	직·성명 (**가능**) 사진 (**불가**)	직·성명·사진(**가능**)	
카 톡	(선거기간이 아닌 때) 24절기, 국경일, 기념일 농사정보(기후정보 포함)	직·성명·사진(**가능**)	직·성명·사진(**가능**)	중앙선관위 질의답변
	선거기간 때	**불가**	사진(**가능**)	
	생일, 결혼, 장례 등	직·성명·사진(**가능**)	직·성명·사진(**가능**)	
현수막	(선거기간이 아닌 때) 각종 명절 및 기념일	직·성명·사진(**가능**)	직·성명·사진(**가능**)	
연하장	추석, 임직원퇴임편지, 연말연시, 설날 등	직·성명·사진(**가능**)	직·성명·사진(**가능**)	중앙선관위 질의답변
신문광고	(선거기간이 아닌 때)	직·성명·사진(**가능**)	직·성명 (**가능**)	2018. 10. 18. 운용 기준
※ 사진의 범위는 사진과 음성, 동영상 포함				

로 만들었다. 이 기준도 이후에 완화되거나 다시 운용 기준을 만들 경우 새로운 운용 기준을 적용해야 한다. 보통 먼저 현실적으로 어려움이 있는 홍보 방법 가운데 고칠 필요가 있는 내용(대개 대법원 판례를 기준으로 새로운 기준이 생긴 경우)을 먼저 검토의견으로 살피고 다음으로 실시 가능한 것을 선정해서 운용기준으로 만든다.

3) 실제 메시지 예시

일반적인 메시지 예시이며 조합원을 분류(sort)하여 연로한 조합원, 30-40대 조합원, 여성조합원, 산악회 등 단체 및 커뮤니티(community), 기독교인 등 종교별로 눈높이에 맞는 메시지 내용 구성으로 차별화된 맞춤 콘텐츠를 발송하는 것이 더욱 효과적이다. {정의} 기능은 이름을 삽입하거나 조합원의 맞춤 내용을 삽입할 수 있다.
{정의1}, {정의2}, {정의3}, {정의4} 기능을 활용할 수 있다. 예를 든다면 {정의1}이 조합원 이름을, {정의2}는 조합원의 직책을(이사나 대의원, 회장님 등) 삽입해서 발송할 수 있다. 현재 문자 발송의 경우는 이름 정도 삽입할 수 있다. 그러나 당사의 카톡 발송 시스템 AI톡에서는 다양한 내용을 삽입할 수 있다. 대화창명(조합원)은 핸드폰에 이름을 입력하였을 때 나타나는 이름이다.

지난 조합장 선거에서 OOO농협은 조합원이 8,000여 명 가량 되는데 당사와 계약을 맺은 박OO 후보가 압도적으로 당선되었다. 본인도 이렇게 표가 많이 나올 줄 예상하지 못했다고 하였다. 선거일 3일 전에 메시지를 발송하였는데 박OO 조합장은 평소에 모든 조합원과 소통하거나 주변 사람들의 정보를 듣고 대화창명에 특징을 다 기록하였다. 예를 든다면 눈이 예쁜 OOO님,

귀가 크신 OOO님 등 비교적 긍정적인 단어도 있지만 본인이 들으면 언짢을 특징도 간혹 있었다고 한다. 코가 살짝 비뚤어진 OOO님, 머리가 벗겨진 OOO님 등등….

그런데 대화창명으로 {정의1}에 삽입하여 전체 조합원께 발송되었다. 조합원 가운데 기분 나쁜 조합원 몇명으로부터 항의를 받게 되었고 그 말을 들은 후보는 "선거 망칠 일이 있느냐"고 당사에 강력하게 항의하였다.

독자님들의 생각은 어떠신가요? 이렇게 발송한 메시지가 표를 더 얻었을까요? 잃었을까요?

몇몇 항의한 조합원이 있었지만 전체적으로는 엄청난 막판 부동표를 흡수하였다.

"박 후보가 어떻게 나에 대해서 이렇게 관심을 갖고 있을까?",
"우와 8,000명이나 되는 조합원인데 나를 이렇게 잘 알고 계시는 후보라면 당연히 표를 주어야지!"
70% 지지율을 얻어서 당선되었다.

선거는 럭비공과 같다. 유권자의 표는 내가 생각한 대로 상식적으로 흐르지 않는다. 당사는 이런 사례들을 많이 경험하고 노하우로 축적해서 후보들에게 전수해 주고 있다.
어떤 조합원이 감동적인 카톡 메시지를 받았다. 50대 조합원이 가장 아끼는 딸에 대한 이야기가 메시지로 왔다.

얼마 전 후보와 통화에서 딸 자랑을 했는데 "딸이 대학 4학년인데 이번에 삼성그룹에 입사했습니다."

딸이 삼성에 입사한 내용을 카톡에서 {정의} 기능을 통하여 엑셀 파일에 입력만 해 두면 입력된 내용이 그대로 메시지로 발송하는 것이다. 이제는 4차 산업 인공지능(AI)이 다 해결하여 발송할 수 있다.

> "존경하는 OOO 조합원님!
> 지난 번 통화 시 수재들만 입사한다는 삼성그룹에 OOO 따님이 입사했다는 소식을 듣고 얼마나 기뻤는지요?
> 처음 직장에 입사한 젊은이들을 위해 OO농협에서 5% 이자와 정부 지원금까지 드리는 적금 제도가 있습니다. OOO가 입사해서 부자가 되도록 제가 알짜 금융 정보를 보내 드리겠습니다"

이런 내용의 메시지를 받은 것이다.
이제까지 조합원과의 관계, 악수하고 만나는 아날로그 방식에서 탈피하여

IT혁명 시대의 디지털 기술을 활용하여 품격 있는 정보를 보내야 한다. 이제는 디지털 소통 문화 시대이다.

짜증나는 문자는 이제 그만…
"역시 OOO 후보는 뭔가 달라"

조합장 선거의 후보자가 되려는 사람이 선거 기간 전에 명절을 맞아 다수의 조합원에게 의례적인 내용의 문자 메시지를 전송하는 것은 무방할 것임

선거 기간 동안의 문자 발송 : 공직선거법에서는 후보는 문자를 8회 제한하였으나 위탁선거법을 적용 받는 조합장 선거에서는 문자는 무제한으로 발송

(1) 24절기 메시지 내용

입춘

존경하옵는 {정의1} 조합원님! 안녕하십니까?
봄으로 들어섬을 알리는 절기상 입춘입니다.
아직 바람이 차갑지만, 가슴 속에 봄은 이미 저만치 와서 손짓하고 있는 듯 합니다 ♣

환절기 건강 관리에 유념하시길 부탁 드리면서 따스한 기운과 함께 {정의1} 조합원님께도 크게 길하고 경사스러운 일이 생기기를 곁에서 응원 하겠습니다.
♣ 햇살 같은 웃음이 항상 가득하길 기원드립니다.
감사합니다.

OO농협 OOO 올림

존경하옵는 {정의1} 조합원님! 안녕하십니까?

입춘대길(立春大吉)
건양다경(建陽多慶)
봄이 시작되니 크게 길하고 따스한 기운과 함께 경사스런 일이 많이 생기기를 기원합니다 ♣

아직은 추운 날씨지만 봄이라는 말만 들어도 행복해집니다.
따뜻하게 지내시고 건강한 날들 보내시길 바라면서 {정의1} 조합원님의 가정에도 봄날의 햇살 같은 웃음이 항상 가득하길 기원드립니다. ♣

OO산림조합 OOO 올림

곡우

존경하는 {정의1} 조합원님! 안녕하십니까?
오늘은 (내일은) 비가 내려서 곡식을 기름지게 한다는 봄의 마지막 절기, 곡우입니다.
봄비가 자주 내리면 그해 곡식이 잘된다고 합니다♣

메마른 땅을 적시는 한 줄기 봄비처럼 올 해는 자연에 감사할 일이 많았으면 좋겠습니다. 가을의 풍년을 기원하면서 {정의1} 조합원님이 계획하시는 일도 큰 기쁨과 알찬 수확으로 되돌아올 수 있도록 항상 응원하겠습니다♣
감사합니다.

OO농협 감사 OOO 올림

존경하는 {정의1} 조합원님! 안녕하십니까?
오늘은 절기상 비가 내려서 곡식을 기름지게 한다는 봄의 마지막 절기, 곡우입니다.

아름다운 봄날을 만끽하면서 소중한 사람들과 함께 행복한 추억을 만드시면 좋겠습니다.

{정의1} 조합원님이 뿌린 씨앗이 알찬 수확으로 되돌아올 수 있도록 항상 응원하겠습니다♣

OO농협 OOO 올림

대서

존경하옵는 {정의1} 조합원님!
안녕하십니까?
오늘은 여름의 절정에 들어서는 대서(大暑)입니다♣

예로부터 이 무렵엔 더위를 피하여 계곡이나 정자를 찾아 놀았다고 하니 {정의1} 조합원님도 시원한 피서 계획 한번 잡아보시면 좋을 것 같습니다.
항상 건강관리에 유념하시어 올 여름도 무탈하게 보내시길 소망합니다♣
감사합니다.

OO산림조합 이사 OOO 올림

존경하옵는 {정의1} 조합원님!
안녕하십니까?
오늘은 더위 때문에 염소뿔도 녹는다는 대서(大暑)입니다♣

여름 무더위에 몸과 마음이 지치기 쉬운 계절이지만 시원한 그늘에서 맛난 과일도 드시면서 한여름의 여유도 부려보시면 좋을 것 같습니다.
{정의1} 조합원님과 가족 모두 올 여름 내내 건강하게 보내시길 소망합니다♣
감사합니다.

OO농협 감사 OOO 올림

한로

존경하옵는 {정의1} 조합원님!
안녕하십니까?

절기상 찬이슬이 내린다는 한로입니다
한로가 지나면 제비도 강남으로 간다는 속담처럼 날씨가 완연히 바뀌게 됩니다♣

청명한 하늘과 신선한 바람이 기분을 좋게 하는 가을날 만끽하며 즐거운 하루 보내시길 바랍니다. 환절기 건강 관리에 유념하십시오.
{정의1} 조합원님과 가정에 사랑과 행복이 가득하시길 기원드립니다.
감사합니다♣

OO수협 OOO 올림

존경하는 {정의1} 조합원님!
안녕하십니까?
오늘은(내일은) 절기상
찬 이슬이 내린다는 한로(寒露)입니다.
짙어가는 계절의 정취가 참으로 아름답습니다.

높은 하늘과 가을 바람에 기분마저 상쾌한 가을날!
여유롭고 행복한 하루 보내시길 소망하며 {정의1} 조합원님과 가족 모두 환절기 건강 관리에도 유념하시기를 부탁드립니다♣
감사합니다.

OOO농협 조합장
OOO 올림

(2) 기념일

정월대보름

존경하고 사랑하는 {정의1} 조합원님! 안녕하십니까?

내일(오늘)은 한 해의 풍요로움을 기원하는 정월대보름!
1년 중 달이 가장 탐스럽고 밝게 빛나는 날입니다.
날씨가 좋아서 둥근 달을 바라보면서 올해 소원을 빌 수 있기를 기대해 봅니다♣

소중한 가족과 함께 오곡밥, 나물, 부럼꼭 챙겨 드시고 {정의1} 조합원님이 달님께 빈 소원 다 이루어져서 올 한해 풍요로움이 가득하길 소망합니다♣

OO농협 감사 OOO 올림

존경하고 사랑하는 {정의1} 조합원님! 안녕하십니까?

내일(오늘)은 1년 중 달이 가장 탐스럽고 밝게 빛나는 날인 정월대보름입니다.♣
둥근 달님을 보면서 올해 소원을 빌 수있게 날씨가 좋기를 기대해 봅니다♣

소중한 사람과 함께 오곡밥, 나물, 부럼 꼭 챙겨 드시고 액운은 멀리 쫓아버리고 보름달처럼 건강하고 풍성한 한해가 되길 바라면서 달님께 {정의1} 조합원님 가정의 건강과 평안 그리고 행복을 빌어봅니다♣

OO수협 조합장 OOO 올림

4월

존경하옵는 {정의1} 조합원님! 안녕하십니까?

오늘은 꽃향기가 짙어지는 4월의 첫날입니다.
활짝 피어난 화사한 꽃들과 함께 봄인사를 전합니다♣

아름다운 꽃들과 파릇한 나무들로 마음이 한껏 설레는 봄날입니다.
화창한 날씨만큼 좋은 일도 많을 것 같습니다. 아직 일교차가 심한 날도 있기에 건강에 유의하십시오.
{정의1} 조합원님의 가정에도 매일매일 봄날처럼 포근하고 행복한 일만 가득하기를 소망합니다♣

OO산림조합 이사 OOO 올림

눈부시게 아름다운 4월!
꽃길만 걸으소서!

존경하는 {정의1} 조합원님! 안녕하십니까?
오늘은 꽃향기가 짙어지는 4월의 첫날입니다. 활짝 피어난 화사한 꽃들과 함께 봄인사를 전합니다♣

아름다운 꽃들과 파릇한 나무들로 마음이 한껏 설레는 봄날입니다. 화창한 날씨만큼 좋은 일도 많을 것 같습니다. 아직 일교차가 심한 날도 있기에 건강에 유의하시고 향긋한 차와 봄기운을 마시며 따뜻한 한 달이 되셨으면 좋겠습니다♣

OO산림조합 조합장 OOO 올림

어버이날 / 스승의날

존경하는 {정의1} 조합원님!
안녕하십니까?
오늘은 어버이날입니다.
어른을 공경하는 미덕을 기리는
어버이날을 맞아 부모님의
마르지 않는 사랑에 깊은
존경과 감사의 큰 절을
올립니다♣

항상 바르게 이끌어 주시고
따뜻하게 보살펴 주셔서
고맙습니다.
{정의1} 조합원님의 가정에
사랑과 행복의 웃음소리가 가득
차기를 소망합니다♣
감사합니다.

OO농협 조합장 OOO 올림

존경하옵는 {정의1} 조합원님!
안녕하십니까?
절기상 입하가 지나서 그런지
날씨가 점점 더워지고 있음을
느낍니다.
오늘은 스승의 날입니다.
늘 곁에서 응원해주시고
가르침을 주신 은혜에 깊은
감사를 드립니다♣

언제나 저를 지혜롭게 인도해
주시는 {정의1} 조합원님의
건강을 기원드리며 오늘 행복한
하루 보내시길 소망합니다♣
감사합니다.

OO농협 대의원 OOO 올림

복날

존경하옵는 {정의1} 조합원님!
안녕하십니까?
오늘은(내일은) 삼복더위의 첫
관문 초복(初伏) 날입니다.
'복'은 엎드릴 '복'을 씁니다.
더위에 납작 엎드려 있으라는
지혜가 담긴 뜻이라네요♣

무더운 여름날,
{정의1} 조합원님도 삼계탕이나
몸에 보양이 되는 음식을 먹고
이 여름을 마지막까지 건강하게
보내시기 바랍니다♣
감사합니다.

OO수협 감사 OOO 올림

존경하옵는 {정의1} 조합원님!
안녕하십니까?
오늘은(내일은) 막바지 더위를
알려주는 말복(末伏)입니다.
말복을 기점으로 이제 더위는
서서히 물러갈 것입니다♣

가족들 지인들과 함께 맛난
보양 음식으로 원기 보충하시고
{정의1} 조합원님의 남은
여름날도 무탈하게 잘 살피시길
소망합니다♣

감사합니다.

OO농협 감사 OOO 올림

(3) 국경일

새해 첫날

존경하옵는 {정의1} 조합원님!
안녕하십니까?
2024 갑진년의 희망찬 새날이 밝았습니다♣

여러 가지 경제적인 상황들이 우리 삶을 팍팍하게 하지만 올 한 해도 늘 건강하고 행복한 삶을 이루어 가시길 소망합니다♣

베풀어주신 은혜와 사랑에 보답하는 한 해가 되도록 노력하겠습니다.
새해 복 많이 받으십시오!

00농협 전) 상무 000 올림

존경하옵는 {정의1} 조합원님!
안녕하십니까?
2024 갑진년의 희망찬 새날이 밝았습니다♣

올해는 생각하신 대로 밀고 나아가는, 뜻하신 대로 성취하시는 그런 한 해가 되기를 소망합니다.
저와 함께 꿈을 향하여 한걸음 더 다가갈 수 있으면 좋겠습니다♣

베풀어 주신 은혜와 사랑에 감사드리며 새해에는 보답하는 한 해로 만들겠습니다.
새해 복 많이 받으십시오!

000산림조합 조합장 000 올림

석가탄신일 / 성탄절

존경하는 {정의1} 조합원님!
안녕하십니까?
햇볕은 점점 뜨거워지고 초목은 푸르름을 더해가고 있습니다.
오늘은 부처님 오신 날입니다.
온누리에 부처님의 온화한 미소와 자비가 넘쳐나기를 기원합니다.

부처님의 지혜와 자비를 나타내는 연등의 불빛이 세상을 밝히는 것처럼 {정의1} 조합원님과 가정에도 환하게 빛나는 일만 가득하시기를 소망합니다♣
감사합니다.

00수협 어촌계장 000 올림

존경하옵는 {정의1} 조합원님!
안녕하십니까?
사랑과 축복 가득한 성탄절!
가정에 항상 건강, 행복, 기쁨이 가득하소서♣

이웃 친지 벗들 그리고 사랑하는 가족들과 온기를 나누시면 좋겠습니다.
모두가 더욱 행복해지는 그런 성탄절이 되길 기원합니다♣
감사합니다.

00농협 조합장 000 올림

3. 기타 홍보수단

조합장동시선거 VOTE

조합장 선거에서 후보로서 평소에 할 수 있는 홍보 활동이 많지가 않다. 위탁선거법은 제약이 많아서 자칫 불법 홍보 수단을 사용하였다가는 오랫동안 닦아온 표밭에서 등록도 하지 못하고 중도 하차하는 사례가 비일비재(非一非再)하다.

특별히 도전자인 후보는 물론 초선 조합장들도 위탁선거법이 생소해서 우(愚)를 범하는 경우가 허다하다.

가. 연하장과 현수막

조합에서 조합원 명부를 발급받아서 연하장을 발송하는 것이 가장 효과적인 평소 홍보 활동이다. 물론 핸드폰 번호를 가지고 있다면 메시지도 좋은 방법이지만 핸드폰 번호를 파악하는 것이 여간 어려운 일이 아니다. 당사에서는 매년 3차례(추석, 연말연시, 설)에 걸쳐 연하장 발송을 대행하고 있다.

다양한 스타일의 연하장은 받는 분이 이름을 기억하고 감사를 표시하며 봉투에 발신 후보자의 핸드폰 번호를 보고 감사 메시지를 보내는 경우가 의외로 많아서 조합원의 핸드폰 번호를 파악으로 이어지는 일거양득(一擧兩得)의 효과가 있다.

1) 연하장 안내

(1) 연하장 운용 기준

현직 조합장의 경우 조합의 경비로 연하장을 발송할 수 있는데, 오른쪽 공문은 연하장 내용에 조합장 사진을 게재할 수 있는지 본사가 중앙선관위에 서면(書面) 질의하여 답변 받은 내용이다.

조합장의 이름과 직책, 사진을 게재할 수 있다.

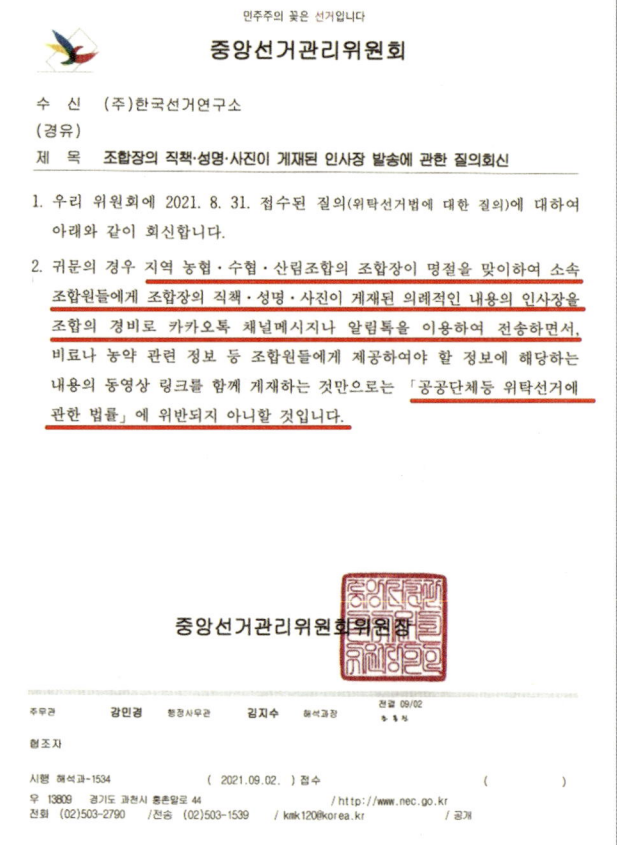

(2) 실제 연하장 사례 및 안내 (추석과 연말연시 / 새해, 구정 / 설에 발송할 수 있음)

207
선거준비행위-당선비법(1)

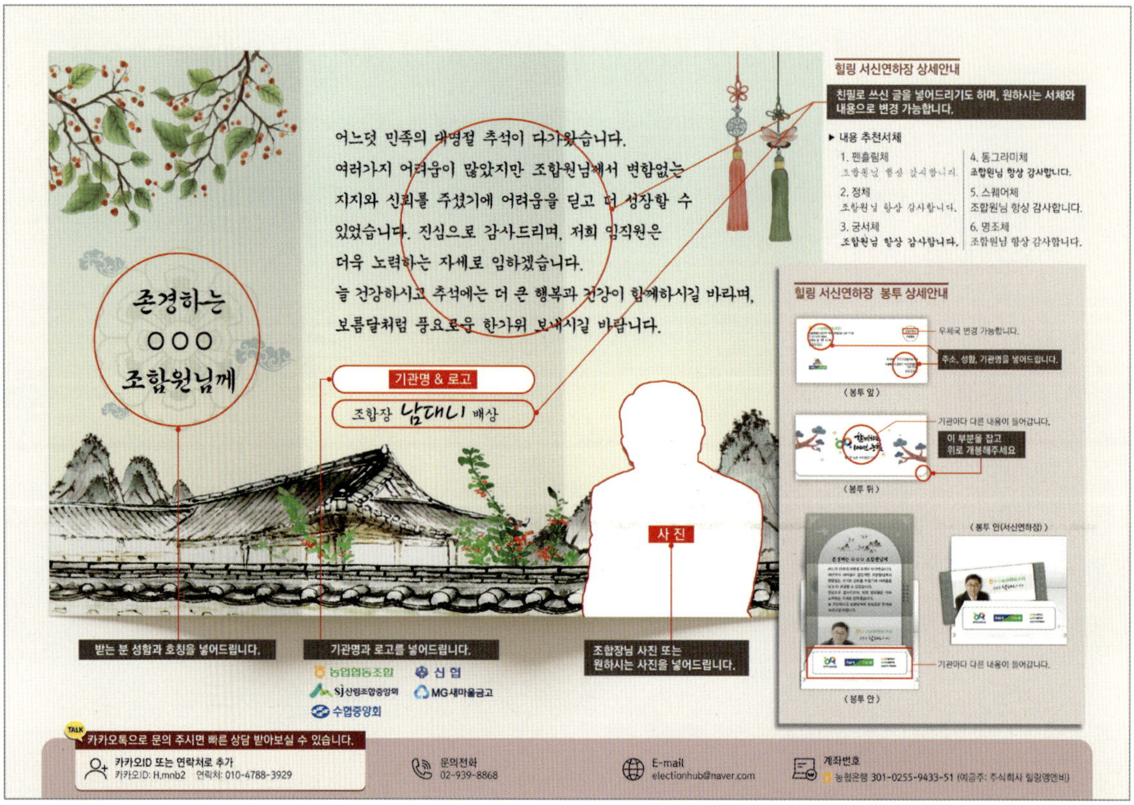

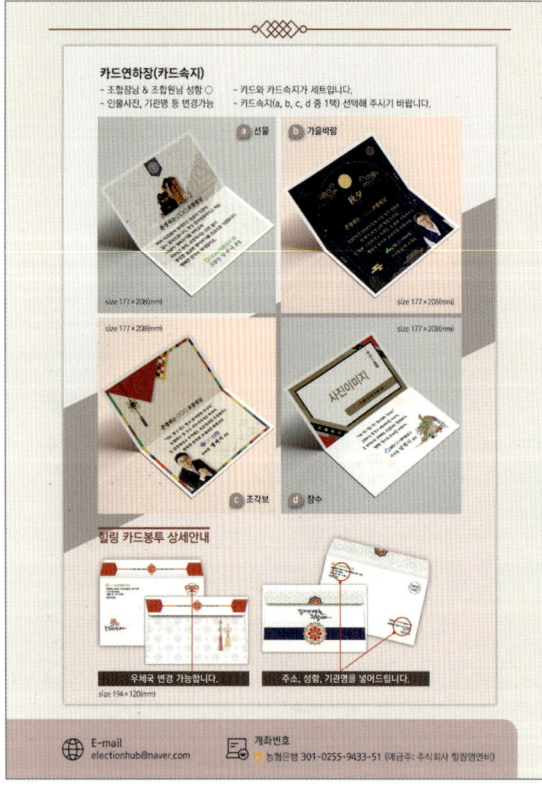

2) 조합원 명부 신청

연하장 발송을 위하여 조합원 명부를 발급받기 위한 절차 및 관련법규이다. 정보공개법에 의해서 조합에서 발행할 수 있다.

조합원 명부에 대한 기준
조합원 명부를 열람하거나 복사하여 조합장 선거에 활용할 수가 있는지?

○ 공공기관의 정보공개에 관한 법률(약칭: 정보공개법)에 의하면
제3조(정보공개의 원칙) 공공기관이 보유·관리하는 정보는 국민의 알권리 보장 등을 위하여 이 법에서 정하는 바에 따라 적극적으로 공개하여야 한다.
제7조(정보의 사전적 공개 등) ① 공공기관은 다음 각 호의 어느 하나에 해당하는 정보에 대해서는 공개의 구체적 범위, 주기, 시기 및 방법 등을 미리 정하여 정보통신망 등을 통하여 알리고, 이에 따라 정기적으로 공개하여야 한다.

○ 그 밖에 공공기관의 장이 정하는 정보

제13조(정보공개 여부 결정의 통지)

② 공공기관은 청구인이 사본 또는 복제물의 교부를 원하는 경우에는 이를 교부하여야 한다.

제20조(행정소송) ① 청구인이 정보공개와 관련한 공공기관의 결정에 대하여 불복이 있거나 정보공개 청구 후 20일이 경과하도록 정보공개 결정이 없는 때에는 「행정소송법」에서 정하는 바에 따라 행정소송을 제기할 수 있다.

② 재판장은 필요하다고 인정하면 '당사자를 참여시키지 아니하고 제출된 공개 청구 정보를 비공개로 열람·심사할 수 있다'로 되어 있다.

그동안 조합에서는 조합원 명부 요청 시 이름, 주소, 가입일자, 영농회(어촌계) 이름이 있는 명부를 사본 발급하고 있다.

○ **농협법**

제65조(운영의 공개) ① 조합장은 정관으로 정하는 바에 따라 사업보고서를 작성하여 그 운영 상황을 공개하여야 한다.

② 조합장은 정관, 총회의 의사록 및 조합원 명부를 주된 사무소에 갖추어 두어야 한다.

③ 조합원과 지역농협의 채권자는 영업시간 내에 언제든지 이사회 의사록(조합원의 경우에만 해당한다)과 제2항에 따른 서류를 열람하거나 그 서류의 사본 발급을 청구할 수 있다. 이 경우 지역농협이 정한 비용을 지급하여야 한다.

○ **산림조합법**

55조의2(운영의 공개)

② 조합장은 정관, 총회와 이사회의 의사록 및 조합원 명부를 주된 사무소에 갖추어 두어야 한다.
③ 조합원과 조합의 채권자는 제2항에 따른 서류를 열람하거나 그 서류의 사본 발급을 청구할 수 있다. 이 경우 조합이 정한 비용을 지급하여야 한다.

○ **수협법**
제73조(결산 등)
② 조합원과 채권자는 정관, 총회의사록, 조합원 명부 및 제1항에 따른 서류 등을 열람하거나 그 사본의 발급을 청구할 수 있다.
이 경우 지구별 수협이 정한 수수료를 내야 한다.

○ **선거법 위반 여부**
선거 때 마다 유권자들이 받는 문자메시지, 카톡으로 선관위에 강하게 어필하지만 선관위의 해석은 아래와 같다.
「공직선거법」상 개인의 휴대전화번호 등 개인정보의 수집 방법 및 절차에 대해서는 별도의 규정을 두고 있지 않아 개인정보 수집에 대하여는 같은 법으로 제한할 수 없음을 양해하여 주시기 바랍니다.

○ **재개발 조합의 경우 조합원 명부를 어떻게 발행하는가?**
서울행정법원(2009구합18257) 1심 판결은 "공익 또는 개인의 권리 구제를 위해 필요한 경우 개인의 사생활의 비밀과 자유가 다소 침해되더라도 국민의 알 권리 보장과 국정에 대한 국민 참여 및 국정 운영의 투명성 확보라는 공익적 차원에서 정보를 공개하라"고 판단, 핸드폰 번호까지 공개하고 있

는 실정이다.

그 일환의 하나로 개정된 위탁선거법에서는 후보자에게 선거운동을 위한 조합원의 휴대전화 가상번호를 제공하도록 되어 있다.

○ **법제처 유권해석은**

주택법 제12조 제2항 제1호(현행 주택법 제12조 제3항 제1호)에서 주택조합의 발기인 또는 임원이 조합 구성원의 요청에 따라 열람·복사해 주어야 하는 주택조합사업의 시행에 관한 서류 및 관련 자료의 하나로 조합 구성원 명부를 규정하고 있고, 주택법령에서 조합 구성원 명부의 표준양식이나 그 기재사항을 구체적으로 규정하고 있지는 않지만 일반적으로 명부란 어떤 일에 관련된 사람의 이름, 주소, 직업 따위를 적어 놓은 장부를 의미하고(국립국어원 표준국어대사전 참조), 조합 구성원 명부를 통하여 주택조합의 구성원이 누구인지 특정될 필요가 있는 바, 성명 외에 생년월일, 주소, 전화번호 등 신상정보도 함께 기재될 필요가 있다고 할 것이므로 조합 구성원 명부에 그 조합 구성원의 전화번호가 기재되어 있다면 조합 내 다른 구성원이 주택법 제12조 제2항 제1호에 따라 그 명부의 열람·복사를 요청한 경우 주택조합의 발기인 또는 임원은 해당 명부에 기재되어 있는 이름과 주소는 물론 조합 구성원의 전화번호도 열람·복사해 주어야 할 것이다.

○ **판례에서도**

주택법 제12조 제3항 제1호는 위 조항에서 말하는 다른 법률에 특별한 규정이 있는 경우에 해당하는 점 등에 비추어 보면, 채무자는 채권자들에게 조합원 명부에 대한 열람·복사를 허용할 의무가 있다"(서울동부지방법원 2021. 8. 10.자 2021카합10190 결정)거나 "조합원들의 전화번호, 주소는 조합이 주택사업을 목적으로 수집한 개인정보인 점, 이 사건의 경우와 같이 주택조합의 조합원과 주택조합 임원과의 사이에 조합업무 수행과 관련하여 분쟁이 존재하는 경우 개별 조합원들 사이의 의견수렴과 의사소통이 필요하다고 볼 수 있는 점, 국토교통부·법제처도 조합원 명부 중 전화번호가 공개대상에 해당한다고 유권해석을 내리고 있는 점, 위 주택법 규정은 개인정보 보호법 제18조 제2항 제2호에서 개인정보처리자가 제3자에게 개인 정보를 제공할 수 있는 경우로 규정하고 있는 '다른 법률에 특별한 규정이 있는 경우'에 해당한다고 볼 수 있는 점 등을 고려하면 조합원의 연락처, 주소 또한 주택법 제12조 제2항에서 정한 열람·등사의 대상에 포함된다고 봄이 상당하다" (부산지방법원 2019. 1. 29.자 2018카합10539 결정)고 판단하고 있다.

3) 현수막 게시

조합장 선거에서 현수막은 가성비 대비 인지도를 높이는 최고의 수단이다. 조합원에게 눈에 띄는 포인트를 찾아서 현수막 공식 게시대를 비롯 농촌의 경우 마을회관이나 동네 입구에 추석이나 연말연시, 설날에 게시한 현수막은 후보의 이름을 알리는데 최고의 홍보 방법이다.
정치인의 현수막 게시는 예외 규정이 있어서 공식 게시대에 게시하지 않아도 된다.
현행법으로 옥외광고물법이 개정되어, '정당 정책이나 정치적 현안에 대한 현수막은 별도 허가나 신고 없이 15일간 게시' 할 수 있게 되었다.
의례적인 명절 현수막을 거리에 게시하거나 조합의 외벽 면에 게시하는 행위는 할 수 있는 사례에 들어가 있다. 물론 "〈옥외광고물법〉 위반 여부는 별론으로 한다"로 되어 있다.

특별한 행사(수능 시험) 같은 경우, 농업인의 날과 같은 기념일이나 어버이

날에 거는 현수막도 효과가 있다.

조합장 선거에서 후보가 게시한 현수막을 현직 조합장이 직원에게 지시하여 철거 훼손한 일이 있었다. 불법 현수막을 철거할 수 있는 권한은 옥외광고물법에 의한 담당 공무원 외에는 누구도 없다. 철거할 경우 '재물손괴' 혐의로 3년 이하의 징역 또는 700만 원 이하의 벌금에 처하게 된다.

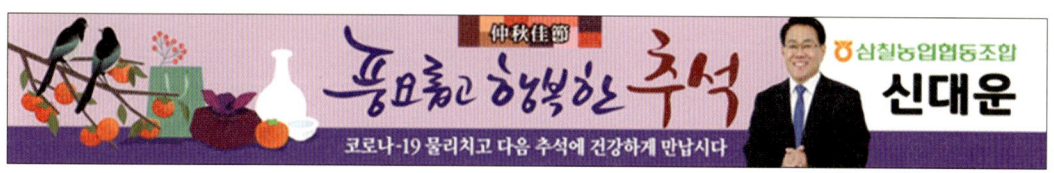

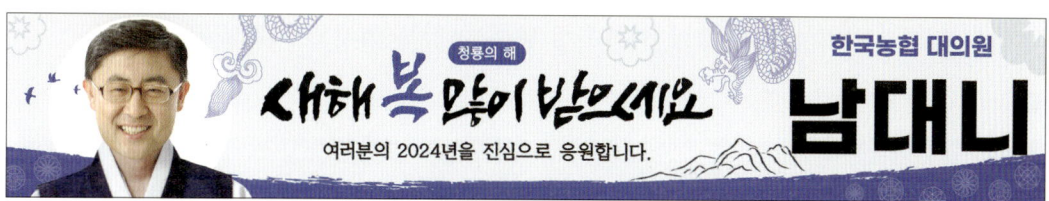

〈 각종 거리 게시 현수막 〉

○ **허가가 필요 없는 옥외광고물은 아래와 같다.**

- 관혼상제를 위해 표시 및 설치하는 경우
- 학교행사나 종교의식을 위해 표시한 경우
- 시설물의 보호 관리를 받기 위해 설치한 경우
- 단체나 개인이 적법한 정치활동 및 집회에 사용하기 위해 표시한 경우
- 단체나 개인이 적법한 노동운동 및 집회에 사용하기 위해 표시한 경우
- 안전사고나 교통안내, 긴급사고 안내 및 미아 찾기, 교통사고 목격자 찾기를 위해 설치한 경우
- 각급 선거관리위원회의 선거, 국민투표, 주민투표에 관한 계도 및 홍보물

인 경우
  - 정당 활동의 정책이나 정치적 현안에 대해 표시 및 설치하는 경우

일반적으로 추석이나 연말연시, 설에 정치인 게시 현수막 상하에 조합장이나 후보들의 현수막을 게시하는 일은 관행적으로 있어 왔으며, 공무원들이 일하지 않는 연휴 기간에 게시하는 경우도 있다.

나. 명함과 신문 광고

1) 명함

조합원을 감동시키고 버리지 않고 간직할 만한 명함을 평상시 사용해야 한다.

2) 신문 광고

후보자가 되려는 사람이 선거 기간 전에 자신의 직, 성명(사진 포함)을 게재한 의례적인 명절 인사 신문 광고를 게재하는 것은 가능하다. 단, 조합의 경비로 신문 광고를 게재할 경우 조합장의 사진을 제외하고 게재할 수 있

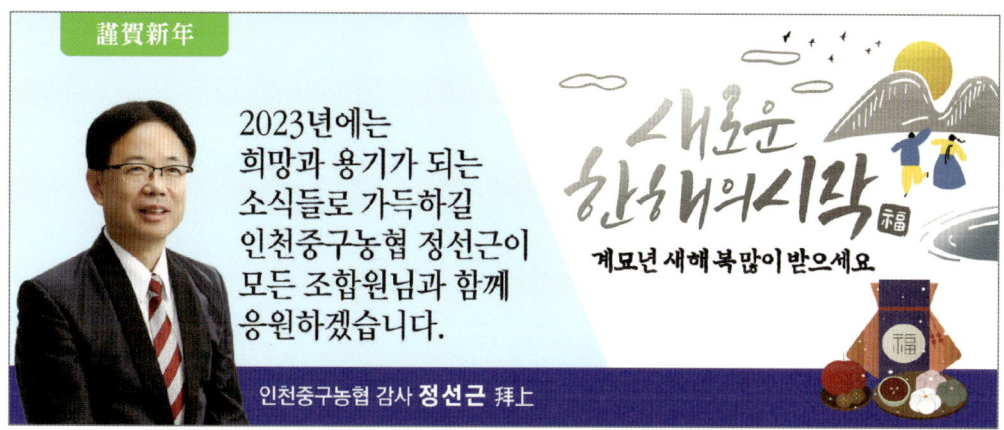

다. 지역 신문인 경우 의외로 효과가 있다

다. 전화 통화와 ARS

전화 통화에 대한 자세한 매뉴얼과 내용들은 뒤의 Ⅴ장에서 상세히 기록하였다. 현직인 경우 조합에서 업무적으로 ARS를 활용하여 조합원과 소통할 수 있다.

조합원과의 전화 통화는 평소에 할 수 있는 홍보 방법 가운데 가장 효과적이므로 통화 내용을 잘 정리해 두면 감동적인 콘텐츠를 만들어서 활용할 수 있다.

이 경우에도 전화 통화 시 메모를 해서 자료를 정리하는 것은 아날로그적인 방법이다. 지금과 같은 디지털 시대에는 통화를 녹음해서 음성을 글자(텍스트)로 바꾸는 앱이 이미 개발되어 있으므로 녹음 내용을 쉽게 모두 글로 변환해서 다양한 자료로 활용할 수 있다.

전화번호를 구하는 것이 쉬운 일은 아니지만 각종 모임과 단체를 통해서 전화번호를 구하기도 하고 카톡이나 페이스북 등 SNS를 통해서 구할 수도 있다.

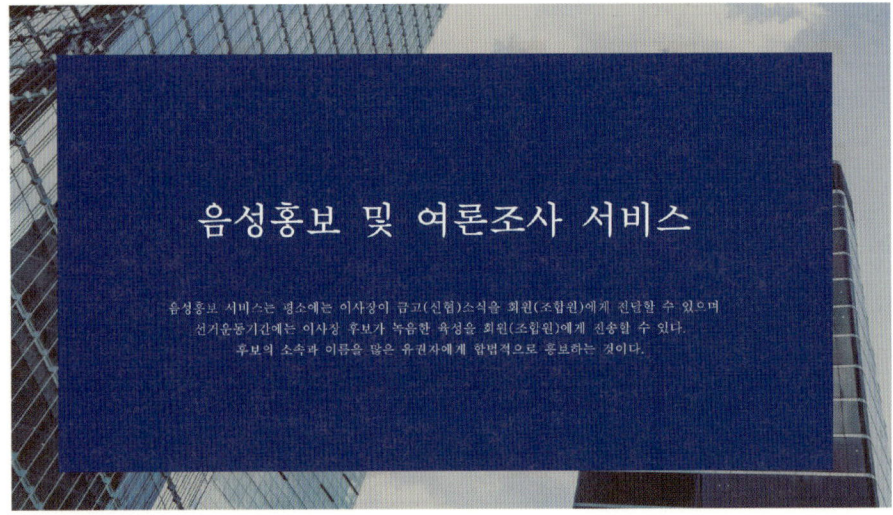

서비스 특징 – 음성홍보시스템

조합장 선호도 조사, 인지도 조사, 적합도 조사 및 정책 조사 등에 적합하

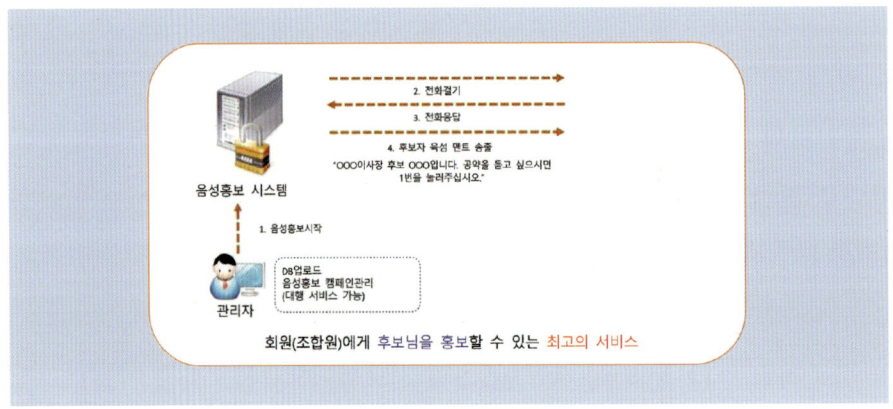

다.

선거 전략 수립을 위해서는 '정확한 여론 조사'가 바탕이 되어야 한다. 유권자의 성향 분석, 후보자의 인지도 및 지지도 조사를 통한 선거 전략 수립이야 말로 선거 성공의 필요충분조건이다.

서비스 특징 – 여론 조사 시스템

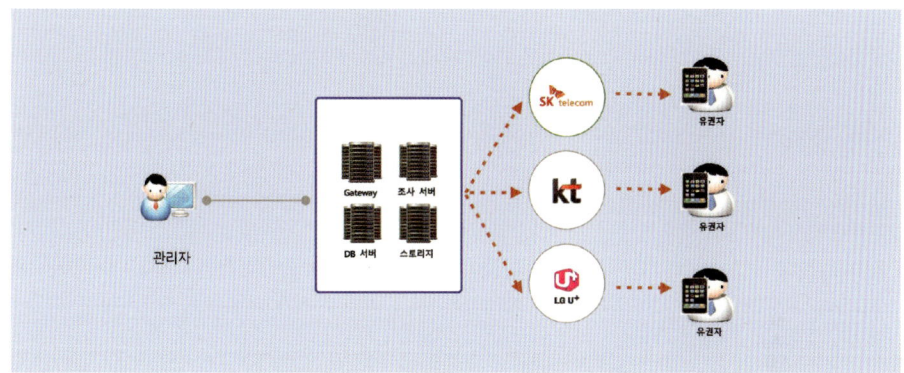

Ⅳ. 선거 준비 행위 – 당선 비법(2)

1. 시기별 준비 사항
2. 유권자 감동(에티켓)
3. SNS 도구
4. 선거용 SNS

80년대 중반 조선일보 만평 가운데 킴 카잘리(Kim Casali, 1941-1997) 여사의 '사랑이란(Love is……)'이라는 연재에서 기억나는 것이 있다. Love is tamed(사랑이란 길들여지는 것).

이 말은 『어린 왕자』에도 나오는 말인데 조합장 선거에 당선되기 위해서 조합장 당선에 길들여져야(준비되어야) 한다는 것이다. 당선에 길들여 지는 것이 무엇인지를 깨달아야 한다.

이해인 시인 '겸손의 향기'

매일 우리가 하는 말은
역겨운 냄새가 아닌 향기로운 말로
향기로운 여운을 남기게 하소서

우리의 모든 말들이
이웃의 가슴에 꽂히는
기쁨의 꽃이 되고, 평화의 노래가 되어
세상이 조금씩 더 밝아지게 하소서

누구에게도 도움이 될 리 없는
험담과 헛된 소문을 실어 나르지 않는
깨끗한 마음으로 깨끗한 말을 하게 하소서

나보다 먼저
상대방의 입장을 헤아리는
사랑의 마음으로 사랑의 말을 하게 하시고

남의 나쁜 점보다는
좋은 점을 먼저 보는
긍정적인 마음으로 긍정적인 말을 하게 하소서
매일 정성껏 물을 주어 한 포기의 난초를 가꾸듯
침묵과 기도의 샘에서 길어 올린 지혜의 맑은 물로
우리의 말씨를 가다듬게 하소서

겸손히 그윽한 향기
그 안에 스며들게 하소서

그렇다. 조합원께 향기로운 여운(餘韻)으로, 나의 선(善)한 영향력(影響力)을 점점 더 퍼뜨리며, 깨끗한 마음으로, 사랑의 마음으로, 긍정적인 마음으로, 지혜의 맑은 물로, 겸손히 그윽한 향기가 조합원에게 스며들게 해야 한다.

최소한 1년 이상(가능하면 2~3년이면 더 좋고 당선 가능성이 커진다) 집중적으로 조합원과 소통하면서 희로애락(喜怒哀樂)을 같이하여야 한다.

최성수의 <동행>이라는 노래에 나오는 '누가 나와 같이 함께 울어줄 사람 있나요?' 같은 가사를 가슴에 품고 간절한 마음으로 조합원에게 다가가 보라.

온갖 서러움과 괴로움을 이겨내고 꿋꿋하게 혹독한 겨울을 이겨내고 봄에 피어나는 인동초(忍冬草)가 고구려 벽화에 자주 보이는데 이 인동초의 생명력을 가지고 단기필마(單騎匹馬)로 깊은 강을 건너고 높은 산을 넘어야 겨우 당선(當選)이라는 목적지에 도착하게 된다.

'왜 조합장을 하려고 하십니까?'

조합장 선거에 출마하기 전 누군가 후보에게 이 말을 던졌을 때, 곧바로 답변하지 못하고, 머뭇거린다면 조합장을 포기하든지 출마를 포기하라고 이야기한다.

평범한 사람도 정치를 하겠다고 하면 '그 짓을 왜 해?' 하면서 냉소적인 반응을 보이고 거리를 두게 되기 때문이다. 때로는 인사치레로 '잘해 보세요!' 할 수도 있다. 때로는 이해관계 때문에 침묵할 수도 있다. 무에서 유를 창조하는 일이 많기 때문에 괜히 감정 건드릴 필요가 없다고 생각하고 후보의 향후 추이를 지켜보는 조합원도 많을 것이다.

이 장에서는 이제 선거에 출마한 후보가 세워야 할 전략들에 대해 구체적으로 살펴본다.

선거 전략은 '선거를 전반적으로 이끌어가는 방법이나 책략'인데, 이 장에서는 시기별 준비 사항에 대해서 살펴본다.

1. 시기별 준비 사항

조합장 선거에 당선된 조합장은 취임하게 되면 공식적인 행사와 회의를 주재(主宰)하면서 조합원들과 수시로 만날 기회가 많다.

그러나 경쟁자인 후보들은 대부분 손을 놓고 있다가 빠르면 1~2년 전부터 심지어 선거 3~4개월 앞두고 선거운동을 하기 마련이다. 다행히 예비후보 제도가 있어서 30일 전부터 본격적인 선거운동을 할 수 있지만 현직 조합장이 절대적으로 유리한 것이 선거이다. 그래서 도전자들은 더 적극적으로 준비하고 활발하게 선거운동을 하여야만 이길 수 있는 것이 조합장 선거임을 명심해야 한다.

가. 선거 전략과 지지도 추이

손자병법에 "적을 모르고, 나 자신도 모르면 싸울 때마다 위태롭다(부지피부지기 매전필태, 不知彼不知己 每戰必殆)"라는 말이 있다.

선거 전략의 콘셉트를 5단계로 설명하면 1단계는 인지(認知)이다. 선거에

서 '인지도'라는 말을 많이 사용하는데 사전에서는 인지도(認知度)란 '어떤 사람이나 물건을 알아보는 정도'를 말한다. 선거에서는 인지도(認知度)와 지지도(支持度)라는 용어를 자주 사용하게 된다. 인지도는 후보에 대해서 안다는 것(이름을 기억하든지, 후보에 대한 정보를 알든지)이고, 지지도는 투표 장소에서 투표용지에 그 후보에게 투표 도구로 도장을 찍는 것이다. 인지도는 후보에 대해서 좋은 인지도도 있겠지만 나쁜 인지도도 있다.

옆의 그림에서 1단계는 선거 출마를 결정하고 시작한 단계에서 인지도가 후보별로 다를 것이다. 한 번 출마한 경험이 있는 후보, 지역에 이름이 많이 알려진 후보, 조합에서 이사나 대의원으로 다양한 활동을 한 후보, 조합에

서 근무한 후보인 경우 인지도가 50% 이상일 수도 있다.

이 책에서는 처음으로 조합장 출마를 결심한 후보를 기준으로 설명 드리며, 1단계 인지도를 높이는 전략이 선거를 준비하는 첫 단계이다.

1단계에서 2단계까지의 기간은 6개월에서 1년 정도를 잡고 인지도를 올리는 다양한 홍보 방법을 실시한다. 그러나 만일 선거 6개월 전에 출마를 결정했다면 1단계에서 3단계까지의 홍보 방법을 동시에 집중적으로 실시해야 한다. 그리고 일반적으로 출마 결심을 선거일 3개월 전에 한다면 필자는 적극적으로 '출마를 포기하라'라고 권유한다.

특수한 선거 환경일 때는 가능할 수도 있다. 예를 든다면, 그동안 선거 준비를 오랫동안 해 온 후보가 중도에 포기한다든지 갑자기 현직 조합장이 사망하거나 출마할 수 없는 일이 생길 때는 가능할 수도 있다. 그러나 조합장 선거의 후보자가 3명 이상인 경우가 대부분이기 때문에 상식적으로는 불가능한 일이다.

2단계에서 3단계는 선거일 전 6개월에서 1년까지의 기간으로 다양한 홍보 방법으로 인지도 60% 이상, 호감도 40~50%, 적합도 35~40%, 지지도 30~35%를 달성해야 한다.

3단계에서 4단계는 선거일 전 44일까지의 기간으로 이제 선거전이 시작되어 적극적인 홍보 방법으로 인지도 70% 이상, 호감도 50~60%, 적합도 40~50%, 지지도 40~45%를 달성해야 한다.

드디어 선거운동 기간에 들어가서는 모든 선거운동 방법을 다 활용하여 표밭을 갈 수 있다. 막판 뒤집기를 비롯하여 당선의, 당선에 의한, 당선을 위한 선거운동을 실시하여 영광의 월계관을 쓰게 된다. 이때 출마자 수에 따라 조금씩 다를 수 있지만 지지도 51% 달성을 위해 모든 전략과 전술을 사용해야 한다.

일반적으로 선거에 자주 출마한 사람(선거꾼)이라면 지지도가 형편없어도 인지도는 높게 나올 것이다.

인지도는 높으나 지지도가 낮은 사람은 평판이 낮다고 생각하면 된다. 즉, 기초가 잘못된 건물과 같아서 다시 지지도를 올리는 것은 정말 어렵다고 여겨진다.
인지도만큼 지지도가 높은 사람은 평판이 좋은 것으로 생각된다. 이 경우 후보가 조합원들의 마음에 들어가 있어, 선거운동 기간에 들어가면 지지도가 빠르게 치솟는다.

인지도가 조금씩 올라가면서 지지도가 함께 상승하는 것은 조합원들에게 충분히 인정받고 있다는 것이다. 선거가 시작되면 많은 사람이 후보에게 질문하고, 후보 주변 동네 사람들 또는 지인에게 그 후보에 대해 질문한다. 이때 지지도가 높은 사람은 빠른 시간 안에 선거판을 장악할 수 있다.
인지도는 올라가는데 지지도가 제자리이거나 내려가는 것은 조합원의 인

	1 단계 (인지)	2 단계 (흥미)	3 단계 (선호)	4 단계 (지지)	선거 운동기간 (당선)
콘셉트	조합원을 파악하라 (출사표)	소문을 내라 (바이럴마케팅)	각인시켜라 (소통)	매니아가 되게 하라	흥분되게 하라
조직 구성	읍·면·동별 공조직 이사, 대의원 확보	지연, 학연, 혈연 조직(사조직1)	연령별, 취미별 종교별(사조직2)	자원봉사 및 지지층 결집	마니아층 홍보활동
SNS 구축	카톡, 카친확보 생일 문자	페이스북, 블로그 이메일 활용	SNS 도우미 맞춤 콘텐츠	감동 콘텐츠	개인 블로그, 유튜브 등 SNS 솔루션 활용
선거운동	신선한 충격 홍보 전략 수립	대면 및 소문	지속적인 소통 및 공약 개발	지지층 확산	자원봉사 및 지지층 적극 활용

심을 얻지 못하고 조합원과의 접촉에서 문제가 있는 것이다.

선거는 재경기가 없다. 한 번으로 승부가 결정난다. 그리고 1등만 살아남고 나머지는 다 실패자이자 낙선자이다.

1) 1단계: 인지(認知)

1단계는 이제 조합장 출마를 결심(決心)하고 출발선(出發線)에 서 있다. 그동안 쌓아온 경험과 인적 네트워크를 토대로 네트워킹을 하는 단계, 즉 어떤 선거 전략과 전술을 사용할 것인지 계획하고 행동에 옮기는 단계이다. 일반적으로 내 이름을 유권자에게 알리는 단계이다. 그동안 쌓아온 인맥과 네트워크가 있겠지만 그것은 아는 정도(지인·知人)에 불과한 것이고 이제 선거 후보로서 편견(偏見)이나 인지는 다른 문제이다. 왜냐하면 이해관계(利害關係)가 있고 상대 후보가 있기 때문에 조합원들이 순수하게 보지는 않을 것이다.

(1) 콘셉트: 조합원을 파악하라

유권자(조합의 조합원) 분석 기법은 선거 전략 수립을 위한 기초자료로서 후보자에 대한 인지도와 호감도가 어떤지 먼저 파악하는 것이 중요하다. 도전자라면 현직 조합장에 대한 조합원들의 신임 여부 등을 파악하는 것이다. 현재 상황을 정확히 진단하고 우리 조합의 이슈와 조합원들의 구체적인 니즈(needs)를 파악하여 유권자 분석을 하는 것이 중요하다. 이후 분석한 후 정책개발(공약)과 맞춤 콘텐츠를 개발하면 된다.

'나이별 분포(分布)는 어떤지, 남녀 성별 분포는 어떤지, 지역별 분포는 어떤지' 등의 정보는 기본으로 파악해야 한다. 조합원에 대한 정보와 인적 사항들은 중요하다. 어떤 수단을 동원하더라도 조합원들의 연락처와 나이 등 신상정보를 파악하는 것이 급선무이다.

조합원 인적 사항도 확보하지 못하고 선거를 준비하는 것은 '총알 없이 전쟁터에 나가는 것'과 마찬가지이다.

(2) 조직 구성

1단계 조직 구성은 먼저 해결해야 할 과제가 있는데 바로 가족들이다. 배우자(아내나 남편)의 동의를 얻지 못하고 출마를 강행하는 후보가 비일비재하다. 그러나 어려운 순간마다 나에게 힘이 되어줄 가족의 동의를 얻지 못한다면 어떻게 선거운동에서 그 어려운 유권자의 마음을 얻을 수 있겠는가? 가장 가까운 친인척과 친구들을 설득하여 출마에 대한 포부와 비전 등을 공유하고 정성을 쏟아서 조직을 구성해야 한다. 가능하다면 지역별(동책, 면책) 한 사람 정도 나를 위해서 함께 일해 줄 사람을 세우는 것은 조합장 선거에서 당선으로 가는 첫걸음이다.[33] 지역책을 통해서 동네의 애경사(哀慶事) 정보를 듣고, 애경사에 참석하기도 하고, 지역책을 통해서 조합원들의 성향을 분석하기도 하는 것이다. 현행 위탁선거법은 선거운동에 기여하는 조직을 결성하는 것을 제한하고 있지는 않다. 다만 그러한 활동이 선거운동에 이르게 되면 불법 행위가 된다.

다음 장에 나누는 것은 중앙일보에 실린 "항우라도 혼자서는 못 이긴다… '초한지'가 말하는 '승리' 공식" 기사를 인용하여 혼자서도 할 수 없음을 설명하는 글이다.

---

[33] 개정된 법률에서는 후보자 외 1인도 선거운동이 가능하다.

'원톱' 엘리트 항우의 한계

초나라의 명문 가문 출신인 항우는 자부심이 강했다. 거기에다 천부적인 군사적 재능으로 2년 만에 천하를 제패하는 업적까지 이루었다. 그러니 누구라도 눈에 찰 리가 없었을 것이다. 그는 농민 출신인 유방을 무시하였고, 부하들의 능력이나 공을 인정하는 데도 박했다. 그에게는 모든 것이 '내 능력 덕분'이었다. '팀'으로서 일한다는 개념은 희박했다.

항우 밑에 좋은 인재가 없던 것도 아니다. 종리매, 계포, 용저는 유방을 도왔던 번쾌, 주발 등에 비견할 만한 장수였고, 범증도 장량이나 진평 못지않은 책사였다.

하지만 항우는 누군가에게 맡기지 않고 모든 것을 직접 지휘해야 직성이 풀렸다. 실제로 항우가 지휘한 전투의 승률이 높았던 것은 사실이다. 하지만 이것은 모든 전투에 항우가 나타나야만 한다는 이야기가 된다.
단판 승부라면 모를까, 장기전에서는 한계가 있을 수밖에 없다. 한신, 팽월, 영포 등에게 적절히 나눌 수 있었던 유방에게 천하를 넘겨준 원인이다. 결국 '사면초가'가 들리는 포위망에 걸려든 최후의 순간 항우 곁에 남은 건 그가 평생 유이하게 아꼈던 부인(우미인)과 명마(오추)뿐이었다.

〈 창극 '패왕별희' 중 초나라 패왕 항우가 한나라 병사들과 싸우고 있다. (사진 – 국립극장) 〉

항우 밑에 있다가 유방으로 진영을 갈아탄 한신이 내린 평가는 이렇다.
"항왕(항우)이 화를 내며 큰소리를 지르면 1,000명이 모두 엎드리지만, 어진 장수를 믿고 일을 맡기지 못하니 그저 보통 남자의 용맹에 지나지 않습니다. 항왕이 사람을 대하는 태도는 공손하고 자애로우며 말씨가 부드럽습니다. 누군가가 병에 걸리면 눈물을 흘리며 음식을 나누어 줍니다. 그러나 부하가 공을 세워 벼슬을 주어야 할 경우가 되면 인장이 닳아 깨질 때까지 만지작거리며 선뜻 내주지 못하니, 아녀자의 인자함일 뿐입니다."

〈 진시황이 죽은 뒤 천하 패권을 두고 유방과 싸움을 벌이던 항우가 유방을 유인해 죽이려고 했던 식사자리. 홍문연의 상상도 (중앙포토) 〉

역사가들은 항우가 유방보다 전투도 능했고, 교양도 높았으며, 인정도 많았다고 이야기한다. 하지만 그는 부하들과 팀을 만드는 데는 실패했다. 책사인 범증도 의심하다가 죽게 만들었다. 훗날 유방은 자신의 승리에 대해 "항우는 그나마 있던 범증 한 사람도 제대로 쓰지 못해서 나에게 패한 것"이라고 회고했다.

조합장 선거에서도 이제는 후보 외에 조합원이나 배우자 가운데 한 사람이 더 선거운동을 할 수 있다.
그러나 이 기간은 얼마 되지(44일) 않는다. 4년 또는 오랜 기간을 후보 혼자서 선거를 준비해야 한다.

특별히 무투표로 당선된 많은 현직 조합장들이 다음 선거에서 연패하는 것을 많이 보아왔다. 내가 누군데? 조합원들이 나를 무투표로 당선시킬 만큼 나는 유아독존(唯我獨尊)이야! 독선과 교만에 빠져서 4년을 허송세월 하는 경우가 아주 흔하다.

'선거'라는 틀에서만 볼 때, 조합장(후보) 혼자의 '원톱' 전략의 한계를 이겨내야 한다.

항우가 팽성 전투에서 크게 이기고도 천하를 잡을 수 없었던 것은 혼자의 힘으로 승리하고 자신만 빛나려 했기 때문이다. 유방은 자신의 군사적 재능을 낮추어 본 한신과도 병력을 나눈 덕분에 천하를 거머쥐었다. 또, 처음부터 권력을 독점하는 대신 공신들에게 적절히 배분하는 군국제를 도입해 천하를 빠르게 안정시키고, 한나라 왕실도 제왕학을 익힐 시간을 벌 수 있었다. 그랬기에 역사가 기억하는 승자는 항우도, 한신도 아닌 유방인 것이다.[34]

(3) SNS 구축

1단계에서 SNS 구축은 카톡으로 조합원들과 친구를 맺는 것이다. 카톡으로 카친을 맺은 후 조합원들의 성향을 분석할 수 있다. 카톡의 알고리즘에서 이용자 보호 조치(줄여서 '이보') 제도가 있어서 한꺼번에 많은 사람에게 카톡을 발송할 수 없다. 카친의 카카오 스토리나 프로필에 들어가면 카친의 생일을 다 파악〔전후(前後) 10일〕할 수 있다. 그리고 왕성한 활동을 하는 카친이라면 어떤 일이 있었는지(축하할 일이나 활동 등)를 알 수 있다. 그런 콘텐츠들이 다 선거에 활용될 수 있다.

---

[34] 2024.03.31. 중앙일보 기사(유성운 기자)

생일 메시지는 생각보다는 그 효과가 크다. 생일에 카톡으로 축하 메시지를 보내고 가능하면 통화를 시도하는 것이 효과적이다. 후보라면 생일 선물을 선거 1년 전까지 보내어도 기부 행위에 해당되지 않는다. 통화할 때 조합원의 사정을 듣고 기록해 두면 선거운동 기간에 활용할 수 있다.

(4) 선거운동

1단계부터 4단계까지(선거운동 기간 전)는 선거운동을 할 수 없다. 다만 선거운동을 위한 홍보 활동은 위탁선거 법률과 규칙, 운용 기준에 의하여 가능하다. 1단계에서의 홍보 활동은 후보의 긍정적인 이미지 메이킹을 하는 것이다. 한 마디로 신선한 충격이랄까? '그때 그 사람'의 구태의연(舊態依然)한 이미지에서 변신하여 새로운 이미지를 조합원에게 잘 각인시켜야 한다. 철두철미(徹頭徹尾)한 선거기획서나 보고서를 작성한 후 홍보활동을 시작하기를 바란다.

검증된 후보의 이미지와 함께 상대 후보와 비교가 불가능할 정도의 차별성이 필요하다. 어떤 모임이나 자리에서도 '왜 내가 00조합 조합장을 준비하고 있는지?' 명약관화(明若觀火)한 스피치를 구사하고, 다양한 예상 질문에 대한 답변을 준비해야 한다.

그리고 그동안 섭섭하게 하거나 불편했던 사람들과는 관계를 다 회복하고 때로는 용서를 빌기도 하고 용서하기도 하면서 다른 사람들을 품을 수 있는 큰 바위 얼굴이 되어야 한다.

2) 2단계: 흥미(興味)

이제 42.195km 마라톤을 뛰기 위해 만반의 준비를 마치고 출발선에 서 있다. 이제 조합원들은 내가 어떤 유니폼을 입고 어떤 신발을 신고 어떻게 뛰는지 보게 된다.

"나비처럼 날아서 벌처럼 쏜다"라는 명언을 남긴 세계적인 복서 무하마드 알리처럼 링 위에서 멋진 진검승부를 펼치게 된다.

(1) 콘셉트

소문을 내라. "우와 OOO가 이번 조합장 선거에 출마한다는데 만난 사람들이 다 감동이라고 하더라." 이제 소문이 동서남북에 나게 된다. '~~카더라' 통신이 여러 군데서 들리게 된다. 이제 상대 후보들은 바짝 긴장하면서 공격하거나 부정적인(Negative) 여론을 조성할 것이고, 나쁜 인상을 받은 조합원은 호감도 면에서 나쁘게 나타날 것이고 좋은 인상을 받은 주변 조합원들은 기대와 함께 우호적이 될 것이다.

바이럴 마케팅(viral marketing)은 상품이나 광고를 본 네티즌들이 퍼 나르기 등을 통해 서로 전달하면서 자연스럽게 인터넷상에서 화제를 불러 일으키도록 하는 마케팅 방식을 이른다. 컴퓨터 바이러스처럼 확산된다고 해서 바이럴(viral) 마케팅 혹은 바이러스(virus) 마케팅이라고 부른다. 바이럴 마케팅은 넓은 의미에서 입소문 마케팅과 유사하다. 하지만 입소문 마케팅이 조합원이나 주변인 등을 통해 이루어지는 후보의 콘텐츠나 후보와의 만남을 중심으로 주로 평가되는 반면에, 바이럴 마케팅은 엽기적이거나 재미있는 독특한 콘텐츠가 조합장 선거와 결합돼 인터넷을 통해 유포된다는 점에서 차이가 있다.

조합장 선거에서 바이럴 마케팅은 2단계에서 중요하다. 후보를 만난 사람들의 평가도 무시할 수 없다. 하지만 각종 SNS 도구들을 통하여 나의 이미지를 상품화하여 감동적인 콘텐츠를 만들고, 엽기적(獵奇的, 비정상적이고 괴기한 일이나 사물에 흥미를 느끼는 또는 그런 것)이지만 흥미로운 콘텐츠를 보내 주면 더 강력한 영향력을 발휘한다.

(2) 조직 구성

선거의 3대 기본적인 조직 구성의 매개체는 지연(地緣), 학연(學緣), 혈연(血緣)이다. 다분히 동양적인 요소가 있지만 미국이나 유럽에서도 선거에서는 필수적인 사항이다.

가장 끈끈한 연은 같은 고향 사람이라는 관계이다. 고향을 사랑하는 애향심이 지연(地緣)이다. 지연을 활용하면 효과적이다.

해마다 봄이 되면(3~5월) 학교 동창회 모임, 체육대회가 많이 열린다. 학교는 폐교가 되어 사라져도 학교 동창회는 살아있다. 학연(學緣)이 중요하다는 뜻이다. 공무원사회, 법조계 등 우리 사회 구석구석에 학맥(學脈)이 비공식적 조직으로 작용하고 있다. 좋은 역할도 하고 갈등을 불러오기도 한다.

어떤 후보는 자신의 선거 전략에는 혈연, 지연, 학연이 없다고 잘라 말한다. 3가지 악습이 조합원의 분별력을 흐리게 해 올바른 선택을 못하게 만들고, 이에 따른 후유증이 고스란히 조합원들에게 돌아가는 지금의 선거판을 엎겠다고 하지만 도로아미타불(阿彌陀佛)이다.

2단계(흥미)에서 조직 구성은 지연, 학연, 혈연 조직을 중심으로 해서 든든한 지원군으로 만들어야 한다.

(3) SNS 구축

1단계 SNS에서 기본적인 조합원 파악 SNS 설계도가 완성되었다면, 이제 구체적으로 SNS 도구들을 활용할 차례이다. 전 국민의 30%가 사용하는 페이스북과 유튜브를 구축한다. 그리고 더 중요한 것은 감동적인 콘텐츠를 올리는 것이다. 거기에 좋아요, 댓글, 공유(필자는 이것을 줄여서 '좋댓공'이라고 한다. 발음이 좀 이상하지만 너무 중요하다) 숫자가 높으면 높을 수록 조합원 페친이나 주변 사람들의 페이스북 계정에서 나의 콘텐츠가 열리게 된다. 꼭 조합원 가운데 페친들에게만 콘텐츠가 전달되는 것이 아니라 그들에게 영향을 미칠 수 있는 주변 사람들에게까지 나의 정보가 전해지는 것이다. 그것이 감동적인 콘텐츠라면 그 후보의 이미지가 나날이 좋아지게 될 것이다. 일일신우일신(日日新又日新)이다.

사진의 경우도 캐리커처뿐만 아니라 다양한 사진을 연출하는 것도 흥미롭고 관심의 대상이 될 수 있다. 퍼니포토(Funny Photo)라는 앱을 이용해 연출한 필자의 사진 몇 장을 소개한다.

(4) 선거운동

만나라. 그리고 어필하라! 이제 완전 무장하고 어떤 적진이든지 뛰어들어 땅을 확보하고 적을 쳐부수어야 한다. 한마디로 선거는 전쟁이다. 하루에 수십 명을 만나서 나를 알리고 홍보한다. 각종 단체에 가입하여 회원으로 봉사하고 회원이나 단체에 가입되어 있는 조합원들과 유대를 강화해야 한다.

3) 3단계: 선호(選好)

1, 2단계를 매뉴얼대로 실시하였다면, 인지도가 꽤나 올라서 3단계에서는 이미 조합원들 가운데 나를 선호하는 사람들이 생기게 될 것이다. 이제는 쌍방 소통하는 단계이다. 나의 이름을 각인시켜야 한다.

(1) 콘셉트

마라톤에 비유하면 출발점에서 한참 뛰어왔다. 평소 훈련한 대로 10킬로 지점을 통과하고 이제 어느 정도 기록을 기대하며 페이스를 유지하면서 체력을 적절히 배분해서 마지막 골인 지점까지 뛰어가야 한다. 선두 그룹에서 주변 언론이나 관중들로부터 환호를 듣게 되고 "힘내라. 힘!" 하는 우군도 생기게 된다. 그러나 후보가 당선에 가까울수록 타깃(target)이 될 수밖에 없다. 경쟁자들의 네거티브 공격도 만만찮을 것이다.

상대 후보들이 흠집 내기 위하여 일거수일투족(一擧手一投足: 손 한 번 들고, 발 한 번 옮겨 놓는다는 뜻으로 사소한 하나 하나의 동작을 이르는 말)을 주시하게 될 것이다. 특히 이 단계에서는 많은 후보가 자만에 빠지거나 일희일비(一喜一悲)하게 되기 십상이다. 이때 초연하게 처음처럼 끊임없이 전진, 전진하는 것이 절대적으로 중요하다.

(2) 조직 구성

2단계에서 기본적인 혈연, 지연, 학연 인맥을 구축하였다면 이제는 조직을 파악하고 구성해야 한다.

조합원의 연령을 파악해서 70대 이상 조합원들에게는 메시지 하나라도 짧고 간결하게 보내야 하고 내용도 건강을 염려하는 메시지를 발송해야 하며 여성 조합원에게는 감성적인 접근을 해야 한다.

그밖에 분류할 수 있는 항목으로 종교별 분류도 중요하다. 기독교인이라면 성경 말씀을, 불교 신자라면 지역의 유명한 주지 스님과 함께 찍은 사진을 콘텐츠로 해서 발송하는 것이 효과적이다.

(3) SNS 구축

개정된 위탁선거법에 의하면 평소에도 블로그나 페이스북, 유튜브 등을 할 수 있고 선거운동 기간에도 조합 홈페이지 뿐만 아니라 모든 SNS 툴을 이용하여 다양한 방법으로 콘텐츠를 활용할 수 있다.

이제 구체적으로 조합원들을 다양한 분류 기준으로 나눈 후 콘텐츠를 올리거나(upload) 보내도록 한다.

이 단계에서 SNS 구축은 조합원 맞춤 콘텐츠가 중요하다. 페이스북이나 X(트위터의 새 이름), 인스타그램, 카카오 스토리에 1달에 2~3회 정도 콘텐츠를 올리게 되면 SNS 친구들이 와서 콘텐츠를 보고 감동하게 된다.

주변의 SNS 전사(자원봉사자)들이 '좋아요'를 누르고, '댓글'을 달고, '공유'를 통해 퍼 나르는 방법도 있다.

SNS 솔루션에는 알고리즘(Algorithm)이라는 것이 있다. 어떤 문제를 해결하기 위한 절차, 방법, 명령어들의 집합인데 주어진 문제를 논리적으로 해결하기 위해 필요한 절차, 방법, 명령어들을 모아 놓은 것이다.

페이스북 알고리즘의 경우 좋아요, 댓글, 공유의 숫자가 많으면 많을수록 페이스북 이용자(페친)에게 내가 올린 콘텐츠의 소개가 기하급수적으로 증가해서 많은 사람들이 볼 수 있게 된다.

예를 든다면, 제주도 후보의 페이스북 좋아요가 300개, 댓글이 200개, 공유가 100개 정도이면 제주도에서 페이스북에 가입한 사용자(user) 몇 만 명에게 나의 콘텐츠가 도달하여 보이게 된다는 것이다. 그 가운데 내가 출마하는 조합의 조합원 상당수가 나의 콘텐츠를 접할 수 있다는 것이다. SNS 솔루션은 발 없이 돌아다니는 무서운 홍보 방법이다.

(4) 선거운동

이제는 선거를 대비하여 조합원의 니즈(needs)를 파악하여 공약 개발에 박차를 가해야 한다. 최소한 선거 2개월 전에 선거공보는 마무리하는 것이 좋다. 후보 등록 마감일 날 기호를 추첨한 후 기호를 삽입하여 바로 인쇄에 들어가기 때문에 시간이 촉박하다.

4) 4단계: 지지(支持)

이제 후보의 이름이 지역 조합원들의 술자리, 저녁 식사 자리에서 들려온다. 인지도에서 호감도, 적합도에서 지지도로 넘어가는 단계인데, 선거는 51% : 49% 게임 룰의 지배를 받으며 특이한 수학 계산이 적용된다. 후보가 두 명인 경우 50.000001% 지지로 당선되기도 한다.

월간 『좋은 생각』의 창간인이신 정용철 시인의 **'참 아름다운 분량 하루'**[35] 라는 시를 읽으면서 하루하루 이런 삶이 되기를 소원하며 이런 날을 쌓아 가면 조합장에 당선되어서 선한 영향력을 펼치는 리더로서 직원들과 조합원께 아름다운 향기를 퍼뜨리게 될 것이다.

'하루'라는 시간은 우리에게 참으로
적당하고 아름다운 분량입니다.

이보다 길면 얼마나 지루할까요.
이보다 짧으면 얼마나 바쁘고 아쉬울까요.

해가 떴다가 지는 사이, 우리는
충분히 경험하고 느낍니다.

미래가 한꺼번에 다가오면 힘들고 곤란할 겁니다.
다행히 이렇게 하루하루
꼭 알맞게 나뉘어 다가옵니다.

---

[35] 〈씨앗 주머니〉 중에서

참 고맙고 즐거운 일입니다.
행복한 미래를 원한다면 하루를 사랑하세요.

(1) 콘셉트

매니아(Mania)가 되게 하라. 국어사전에서는 '어떤 한 가지 일에 몹시 열중하는 사람, 또는 그런 일'이라고 하였지만, 영어사전은 '많은 사람이 동시에 보이는 열광'으로 해석하였다. 후보에 대한 매니아, 후보에 대한 열광, 상상만 해도 가슴 떨리고 흥분되는 일이다. 누군가가 나를 위해 열광하는 것, 나를 위해 목숨을 바치기까지 한다는 것, 친구를 위해 열정을 불사른다는 것, 내 인생의 정점을 맞은 기분일 것이다. 그러나 내가 먼저 《단장의 미아리고개》를 외쳐 불러야 한다.

여기서 단장(斷腸)이라는 말은 '창자가 끊어진다'는 말로, 마음이 몹시 슬프다는 뜻이다.

선거에 출마하는 후보라면 조합원을 향한 단장의 마음으로 임하여야 한다. 특히 나를 위해서 활동할 참모나 동지들을 삼고초려(三顧草廬)해서 단장의 마음으로 모시고 함께 일편단심〔一片丹心: 한 조각의 붉은 마음이란 뜻으로, 한결같은 마음에서 우러나오는 정성(精誠), 변(變)치 않는 참된 마음〕으로 전력투구 하여야 할 것이다.

누구에게 단장의 마음으로 아낌없이 정을 주고 마음과 정성을 다할 때 나를 위해서도 누군가는 목숨을 바치게 될 것이다. 한 번 쓰고 버림받는 나부랭이 정치인이 되지 말고 묵직하고 의리 넘치는 후보가 되어 사람을 낚는 어부가 되기를 바란다.

(2) 조직 구성

자원봉사자 및 지지층을 집결시켜야 한다. 무엇으로 어떻게 할 것인가? 선거는 선택과 집중이다. 처음 출마하는데도 불구하고 모든 조합원들을 내 편으로 만들겠다고 호언장담(豪言壯談)하는 후보를 가끔 만난다. 선거에 무지하고 선거를 가볍게 여기는 사람이다.

1, 2, 3단계를 거쳐서 이제는 지지층을 집결시켜야 하는데 나를 위해서 함께 해 줄 자원봉사자 또는 공명선거 감시단이 필요하다. 상대 후보들의 불법 사례가 있을 경우 바로 수집해서 사진 촬영하고 녹취하는 참모들이 필요하다. 가끔 어떤 후보들은 '본인만 열심히 하면 되지!', 때로는 '남을 비난하면 안 되지'하고 죽을 힘을 다해서 뛰어다니는 후보가 있다. 상대방이 불법을 저지르고 있는 것을 방치하는 것은 상대 선수가 룰을 지키지 않으면서 경기를 하는 것을 내버려두는 것과 마찬가지이다.

예를 들어, 100미터 경기를 하는데 상대 선수는 30미터 앞에서 출발한다고 하면 그는 부정 선수이다. 호각을 부는 심판원이 그것을 감추고 호각을 분다면 경기의 승패는 뻔한 일이다. 심판원은 바로 선관위가 될 수도 있고 경찰, 검찰 수사기관이 될 수도 있다.

4단계에서 조직 구성은 선거 1~3개월 전에 이루어지는데 상대 후보의 불법을 바로 수집하고 선거법을 준수하면서 공정한 게임을 할 수 있도록 조직이 일사불란하게 움직여야 승산이 있을 것이다. 공정하고 깨끗한 선거를 원한다면 다른 누군가가 나를 위해서 불법을 막아주기를 기다리는 대신 나의 지원군과 참모들이 불법을 막는 일에 앞장서야 한다.

(3) SNS 구축

조합장 선거에서도 SNS 홍보 활동은 대부분 가능하다. 표현의 자유가 있고 나의 훈훈한 삶을 공유하고 알리는 것은 선거 후보로서는 기본적인 활동이다. 그리고 SNS상에서 함께 하는 페친(페이스북 친구)이나 카친(카카오톡 친구나 카카오 스토리 친구), 인친(인스타그램 친구), 트친(트위터, X 친구) 가운데 조합원이 많을 것이다. '좋아요'를 표현하고 '댓글'을 써 주고, 후보 계정에 '공유'하면 그 효과는 고스란히 후보 본인에게 다시 돌아온다.

특별히 애경사가 있을 경우 함께 울고 함께 우는(동고동락, 同苦同樂) SNS 나눔과 소통의 SNS는 후보를 지지하고 후보와 하나 되게 하는 멋진 무대가 될 것이다.

4단계는 조합원 가운데 SNS 친구들 모두와 소통하며 이웃이 되는 시점이다. 나의 콘텐츠(소식)를 올리면 조합원 SNS 친구들이 모두 좋아요, 댓글, 공유(줄여서 '좋댓공')에 참여할 수 있도록 한다.

(4) 선거운동

지지층을 탄탄하게 다지고 확산시키는 단계이다. 여타 후보들이 출마를 결정하는 단계인데 후보의 바람이 온 동네에, 조합원 가정에 그리고 조합원들이 삼삼오오 모이는 장소에 훈풍으로 불면 여타 군소 후보들은 포기하게 된다. 선거는 항상 상대적이고 상대가 있다. 현재 조합장이 갖는 권한과 명예 등으로 비추어볼 때 조합장 자격 요건이 가능한 조합원이면 누구나 조합장 자리를 호시탐탐(虎視眈眈) 노릴 것이다.

일반적으로 조합장 선거 출마의 경우, 후보를 크게 두 부류로 나누어 볼 수 있다.

첫 번째는 조합에서 오랫동안 근무하면서 경력을 쌓은 후 출마하는 경우이다. 과장, 상무, 전무를 거친 인물이라면 마무리 단계로 조합장 출마를 고려하는 것은 어찌 보면 자연스러운 수순이다. 그동안 근무하면서 쌓아 온 조합원들과의 유대, 조합원 명부를 비롯 각종 정보 확보의 용이함, 조합원과 대면이 잦은 직원들과 끈끈한 유대 등이 출마를 재촉하는 촉매가 된다.
두 번째는 조합원으로, 대의원과 이사·감사 등을 거치는 동안 조합 내부의 사정을 훤히 들여다보면서 지지 세력을 규합하여 출마하는 경우이다.

전자와 후자는 서로 다른 장단점을 가지고 있다. 어느 편이 조합장 선거에서 경쟁력을 가지고 있을까? 조직 외부에서 세력을 규합하는 편보다는 오랜 세월 조직 내부에서 유대를 강화해 온 편이 조금 더 유리한 경향을 보이는 것 같다. 그러나 전자의 경우라 하더라도 선거 과정에서 곤욕을 치르는 경우가 많으며, 후자의 경우 위탁선거법을 몰라서 선거법 위반으로 당선되어도 자격을 상실하는 경우가 비일비재하다.

5) 5단계: 선거운동, 당선(當選)

7전8기(七顚八起: 일곱 번 넘어져도 여덟 번 일어선다는 뜻으로, 많은 실패에도 굽히지 않고 분투함을 일컫는 사자성어), 미국인들에게 가장 존경받는 인물은 단연코 16대 대통령 에이브러햄 링컨이다. 우리가 주목해야 할 것은 전(全) 국민적인 존경을 받기 전까지 그가 선거에 낙선한 경험이 당선된 경험보다 더 많다는 사실이다. 1832년 23세에 일리노이주 하원 선거에 출마했으나 떨어졌다. 그러나 1833년 24세에 뉴세일럼의 우체국장에 임명되었고, 이듬해 일리노이주 하원 선거에 출마하여 당선된 뒤 법률 공부를 시작하였다.
1838년 29세에 휘그당의 후보로 출마하여 주 하원의원에 당선돼 4선 의원을 지낸 뒤 1846년 37세에 연방 하원의원에 당선되었다.
49세의 나이로 1958년 연방 상원의원 후보로 출마하여 민주당 후보인 더글러스와 노예 문제로 논쟁을 벌였으나 낙선하였다.

1860년 51세에 공화당의 대통령 후보로 지명받고 선거에서 승리함으로써 대통령에 올랐다. 그의 명언 가운데 '표는 총알보다 강하다'(The ballot is stronger than the bullet)라는 말이 있다.

드디어 선거운동이 시작되었다.
서로 예민하게 대응하고 여러 장소에서 후보들이 대면하면 불꽃이 튀기도 한다. 선거 때가 되면 후보도 모르는 사실들이 '카더라' 통신으로 귀에 들리기도 한다. '윗대 조상들이 어떤 짓을 했다더라', '자녀들이 나쁜 짓을 했다더라' 등등 온갖 풍문이 들려온다. 어떤 주변 환경도 상관하지 말고 오직 당선을 위하여 앞만 보고 뛰어야 한다.
조합원을 감동시키는 것에 만족하지 말고 졸도시켜야 한다. 땀은 누구든지 흘리는 것이다. 선거에 당선되신 분들이 하나같이 말씀을 한다.
"땀은 기본이고 피를 흘려야 한다."

도전자라면 현직 조합장보다는 몇 배 더 열정을 갖고 뛰고 또 뛰어야 한다.

(1) 콘셉트

조합원을 흥분하게 하라.

무제한으로 발송할 수 있는 메시지로 조합원들의 표를 사야 한다. 표를 산다는 것이 돈으로 매수한다는 뜻은 아니다. 왜 이 조합원이 나를 지지하는지? 어떻게 하면 나를 지지할 건지? 선거에서 각 후보가 표 계산을 한다. 놀랍게도 각 후보가 계산한 표를 합치면 전체 조합원의 두 배가 넘는다. 한마디로 아전인수(我田引水)격이다. 나의 취약지가 어디인지? 조합원들이 원하는 것이 무엇인지? 어떤 공약에 조합원이 감동하는지? 냉철하게 분석해야 한다.

그 다음에 다양한 분류 기준으로 선거 전략과 전술을 구사해야 한다.

이 책에 예민한 부분들을 다 쓸 수는 없지만 당선되신 분들의 노하우를 들으면 어마어마한 선거 방법과 수단이 있음에 놀랄 것이다. 정확히 30일 예비후보와 14일 선거운동을 한 후에 결판이 난다. 첨단 기법으로 선거운동 하고 인공지능(AI)으로 조합원을 분류하여 세분화된 적재적소(適材適所)에 선거 전력을 실행해야 한다.

상대 후보 금품 수수 현장을 포착하는 방법도 첨단화되어 있다. 각 동네마다 CCTV가 다 설치되어 있고 전문기관일 경우 망원카메라로 500미터 멀리서도 촬영하여 금품수수 장면을 포착하기도 한다. 심지어 불법인 줄 알면서도 상대 후보의 의심스러운 차량에 추적 장치를 몰래 설치하여 일거수일투족을 다 감시하여 금품을 주고받는 모습이 담긴 영상을 증거로 확보하기도 한다.

14일 동안의 본격적 선거운동을 위해서는 최소한 6개월 정도의 사전 준비 기간이 필요하다. 조합원들의 성향 분석 및 제반 정보 수집을 첨단화·계량화하고, 선거운동 기간에는 맞춤 메시지를 비롯하여 다양한 득표 방안을 실천해 옮길 수 있어야 한다.

(2) 조직 구성

4단계를 통하여 구축한 든든한 조직, 공조직은 물론이고 사조직 또한 매우 중요하다. 각종 단체에 조합원으로 가입하여 음으로 양으로 돕는 지원부대를 만든다. 친인척들이 일당 백의 역할을 할 수 있도록 바이럴 마케팅시스템을 구축하고, 지연, 학연, 혈연의 끈끈한 인맥들도 간접적으로 물심양면 돕는 손길로 끌여들여야 한다. 특별히 매니아 조합원들이 후보를 도울 수 있는 체계를 만드는 것이 중요하다. 현행법상 조합장 후보 본인 외 선거운동원 1인만 선거운동을 할 수 있기 때문에 거의 혼자서 '북 치고 장구 치고' 해야 하지만 그래도 주변의 사람들이 여론을 형성하는 것은 선거에서 너무나 중요하다. 포지티브(positive·긍정적) 선거 방법을 주로 하지만 네거티브(negative·부정적) 선거 방법도 무시할 수 없는 당선 전술의 하나이다.

(3) SNS 구축

전면전을 펼치기 위해서 SNS 시스템은 완벽하게 구축되어 있어야 한다. 아직 문자 발송은 글자(텍스트)만 할 수 있으나 카톡이나 다른 SNS를 통해서는 그림이나 동영상 등을 보낼 수 있다. 지금 시대는 글자는 큰 효과가 없다. 그림이나 짧은 동영상을 활용한 짧은 콘텐츠를 발송해야 한다.

모든 콘텐츠는 농수산림조합 홈페이지 선거란에 올려서 링크를 걸거나 메시지로 발송할 수 있고 새로이 개정된 위탁선거법에서는 모든 SNS(블로그, 유튜브 등) 도구를 활용할 수 있다.

(4) 선거운동

30일 예비후보와 14일 후보 선거운동 전략을 수립해야 한다.

선거 기획에 의한 각본(시나리오)대로 동선을 짜고, 만날 대상을 계획하고, 문자는 어떻게 보낼지 계획을 수립해야 한다. 이미 짜여진 각본에 의해서 후보는 선거운동, 한 마디로 연기를 해야 한다. 관중(조합원)들이 얼마나 호응할지 냉담할지 판단하고 전략을 수정하고 전술을 변경해야 한다. "어메, 여기가 아닌가 봐" 하면서 정상에서 다시 내려가는 실수를 범하면 '때는 이미 늦으리'가 된다. 특별히 선거공보가 각 조합원 가정에 배달되므로 선거공보는 최소한 3개월 이전에 기획을 마치고 이후 일어나는 변수에 대해서 대처하여 최종적으로 제작하여야 한다. 유비무환(有備無患)의 준비가 필요하다.

그리고 선거 당일 조합원을 투표소까지 카풀로 모시는 일도 대단히 중요하다.

적극적 지지자들이 1회성으로 카풀을 활용하여 투표소까지 교통 편의를 제공하였다면 크게 문제가 될 소지는 없다.

선거일 오후 5시에 선거가 끝나면 바로 개표 장소로 투표함이 옮겨지고 개표가 시행된다. 1시간 이내에 개표 결과가 발표된다.

오후 6시에 필자의 핸드폰 벨 소리가 울린다.

"감사합니다. 당선됐습니다."

2. 유권자 감동 (에티켓)

조합장동시선거 VOTE

① 에티켓(Etiquette)은 불어 동사 'estiquer(붙이다)'에서 유래된 말이다.
② 옛날 사교의 나라인 프랑스의 왕궁에서는 예식을 치를 때 궁정사람들이나 각국 대사의 순위에 따라 그곳에서 보여야 할 품행과 예식의 절차 등을 적은 티켓을 나눠줬는데, 이 티켓이 훗날 '에티켓'이 되었다.
예의(禮儀), 예법(禮法)을 뜻하는 말로 상대방에 대한 존중을 바탕으로 모든 경우와 장소에서 지켜야 할 바람직한 행동 양식을 가리킨다. 이는 행동하는 방식이나 태도 혹은 일상생활에서의 예의와 절차를 뜻하는 매너와는 차이가 있다.

조합장 후보로서 마음가짐이나 몸가짐은 후보의 품격으로 이어져 표를 잃거나 얻게 할 수 있다. 에티켓은 조합원에 대한 존중을 바탕으로 모든 경우와 장소에서 지켜야 할 바람직한 행동 양식이기 때문에 반드시 지켜야 한다. 특히 후보자는 공인(公人)이기에 많은 조합원들이 지켜보고 있다.

더 나아가 우리나라는 동방예의지국(東方禮儀之國)으로 예절과 법도를 중시하는 나라이다. 인사를 할 때나 명함을 교환할 때의 예절, 조문 예절이나 엘리베이터 예절, 조합원 불만처리의 예절, 나아가 전화예절 등 기본적인 에티켓을 습득하여야 한다. 반듯한 사람으로 선한 영향력을 펼쳐 가야만 당선 가도(街道)를 순탄하게 달릴 수 있다.

조합원으로부터 참 괜찮은 후보가 되기 위한 선거 예절을 배워보자.

직장을 다녀본 귀농 조합원과 젊은 세대 조합원들은 대체적으로 CS(Customer Service·고객서비스) 또는 CS(Customer Satisfaction·고객 만족滿足) 교육을 받아서 후보가 서비스 정신이 있고 에티켓이 있는지 그렇지 않은지를 한눈에 판단할 수 있다.

연로한 조합원들은 후보를 판단하면서 "000는 인사성도 밝고 전화도 잘하고 인물이야 인물~" 또는 "쯧쯧, 사람이 예의범절이 없네~"라고 평가할 것이다. 당연히 전자의 소문이 나야 표를 얻을 수 있다.

가. 기본적 매너

1) 조합원(유권자)은 누구나 ……

(1) 기억되기를 바란다.
(2) 환영받고 싶어 한다.
(3) 관심을 보여주길 원한다.
(4) 중요한 사람으로 인식되고 싶다.
(5) 존경받고 싶어 한다.
(6) 칭찬 또는 찬사를 받고 싶다.
(7) 자신의 기대와 요구가 수용되었으면 한다.

2) 조합원 만족을 위한 십계명

조합원 만족을 넘어 요즘은 조합원을 졸도(卒倒)시키는 정도의 감동을 주어야 나를 지지하게 될 것이다. 아래 〈조합원을 위한 십계명〉을 수시로 읽고 외우는 것이 필요하다.

(1) 조합원은 우리 조합에 가장 중요한 사람이다.
(2) 조합원은 내가 의지하고 있는 대상이다.
(3) 조합원은 우리 조합의 목적 그 자체이다.
(4) 조합원은 나에게 돌아오는 혜택의 원천이다.
(5) 조합원은 우리 조합을 구성하는 일원이다.
(6) 조합원은 단순한 통계치가 아니라 살과 피를 가진 인격체이다.
(7) 조합원은 논쟁의 대상도, 싸워 이길 수 있는 대상도 아니다.
(8) 조합원은 우리에게 바라는 것을 말하고, 그 바람을 채워주는 것이 나의 일이다.
(9) 조합원은 우리의 친절과 서비스를 최고로 받을 권리가 있다.
(10) 조합원은 나에게 급여와 행복을 주는 사람이다.

3) 가꾸어야 할 모습

- 항상 웃는 얼굴로 이야기하는 복스러운 모습

- 시간과 약속을 지키고자 노력하는 착실한 모습
- 상대방의 말을 끝까지 경청하는 진지한 모습
- 매사에 긍정적으로 생각하는 밝은 모습
- 용모가 단정한 깔끔한 모습
- 공로를 남에게 돌리는 겸허한 모습
- 새로운 아이디어를 제시하고자 노력하는 진취적인 모습
- 자신의 의견을 진솔하게 밝힐 수 있는 용기 있는 모습
- 적극적으로 업무를 추진하는 열정적인 모습
- 건전한 비판을 적극적으로 수용하는 겸손한 모습
- 완벽하게 일을 처리하고자 하는 꼼꼼한 모습
- 공사(公私)를 명확히 구분하는 청렴한 모습
- 맡은 바 책임을 완수하는 성실한 모습

4) 스마일

정치인들의 특징은 지금 내 기분이 나쁜 상태일지라도 유권자를 만나면 천사가 된다는 것이다. 이것이 몸에 체득(體得·몸소 체험하여 알게 됨)되어야 한다.

녹색 상추를 먹지만 붉은 피가 흐르듯이 내 몸에 빨간 피가 아니라 당선의 피가 흘러야 한다. 조합원을 만나면 조합원이 "내가 최고구나" 하는 자존감이 업(UP) 될 수 있도록 최고로 예우하고 최고의 VVIP로 만들어야 한다.

고품격 에티켓으로 만나는 조합원마다 감동을 주는 것을 넘어 졸도시켜야 한다.

환한 얼굴, 웃는 낯에는 침을 뱉지 못한다(No one spits on a smiling face)는 말이 있다. 돈 들지 않는 홍보 방법이 바로 스마일이다.

밝고 순수한 미소, 마음에서 우러나오는 미소, 자연스럽고 품위 있는 미소를 지을 수 있도록 연습한다.

밝고 환한 미소는 부단한 노력을 통해 내 것으로 만들 수 있다.

발성 연습으로 '하 – 히 – 후 – 헤 – 호' 순으로 몇 번씩 큰 소리로 발성하며 미소를 짓는다.

(1) 3단계 웃는 표정 만들기

*1단계 : 1/3 스마일 (작게 웃는 얼굴)

*2단계 : 1/2 스마일 (보통의 웃는 얼굴)

*3단계 : Full 스마일 (크게 웃는 얼굴)

(2) 웃는 얼굴을 만들어 주는 발음

'위스키'하고 입 모양을 끝까지 '이~' 모양으로 유지한다.

'김~치'하고 입 모양을 끝까지 '이~'모양으로 유지한다.

살며시 웃는 듯 한 상태에서 입의 양 꼬리를 좀 더 올리고 눈웃음치듯 눈언저리에 힘을 준다.

5) 복장과 용모

(1) 첫 인상

사람을 만날 때 가장 먼저 눈에 띄는 것은 복장과 몸가짐이다. 단정한 용모와 복장은 첫 인상을 상대에게 줄 뿐 아니라 신뢰감과 기분 전환을 가져오는 효과도 있다.

(2) 정장 착용의 기본

① 양 복

조합장의 직업 특성상 정장이나 콤비 차림으로 하지 않아도 되지만 그래도 후보는 작업복 보다는 정장이나 콤비 차림이 무난한 것 같다. 곤색이나 무늬가 없는 것으로 하며 특이한 디자인은 피한다.

바지는 줄이 서게 잘 다려 입는다.

바지의 길이는 섰을 때 구두 위에 가볍게 닿는 정도가 적당하다.

② 드레스셔츠(와이셔츠)

드레스셔츠의 색상은 원칙적으로 백색이지만 최근에 와서는 푸른색 등 조금 컬러가 있는 것도 괜찮은 것 같으며, 항상 구김 없이 잘 다려 입는다.

소맷부리는 양복 소매로부터 1cm 정도 보이는 길이가 적당하다.

소매 끝은 항상 깨끗이 유지한다.

드레스셔츠 소매를 걷어붙이지 않는다.

③ 벨 트

벨트는 검은색을 원칙으로 하고, 양복이 갈색 계통일 경우에는 짙은 갈색도 무난하다.

④ 양 말

양복에는 흰색의 스포츠용 양말은 신지 않는다.

양복 및 구두와 어울리는 색의 양말을 착용한다.

⑤ 구 두

색상은 검정을 원칙으로 한다. 캐주얼화는 피한다. 직업 특성상 운동화를 신는 경우 흰색보다는 바지에 맞는 검정색 계통이 어울리는 것 같다.

구두인 경우 매일 닦아 윤이 나도록 한다.

뒷굽이 많이 닳아 보기 흉한 구두는 신지 않는다.

항상 깨끗하게 손질된 신발을 착용하도록 한다.

신발 뒷굽에 흙 등 지저분한 것이 묻어 있지 않도록 한다.

신발 뒷부분을 구겨 신지 않도록 한다.

⑥ 휴대품

주머니 안에 너무 많은 물건을 넣고 다니지 않는다.

차 열쇠를 겉으로 보이게 허리에 차고 다니지 않는다.

(3) 머리 모양

매일 머리를 감아 청결을 유지하도록 하고, 항상 단정히 빗는다.

앞머리가 이마를 덮거나 눈썹을 가리지 않게 한다.

옆머리가 귀를 덮거나 귀밑으로 내려오지 않게 한다.

뒷머리가 셔츠의 깃을 덮지 않도록 짧고, 단정하게 깎는다.

(4) 개인 위생

손톱 길이는 1mm 이내로 손톱이 손가락 끝보다 길어서는 안 된다.

손톱 밑에 때가 끼지 않도록 주의한다.

땀 냄새, 발 냄새 등으로 상대에게 불쾌감을 주지 않도록 한다.

진한 향수 냄새는 오히려 사용하지 않은 것만 못하다.

입 냄새가 나지 않도록 주의하고 필요하면 구취제 등을 사용한다.

어깨 위에 비듬 등이 떨어져 있지 않도록 주의한다.

항 목	내 용
머리	청결하게 손질되어 있는가? 앞머리가 눈을 가리지 않는가?
얼굴	수염, 코털이 길지 않은가? 이는 깨끗하고 입 냄새는 안 나는가? 눈이 충혈되어 있거나 안경이 더럽지 않은가?
드레스셔츠	소매나 옷깃 부분이 더럽지 않은가? 옷깃 부분의 단추가 느슨하지 않은가? 색상과 무늬는 적당한가? 다림질은 잘 되어 있는가? 흰색 와이셔츠에 색깔 있는 내의를 입지는 않았는가?
넥타이	삐뚤어졌거나 풀려 있지는 않은가? 때, 얼룩, 구겨짐은 없는가? 양복과 잘 어울리는가? 넥타이의 길이와 핀의 위치는 적당한가?
상의	색상이 너무 화려하지 않은가? 주머니가 불룩할 정도로 많은 물건이 들어 있지는 않은가? 다림질은 잘 되어 있는가? 소매 길이는 적당한가?
손	청결한가? 손톱이 길지는 않은가?
양말	색은 적당한가? 백색 스포츠용 양말을 신고 있지는 않는가?
구두	보기 흉할 정도로 지저분하지는 않은가? 굽이 마모되어 있지 않은가? 색상이나 형태는 적당한가?
화장(해당자)	청결하고 건강한 느낌을 주고 있는가? 피부화장 및 부분 화장이 흐트러지지는 않았는가? 립스틱 색깔은 적당한가?

(5) 화장

남자도 스킨이나 로션 정도는 바르도록 하여 항상 깨끗하고 상쾌한 모습을 유지하도록 한다. 여성의 화장은 '자연스러운 화장'이 기본이다. 너무 화려하지 않고 자신의 얼굴을 밝고 건강하게 보이는 화장을 선택한다.

6) 자세와 동작

(1) 기본자세

① 시선

눈동자는 항상 중앙에 위치하도록 항상 노력한다.

1초 정도 더 본 후 시선을 돌리는 습관을 익힌다.

키 작은 조합원 앞에서는 시선 높이를 조절하는 배려를 한다.

② 걸음걸이

등을 곧바르게 세우고 어깨의 힘을 뺀다.

무릎을 곧바로 펴고 배를 당겨 중심을 허리 높이에 둔다.

턱을 당기고 시선은 자연스럽게 앞을 향한다.

걷는 방향이 직선이 되도록 한다.

복도나 로비에서는 타인의 통행에 방해가 되지 않도록 한다.

(2) 물건이나 방향을 가리킬 때

손가락을 모아 손바닥 전체로 가리킨다.

손등을 보이거나 손목이 굽지 않도록 한다.

팔꿈치의 각도로 거리감을 나타낸다.

시선은 상대의 눈, 가리키는 방향, 상대의 눈 순서로 둔다.

오른쪽을 가리킬 때는 오른손, 왼쪽은 왼손을 사용한다.

7) 인사 예절

(1) 인사의 4가지 포인트

상대방의 눈을 보고 미소를 짓는다.

상대방에 맞추어서 인사한다.

큰 소리로 용기를 갖고 명랑하게 호칭한다.

표정을 지속적으로 밝게 유지한다.

(2) 인사의 종류

① **15도 인사(목례)**

응대 시

예, 부르셨습니까?

네, 잘 알겠습니다.

즐거운 시간 되십시오. 기다리게 해서 죄송합니다.

② **30도 인사(보통례)**

영접, 환송 시 OO님! 감사합니다. OO님! 어서 오십시오. 안녕히 가십시오.

③ **45도 인사(정중례)**

감사 또는 사과의 뜻을 표현할 때 대단히 감사합니다.

대단히 죄송합니다.

④ **이런 인사는 안 된다.**

망설임이 느껴지는 인사

하다 마는 형식적 인사

말로만 하는 인사

고개만 까딱이는 인사

무표정한 인사

(3) 인사의 요령

〈 손 〉

남성은 차렷 자세로 마주 서서 주먹 안쪽을 바지 재봉 선상에 살며시 댄다. 여성은 차렷 자세에서 오른손의 엄지를 왼손의 엄지와 인지 사이에 끼워 하복부에 가볍게 댄다.

〈 표 정 〉

부드럽고 밝게 유지한다.

〈 시 선 〉

자연스럽게 상대방의 눈을 응시한다.

〈 머 리 〉

고개를 반듯하게 들고, 턱은 자연스럽게 당긴다.

〈 어 깨 〉

힘을 빼고 균형을 유지한 편안한 자세를 취한다.

〈 무릎, 등, 허리 〉

자연스럽고 곧게 한다.

〈 발 〉

발꿈치를 서로 붙이고 양발의 각도는 30도 정도 벌린다.

8) 전화 예절(8단계)

1단계: 3번 이상 벨이 울리기 전에 받는 것이 좋다.

2단계: 상대방을 기다리게 하지 않는다.

3단계: 말로서 '악수'한다고 생각한다. 소속과 성명을 밝히고 용건이 무엇인지 알아본다.

4단계: 전화를 받아 다른 사람에게 돌릴 때는 반드시 그 전화가 연결되었는지 확인하고 전화를 건 사람이 누구라는 것을 말해 준다.

5단계: 전화할 때 상대방에게 필요한 정보가 무엇인지 사전에 준비하고, 적절한 질문을 던진다.

6단계: 기억에 의존하지 말고, 필요한 세부 사항은 메모한다.

7단계: 중요한 것은 통화 내용을 소리 내어 반복함으로써 다시 한 번 확인한다.

8단계: 상대방에게 대화의 흐름을 확인시켜 주고 대화를 마무리한다. "전화 주셔서 감사합니다"라며 대화를 해 준 것에 대해 고마움을 표시한다.

9) 대화 예절

선거운동 시 대화 예절 및 스피치 방법은 5장에서 다시 기록해 두었으며 평소의 대화 예절에 대한 기본적인 사항들을 기술한다.

(1) 대화 예절의 기본

〈 좋은 말씨의 원칙 〉

밝게
명료하게
부정적인 표현보다는 긍정적인 표현으로
명령형보다는 의뢰형으로
상대의 수준에 맞춰서 쉽게
공손하게

(2) 듣기 / 말하기
① 듣기의 기본자세
눈은 상대를 정면으로 보고 시선을 마주친다.
몸은 정면을 향해 조금 앞으로 내밀듯이 앉는다.
손이나 다리를 꼬지 않고 중간중간 고개를 끄덕이며 동의한다는 태도를 보이거나 메모한다.
맞장구를 치거나 질문을 섞어가며 모르는 내용을 물어본다. 중요한 내용은 복창한다.
흥미와 성의를 가지고 말하는 의도를 파악할 때까지 인내하며 상대의 마음을 편하게 해준다.

② 잘 듣기 위한 요령
긍정적인 태도로 접근한다.
감정적으로 잘못 판단하지 않도록 집중한다.
상대의 말에서 흥밋 거리를 찾도록 한다.
서두르지 말고 침착하게 듣는다.
상대방의 입장에서 생각한다.
말하고자 하는 의도를 파악할 때까지 인내한다.

모르면 물어본다.
눈으로 듣는다.
적당한 거리를 유지하고 듣는다.
상대의 마음을 편하게 해 준다.

③ 말하기의 기본 자세

눈은 듣는 사람을 정면으로 보고 시선을 마주친다.
밝은 표정으로 등을 펴고 똑바른 자세로 얘기한다.
적절한 제스처(gesture), 발음, 듣기를 사용하도록 한다.
정확한 발음으로 자연스럽고 상냥하게 이야기한다.
알아듣기 쉽고 정중한 말씨를 사용한다.
목소리는 적당한 크기와 속도를 유지한다.
성의와 선의를 가지고 이야기한다.

④ 말 잘하기 위한 요령

대화는 탁구 경기와 비슷하다. 상대가 받아칠 수 있도록 말을 건넨다.
품위있게 말한다.
혼자만 이야기하지 않는다(가능하면 많이 듣는 것이 좋다).
자연스럽게 얘기한다.
상황에 맞는 적절한 표현을 사용한다.
입으로만 얘기하기보다는 적절한 동작을 함께 사용한다.
노래하듯이 가다듬어 얘기한다.
여유를 가지고 이야기한다.
장사꾼처럼 이야기하지 않는다.
상대의 기분을 좋게 만들도록 한다.

(3) 불만 처리의 일곱 단계

조합원을 매일 수십 명씩 만나게 되는데 다양한 사람들이 있게 마련이다. 살아 온 환경이 다 다르기 때문에 때로는 당황스럽게 불만을 표시하는 조합원도 있기 마련이다. 이럴 경우 어떻게 처리하는 지 일곱 단계 대처 방법을 알아본다.

주로 출마하는 조합에 대한 불만이 많을 것이다.

① 1단계: 상대의 불만을 전부 듣는다

불만을 말해오는 조합원은 자기가 옳다고 믿고 있다. 그것을 도중에 가로막고 "아니에요. 그것은 잘 모르셔서 하시는 말씀이다.", "그럴 리가 없다"라고 하는 것은 상대의 자존심을 상하게 한다. 사람은 누구나 마음속에 쌓인 불만을 감정과 함께 토로해 내면 기분이 상쾌해지는 수가 있다.

② 2단계: 사과한다

상대의 불만을 열심히 들으면 조합원의 입장도 알게 되고 순수하게 사과하는 말이 나오는 법이다. 변명하지 않고 솔직하게 사과하는 태도로 "대단히 죄송합니다"라고 하자. 중요한 것은 그러는 사이에 정말로 조합원의 사정을 걱정하고 있다는 마음을 전달해야 한다는 것이다.

③ 3단계: 불만의 내용을 파악한다

'불만의 원인은 무엇인가'를 올바르게 알고, 조합원이 납득할 수 있는 처리를 빨리 취하지 않으면 안 된다. 불만을 갖는 이유를 빠르고 정확하게 파악하도록 항상 유의하여야 한다.

④ 4단계: 해결책을 찾는다

조합원의 희망대로 불만을 처리할 수 있으면 문제가 없으나 정해진 방침이나 상황 등으로 인해 문제로 해결이 곤란할 경우가 많다. 그때 방침만 강요하거나 '이 자리만 모면하면……' 하는 마음으로 일을 처리한다면 나중에 더 큰 문제가 생길 수 있다. 먼저 방침에 따라 어떻게 처리할 것인가를 생각하고, 자기 책임으로 처리할 수 없는 것이라면 즉시 조합 담당자와 의논한 뒤 최후까지 성의있게 응대해야 한다.

⑤ **5단계: 해결책을 설명한다**
해결책이 나오면 상대에게 설명하고, 그 해결책이 현재로서는 최선을 다한 방법임을 납득시키도록 한다. 조합원의 요구대로 처리된 경우에는 상대의 기분이 좋은 상태에서 마무리 하고 그렇지 못한 경우에는 충분한 이유를 설명해 주도록 한다.

⑥ **6단계: 신속하게 처리한다**
불만 처리에 시간이 걸리거나 상대를 기다리게 하면 그것이 새로운 불만을 유발할 수 있다. 될 수 있는 한 신속히 처리하고 기다리게 할 경우에는 반드시 "지금 해결해 드리도록 노력하고 있어요. 죄송하지만 조금만 더 기다려 주십시오!" 하고 정중하게 양해를 구한다.

⑦ **7단계: 결과를 검토한다**
일 처리 후에는 해당 조합원의 주장에 대한 처리 방법이 적절했는가를 검토한다. 상대에게 또 "정말로 죄송합니다"라고 과실을 사과드리고, "말씀해 주셔서 대단히 감사합니다. 저는 OOO입니다. 앞으로도 좋은 말씀 부탁드립니다." 하고 자신의 이름을 밝히고 감사의 뜻을 나타내는 것이 좋다.

※ 조합에 대한 불만이나 민원은 사후에 꼭 메시지에 활용하는 것이 표를 얻는 방법이다. 조합원의 질문에 응대하고 관련 문제로 작성하여 해결한 것을 다시 한 번 주지시키기 위하여 전화를 하거나 메시지를 발송할 때 활용하는 것이다. 당사의 카톡 발송시스템에서는 조합원 인적 사항(대화창 명)에 관련 내용을 입력해 두면 정의 기능을 사용하여 개별 조합원에 대한 맞춤 문장이 구성되어서 발송된다. 소통과 커뮤니케이션, 조합원 피드백을 수집하고 이를 바탕으로 서비스를 개선하게 되며 당연히 저절로 지지도가 올라가게 된다.

**4차산업 시대,
최고의 메신저 솔루션**

인공지능톡(Artificial Intelligence Talk)

예산 절감-90% 이상
까다로운 선거법-SNS라서 마음껏, 누구든지
효과는 만점-동영상 발송 등등

3. SNS 도구

가. SNS란?

각종 IT 기술이 발달하면서 현대사회에서 SNS는 우리 생활 깊숙이 침투했다. 핸드폰을 쓰지 않는 사람이 없듯이 조합원의 나이대인 40대에서 60대 역시 SNS를 활발히 사용하는 사람이 폭발적으로 증가하였다. 주목해야 할 것은 요즘 핫한 유튜브를 가장 많이 보는 세대가 50대라는 사실이다. SNS를 사용하는 사람이 늘어나며 각종 마케팅과 선거 및 사회적·학문적인 관심의 대상으로 부상했다. SNS는 컴퓨터 네트워크의 역사와 같이 할 만큼 역사가 오래되었지만, 현대적인 형태의 SNS는 1990년대 이후 월드와이드웹 발전의 산물이다. 신상 정보의 공개, 관계망의 구축과 공개, 의견이나 정보의 게시, 모바일 지원 등의 기능을 갖는 SNS는 서비스마다 독특한 특징을 가지고 있으며, 따라서 관점에 따라 각기 다른 측면에 주목한다.

> **인터넷 및 모바일**

Q 1. 출마를 준비하는 자가 현재 개인 블로그, 카페, 개인 홈페이지, X(트위터) 등 SNS를 통하여 선거 운동기간이 아닌 평소에 개인 활동을 하면서 본인 소개를 포함하여 본인 프로필 공개, 본인의 생각과 생활모습 등을 홍보하는 현재 활동이 「위탁선거법」에 위반되는지?

2. 현재 다음, 네이버 등 포탈사이트에서는 출마 예상자의 개인 블로그나 카페, 개인 홈페이지를 쉽게 찾아볼 수 있으며 지역 언론사나 다른 기관 단체 홈페이지 등을 통해 출마 예상자의 인터뷰 등 소개 관련 글이 다수 등록되고 노출되는데 가능한지?

3. 타 선거 관련법처럼 개인별 블로그, 카페, 개인 홈페이지, X(트위터) 등 개인 SNS를 통한 홍보 활동은 가능한지?

A 조합장 선거의 후보자가 되려는 사람이 선거와 무관한 자신의 일상적인 활동 등으로 구성된 인터넷 홈페이지, 블로그, 카페, SNS를 개설·운영하는 것은 무방할 것이나, 조합장 선거의 후보자가 되려는 사람을 지지·선전하는 등 선거운동에 이르는 내용을 게시하는 경우에는 「위탁선거법」 제24조 또는 제66조에 위반될 것임. 또한, 선거운동에 이르는지 여부는 전체 게시 글의 내용·게재 형태·표현 방법 등을 고려하여 종합적으로 판단하여야 할 것임.

1) SNS 개념

한 침대에서도 메신저로 소통하는 부부, 방에 있는 아들에게 밥 먹으라는 댓글 남기는 엄마, 가랑비에 옷 젖듯 소셜 네트워크 서비스(SNS)는 어느새 우리 삶 깊숙이 파고들었다. 메시지 전송과 정보의 공유, 뉴스·게임 플랫폼을 넘어 금융·전자상거래에까지 영역을 넓히며 영향력을 키워가고 있다.

사회 네트워크 서비스(Social Network Service) 보다는 이제 약칭으로 더 많이 불리는 SNS는 최근 폭발적으로 성장하면서 사회적·학문적으로 커다란 관심의 대상으로 부상하였다. 역사는 오래되지 않았지만 등장한 서비스의 수가 많은 만큼 서비스의 특징 또한 다양하여 이것을 한마디로 정의하기란 쉽지 않으며 사람마다 각기 다르게 정의하고 있다. 그리고 동일한 서비스라 하더라도 사회 문화적 조건에 따라 실제 모습은 달리 구현되고 있는데, 이 또한 이를 정의하기 어렵게 만드는 요인이 되고 있다.

'어떤 관점을 따르느냐'에 따라 정의는 각기 달라지지만, 여러 정의에서 공통으로 거론되는 요소는 웹사이트라는 온라인 공간, 대인 관계의 형성 및 유지, 관계망의 구조, 관계망의 파도, 정보의 교류 등이라 할 수 있다. 이런 점들을 종합적으로 고려할 때, SNS는 웹사이트라는 온라인 공간에서 공통의 관심이나 활동을 지향하는 일정한 수의 사람들이 일정한 시간 이상 공개적으로 또는 비공개적으로 자신의 신상 정보를 드러내고 정보 교환을 수행함으로써 대인 관계망을 형성토록 해 주는 웹 기반의 온라인 서비스로 정의될 수 있다.

2) SNS 서비스

SNS는 서비스마다 각기 다른 기능들이 구현되어 있어서 한마디로 SNS의 기능적 특징을 규정하기란 쉽지 않다(황유선, 2012). 그럼에도 불구하고 몇 가지 대표적인 기능들을 추출할 수 있는데, 최근 서비스들은 기능들이 유사하게 수렴되는 경향을 보이기도 한다(Boyd &Ellison, 2008). SNS의 가장 대표적인 기능은 신상 정보의 등록 및 공개인데, 구체적으로 이용자의 성별, 연령, 직업, 문화적 취향, 이데올로기, 종교 등이 전부 또는 선택적으로 공시될 수 있다. 이것은 민감한 정보들이기 때문에 프라이버시 보호와 관련하여 사회적으로 많은 문제를 야기하고 있다.

농수산림조합의 경우 유권자가 평균 2,000여 명으로 이름과 연락처를 수집하기가 여간 힘들지 않을 것이다. 그렇다면 페이스북이나 인스타그램 등 SNS솔루션의 네트워크를 통하여 나를 알릴 수 있다. 그리고 서로 해시태그나 친구 맺기를 통하여 얼마든지 조합원을 만날 수 있다.

그 다음은 SNS의 본래적 기능에서 보듯 대인 관계망과 그 구조가 드러난다는 것이다. 조합원은 자신과 연계를 맺고 있는 또 다른 조합원들을 드러내며, 단계를 거치면 다른 조합원의 네트워크, 나아가 그 네트워크상의 조합원이 갖고 있는 네트워크 등으로 네트워크의 범위를 확대해 가며 파악할 수도 있다.

SNS를 통해 조합원은 의견이나 정보를 게시할 수 있고, 그 조합원과 연계를 맺고 있는 조합원을 포함해 또 다른 조합원과 그것에 대한 반응으로 또 다른 의견과 정보를 게시할 수 있다.

게시물을 친구 공개가 아닌 전체 공개로 바꾸면 <쪽지>와 같은 사적인 메시지를 주고받을 수도 있다. 이상과 같은 기능들이 SNS들이 공유하는 기능들이라면 서비스별로 특화된 기능을 제공하는 경우도 있다. 예를 들어, 사진이나 비디오를 공유하는 기능을 제공하기도 하고 블로그 기능이 디폴트로 주어지는 경우도 있다. 인스턴트 메시징이나 모바일 지원 기능도 그런 예인데, 최근 들어 대부분의 SNS는 이런 기능들을 포함하고 있다.

선거법에서 SNS는 비교적 대부분 자유롭게 활용할 수 있다. 공직선거법에서 카톡의 경우 누구든지 후보의 선거운동을 일반인이 할 수 있도록 알권리를 폭넓게 보장하고 있다.

3) SNS의 기능과 종류

SNS는 서비스마다 독특한 기능과 특징을 가지고 있어 SNS의 특징을 포괄적으로 규정하기가 쉽지 않다. 그렇지만 SNS를 보는 학문적, 사회적, 산업적 관점들은 각기 SNS의 특정 측면에 주목하고 있고, 이런 점에서 이런 관점들을 구분해 보면 SNS의 특징을 정리해 볼 수 있다.

첫째는 SNS를 마케팅 도구로 보는 관점이다. 일반 기업은 물론 전통적 미디어나 IT 기업에서도 이런 기능적 활용을 강조한다. 조합장으로 당선된 후 마케팅 도구를 조합에 적용해야 한다.

둘째는 SNS를 컴퓨터 매개 커뮤니케이션으로 보는 관점으로 커뮤니케이션 연구의 전통에서 흔히 관찰할 수 있다. 이 관점은 SNS가 면대면(面對面) 커뮤니케이션과 어떤 차별성과 유사성을 갖는가에 주목한다. 조합원 가운데 페이스북의 경우 20% 정도 활용하고 있다(여성 조합원과 젊은 조

합원 위주). 20%의 조합원이 페이스북 친구로 되어 있다면 어떤 콘텐츠를 올리면(가능하면 농사정보 등) 20%의 조합원이 나의 콘텐츠를 열람하게 되고 콘텐츠가 알짜 정보라면 댓글이나 공유를 하게 되어서 다시 수많은 사람들에게 나를 홍보할 수 있다.

셋째는 SNS를 사회관계망으로 보는 관점으로, 사회학 내 사회관계망 분석(Social Network Analysis, SNA)이라 불리는 영역의 관점이다. 이 관점은 네트워크 구조 자체와 구조적 특징을 보여주는 데 일차적 관심이 있다. SNS를 활용하고 있는 조합원과 네트워크는 아날로그 방식의 동책, 면책보다도 더 끈끈한 조직이 될 수도 있다.

넷째는 SNS를 권력관계 또는 영향력이 드러나거나 행사되는 장으로 보는 관점으로 정치학, 정치 커뮤니케이션 연구 등의 관점이다. 바로 선거에서 활용할 수 있는 관점이다. 투자 대비 효율이 높다는 사실이다. 제한된 조합장 선거운동 방법에서 평소에 SNS 활용은 필수적인 홍보수단이다.

(1) 페이스북

페이스북 타임라인과 뉴스피드에는 자신이 올린 글뿐만 아니라 조합원들의 동정이 실시간으로 게시된다. 페이스북에서는 자신과 친구로 맺어진 조합원들의 반응과 정서, 감정을 '좋아요'와 답글을 통해 공유할 수 있다. 이것이 소셜 네트워크 서비스의 특성이 발현되는 지점이다. 인터넷의 월드와이드웹이 웹 문서끼리 연결되는 하이퍼링크라면 페이스북의 타임라인과 뉴스피드는 사람들끼리 만드는 하이퍼링크다. 페이스북 이용자들은 서로의 감정과 생각, 정서를 실시간으로 하이퍼링크 한다. 그래서 어떤 정서나 의견이 전달되는 속도가 매우 빠르고 그 전달 범위 또한 매우 넓다. 구글은 하이퍼링크로 연결된 인터넷 콘텐츠를 검색할 수 있도록 도와준다. 그런데

검색의 주체는 이용자 개인이다. 구글이 제공하는 검색 서비스에서는 페이지끼리 상호 링크된 결과물이 페이지 랭크라는 알고리즘을 통해 반영되지만, 이용자 간 상호작용은 존재하지 않는다. 이에 반해 페이스북의 타임라인과 뉴스피드에 올라오는 각종 콘텐츠는 페이스북이란 닫힌 공간 안에 거주하는 페이스북 이용자들을 서로 연결한다. 전 세계 10억 명 이상의 이용자가 들락거리는 페이스북 공간은 그 자체로 하나의 독립된 세계인 것이다. 페이스북은 인터넷의 독립적 웹을 자신의 닫힌 세계 안으로 흡수할 수도 있고, 자신만의 독자적인 페이스북 월드를 만들 수도 있다.

주요 기능으로는
① **뉴스피드**
사용자의 친구, '좋아요' 한 페이지의 소식을 시간 순으로 보여주는 공간이다. 뉴스피드에 나타나는 소식의 가장 주요한 조건은 친구 관계 및 〈좋아요〉이지만 이에 절대적으로 의존하는 것은 아니며 페이스북에서 자체 개발한 복잡한 알고리즘에 의해 소식이 뉴스피드에 게시될 여부와 뉴스피드상의 배치 순서가 결정된다.

② **타임라인**

사용자가 게시하는 사진, 글 등을 실시간, 시간순으로 보여주는 공간이다. 뉴스피드에 있는 대부분의 소식은 사용자의 친구들이 각자의 타임라인에 올린 것들이다. 원래 명칭은 'Wall(담벼락)'이었다. 2011년 페이스북 키노트에서 마크 저커버그는 개인의 삶을 역사적으로 표현할 수 있는 타임라인의 개념을 발표하였다. 사용자는 페이스북에서 제공하는 형식에 따라 자신의 중요한 경험을 타임라인에 남길 수 있으며 이를 다른 사용자가 연도별 인덱스에 따라 빠르게 볼 수 있다.

③ **페이지**

페이스북과 트위터(X)의 가장 큰 차이점 중 하나는 트위터(X)는 회사 이름, 사물 등 다양한 주제를 이름으로 하여 가입하는 것이 가능하지만 페이스북은 가입 시 성별, 생년월일을 반드시 입력해야 하며 이는 사람만이 가입할 수 있다는 것을 의미한다. 따라서 페이스북 내에서 기업체의 홍보 등을 하기 위해서는 페이지를 만들어야 한다. '좋아요' 수나 게시글 수 등의 일정 기준을 넘는 페이지들은 사용자의 프로필에 등록할 수 있으며 @기호를 이용하여 하이퍼링크를 생성할 수 있다.

④ **그 룹**

그룹은 페이스북 내의 공동체이다. 그룹은 한 개의 타임라인을 가지고 있으며 그룹에 속한 사람은 그룹에 사진과 파일(최대 25메가)까지 올릴 수 있다. 그룹은 공개, 비공개, 비밀 그룹으로 나뉜다.

⑤ **그룹의 관리자**

그룹을 생성한 사람은 자동으로 관리자가 된다. 그룹 생성 시 관리자는 그룹의 비공개 또는 공개 여부를 설정할 수 있다. 공개 그룹의 관리자는 다른 사용자를 관리자로 임명할 수 있으며, 그 사람은 가입 신청을 승인하고, 그룹의 게시물을 삭제할 수 있다. 그룹의 커버 사진, 그룹 설명 등의 설정을 변경할 수 있다. 그러나 그룹을 생성한 사람을 제외할 수는 없다.

⑥ 그룹의 종류
그룹원이 250명 미만의 그룹의 경우 관리자가 그룹의 공개범위를 자유롭게 할 수 있으나 그룹원이 250명 이상이 될 경우 그룹이 비공개나 비밀로 전환될 경우 다시 공개 그룹으로 전환할 수 없다.

○ **공개**: 그룹에 가입되어 있지 않더라도(제3자) 그룹의 게시물과 그룹에 속한 사용자를 볼 수 있다. 다만 그룹에 게시물을 올리기 위해서는 그룹에 가입하여야 한다.

○ **비공개**: 그룹의 존재 자체와 그룹에 속해있는 일부 사용자를 제3자가 확인 가능하나 그룹의 게시물과 전체 그룹원을 보기 위해서는 그룹에 가입하여야 한다.

○ **비밀**: 그룹의 존재 자체를 제3자가 확인할 수 없다. 따라서 그룹에 속해 있는 사람의 초대와 초대에 대한 승인을 통해서만 그룹에 가입할 수 있다.

⑦ 프로필
사람들은 프로필을 통해 자신을 표현할 수 있다.

(2) 트위터(X)
트위터(Twitter, 2023년 7월부터 X로 리브랜딩 중)는 미국 기업 X Corp.가 소유한 소셜 네트워크 서비스 및 마이크로 블로그 서비스이다. 사용자 간에 '포스트'라는 형태의 메시지로 상호 작용하는 방식을 취한다. 등록된 사용자는 포스트 업로드, '좋아요', 리트윗 기능을 이용할 수 있으며 미등록 사용자는 트윗 읽기 기능만 이용할 수 있다. 사용자는 모바일 및 브라우저

프론트엔드 소프트웨어와 API 프로그램을 통해 트위터를 이용할 수 있다. 트윗에는 사진이나 동영상을 첨부할 수 있으며, 트윗의 길이는 140자 문자로 제한된다.

단문 메시지 서비스(SMS), [인스턴트 메신저], 전자우편(e-mail) 등을 통해 "트윗(tweet)"을 전송할 수 있다. 트윗이란 글 한 편에 해당하는 단위이며, 140자가 한도이다. 미국의 SMS는 160글자로 한정되어 있는데, 여기서 나머지 20자는 사용자 아이디를 입력할 공간인 셈이다. 한글이든 영문이든, 공백과 기호를 포함해 한 번에 140글자를 올릴 수 있다. 이렇게 전송된 트윗은 사용자의 프로필 페이지에 표시되며, 또한 다른 사용자들에게도 전달된다.

트윗 업데이트는 사용자의 프로필 페이지에 나타나고, 그 사용자를 팔로우(follow)하는 다른 사용자들에게 즉시 전달된다. 트윗을 보내는 사용자는 초기 설정만 바꾸면 자신의 친구 중 누구에게 트윗을 보낼 것인지 제어할 수 있다.

트위터 리스트는 한 사람당 20개의 리스트를 만들 수 있으며, 하나의 리스트에 500명을 넣을 수 있다.

(3) 카카오톡

카카오톡은 조합원들이 가장 많이 사용하고 있는 SNS 도구이다. 계속 업데이트되고 기능이 다양해지고 있는데 현재 서비스를 살펴보면, 무료 통화(음성 및 영상), 문자 메시지 서비스 뿐 아니라 사진, 동영상, 음성 메일 서비스를 제공하며, 일대일 및 그룹 채팅 기능을 지원한다. 또한 여러 명(5명까지)의 친구들과 함께 그룹으로 통화할 수 있는 그룹 콜 기능이나 좋아하는 주제와 관계된 친구를 추가하여 다양한 정보 및 혜택을 받는 플러스 친구 서비스도 제공한다. 카카오톡은 전화번호나 카카오 계정의 두 가지를 기반으로 계정과 주소록을 관리한다. 휴대폰에 카카오톡 설치 시 사용자의 연락처 목록을 기반으로 친구를 찾고 이를 친구로 등록을 할 수 있도록 추천한다. 카카오 계정을 생성하고 이를 이용할 경우 기기 교체시나 번호 변경 시에도 카카오톡의 친구 목록을 유지할 수 있으며, 카카오 게임, 소셜 네트워크 서비스인 카카오 스토리, 네비게이션 앱, 택시 호출 앱, 모바일 송금 서비스, 간편결제 서비스 등의 서비스를 카카오 계정과 연동하여 특별한 가입 없이 이용할 수 있다. 이외에도 카카오톡에는 테마나 스티커 등을 구매할 수 있는 아이템 스토어나 친구 관리 기능, 여러 가지 제품을 구매하고 카카오톡 친구에게 선물할 수 있는 기능인 선물하기 기능이 포함되어 있으며, 카카오의 음악 소셜서비스인 카카오 뮤직과 연동되어 있다.

기능 및 서비스를 살펴보면 카카오톡은 상대방과 단순한 대화 기능 외에 다양한 기능과 서비스들을 가지고 있다. 카카오톡의 주 기능을 이용해서 상대방에게 메시지, 사진, 동영상, 음성 그리고 연락처 등을 전송할 수 있고, 친구들과 일정을 만들 수 있다. 또한, 보이스톡 기능을 이용하여 상대방과 음성으로 대화할 수 있다. 또한, 카카오 계정을 이용해 친구들과 게임을 할 수도 있다.

○ **그룹 채팅**: 카카오톡을 통해 1:1 채팅은 물론 다수의 사용자와 함께 동시에 채팅할 수 있는 그룹 채팅을 즐길 수 있다.

○ **카카오 계정**: 기기를 교체하거나 번호를 변경하여도 카카오 계정으로 다시 로그인하면 이전에 사용했던 카카오톡의 친구목록, 내 프로필 사진 등을 다시 불러올 수 있으며, 카카오 게임 / 스토리 / 앨범 등을 카카오 계정으로 연동시켜 이용할 수 있다.

○ **보이스톡**: Wifi나 3G / 4G, LTE망을 이용하여 친구와 실시간으로 음성 통화를 할 수 있다. 와이파이로 하면 무료로 통화할 수 있다.

○ **페이스톡**: 보이스톡과 설명은 같지만, 영상 통화를 한다는 점에서 차이가 있다.

○ **그룹 콜**: 3~5명의 친구들과 함께 그룹으로 통화할 수 있다. 그룹 콜 화면에서 친구들의 통화중 / 종료 / 음성 필터 사용 상태를 한눈에 볼 수 있으며, Tom & Ben 캐릭터 음성 필터로 색다른 그룹 통화를 즐길 수 있다. 또한 그룹 콜을 종료해도 재연결 기능으로 언제든지 참여할 수 있다.

○ **PC용 카카오톡**: 컴퓨터를 통해 인증한 뒤 모바일과 동일한 형식으로 카카오톡을 이용할 수 있다. 저자도 컴퓨터를 활용하여 카톡 메시지의 대부분을 보내고 있다.

○ **나와의 채팅**: 카카오톡 내에서 오가는 자신만의 기록을 한 곳에 모아 보관할 수 있는 자신만의 공간이다.

○ **오픈 채팅**: 나와 친구가 되어 있지 않아도, 관심사나 이야깃거리를 등록

하면 관심사가 같은 사람들이 자유롭게 참여하여 대화를 나눌 수 있는 기능이다. 1:다 대화 형식과 그룹 채팅 형식으로 만들 수 있으며, 오픈 채팅방 고유의 링크가 생성되기 때문에, 링크를 공유해 쉽게 사람들이 오픈 채팅방에 들어 올 수 있게 하고 있다.

○ **#검색**: 카카오가 다음을 인수하면서 다음의 검색엔진을 이용해 카카오톡 이용자들이 채팅방에서 바로 검색을 할 수 있는 기능이다. 기존에는 채팅하다가 카카오톡을 나가 다시 인터넷으로 들어가 검색해야 했지만, 이제는 채팅방에서 바로 검색하고 또 검색 결과를 바로 채팅방에 공유할 수 있게됐다. 또 검색 창에 새해 인사를 치면 새해 카드가 나오며, 사다리 타기 게임을 치면 채팅방에서 바로 사다리 타기 게임을 진행할 수도 있다.

○ **송금**: 카카오페이와 연동되어서 결제 비밀번호만 입력하면 바로 다른 사람에게 송금을 할 수 있는 기능이다. 돈을 받는 사람이 자신의 계좌를 카카오페이에 연동하지 않았을 경우에는 카카오톡의 선물기능이나 이모티콘을 구매할 수 있는 포인트로 전환해 사용할 수도 있다.

○ **TV**: 실시간 TV 시청을 할 수 있으며, 이미 방송한 프로그램 중 중요한 장면을 짧게 보여 주기도 한다.

▶ 그 외 기능들

○ **카카오스타일**: 여러 쇼핑몰 업체의 옷들을 볼 수 있고 구매할 수 있는 곳이다. 현재는 별도의 애플리케이션으로 분리되었다.

○ **카카오톡 ID**: 전화번호를 몰라도 카카오톡 아이디 검색을 통해 친구가 될 수 있는 기능이다.

○ **친구 관리**: 자동 친구 등록, 자동 친구 추천 설정, 숨김 친구 관리, 차단 친구 관리, 친구 목록 내보내기, 친구 목록 불러오기 등의 기능이 있다.

○ **선물하기**: 여러 브랜드의 상품들을 구매하고 친구에게 선물할 수 있는 기능이다.

○ **카카오뮤직**: 카카오에서 제공하는 음악 소셜서비스이다. 별도 애플리케이션으로 분리되어 있다.

(4) 블로그

블로그(blog 또는 web log)란 웹(web)과 로그(log, 기록)를 합친 낱말로, 스스로가 가진 느낌이나 품어오던 생각, 알리고 싶은 견해나 주장 같은 것을 웹에다 일기처럼 차곡차곡 적어 올려서, 다른 사람도 보고 읽을 수 있게끔 열어 놓은 일종의 웹사이트이다. 보통 시간의 순서대로 가장 최근의 글부터 보인다. 그러나 글 쓴 시간을 수정할 수 있는 블로그의 경우에는 시간을 고쳐 순서를 바꿀 수 있다. 여러 사람이 쓸 수 있는 게시판(BBS)과는 달리 한 사람 혹은 몇몇 소수의 사람만이 글을 올릴 수 있다. 이렇게 블로그를 소유해 관리하는 사람을 블로거(blogger)라고 한다. 블로그는 개인적인 성격을 가지고 있지만, 때에 따라서는 인터넷을 통해 기존의 어떤 대형 미디어에 못지 않은 힘을 발휘할 수 있기 때문에 '1인 미디어'라 부른다.

처음에 나왔던 블로그에는 단순히 텍스트인 글을 올리고 읽는 기능만 있었으나, 사진, 음악, 플래시, 동영상 등을 포함할 수 있도록 발전하였다. 또한, 블로그에 댓글(Reply)과 트랙백(Trackback)을 달 수 있게 함으로써 독자와 블로거 사이의 의사소통이 확장되었다. RSS나 Atom으로 손쉽게 구독할 수 있도록 하는 질 좋은 서비스를 제공하기도 한다. 텍스트 중심에서 분화되어 멀티미디어 자료를 구독할 수 있는 팟캐스트도 발전하고 있다.

▶ 가입형 블로그

가입형 블로그는 회원 가입만 하면 손쉽게 블로그를 생성할 수 있다. 포털, 신문사, 인터넷 서점, 블로그 전문 웹사이트 등이 블로그 서비스를 제공한다. 커뮤니티(관심, 즐겨찾기, 이웃 등) 형성, 콘텐츠(뉴스 기사, 책 정보 등) 퍼가기 등의 혜택을 받을 수 있다. HTML, CSS를 고칠 수 있는 곳도 있고 없는 곳도 있다.

○ **포털**: 네이버, 싸이월드, 다음, 야후 등
○ **신문사**: 오마이뉴스, 조인스닷컴, 한국경제, 조선닷컴, 한겨레 등
○ **인터넷 서점**: 알라딘, YES24 등
○ **블로그 전문**: 티스토리, 토트, 블로거닷컴, 워드프레스닷컴, 타이프패드, 라이브저널, 이글루스 등

기능으로는 웹 게시판, 개인 홈페이지, 컴퓨터 기능이 혼합되어 있고, 소프트웨어를 무료 또는 싼 가격에 구입할 수 있으며, 인터넷 홈페이지 제작과 관련된 지식이 없어도 자신의 공간을 만들 수 있다는 장점이 있다. 즉 블로그 페이지만 있으면, 누구나 텍스트 또는 그래픽 방식을 이용해 자신의 의견이나 이야기를 올릴 수 있고, 디지털 카메라를 이용해 사진 자료를 올릴 수 있는 새로운 개념의 미디어이다.

세부 기능은
① 일기처럼 날짜별로 구성되어 있어 일상에서 일어나는 일들을 손쉽게 기록할 수 있다.
② 완벽한 자료 관리가 가능하다.
③ 독자적인 자료 보관이 가능하고, 저장된 파일을 이메일로 보낼 수 있다.
④ 일반 커뮤니티의 게시판과 달리 콘텐츠 중심으로 구성되어 있어 더 많

은 커뮤니티 기능을 할 수 있다.
⑤ 자신이 작성한 콘텐츠를 중심으로 한 동조자가 생겨 광범위한 커뮤니티를 형성할 수 있고, 남이 만든 블로그에 가입할 수도 있다.
⑥ 채팅이 가능하며, 특히 채팅한 내용들이 날짜별로 블로그 페이지에 기록된다.
⑦ 웹 브라우저 상에서 실시간으로 콘텐츠의 내용을 볼 수 있다. 미국에서는 이미 일반화되어 있으며, 한국에서도 갈수록 사이트가 늘어나고 있는데, 기술적·상업적인 제약 없이 누구나 자신의 생각을 사이트에 올려 다른 사람들과 공유할 수 있는 특성 때문에 기존의 언론을 보완할 수 있는 대안 언론으로도 주목받고 있다.

네이버 회원이라면 모두 하나씩 제공되고 있는데 초창기 링크는 'blog.naver.com / 회원아이디'이다. 게시글 용량을 무제한으로 제공하고, 배경화면 스킨을 무료로 제공하며 직접 만든 스킨도 등록할 수 있다.

향후 조합장 선거에서 블로그는 필수적인 소통 수단이며 홍보 방법이다. 선거운동 기간에는 블로그에 동영상이나 콘텐츠를 올려서 링크를 거는 방법이 너무도 중요하다.

(5) 인스타그램
인스타그램은 젊은 조합원들이 많이 사용하는 메신저이다.
인스턴트 + 텔레그램 = 인스타그램
'인스타그램'은 사진 및 동영상을 공유할 수 있는 소셜미디어 플랫폼이다.
인스타그램(Instagram)은 '인스턴트'(instant)와 '텔레그램'(telegram)이 더해진 단어다. '세상의 순간들을 포착하고 공유한다'(Capturing and sharing the world's moments)라는 슬로건을 내걸고 2010년 출시됐다.

2012년 4월, 마크 저커버그 페이스북 최고경영자(CEO)는 자신의 페이스북을 통해 인스타그램을 인수한다고 밝혔고, 10억 달러에 사들였다. 인스타그램은 2013년 11월부터 일부 기업을 통한 광고를 시범적으로 도입·운영하고 있다. 2013년 6월 동영상 서비스를, 12월에는 메시지 서비스도 내놓으며 SNS로서 기능을 확장해 가고 있다. 국내에서도 인스타그램 사용자가 가파르게 늘고 있다.

SNS에서 공통적으로 사용하고 있는 해시태그란 단어 앞에 #을 붙여 해당 단어로 검색하면 그 단어로 해시태그로 쓴 글이 보이게 하는 일종의 검색 도구 기능이다. 예를 들어 내가 게시글을 올릴 때 '#사과농사' 라고 쓰면 인스타그램 검색기능에서 '사과농사'라고 검색했을 때 내 게시글이 보일 것이다.
해시태그는 공백 없이 한 단어로 구성되어야 한다.
해시태그에 숫자를 포함할 수 있으나 일부 특수 문자(예: $ 및 %)는 올바르게 작동하지 않는다.
모든 페이지 위에 있는 검색 창을 사용하여 해시태그를 검색할 수 있다. 하지만 인스타그램은 몇 가지의 해시태그(#)를 제한하여 막고 있다.
조합장선거에서는 많이 사용하지 않아서 이 정도 설명에 그친다.

(6) 유튜브(YouTube, 너튜브)

선거 솔루션으로 최근의 대세는 유튜브이다.

인터넷 상에서 동영상을 공유하는 세계적인 플랫폼으로 You 즉 당신과 Tube 즉 텔레비전의 합성어로, 누구나 자신의 동영상을 업로드하고 공유할 수 있는 개방적인 특성을 강조한다. 이를 통해 유튜브는 전 세계 수많은 사용자들이 자유롭게 콘텐츠를 생성하고, 시청하며, 상호 작용할 수 있는 공간으로 자리 잡았다.

한편, 너튜브라는 표현은 유튜브를 지칭하면서도 상표권 문제나 저작권 문제를 피하기 위해 TV 프로그램이나 일부 미디어에서 사용하는 대체어이다. 너는 You를 대신하는 한국어 표현으로, 유튜브와 같은 의미를 가지되 법적인 문제에서 벗어날 수 있게 해 준다.

텍스트에서 그림으로, 그림에서 동영상으로 콘텐츠가 활용하는 추세가 확장되면서 유튜브에 올려진 연말연시 인사를 드리는 동영상 콘텐츠는 조합원들로부터 인기를 얻고 있다. 즉, 새해 인사를 촬영하고 편집하여 유튜브에서 URL, 링크를 통하여 메시지로 발송하게 된다. 유튜브용 콘텐츠를 만들어 큰 돈을 버는 인기 유튜버들도 많이 생김에 따라 유튜브는 확실한 대

세로 자리 잡았다. 이제 선거에서도 누가 보다 창의적이고 차별화된 동영상을 만들어 이를 소통의 수단으로 활용할 줄 아느냐가 결과에 커다란 영향을 미치게 될 것이다.

'모두가 쉽게 인터넷상에 비디오 영상을 공유할 수 있는 기술'을 개발하려고 한 것이 유튜브의 시초가 되었다.
동영상이나 사용자에게 댓글을 달아 소통할 수 있기 때문에 소셜미디어 서비스의 하나로도 분류된다.
동영상 형태로 된 파일의 업로드가 가능하며 단순 음성 파일은 업로드 할 수 없다. 대부분의 동영상은 회원 가입을 하지 않아도 볼 수 있지만, 동영상을 게시하기 위해서는 회원 가입이 필요하다.

○ **사용 방법**: 이용자는 다양한 여러 파일 포맷으로 영상을 업로드할 수 있다. (MPEG, AVI등) 유튜브는 이것을 H.263의 변종인 FLV로 변환한 뒤, (확장자는 .flv이다) 그것을 사용자들이 온라인에서 감상할 수 있도록 해 놓는다. 플래시 영상은 대규모 온라인 동영상 호스팅 사이트들 사이에 가장 인기 있는 포맷이다. 이는 플래시 영상의 크나큰 호환성 때문이다. 2007년 6월 초에 이르러, 애플 TV 또는 아이폰으로 스트리밍하는 것을 도와주는 H.264 영상 표준으로 인코딩된 동영상을 업로드할 수 있도록 허용하였다. 또, 도스박스에서 녹화된 동영상도 별도의 인코딩 과정 없이 업로드할 수 있다.
동영상은 창 모드 또는 전체 화면 모드 가운데 하나를 골라서 볼 수 있다
영상을 다시 불러오지 않고도 두 개의 방식을 바꾸어 가며 쓸 수 있다.

○ **가상현실 동영상 서비스 '유튜브 360'**: 360도 동영상이란 동영상 재생 도중 시점을 자유롭게 바꿀 수 있는 새로운 형태의 동영상 서비스이다. 시점

이 촬영자가 선택한 대로 고정되어 있던 기존 동영상과 달리 키보드, 마우스, 가속계 등 입력 장치를 활용해 사용자가 자신이 보고 싶은 곳을 임의로 선택할 수 있는 것이 특징이다.

360도 동영상 보기에 이어 구글은 '홈씨어터모드'를 추가 했다. 유튜브 안드로이드 앱(iOS 앱 미지원)에서 설정, 카드보드 아이콘을 선택하면 동영상을 카드보드에 맞게 최적화해주는 기능이다. 이를 통해 사용자는 극장에서 감상하는 것과 유사한 느낌으로 유튜브의 모든 동영상을 감상할 수 있다. 홈씨어터모드는 360도 동영상 보기와 달리 얼굴을 돌리면 (극장처럼) 검은 배경만 보인다. 360도 동영상의 형태로 업로드된 영상만이 가상현실을 완벽히 지원하고 있다.

○ **사회적 영향**: 유튜브가 문을 열기 이전에는 일반 컴퓨터 사용자들이 온라인에 동영상을 올려 다른 사람들에게 보여주기 위한 쉬운 방법이 많지 않았다. 유튜브는 사용하기 쉬운 환경을 강점으로 컴퓨터를 사용하는 누구나 동영상을 올릴 수 있도록 해 몇 분 안에 수백 만 명이 볼 수 있도록 하였고, 유튜브에서 다루는 넓은 범위의 주제로 비디오 공유를 인터넷 문화의 중요한 한 부분으로 자리잡게 했다.

○ **숏폼**: 초창기 유튜브는 10분 이상의 긴 동영상이 주였던 반면 최근은 1분 이내의 짧은 동영상인 숏츠가 대세를 이루고 있다. 빠르고 짧게 강력한 인상을 남기는 숏츠는 세로형 동영상으로 주로 핸드폰으로 간편하게 영상을 보는 많은 이들에게 인기를 얻으며 실제 긴 동영상보다도 평균 10배 이상의 조회 수가 나오는 편이다.

조합장 선거에서 활용할 수 있는 동영상은 선거운동 기간과 평소, 두 가지로 나눌 수 있는데 평소에는 생활의 발견처럼 일상생활에서 소중한 정보를 업로드해서 링크를 걸어서 조합원에게 보내는 방식이다. 예를 든다면 그 지역에 조합원이 많이 졸업한 중고등학교 70-80년 사진(교정 모습이나 교문 등)을 편집(교가를 음악 배경으로)한 영상을 유튜브에 업로드, 링크를 걸어서 카톡으로 보내면(해당 학교 졸업 조합원이 분류가 된다면 더 효과적) 폭발적인 인기를 누릴 수 있다. 지역의 가장 오래된 맛집, 숨은 맛집 같은 것을 찾아서 영상으로 조합원에게 발송해도 좋을 것 같다.

유튜브에 뜨고 있는 건강 정보나 시의적절한 노래를 보내 보라. 예를 들어 황치열의 '남자라는 이유로'(https://www.youtube.com/watch?v=TxeaBP1NILs) 같은 것을 5월 8일 어버이날 "언제 한 번 속 시원히 울어볼 수 있을까? 아버지를 위해 이 노래를 바칩니다" 문구를 넣고 위 URL 링크와 함께 발송하는 방법이다.

4. 선거용 SNS

가. 선거와 SNS

2008년 미국 대통령선거를 통해 그 영향력이 본격적으로 인식되기 시작한 SNS는 독일과 영국, 한국 등에서 선거를 치르면서 정치권으로부터, 그리고 국민으로부터 현실 정치와 선거에 강력한 영향을 미칠 수 있는 새로운 권력으로 관심을 받고 있다.

새로운 커뮤니케이션 수단으로서 SNS의 이러한 특성들은 특히 정치, 사회 영역에서 큰 힘을 발휘하고 있다. 최근 선거에서 SNS가 선거운동의 중요한 수단으로 각광받고 있는 이유는 그 효과의 깊이와 활용성에 있다. 스티븐 슈나이더(Schneider)와 크리스튼 풋(Foot)(2006)은 선거 캠페인의 전략적 목표를 정보 제공(informing), 관여(involving), 연대(connecting), 동원 활동(mobilizing)의 4단계로 구분하고 있는데 기존 미디어를 통한 캠페인은 단지 정보 제공에 그치는 데 반해 SNS를 통한 캠페인은 신뢰성 높은 정보를 제공할 뿐 아니라 유권자와 상호 작용하고 개인적 연대를 강화하고 선거운동에 동원하는 역할까지 다양하게 할 수 있다(이소영 2012).

여기서 말하는 SNS는 이용자끼리 정보 공유나 인맥 확대를 목적으로 관계를 형성해 나가는 온라인 인맥 구축 서비스를 지칭하며, 이는 전자우편이나 홈페이지 등 웹 기반의 여타 포괄적 의미에서가 아닌 협소한 의미에서의 1인 미디어를 의미한다.

1) SNS 선거운동 사례

SNS를 선거운동의 캠페인 수단으로 사용한 구체적인 사례로는 2008년 미국 대선, 2010년 영국 총선, 2011년 10.26 서울시장 보궐선거 등이 거론된다. 특히 2008년 미국 대선에서 오바마 캠프는 SNS를 효과적으로 활용한 것으로 알려져 있다. 오바마 후보는 SNS를 통해 젊은 세대를 중심으로 후보와 친구 맺기를 통해 지지층 확산에 주력했으며 SNS의 지지자 규모에서 상대 매케인 후보를 압도했다.

국내에서도 2010년 이후 주요 선거에서 나타난 트위터 등 SNS 효과에 관한 연구가 이뤄지고 있다. 2010년 지방선거는 트위터상의 '투표 인증샷'은 젊은 세대의 참여 열풍을 일으켰고 2011년 상반기 보궐선거를 통해 SNS 선거운동이 활발하게 진행되면서 이를 계기로 정치 커뮤니케이션 분야에서 SNS에 대한 관심이 크게 확대되었다(서희정, 이미나 2012; 탁진영 2011).

2) SNS 신뢰

유권자가 SNS의 정보를 신뢰한다면 SNS 메시지를 통해 더 큰 설득 효과를 기대할 수 있다. 또한 미디어 신뢰성은 뉴스 제공자로서 미디어의 가치를 파악하는 개념이 되고 있는데, 특히 최근 TV와 신문 같은 전통적인 미디어가 신뢰성 하락에 직면한 반면 인터넷과 같은 새로운 미디어는 꾸준히 신뢰성이 높아지는 것으로 파악된다(하승태, 이정교 2011; Johnson, Kaye, Bichard, and Wong 2007).

선거 후보자들의 SNS 활용, 이렇게 해보세요[36]
국내외의 많은 정치인이 SNS를 활용하여 선거에 승리한 사례가 있고, SNS라는 소셜미디어 도구들이 대세가 되다 보니 평소 SNS가 무엇인지도 몰랐던 사람들이 너도나도 채널을 개설하고 자신의 업적 홍보에 열을 올리며 당선시켜 달라고 호소하고 있는 실정이다.

현 시점에서 중요한 것은 SNS의 진정한 개념 이해와 채널별 활용법, 그리고 진정성이 담긴 콘텐츠 동원이다.

블로그 혹은 기타 SNS를 개설하고 꾸준하게 진정성 있는 다양한 활동을 하고 정보를 제공해 주며 소통한 것이 아니라면 좀 더 신중한 활용 전략이 필요하다. 그리고 무엇보다 중요한 것은 SNS를 이용하여 지지 기반을 조성하려는 목적과 이유이다.

SNS로 선거 활동하는 목적은 하나일 것이다. 하지만 단순하게 선거 승리를

---

36) http://www.ohmynews.com/NWS_Web/View/at_pg.aspx?CNTN_CD=A0001992017

위한 목적만으로 SNS를 활용한다면 실패할지도 모른다. 이유는 여러 가지가 있겠지만 진정성이 없고 공감대가 형성되지 않으면 아무리 잘한다 한들 소용이 없다. 진정성 있고 지속적인 대화와 소통, 그리고 콘텐츠 제공이 되어야 한다.

그렇다면 SNS 활동은 어떻게 해야 할까? 간단하면서도 어려운 것이 바로 SNS이다. 본인의 생각이나 의견, 다양한 정보들을 자유로이 공유하며 SNS 친구들과 소통하면 되는 것이다. 정말 간단하다. 그런데 이렇게 쉬운 것도 못 한다.

그것은 진정성이 빠졌기 때문이다. 그리고 정치라는 요소가 추가되었기에 그렇다. 또 본인이 잘한 것만 자랑하고 시민들의 마음을 움직일 수 있는 콘텐츠는 없다. 그리고 대부분의 후보자들이 SNS상에서 할 수 있는 것과 하지 말아야 할 것도 구별하지 못하고, 채널별로 어떠한 콘텐츠로 소통하고 공략해야 하는지도 모르고 있다.

SNS 채널에서의 활동은 선거에 닥쳐서 본인의 자랑을 공유하는 것이 아니라 진정성 있게 조합원들이 공감할 수 있는 이야기로 다가가야 한다. 더구나 조합장 후보라면 한 마디 한 마디 글을 게시할 때도 신중하게 생각해야 한다. 일반 개인이 아닌 공인이 사진이나 동영상 혹은 의견 등을 게시하면 채 몇 분도 되지 않아 순식간에 퍼지는 것이 SNS이다. 감정 조절과 그 시기, 단어 등도 고려하여 글이나 콘텐츠를 게시하고 제공해야 한다.

SNS로 선거운동을 한다는 것은 본인의 자랑이나 행보 알리기와 조합원들과 찍은 사진 게시하기가 아닌 진정한 소통을 함으로써 민심을 내 것으로 만드는 것이어야 한다. 그것이 단지 며칠에 불과하더라도 활동 경력과 공략 홍보가 아닌 신뢰를 바탕으로 한다면 당연히 유권자들의 마음을 얻을 것이다.

가장 기본적인 개념을 바탕으로 민심을 흔들 수 있는 콘텐츠로 SNS를 통하여 공략한다면 선거 승리에 큰 도움이 될 것이다.
SNS 채널(유튜브 방송국, 블로그, 카카오스토리, 페이스북 등)을 개설하지 못하였다면 지금 당장이라도 개설해서 조합원 공략 방안을 마련해야 한다. 이제 와서 무슨 SNS를 하냐고 반문할지 모르지만 그 파급력과 집단지성(集團知性), 그리고 속도에 대해서는 이야기하지 않아도 후보 자신이 잘 알 것이다.

이제 막 SNS를 시작하여 인지도나 팔로워가 없고 SNS 홍보 마케팅 방법을 모른다거나 이도 저도 안 된다면 소셜분석(Social Analysis)을 활용하라.
소셜데이터 분석은 선거 전략의 큰 핵심이 될 수 있다. SNS로 많은 팔로워도 없고 쌓아 놓은 콘텐츠도 부족하여 홍보 마케팅을 하기에 역부족이라면 소셜분석(Social Analysis)을 통하여 본인의 과거와 현재에 언급되고 있는 데이터를 분석하여 대응하면 된다. 소셜분석을 통한 데이터를 토대로 예측하고 발생 가능한 위기에 대응하거나 부정적인 여론향을 바로잡으면 된다. 빅데이타를 활용하면 조합원 분포 지도 같은 경우 지역 전체 지도에서 조합원의 밀집도가 그림으로 한눈에 나타나게 된다.

물론 소셜분석에는 여론조사를 통해 활용하는 방법도 많다. 여론조사는 언제든지 할 수 있기 때문에 하지 않는 것 보다는 훨씬 효율적이고 바람직하다. 또, 얼마 남지 않은 기간 소셜분석을 통한 데이터를 활용하여 그에 맞는 콘텐츠로 단기간에 여론의 방향을 잡고 SNS로 확산시킬 수도 있다.

첫째, SNS의 꾸준한 활동으로 진정성 있는 핵심 팔로워를 구축하라.
둘째, 공감할 수 있는 콘텐츠를 제공하여 공감대를 형성하라.
셋째, 조합장 후보, 즉 공인으로서의 신중한 언행으로 신뢰할 수 있는 이미지를 구축하라.
넷째, 늦었다고 생각 말고 콘텐츠를 개발하고 쌓아가라.
다섯째, 이도 저도 안 되면 소셜분석으로 예측하고 대응 전략을 짜라.
여섯째, 무조건 사람의 마음을 움직일 수 있는 콘텐츠로 승부하라.
일곱째, SNS 전사(戰士)를 확보하라. 하루에 3분만 시간을 투자해 줄 수 있는 자원봉사 50명을 만들라.

조합장 선거에서 의외로 SNS 활용으로 당선될 수 있다. 후보 혼자서 하는 것이 아니라 본사가 SNS 기획부터 콘텐츠 제작 및 조합원과 소통까지 책임지고 하게 된다.

나. 조합장 선거에 적용

조합장 선거에서 SNS 활용은 조합원 명부를 통하여 이름과 주소를 파악하고 다양한 루트를 활용하여 핸드폰 번호를 확보하는 것이 관건이다.
이 부분에 대해서 당선바이블 책자 여러 곳에서 설명하였다.
어떤 수단을 사용해서라도 조합원 핸드폰 번호는 확보해야 한다.
하루에도 수없이 많은 사람과 통화를 하거나 메시지를 송수신한다. '선거는 보안이다'라고 말할 만큼 보안에 유의해야 한다.

대부분의 소통 수단들은 보안에 취약하다. 그러나 텔레그램은 거의 완벽한 메신저이다.

1) 텔레그램

텔레그램은 아랍에미리트 두바이에 본사를 둔 보안과 속도에 주안점을 둔 클라우드 기반 모바일과 데스크톱 메시징 앱이다. 그래서 수사기관의 압수수색이나 포렌식으로부터도 비교적 자유로운 메시징 앱이기 때문에 점점 유저가 늘어나고 있다.

가까운 사람들과 소통하는 수단으로 사용하고 있는 카톡이나 문자는 대부분 증거 수집이 가능하지만 텔레그램은 다양한 기능이 있어서 흔적을 남기지 않는다. 나의 대화창에서 메시지를 삭제하는 경우 상대편의 대화창의 메시지도 삭제되는 기능도 있다.

(1) 왜 텔레그램인가?

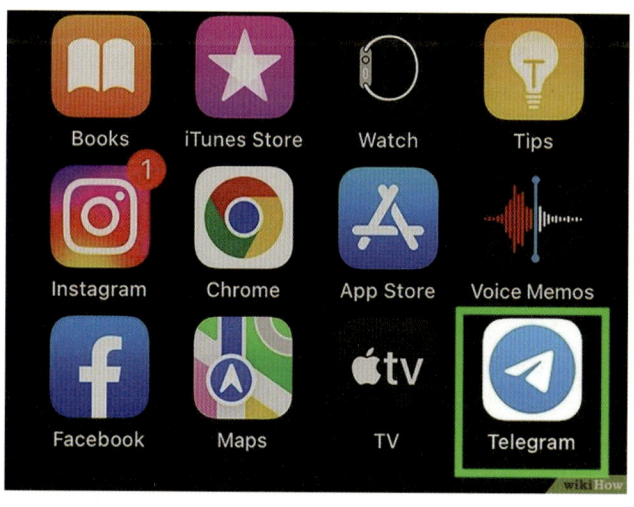

빠르고 보안성이 뛰어난 데다 무료로 제공된다. 텔레그램은 휴대폰 뿐 아니라 여러 기기에서도 사용이 가능하며 태블릿, 컴퓨터 같은 기기에서 동시에 접속하여 동일한 메시지를 확인할 수 있다.

텔레그램에서는 20만 명까지 참여가 가능한 그룹을 생성하여 메시지, 사진, 동영상과 일반 파일들(doc, zip, mp3 등)을 보내거나 무제한 대상이 참여 가능한 채널에서 메시지를 알릴 수 있다.

휴대폰 연락처에 있는 친구들이나 사용자명으로 대화할 수 있다. 결과적으로 텔레그램은 문자와 이메일이 합쳐진 개념이다. 개인적이거나 비즈니스적인 대화 수요를 모두 충족시킨다. 추가적으로 단·대·단 암호화된 음성전화를 지원하고 있다.

(2) 누가 사용하나?

텔레그램은 빠르고 안정적인 메시지와 전화를 누구나 사용할 수 있다. 비즈니스나 작은 팀 단위는 큰 그룹방, 사용자명, 데스크톱 앱과 강력한 파일 공유 옵션을 선호할 것이다.

텔레그램 그룹방은 20만 명까지 지원하고 있으며, 답글·멘션과 해시태그를 활용하여 효과적으로 대형 커뮤니티의 질서와 소통을 유지하는 데 도움을 주고 있다. 평화로운 커뮤니티가 될 수 있도록 개선된 도구로 관리자를 임명할 수 있다. 공개 그룹방은 누구나 입장 가능하며 다양한 토론과 피드백 수집이 가능한 강력한 플랫폼이다.

사진 등에 더 관심이 있는 사람을 위해 텔레그램에는 움직이는 gif 검색, 최첨단 사진 에디터, 그리고 오픈 스티커 플랫폼이 있다.

추가 보안에 대해 상세한 내용을 알고 싶다면 고급 설정과 혁신적인 개인정보보호 정책을 확인하면 된다.

비밀유지를 원한다면, 기기(器機)간 특정대화가 가능하며 자동 삭제되는 메시지, 사진과 영상이 가능한 비밀 대화를 확인해 보면 된다. 추가적으로, 비밀번호로 앱을 잠글 수도 있다. 조합장 선거에는 안성맞춤이다.

텔레그램은 수시로 업데이트되면서 진화하고 있다. 친구 초대 기능에서 텔레그램 공유하기를 조합원 카톡에 발송하여 친구를 초대하면 된다. 특별히 가까운 참모들과는 비밀스런 대화가 필요하기 때문에 텔레그램을 통해서 소통(전화 및 메시지)하는 것이 꼭 필요하다.

2) 카톡을 비롯 다양한 솔루션

(1) 주소록 정리

명부를 발행했다면 입력하는 일부터 주소록 분류, 핸드폰에 업로드 등 기능적인 부분을 수행해야 한다.

텔레그램에서도 상대가 텔레그램을 사용한다면 번호를 추출할 수가 있다. 페이스북에서도 이름 찾기에서 상대 페이스북 계정에 접근하고 정보를 취득할 수 있다. 카톡도 문자와는 달리 상대가 나의 전화번호를 입력하였다면 카톡 계정에서 이름을 찾을 수 있다.

연하장을 발송해서 정중하게 "이 연하장 받으시고 메시지 한 번 주시면 좋은 정보를 보내고 서로 소통하겠습니다" 문구를 봉투에 써 놓으면 의외로 많은 조합원들이 메시지를 남기거나 전화를 한다.

아무튼 백방으로 핸드폰 번호를 입수하여 관리하고 소통해야 한다.

네이버 주소록 정리 등 주소록 정리에 대해서는 당사에 의뢰하면 조합원 그룹 설정과 카톡친구 맺기 등 제반 주소록 관리를 완벽하게 처리할 수 있으므로 이 책에서는 생략하기로 한다.

(2) 콘텐츠

무엇보다도 감동적인 콘텐츠를 그때마다 제작해서 발송해야 한다. 이 부분도 여러 장에서 설명하였고 샘플을 제시하여 두었기 때문에 별도로 설명하지 않기로 한다.

유튜브 동영상 제작이 으뜸이고 다음은 움직이는 그림파일(GIF), 그리고 다양한 감동을 주는 그림 파일, 그리고 텍스트로 조합원이 혹할 수 있는 콘텐츠를 발송해서 호감, 지지를 끌어올려야 한다. 후보의 프로필을 위해서 다양한 스냅 사진과 캐리커쳐 등을 작품성 있게 제작하라. 연기자가 최고의 배우가 되기 위해서 모든 홍보 수단을 다 활용하듯이 선거에 출마하는 후보도 그 이상의 노력을 해야 한다.

(3) 힐링톡 소개

조합원 감동솔루션
카톡발송시스템

내용 교체

힐링톡

4차산업 시대,
최고의 메신저 솔루션 힐링톡

예산 절감 - 90% 이상
까다로운 선거법, sns라서 마음껏,
누구든지 효과는 만점, 동영상 발송 등등

UNTACT

코로나19로 비대면으로 환경이 변화되었습니다.
지인들과 소통, 유권자에게 선거운동, 거래처에 PR,
조합원께 각종 안내와 안부문자, 소비자에 상품안내
모든 것이 문자에서 카톡을 사용합니다.

그런데…

그렇다고 단체톡(단톡)으로 보낼 수는 없고,
한 번에 보낼 수 있는 대상이 10명 밖에~~

> 문자처럼 한 번에 보낼 수 있다면 얼마나 좋을까?

> 네! 한 번에 보낼 수 있습니다.

1년여 동안 최고의 IT전문가들이 많은 개발비를 들여
힐링톡을 개발하였습니다.

계약하신 고객께 드리는 특별 서비스

콘텐츠발전소 카페로 초대
매주 금요일에
콘텐츠 20개 전달
(응용해서 사용)

- **기념일 콘텐츠**(국경일, 24절기 등) 샘플 제공
  선택하시면 고객의 주문대로 콘텐츠 제작(발송하시면 됩니다)
- **농사정보**(매주 농촌진흥청에서 제공하는 정보 편집)
- **매일 제공 콘텐츠**
  1. 기독교 : 아침기도, 행복편지, 성경원어묵상
  2. 아침산책 클래식 음악
  3. 매일 시사뉴스
- **재미있는 유머**(그림, 동영상, 글)
- **개인 홍보콘텐츠**(선거후보 동영상, 카드뉴스 등)

카톡 사용 인구 -
문자는 지고, '카톡'이 뜨고 있다.

문자보다 더 많이 사용하는 카톡

세금고지 등 행정기관에서 민원안내도 이제는 카톡으로…
카톡을 사용하지 않으면 대한민국 국민으로 살아가기 불편합니다.

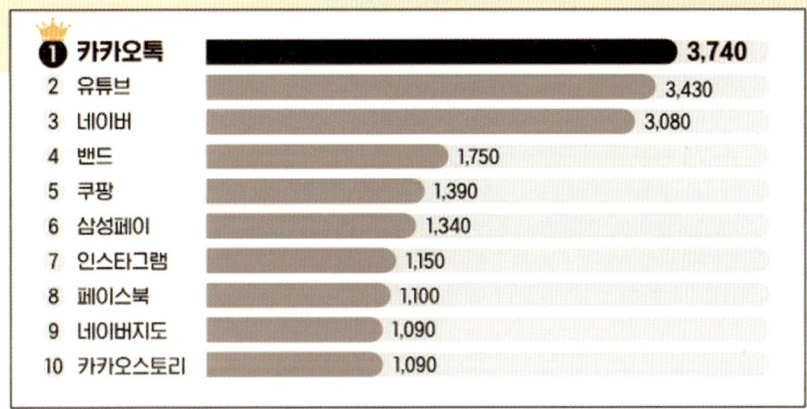

모바일 앱 사용자 순위

순위	앱	사용자수
1	카카오톡	3,740
2	유튜브	3,430
3	네이버	3,080
4	밴드	1,750
5	쿠팡	1,390
6	삼성페이	1,340
7	인스타그램	1,150
8	페이스북	1,100
9	네이버지도	1,090
10	카카오스토리	1,090

4천만 국민(10세이상 80세이하) 가운데 **90%**가 사용하고 있는 카톡,
농협이나 산림조합의 경우 조합원 85% 이상이 사용

카톡의 장점
"손주 모습을 동영상으로 보고 싶어요"

구분	문자	카톡
첨부파일	그림만 가능	동영상, PDF, 엑셀 등 모든 것 가능
링크(URL)	URL만 표시	URL 아래에 그림 표시(클릭)
신상파악	안됨	카카오스토리로 연계되어 상대방 신상 파악
응용	안됨	카카오택시, 카카오페이 등 생활편의도구 연계
선거법	각종 제한(생일, 사진 안 됨)	SNS로 분류, 자유롭게 사용
개인정보보호	모르는 번호에 대한 고소고발	고소고발 사례 없음
통신요금	유료(2000명×년100회×그림60원 =12백만원)	무료

힐링톡 특징

1. 각종파일(사진, 동영상, PDF, 한글, 엑셀 파일 등)과 글(TEXT)을 수천 명에게 손쉽게 발송합니다.

2. 정의기능(merge)을 활용하여 받는 분의 이름이나 직책, 또는 개인별 정보를 넣은 맞춤형 메시지 발송이 가능합니다.
   (예 / **홍길동 형님** 안녕하십니까? 남대니 **아우** 올림, 4가지 활용 가능)

3. 예약기능을 통해 원하는 시간을 설정하여 발송이 가능합니다.

4. 발송할 내용에 따라 다양하게 그룹을 저장하여 수시로 활용할 수 있습니다.

5. 카톡 사용하지 않는 명단을 구분합니다.
   (문자 발송 할 수 있도록 주소록 정리)

6. 단축기능을 통하여 자주 보내는 메시지를 저장할 수 있습니다.

 힐링톡은 개인정보보호법과 개인정보 해킹에 자유롭습니다. 문자발송처럼 핸드폰번호를 기반으로 하는 것이 아니라 카톡에 뜨는 이름으로 발송합니다.

농수산림조합

조합원(고객) 이름과 직책(대의원 등)을 삽입할 수 있고, 다양한 조합원 그룹(여성 조합원, 연로 조합원 등)을 만들어서 각각 다른 콘텐츠를 발송할 수 있습니다.

❶ 긴급재난지원금 지급 시 하나로마트 매출을 3~5배 올렸습니다.

조합원께 2~3회 카톡발송, 받은 콘텐츠를 주변 지인들 50~100명에게 전달
(2천 명 조합원 약 20만 명에게 전달)
이마트 등 대형마트 고객을 하나로마트 고객으로 유치.

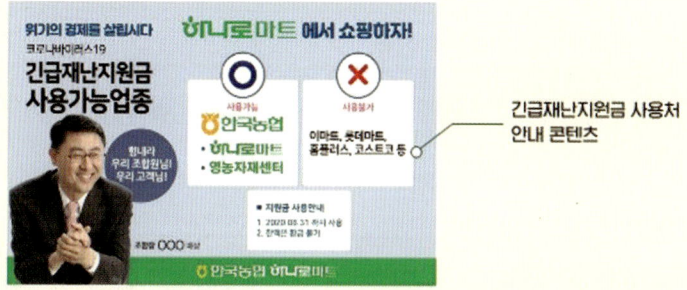

긴급재난지원금 사용처 안내 콘텐츠

❷ 조합원께 조합소식 전달

수시로 보내는 조합소식과 알짜정보를 이제 카톡으로 발송하세요.
- 6시간 단위로 우리 지역 태풍상황 발송, '역시 우리 조합장 뭔가 달라' 감동
- 생일 조합원 축하메시지 발송(문자는 불법, 카톡은 합법)
- 조합 행사, 경제사업 소식전달,
- 대의원, 영농회장, 어촌계장, 여성조합원, 연로조합원 등 정보전달(그룹기능)

❸ 각종 영업에 활용

예·적금상품, 신용카드, 대출 및 보험상품, 기념일 선물세트, 벌초대행 등 상품 판매를 위해 출향인과 지인들에게 카톡발송 → 조합 수익증대

힐링톡 문자서비스 개시!

카카오톡으로 발송 후
카카오톡을 아예 사용하지 않으시거나
카톡을 안 보시는 분들,
혹은 전체적으로 그림문자로 발송하기 원하실 경우를 위해

힐링톡에서 문자서비스를 실시합니다.

힐링톡 문자메시지(부가세포함)

단문	장문	그림메시지
11원	28원	88원

문의 | TALK 카카오톡 답장하기 ☎ 02.939.8868

문자서비스는 카카오톡 발송과는 다르게 **발송 건수에 따라 과금**됩니다. 이는 **통신사 서버를 이용하는 통신과금정책때문**이며 저희 **힐링톡에서는 마진 없이 최대한 저렴**하게 서비스를 이용하실 수 있게 통신요금을 책정 하였습니다.

문자서비스 이용을 원하실 경우
힐링톡 프로그램 안에서 먼저 **충전**을 해주셔야 합니다.

충전 방법

카드

계좌이체

가상 계좌

> 만약 세금계산서 발행 및 계약서가 따로 필요하실 경우에는
> **카카오톡** 또는 **02-939-8868** 번호로 연락 부탁드립니다.

문자서비스 이용을 위해서 발신하실 번호에 대해 **통신사 이용 가입증명원**을 제출해 주셔야 합니다.

🏅 이용가입증명원

- 이용하시는 통신사의 홈페이지에서 다운로드 가능합니다.
- 다운받으신 서류를 사진 찍어서 보내주시거나 파일로 보내주시면 됩니다.

문자서비스 이용을 위해서 **힐링톡 프로그램이 최신버전으로 설치**되어 있어야 하며 **프로그램 안에 보내실 분들 번호가 정리**되어 있어야 합니다. 만약 정리가 어려우실 경우 연락 주시면 본사에서 정리를 도와드리겠습니다.

힐링톡 문자는 조합원분들에게 나가는 단순 알림을 기준으로 하고 있습니다. 만약 광고성 내용이 포함된 문자를 보낼 시에 받으시는 분들이 **꼭 광고성 메세지 수신에 동의하신 분들이셔야 하며 이를 어길 시 추후 문자발송에 제한**이 있을 수 있습니다.

절차

단계	내용	구분
1	활용범위, 기대효과	상담
2	계산서발행과 입금	계약
3	- 컴퓨터에 장치 - 매뉴얼제공	프로그램
4	AI톡이 운영되도록 명단정리, 발송	명단정리
5	철저한 A/S와 콘텐츠 제공	사용

하나로마트 고객 문자비용(예시)

발송수단	발송숫자	발송비용
문자 (1년 200일, 1통 50원)	5000명(200일)	50,000,000원
카톡플러스 (1통 22원)		22,000,000원
힐링톡		2,750,000원 (* 부가세 포함)

상담 및 가격

- AI톡 프로그램(PC에 1대) 1백만 원(1년)
- 각종 홍보 이미지, 24절기 콘텐츠 등 50개 제작 150만 원(1년, 50개)

02-939-8868 / 010-9649-8868 남예인 실장

조합장선거
당선바이블 BIBLE

V. 선거운동 - 당선비법(3)

1. 각종 선거도구
2. 선거당일 점검사항
3. 조합원 대면방법
4. 공약

1. 각종 선거도구

조합장동시선거 VOTE

드디어 결전의 날이 왔다. 지난 조합장 선거에서 눈물을 삼킨 후로 4년 동안 칼을 갈아 왔다. 1~2년 전부터 조합원 한 분 한 분을 찾아뵙고 못 마시는 술도 많이 마셨다.

오른쪽 액자속의 글씨는 대한민국 임시정부의 주석이었던 김구(1876~1949) 선생이 쓴 남이(1141~1468) 장군의 '북정가'(北征歌) 휘호다. '북정가'(北征歌) 혹은 '장부가'(丈夫歌)로 불리는 이 시는 무장(武將)으로서 전쟁에 임하는 결연한 자세와 애국심을 표현하고 있다.

필자의 선대(先代)인 남이(南怡, 1441~1468) 장군은 한국사에서 가장 비극적인 인물 중 한 사람일 것이다. 그는 16세(1457년, 세조 3년)에 무과에 급제했고 26세에 적개(敵愾) 1등 공신에 책봉되었으며(1467, 세조 13년) 이듬해에 병조판서가 되었지만, 몇 달 뒤 형장의 이슬로 사라졌다.

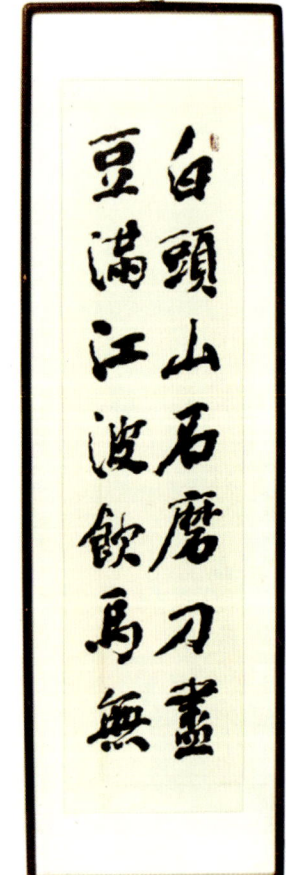

남이의 대표적인 작품 '북정가(北征歌)'는 호방함과 야망을 느끼기에 충분한 시(詩) 이다.

백두산석마도진(白頭山石磨刀盡) 백두산 돌은 칼을 갈아 다하고
두만강파음마무(頭滿江波飮馬無) 두만강 물은 말이 마셔 없애리

이런 결연한 의지로 선거운동 기간 예비후보 30일과 본 선거 14일 동안 화룡점정(畵龍點睛)의 투혼(鬪魂)을 펼치고 당선증을 수령하는 것이다.

14일 동안의 각종 준비 사항과 할 수 있는 홍보 도구에 대해 설명한다. 아무리 선거 전에 지지도가 높아도 마지막 선거운동을 어떻게 하느냐에 따라서 당락이 좌우된다. 특별히 이 기간에 위탁선거법이 대부분 적용이 되고 선거운동은 후보 본인과 후보가 지정하는 1명만 할 수 있다. 4차산업과 인공지능(AI), 빅데이터 등 최근에 새로운 선거운동 솔루션들이 많이 등장했다.

무엇보다도 선거공보가 조합원 집집마다 배달되기에 조합원은 누구를 지지해야 할지 꼼꼼히 살펴보고 결정한다. 농수산림조합의 경우 후보들 면면을 너무 잘 알아서 누구를 찍어야 할지 결정하지 못한 가운데 선거공보와 벽보 등을 꼼꼼히 살펴보면서 누가 더 일을 잘할 후보인지, 누가 나에게 보탬이 되는 후보인지를 고민한 뒤에 선거 날 그 후보 이름에 도장을 꾹 찍을 것이다.

그리고 평균 2,000여 명의 유권자들에게 보낼 선거공보는 유권자의 20~30%로 하여금 선거공보를 살펴보면서 후보를 결정하게 하는 주요 변수가 될 것이다.

선거공보를 잘 만들기 위해서는 최소한 6개월 이전에 준비를 하여야 한다. 현장 사진과 유명인과 동반 촬영, 공약, 출마의 변 등이 무엇보다 중요하다. 특별히 사진은 '어느 작가가 어떻게 찍느냐'에 따라서 조합원의 마음을 움직일 수 있는 선거공보와 벽보, 콘텐츠 제작 여부가 판가름 난다.

먼저 사진 촬영 매뉴얼에 대해서 살펴보기로 한다.

가. 사진 촬영 매뉴얼

사진은 인물 사진과 야외(현장) 사진, 그리고 자료 사진이 필요하다. 요즘은 핸드폰도 사진 기술이 워낙 발달되어 기능과 화상도가 뛰어나다. 그러나 선거에 사용하는 사진은 그 정도 수준으로는 곤란하다. 전문 사진작가(포토그래퍼)가 정해진 구도와 각도로 찍은 것이 아닌 카메라 앵글에 담을 후보의 모습을 지켜보고 있다가 자연스럽게 행동하거나 활짝 웃는 그 순간을 캐치해서 촬영한 것이 필요하다.

조명과 의상, 도구들을 완벽하게 준비하고 순간적인 장면을 촬영하는 것으로 자연스러운 표정이나 동작을 카메라에 담는 것이다. 아무리 핸드폰으로 잘 찍어도 전문 사진작가의 사진처럼 표정도 생생하고 후보의 특징이나 감정까지도 잘 전달할 수는 없다.

인물 사진은 선거공보와 벽보, 콘텐츠에 사용할 메인 사진으로 다양한 스냅 사진(Snap Shot)을 찍는데 보통 2시간 이상이 소요되며 최소한 200컷 이상을 촬영하게 된다.

서울 본사(영등포구)에 스튜디오를 갖추고 주로 당선아카데미에 참가하거나 본사를 방문한 후보의 사진을 촬영하며 후보의 주거지에서도 사진을 찍어드린다.

1) 인물 사진

선거공보와 벽보, 명함과 메시지, 각종 SNS 솔루션, 카톡 등 프로필에 사용할 때 필요한 메인 인물 사진이 가장 중요하다. 한 컷을 찍기 위해 30분 이상 사진을 촬영한다.

대부분 후보들과 조합원들이 대면해서 얼굴을 익히기 쉽지 않기 때문에 24절기 등에 보내는 콘텐츠와 연하장으로 조합원과 소통하게 된다. 조합원이 3,000명이 넘거나 아파트 주거 조합원의 경우 후보 얼굴 한 번 보지 못하고 투표해야 하는 경우도 있는데 이때는 보통 평소 콘텐츠와 사진을 보고 누구를 지지할지 결정하게 된다.

콘텐츠와 사진 또한 맞춤 콘텐츠와 맞춤 사진이 연출되어야 하는데, 여성 조합원에게는 다정한 부부의 사진으로, 한우를 키우는 조합원이 많은 축협의 경우 한우를 배경으로 한 사진, 연로한 조합원에게는 효도사진, 기독교 조합원에게는 기도하는 사진, 불교 조합원에게는 지역 유명한 주지스님과

분류	내 용	기대효과
인물 사진	선거공보와 벽보, 명함, 콘텐츠용 메인사진 1. 정장(양복)을 입고 정면 사진 및 측면 사진 촬영(약 50컷), 와이셔츠와 넥타이는 2~3종류를 바꾸어 가면서 촬영 2. 각종 도구를 이용하여 촬영(책을 보거나 펜을 들고 집무를 보는 장면, 컴퓨터 앞에 앉아 연출하는 장면) 3. 방향을 가리키는 사진(오른손으로 하늘을 향하여 등)	꿈과 비전을 간접적으로 전달하고 조합원의 지지를 유도할 수 있는 작품 사진: 지역 인물 사진 스튜디오 또는 본사 프로 사진작가 촬영(본사 스튜디오) 또는 현지 사진 촬영

천안농협 윤노순 조합장

부여농협 소진담 조합장

함께 찍은 사진 등 옵션(option, "내게 주어진 옵션이 뭐야"라는 말로써 조합원이 원하는 게 무엇인지를 의미하는 것으로 선택 가능한 조건이 무엇인지를 묻는 것이다)에 맞는 다양한 연령과 취미, 종교, 주생산품목, 남녀 등 조합원들의 호감을 살 수 있도록 사진을 잘 연출해 선거공보와 콘텐츠에 활용해야 한다.

가족사진은 조합원께 행복한 부부, 정이 넘치는 가족, 부모를 잘 섬기는 후보의 이미지를 연출함으로써 선거공보에서 큰 효과를 나타낼 수 있다.
조합원들은 나의 재산을 맡기는 조합의 조합장으로 수신제가(修身齊家)가 되어 있고 리더가 될 만한 부드럽고 따뜻함을 소유한 건강한 이미지를 가진 후보를 선택하게 될 것이다. 가족사진은 촬영할 수도 있지만 평소 보관하고 있던 사진을 사용할 수도 있다.

분류	내 용	기대효과
가족사진	가화만사성(家和萬事成), 행복한 우리 가정 1. 부인과 함께있는 행복하고 다정한 사진(하트 동작, 부인을 업거나, 뽀뽀하거나 어깨동무 하는 장면) 2. 가족들(자녀)과 함께한 웃음 가득한 사진 3. 어르신(아버님, 어머님)을 공경하는 사진 한복을 입고 절하는 사진, 밥을 떠먹여 드리는 사진, 대화하는 사진, 손을 잡는 사진 등: 어른을 잘 모시는 후보, 효도와 공경 이미지 연출	- 수신제가치국평천하(修身齊家治國平天下): 행복하고 단란한 우리가정, 여성조합원의 호감을 끄는 사진 - 원로 조합원에게 어필

2) 야외 사진

조합장다운 이미지를 연출하는 것으로 조합원께 어필할 수 있는 사진을 찍어 각종 콘텐츠에 활용한다. 다양한 조합원과의 소통과 섬김을 나타내는 사진을 촬영하며, 평소에 찍어놓은 사진을 활용할 수도 있다.

분류	내 용	기대효과
조합과 관련된 사진	나는 조합장이다. 내 곁에 조합장, 참 괜찮은 조합장 이미지 연출 1. 조합을 배경으로 한 사진 (조합의 이름이 선명하게 나오도록) 2. 조합 직원들과 이야기하는 사진 3. 조합 시설(금융창구, 경제사업장 등에서 일하는 사진 4. 조합원들을 찾아가서 사진 촬영(노인조합원, 여성조합원, 다문화조합원, 영향력 있는 조합원 등) 5. 지역 내 유명한 관광지나 명소 등 현장 사진 6. 그밖에 후보가 찍고 싶은 사진	준비된 조합장 - 평소 조합의 행사 사진(야유회, 산악회, 체육대회, 선진지 견학, 조합행사, 수상 등 후보가 출연한 사진)을 찾아서 제출 - 현직 조합장의 경우 비교적 사진이 풍부하지만, 도전자의 경우 그렇지 않음으로 평소 조합의 다양한 행사에 적극 참여하여 사진을 확보해야 한다.

분류	내용	기대효과
공약과 관련된 사진	조합원의 이익을 위해 1. 공약과 관련된 장면사진: 보이스피싱을 근절하겠다면 보이스피싱 연출 사진 2. 공약을 연상할 수 있는 사진 등(질병 진단 공약인 경우 진단 병원 앞에서 촬영) 3. 공약제안자(지역 내 조합원 중에서 아이디어를 낸 조합원)와 촬영 4. 금융창구에서 어깨띠나 근무복을 입고 일을 함께 하는 사진 5. 기타 후보 또는 부인이 함께 봉사하는 사진(불우 이웃을 위한 김치 담그기 등)	항상 조합원 곁에 있는 이웃 같은 조합장

3) 후보 보관사진

분류	내용	기대효과
학력	어린 시절과 학창 시절 사진 1. 지역 내 특별한 장소의 과거 사진 2. 유명 인사와 찍은 학창 시절 사진 3. 코믹한 어린 시절이나 학창 시절 사진 4. 포부와 야망 동작을 한 사진 5. 기타 후보가 꼭 넣고 싶은 사진	꿈과 비전을 간접적으로 전달하고 조합원들에게 향수를 불러일으킴
경력	학교 졸업 후 현재까지 사진 1. 조합장과 관련이 있는 다양한 직업 현장 사진(현장 봉사사진, 행사에 참여한 사진 등) 2. 조합과 관계된 사진(조합 직원 출신이라면 근무 사진 / 신입 사원 등, 조합원은 조합과 관련된 사진 등) (일터사진) 3. 각종 연수(교육) 현장 사진(이사 출신이라면 이사회의 장면, 조합원 앞에서 연설하는 사진 등) 4. 유명 인사와 찍은 사진	- 오랜 경험과 전문성을 지녔다. - 한 송이 국화를 피우기 위해 소쩍새는 그렇게 울었다. - 유명인사와 합성하는 사진은 불법

분 류	내 용	기대효과
공 약	공약과 관련된 후보 보관 사진 1. 평소 생각했던 공약과 관련된 자료사진 2. 경쟁 후보와 차별화된 나의 장점을 나타내는 사진(예를 든다면, 학력이 차별화될 경우 대학 때 찍은 사진, 경쟁 후보가 도덕적으로 문제가 있는 경우 도덕적으로 어필할 수 있는 사진 등)	내가 최고의 조합장이다.

농협 행사 사진

농협 농사 사진

나. 명 함

● 공공단체 등 위탁선거에 관한 법률(§30)과 규칙(§15)

• 기 간: 선거 운동기간 중(예비후보는 정책발표장에서만)

• 규 격: 길이 9cm 너비 5cm 이내

• 게재 사항: 후보자의 홍보에 관한 사항

- **방법**
- 다수인이 왕래하거나 집합하는 공개된 장소에서 선거인에게 명함을 직접 주거나 지지를 호소할 수 있음.
- **명함 배부 및 지지 호소 금지 장소**
- 병원·종교시설·극장의 안
- 위탁단체의 주된 사무소나 지사무소의 건물 안

명함 배부는 후보자가 조합원을 직접 접촉하면서 지지를 호소할 수 있는 선거운동이므로 후보자가 할 수 있는 것들 중 비교적 효과가 큰 방법이라고 할 수 있다.

대부분의 후보들은 명함을 대수롭지 않게 여기는 경향이 있는데 명함은 단순히 명함으로써 기능만을 하는 것이 아니라 작은 형태의 홍보물이자 후보 자신의 얼굴임을 반드시 기억하여야 한다. 다시 말해 명함에 조금만 더 노력을 기울이면 인지도 뿐만 아니라 호감도와 지지도까지 크게 상승시킬 수 있다.

그렇다면 후보의 명함을 어떻게 디자인하여야만 확실한 홍보효과를 거둘 수 있을까? 지지·호소를 위해서는 짧지만 인상적이고 호소력이 있는 멘트를 준비하는 것이 좋고, 가급적 명함의 내용과 자신의 공약 등을 연결시켜야 조합원이 기억하기 쉽다. 명함에 스토리텔링 기법을 도입하여 시리즈 명함을 만드는 것도 하나의 방법이 될 수 있을 것이다.

명함의 종류, 수량을 제한하는 규정이 없기 때문에 후보는 2종 이상의 명함을 제작할 수 있으므로 스토리가 있는 명함(출마의 변, 선거공약 등)을 시리즈 형태로 만들어 조합원에게 배부한다면 후보 자신을 조합원에게 확실히 각인시킬 수 있고 경력이나 슬로건 위주의 명함에 식상한 조합원에게 신선한 이미지를 주어 좋은 홍보효과를 기대할 수 있다. 물론 확고한 홍보전략이 있다면 한 가지 명함으로도 충분하겠지만, 명함 역시 하나보다는 둘이 좋고 둘보다는 셋이 좋을 수가 있다는 것을 명심하자.

그리고 명함에는 후보자의 사진 대신 기억하기 쉬운 캐리커처를 쓸 수도 있고, 요즘의 스마트폰 열풍을 반영하여 후보자의 홈페이지로 연결되는 QR코드를 삽입할 수도 있을 것이다. 그 밖에 열차시간표, 관공서 전화번호, 문화재 소개, 미아 찾기 캠페인 등의 내용을 게재할 수 있으니, 여러 가지 방법으로 자신만의 개성 있는 후보 명함을 만들어 보자.

▶ 선거막판에 사용하는 기표명함은 효과가 크다

투표용지와 똑같이 세로로 디자인해서 후보 이름 옆에 도장을 찍은 기표명함을 조합원께 나눠주거나 카톡으로 이미지를 발송하여 나를 찍도록 유도한다.

어떤 후보들은 기표명함을 주면서 투표장에 꼭 갖고 가서 이 명함을 보시고 찍어달라고 호소한다. 선거 하루 전에 기표명함 이미지를 카톡으로 발송하는 것도 큰 득표 요인이 된다.

점점 더 조합원의 나이가 높아지면서 원로 조합원의 경우 한글을 모르거나 시력이 좋지 않아서 투표용지를 잘 보지 못하는 경우가 간혹 있는데 이런 분들이 투표 당일에 후보가 "이 명함을 투표장에 갖고 가서 명함을 보시고 그림대로 투표용지 제 이름 옆에 도장을 찍어주세요"라는 말을 듣고 원로 조

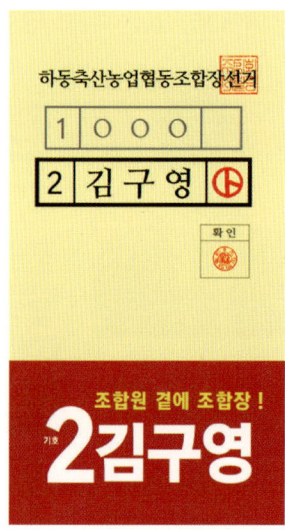 

합원들이 기표명함을 갖고 투표장에 가는 경우도 있었다. 원로 조합원은 어떻게 하든지 내가 지지하는 후보가 당선되어야 하기 때문에 후보가 시키는 대로 하는 것이다.

선거는 몇 표 차이로 당락이 결정되는 경우가 비일비재하다. 기표명함 덕택으로 당선된 경우가 많다. 최후의 순간까지 할 수 있는 모든 수단을 다 해야 한다. 1표 차이로 당락이 오가는 조합이 선거 때마다 10여 군데 있다는 사실을 잊지 말아야 한다.

위탁선거법 제23조(선거운동의 정의) 이 법에서 "선거운동"이란 당선되거나 되게 하거나 되지 못하게 하기 위한 행위를 말한다. '당선되거나 되게 하거나 되지 못하게 하기 위한 행위'라는 말의 뜻을 다 이해하는 후보가 그렇게 많지 않다. 선거는 바로 제로섬 게임이다. 내가 뺏은 만큼 경쟁자는 잃게 되기 때문이다.

▶ **명함의 제작과 학력 게재**

명함 제작 시 주의사항에 대하여 알아보자

- 선거법상 명함의 종류, 색상, 재질과 그 수량을 제한하는 규정은 없다. 따라서 후보는 2종 이상의 명함을 제작할 수 있으나 동시에 2종류 이상의 명함을 한 사람에게 배부할 수는 없다. 그리고 명함 이외의 용도(거울, 안경 닦는 천 등)로 사용할 수 있도록 제작하여 배부하는 것은 기부 행위에 해당하므로 주의를 요한다.

- 명함은 반드시 사각형으로만 제작할 수 있는 것은 아니다. 규격 범위 안이라면 하트모양, 원형 등 다양한 방법으로 제작할 수 있고 접지형태로도 작성할 수 있으나 펼쳤을 때의 규격이 법정 규격 범위 이내이어야 한다.

- 명함은 자신에 관한 사항만을 게재할 수 있을 뿐 다른 후보에 관한 사항은 게재할 수 없다.

- 명함에 게재하는 학력은 정규 학력 뿐만 아니라 비정규 학력(6개월 기간에 수학한 최고위과정 등)도 게재할 수 있다(예를 들어 고려대학교 법학전문대학원 최고위과정).

다. 어깨띠와 선거홍보 도구

● **공공단체 등 위탁선거에 관한 법률(§27)**
- **기 간**: 선거운동 기간 중(선거일로부터 14일 전 부터 선거일 전일까지)
- **방 법**: 어깨띠나 윗옷 착용 또는 소품 이용
- **게재 사항**: 후보자의 홍보에 관한 사항
- **종류 및 규격**: 제한 없음(다만, '소품'은 본인이 입거나 옷에 붙여 사용하거나 한 손으로 지닐 수 있는 크기여야 함)

어깨띠, 윗옷과 피켓 등 기타 소품은 후보자와 그가 지정하는 1명이 할 수 있는 홍보 수단이다.
선거공보나 벽보와 달리 자세한 내용은 전달할 수 없지만 나의 이름과 이미지를 각인시키는 수단이다. 확고한 지지자가 없는 사람들은 머리에 처음 떠오르는 사람을 선택하는 경향이 있으므로 이런 수단은 상세한 내용보다 나를 확실히 기억할 수 있도록 단순한 메시지를 제공하는 데 중점을 둔다.

1) 효과적인 어깨띠 제작 (디자인) 조건

첫째, 나의 이름을 기억하게 만들어야 한다.
어깨띠에는 많은 내용을 적을 수 없다. 기호와 이름, 조합명, 캐치프레이즈 (구호) 정도다. 그 중에서도 나의 이름을 잘 기억하게 하는 것이 중요하다. 눈에 잘 띄면서도 글자가 쉽게 읽혀야 한다.

둘째, 공보와 벽보의 디자인을 연상시킬 수 있어야 한다.
소품에서는 자신에 대한 정보를 전혀 전달할 수 없다. 공보와 벽보와 통합

된 색상과 디자인으로 차후 공보나 벽보를 봤을 때 자연스럽게 나를 연상할 수 있도록 유도한다. 특히 윗옷의 색상은 공보나 벽보의 색상과 일치하게 한다.

2) 어깨띠의 소재와 규격

선거용 어깨띠는 일반 어깨띠에 비해 폭이 넓은 것이 특징으로, 12~14cm의 폭이 사용되고 있다.

또한 선거용 어깨띠는 사진이나 로고가 들어가는 것이 특징으로, 후보자 사진이나 기호를 넣어 제작한다. 재질은 다양한 컬러가 요구되는 재질인 어깨띠 전용 부직포나 합성원단 재질이 주로 사용된다. 선거용 어깨띠의 끝단 연결은 벨크로(찍찍이)를 활용한다.

선거운동복을 하는 경우 어깨띠를 할 필요가 없지만 평상복을 입을 경우 어깨띠를 하여야 한다. 간혹 어떤 후보들은 어깨띠를 할 필요가 없다고 하는데 자만이다. 낙선할 가능성이 매우 높다 할 것이다. 할 수 있는 수단과 방법은 다 동원해도 당선될까 말까인데 벌써 그런 자세와 생각을 가지고 있다면 낙선으로 이어지기 십상이다. 선거의 결과는 51%로 당선되지만 후보는 최소한 80%이상 득표해야 한다는 절체절명(絕體絕命)의 간절한 자세를 가져야 한다.

▶ 부직포 어깨띠용 전문 부직포 원단 재질로 만들며 사진이나 다양한 그림을 넣어 원하는 표현을 할 수 있게 한다. 부직포 컬러 어깨띠의 사이즈는 일반적으로 길이는 180cm이고, 폭은 9, 10, 12, 14cm 등이다. 최근에는 폭이 넓은(12cm이상) 어깨띠를 많이 하는 추세이다.

▶ 인조가죽(레자) 레자와 비닐 성분의 합성 재료로 만든 어깨띠는 내구성이 뛰어나다. 레자 어깨띠 인쇄에는 스크린 인쇄가 널리 사용되는데 어깨띠는 재질이 두터워 칼라로 인쇄할 수 없기 때문이며 오래 사용하기 위해서는 색상의 변화가 적은 스크린 인쇄가 합리적이다.

▶ 발광체(EL): 발광체(EL)를 응용한 발광 전자어깨띠 뿐 아니라 발광 전자 조끼, 발광 전자 피켓도 상품화되어 있다.

발광 전자 어깨띠, 전자 조끼, 전자 피켓은 시인성(視認性, Visibility, 모양이나 색이 눈에 쉽게 띄는 성질)이 뛰어나다. 조합장선거의 선거운동 기간이 14일간의 짧은 일정임을 감안할 때 조합원에게 강한 인상을 남기는 것이 필수이다.

라. 선거공보

● 공공단체 등 위탁선거에 관한 법률(§25)과 규칙(§12)

- **규격·종수 등**
- 규 격: 길이 27cm 너비 19cm 이내
- 종 수·면수: 1종, 8면 이내
- **게재 내용**
- 앞면에 선거명, 후보자의 기호·성명
- 후보자의 홍보 등 선거운동을 위하여 필요한 사항과 범죄경력 게재(2면)
⇨ 제출된 선거공보는 정정 또는 철회할 수 없음. 다만, 후보자는 선거공보에 오기나 위탁선거법에 위반되는 내용이 게재되었을 경우에는 제출 마감일까지 정정할 수 있음.
- **제출 및 발송시기**
- 제 출: 선거인 명부 확정일 전일(선거일 전 11일)까지
⇨ 제출 마감일까지 제출하지 아니하거나 규격을 넘는 선거공보를 제출한 때에는 발송하지 않음.
- 제출처: 관할 선관위
- 발 송: 관할 선관위가 선거인명부 확정일 후 3일(선거일 전 7일)까지
- **경력 등 이의제기**
- 선거인은 선거공보의 내용 중 경력·학력·학위·상벌에 관하여 거짓으로 게재되어 있음을 이유로 관할 선관위에 서면으로 이의제기 가능

1) 선거공보란?

선거공보는 조합원들에게 후보자가 자신의 신념과 정책 방향을 전달하는 역할을 하는 최고의 정보매체이다.
선거공보는 정보의 전달, 이미지 형성, 정책 제시와 같은 역할을 선거과정에서 수행하는 중요한 홍보 수단이다. 따라서 선거공보는 객관성, 정보성,

사실성에 바탕을 두어 조합원들에게 정보 전달 및 의사 결정에 도움을 주고 선택할 수 있도록 해야 한다.

선거공보 8페이지를 기획하고 디자인과 인쇄까지 마쳐서 선관위에 조합원수의 110%를 제출해야 한다. 조합원들의 연락처를 평소에 확보하지 못할 경우 전화 통화나 메시지도 발송할 수 없는 경우가 많기 때문에 선거공보는 당락에 결정적인 역할을 할 수 있다. 선거운동일 5~6일 이후 조합원에게 도착하는 선거공보는 조합원들이 각 후보를 비교하면서 후보를 선택하게 된다. 최소한 6개월 전 부터 선거공보 기획과 공약 등을 준비하고 사진 촬영과 편집을 해야만 한다.

당사의 경우, 지난 조합장 선거에서는 1박 2일 워크숍을 통하여 선거공보를 마무리하였다. 워크숍 때 후보와 참모(주로 아들이나 딸 등 가족)께서 참석하여 선거공보에 대해서 전반적인 강의를 듣고 선거공보 매뉴얼에 따라서 준비해 온 내용들을 작성하여 완성하였다.

조합원님이 행복한 천안농협을 만드는
윤노순의 진실된 약속!

- **영농자재 구입권 및 농협 사업이용권 지급 확대**
  (2023년 전반기 20만 원, 후반기 20만 원 지급)

- 탈퇴하는 원로조합원에게 "**명예 조합원 제도**"를
  도입하여 조합원에 준하는 각종 혜택 제공!

- **조합원 문화 복지사업 부문**
  ▶ 경제사업장에 조합원 휴게실 마련
  ▶ 조합원 자녀 및 손자녀 장학금 확대 지급
  ▶ 법률·금융·세무 전담 상담창구 운영
  ▶ 암 치료비 100만 원 지원
  ▶ 상해비플랜 단체보험 보상금액 200만원으로 확대 무상가입
  ▶ 농작업재해보장보험 전체 조합원 단체가입 확대 (농작업 재해 및 상해 보장)
  ▶ 조합원대학, 주부대학 운영
  ▶ 조합원 및 주부대학 산악회 지원 확대
  ▶ 조합원 그라운드골프, 파크골프, 게이트볼 동호회 지원 확대
  ▶ 고향주부모임, 농가주부모임, 농촌사랑봉사단 지원 확대
  ▶ 주간보호센터를 건립하여 원로조합원님의 노후편익 제공
  ▶ 영농회 마을회관 탁자 및 의자 공급 확대

- **조합원 영농지원 및 농가소득 증대 부문**
  "경제 활성화를 위해 적극적인 투자와 조합원 영농 지원 사업에 앞장서겠습니다!"
  ▶ 조합원 저리 영농자금 100억 원 조성
  ▶ 남부권 신규 로컬푸드 직매장 건립
  ▶ 농기계 세척장 신축 운영(경제사업장)
  ▶ 로컬푸드 직매장 출하농가 육성 지원(월급 받는 조합원 육성)
  ▶ 벼 계약재배 육묘지원 확대(일반벼 및 친환경 벼)
  ▶ 쌀 소비촉진을 흥타령쌀 막걸리 제조 유통 판매
  ▶ 경제사업장 명농자재 백화점 확장
    (영농자재 및 각종 생활용품 전시 판매장 운영)
  ▶ 경제사업장 유휴 부지에 손세차장 및 복합스테이션 건립
  ▶ 소형농기계 임대 사업 기종 및 운송 서비스 확대 운영
  ▶ 농촌인력중개센터 운영
  ▶ 농작업 지원센터 확대 및 보조금 지원 확대
  ▶ 중고농기계 중개센터 운영
  ▶ 마을별로 찾아가는 농기계수리 무상 서비스 확대 시행
  ▶ 지자체와 협력 사업으로 비닐하우스 및 농산물 저장고 설치(개인형/공동형)
  ▶ 지자체 협력 사업으로 친환경 비닐 구입대금 보조금 지급
  ▶ 비료, 농약, 각종 영농자재 주문배달 서비스 확대 운영

"**창립 50주년을 넘어 100년 명품 천안농협**"의
힘찬 제2의 도약을 위해 여기서 멈출 수 없습니다!

농협과 함께하고 있는 천안농협 역사의 산 증인! 이미 검증된 윤노순과 함께 해 주세요!

검증받은 농협 경영전문가 **2 윤노순**

윤 윤리경영
노 노련한 실무
순 순리와 원칙

천안농협의발전
이렇게 이어가겠습니다!

新붕당 지역 신화를 뛰어넘어
북부권 지역 종합시설을 완공했습니다!!
▶ 영농자재(비료,농약등)전시 판매장 4월 중 완공예정

이제,
남부권 지역 통합시설 신축으로 균형발전을 이루겠습니다.
▶ 부지 매입자금 150억 원 예산 확보 완료

**천안농협의 발전 전략,
저력 있는 조합장
윤노순이 정답입니다!**

조합경영은 누구나 할 수 있겠지만, **아무나 잘할 수는 없습니다!**
조합원님의 **신뢰**와 **믿음**을 저버리지 않겠습니다.

존경하고 사랑하는 천안군민!
천안농협은 지난해 창립 50주년을 맞이했습니다.
그동안 조합원님의 소중한 벼 한 가마니, 출자금 한 푼으로 조합원님의 성원과 사랑
덕택에 상호금융 3조 원, 경제사업 1,000억 원을 달성하여 천안농협은 이제 전국
최고의 농협과 어깨를 나란히 하게 되었습니다.
조합원님 모두가 행복하고 지역사회로부터 존경받는 백년 명품 천안농협 건설을
위해서는 무엇보다 조합장의 풍부한 현장 경험과 조합경영 전문지식이 잘되어 필요한
때입니다.

저! 윤노순은
첫째, **책임 경영**으로 경영 성과를 조합원님께 모두 드리겠습니다.
둘째, **섬김 경영**으로 천안농협 조합원님을 부모형제와 같이 모시겠습니다.
셋째, **경청 경영**으로 늘 천안농협이 조합원님의 고견에 귀 기울이고 소통하겠습니다.

이제 조합원님과 함께하는 **백년 명품 천안농협의 완성**은 조합원님의 소중한 선택에 달려있습니다!

2) 선거공보 제작 시 주의할 사항

선거공보는 후보의 메시지를 충분하고 자세하게 전달할 수 있는 장점이 있으나, 다른 후보의 선거공보와 같이 우편으로 조합원에게 배포되기 때문에 특별히 눈에 띄는 차별화 없이는 조합원의 관심을 얻어 낼 수가 없다.
단, 한 번에 다른 후보와 비교되어 승부를 해야 하기 때문에 사진이나 서체 등의 디자인적인 요소가 매우 중요하다.
후보자의 특성을 최대한 고려해 제작하되 조합의 발전에 대한 공약과 함께 후보자의 인간적인 측면에도 주안점을 두어야 한다.

3) 선거공보를 돋보이게 하는 요소

공보내용은 길게 쓰는 것보다는 짧은 문장의 요약형이 좋다.
도형이나 도표 등의 이미지를 삽입하는 것이 주목도를 높일 수 있다.
사진은 정면 사진보다는 스토리를 담은 메시지 사진이 좋다.
현장감을 생생하게 전달할 수 있는 현장 사진은 전략적 차원에서도 매우 중요하다.

4) 효과적인 선거공보 제작(디자인) 조건

(1) 선거공보를 조합원들이 버리지 않고 보관하게 한다
선거공보는 조합원에게 자신을 알리는 것이다. 봉투를 열었을 때 다른 후보자와 차별화해 신뢰도와 인지도를 얻을 수 있어야 한다.

(2) 정중하면서도 품위 있게 만들어야 한다

선거공보는 조합원들에게 후보를 소개하는 것이다. 지나치게 가벼워 보이거나 장식적이어서도 안 된다. 또한 조합원들이 편하게 꼼꼼히 살펴볼 수 있도록 편안한 디자인이 필요하다.

(3) 읽기 쉬워야 한다

가독성을 고려하여 조합원이 읽기 쉽도록 글꼴, 크기 등을 고려해 제작하여야 한다.

(4) 읽는 조합원으로 하여금 신뢰감이 느껴지도록 해야 한다

실현 가능한 공약과 조합의 비전을 제시하여야 하며, 필요할 경우 후보자의 친필로 공약이나 인사말을 표현하는 것도 좋은 방법이다.

(5) 가능한 짧은 단어와 짧은 문장을 사용하는 것이 바람직하다

메시지를 전달할 때에는 은어나 전문적인 용어는 피하고 되도록 쉽고 단순한 언어를 사용하는 것이 바람직하다.

(6) 강한 설득력을 지녀야 한다

지나치게 이성적이고 합리적인 설득보다는 조합원의 호의적인 감정을 유발할 수 있도록 설득력을 지녀야 한다.

(7) 타깃(연령, 남녀, 지역 등)을 정확하게 만족시켜야 한다

선거공보에 조합원을 가장 크게 남녀별로, 특별히 여성 조합원을 고려해 선거공보의 바탕색과 글자폰트와 크기, 문장의 흐름 등을 담아내야 한다.

5) 선거공보 디자인 요소

(1) 캐치프레이즈(슬로건)
헤드라인이라고도 하며, 간결하고 명확하게 표현해 조합원들에게 쉽게 인식될 수 있어야 한다. 또한 조합원들의 호기심을 자극하여 시선을 유도할 수 있게 강력한 호소력을 가질 수 있도록 제작해야 한다. 무엇보다도 후보자의 이미지와 콘셉트에 부합되는 디자인이 필요하다.

(2) 본문(Body Copy)
카피는 후보자가 의도하는, 추구하는 내용이나 주장을 설명하는 부분이다. 카피는 서정적이거나 애매모호해서는 안 되며 명료하고 알기 쉽게 써야 한다. 후보자 자신의 이미지를 최대한 살릴 수 있도록 일관성과 통일성을 유지해야 하며 신뢰감을 줄 수 있어야 한다.

(3) 사진
선거벽보, 공보, 명함과 어깨띠 등에도 사용되는 후보자 사진은 조합원에게 첫 인상을 남기는 요소이므로 무엇보다 중요하다.
특히 후보자의 인격과 품성이 잘 담겨있는 사진 한 장이야말로 조합원에게 어필하기 가장 좋은 최고의 무기이다. 명함 한 장, 선거공보 속의 사진 한 컷이 중요한 것은 바로 이 때문이다.

사진은 있는 그대로를 재현하는 사실적인 표현도 중요하지만, 대상물을 목적에 맞게 전달하는 커뮤니케이션(소통) 측면에서의 극적인 효과가 더욱 중요하다. 후보자의 이미지를 긍정적 평가로 이어지게 하기 위해서는 계획된 연출력이 필수적이다.
사진은 이렇듯 후보자의 이미지를 조합원들에게 긍정적으로, 호의적으로,

매력적으로, 신뢰성 및 호기심을 충족시켜 조합원들의 투표 행위에 영향을 미칠 수 있는 것이어야 한다. 이에 더해 입후보자의 신성함을 유지하면서도 노련한 관록들이 어우러지는 사진의 리얼리티가 요구된다.

(4) 색채(Color)

색채는 각기 색마다의 고유 이미지를 갖고 있으므로 색채를 이용해서 조합원의 마음을 움직여야 한다. 일반적으로 젊고 신선한 이미지를 위해 청색 계열을 선호하는 경향이 있는데 색채 전략에서 차별화를 못하면 여러 후보자들의 선거공보나 나란히 붙어있는 벽보에서 묻혀버리는 경우가 많기 때문에 후보자 자신의 이미지에 맞는 고유 색채 전략이 필요하다.

시각적인 효과는 색에서 느껴지고 색에 대한 감각은 심리적 반응에서 행동적 반응으로 연결된다. 선거공보나 벽보의 색채는 대개 함축적이고 명확한 색채를 사용하여 메시지 전달과 통일감을 유지시키는 데 궁극적인 역할을 한다.

일반적인 색의 성격은 다음과 같다.

색	성 격
검정	강대함, 위엄, 단호한 결단력, 지적 교양을 상징
빨강	생명, 따뜻한 열정을 상징하며 감성적, 진취적 느낌
노랑	태양, 빛, 지성, 지혜를 상징
주황	우호, 은혜, 지혜, 자부심과 야망을 상징
흰색	명쾌, 청렴, 신성, 신앙, 순결, 눈을 상징
파랑	청렴, 진실, 희망, 정의를 상징
녹색	안정, 평정, 평화를 상징

(5) 글자 꼴(Typography)

타이포그라피라는 것은 서체, 디자인, 가독성, 그것을 포함하는 조형적인 내용의 총칭으로 출판에 있어서 가장 중요한 요소로 인식된다. 글자가 제대로 읽혀지고 빨리 인식되기 위해서는 다음의 4가지 요소가 무엇보다 중요하다.

① 가독성(可讀性, readability)[37]

가독성은 글자가 시각적으로 잘 보이는 정도, 즉 글자의 시각적인 작용을 가리킨다. 전달하고자 하는 내용의 표현 형태에 대한 바람직한 정도로써, 그냥 읽는다는 의미의 판독성과 달리 의미를 파악할 수 있는지의 정도까지 포함한다. 가독은 판독된 글자를 단어로 파악하고, 문장으로 이해하는 과정을 말한다.

② 주목성(注目性, attractiveness of color)[38]

시선을 끌기 위해 주목성을 갖도록 강조할 필요가 있다. 공간 속에 존재하는 글자는 내용의 전달을 위하여 이미지(사진) 등과 함께 보이고, 글자와 어우러지는 흥미를 증가시키도록 하는 기능을 한다.

③ 차별성(差別性, distinction)[39]

같은 의미를 전달하는 글자도 선택하는 글자의 꼴과 배치에 따라서 다른 느낌의 정보 전달 효과를 갖고 있기에 후보자의 환경과 여건에 맞게 차별화된 글자와 레이아웃이 중요하다.

---

37) 인쇄물이 얼마나 쉽게 읽히는가 하는 능률의 정도. 활자체, 글자 간격, 행간(行間), 띄어쓰기 따위에 따라 달라진다.
38) 색이나 빛에서, 자극이 강하여 눈에 잘 띄는 정도
39) 등급에 차이를 두어 구별하는 성질

④ 판독성(判讀性, legibility)[40]

가독성은 많은 양의 글자를 얼마나 쉽게 그리고 빨리 읽을 수 있는가를 말하는 것이며, 여기에서 말하는 판독성은 조합원이 공보물의 내용을 얼마나 많이 인식하고 알아차리는가 하는 효율을 말한다. 그 외 공보물에서의 후보자의 공약과 식견을 효율적으로 표현하기 위해 그림(일러스트레이션, 삽화)이나 도표(다이어그램) 등을 사용하기도 한다.

마. 선거벽보

● 공공단체 등 위탁선거에 관한 법률(§26, 규칙§13)
- **규 격:** 길이 53cm 너비 38cm 이내
- **작성 방법:** 길이를 상하로 하여 종이로 작성
- **종 수:** 1종
- **게재 내용:** 선거운동을 위하여 필요한 사항

⇨ 제출된 선거벽보는 정정 또는 철회할 수 없음. 다만, 후보자는 선거벽보에 오기나 위탁선거법에 위반되는 내용이 게재되었을 경우에는 제출 마감일까지 정정할 수 있음.

- **제출 시기 등**
- 제출 시기: 선거인 명부 확정일 전일까지

⇨ 제출 마감일까지 제출하지 아니하거나 규격을 넘거나 미달하는 선거벽보를 제출한 때에는 첩부하지 않음.

- 첩부 시기: 관할선관위가 제출 마감일 후 2일까지
- 제출처: 관할선관위

---

[40] 글자가 눈에 잘 띄는 것을 말하는 것으로써 개개의 글자 형태를 식별하고 인지하는 과정

- 첨부 장소: 위탁단체의 주된 사무소와 지사무소의 건물 또는 게시판, 위탁단체와 협의한 장소
• **경력 등 이의 제기**
- 선거인은 선거벽보의 내용 중 경력·학력·학위·상벌에 관하여 거짓으로 게재되어 있음을 이유로 관할 선관위에 서면으로 이의 제기 가능

선거벽보는 경쟁 후보자들의 얼굴에서부터 주장, 기호, 이름 등을 조합원들에게 알리는 매체이다. 적지 않은 조합원들은 나란히 붙은 선거벽보를 통해 누구를 선택할 것이냐를 정한다. 따라서 고도의 설득적 기법을 사용해야 한다.

선거벽보를 통해 조합원들에게 평소의 조합장 후보의 이미지를 뛰어넘어 얼마만큼 매력적인 인상을 심어줄 수 있느냐가 선거의 성패를 좌우할 수 있는 중요한 요소이다.

얼마 전까지 만해도 선거벽보는 입후보자의 정면 사진과 기호, 이름을 적는 것이 보편적이었으나 최근 들어서는 그런 획일적인 형태에서 벗어나 측면사진이나 동적인 포즈를 취한 것 등 다양한 형태로 발전되었다.

1) 효과적인 선거벽보 제작(디자인) 조건

(1) 간결하고 명확해야 한다
꼭 필요한 문구만을 써야 하며, 필요 이상의 문구를 첨가해서 복잡하게 만들어서는 안 된다. 최대한 간결하게 표현하는 것이 좋다.

(2) 주의를 끌 수 있게 만들어야 한다
조합원의 주의를 환기시킬 수 있도록 시각적으로 강한 인상을 심어 주어야

한다. 설명적이기 보다는 감각적인 표현이 조합원의 마음을 바꾸고 끌 수 있기 때문이다.

(3) 자연스러운 연출은 선거벽보의 생명이다

선거벽보에 사용할 조합장 후보자의 사진은 조합원에게 호감을 줄 수 있게끔 자연스러우면서 친근감을 줄 수 있어야 한다. 무엇보다 후보자가 조합원에게 전달하고자 하는 후보자의 호의적인 이미지를 강하게 부각시킬 수 있도록 연출해야 한다.

(4) 일관성과 시각적 통일성을 유지해야 한다

비주얼과 문자, 그리고 칼라에 있어 통일성이 있어야 하며 후보자의 이미지가 부합되도록 일관성 있게 표현해야 한다.

(5) 간단하고 깨끗한 레이아웃을 사용해야 한다

간단하고 깨끗한 레이아웃은 보는 사람으로 하여금 알기 쉽고 주목성을 높여 준다. 여백을 효과적으로 활용하여 시각적인 조형미를 부여하는 것도 중요하다.

2) 선거벽보 디자인 요소

(1) **주목성**: 조합원의 흥미를 유도, 시선집중
(2) **가독성**: 내용이 일목요연하고 용이
(3) **명쾌성(明快性, lucidity)**[41]: 의도하는 바를 알기 쉽고 명확하게 이해

---

41) 말, 글 따위의 조리(條理)가 명백(明白)하여 듣기에 마음이 시원함

(4) 조형성(造形性, expression of essentiality)[42]: 알맞은 체제와 형으로 꾸며져 심미성을 지니는 구성

(5) 창조성(創造性, creativity)[43]: 벽보가 지니는 특성을 살려 참신하고 새로운 감각적 창조성이 필요

바. 메시지

메시지 발송에 대해서 공직선거는 엄격한 규정이 있지만 위탁선거에서는 메시지 발송에 대해서 비교적 자유롭다. 선거운동 기간 동안 위탁선거에서 메시지의 위력은 어마어마하다.

조합원들이 감동하는 메시지,

---

42) 예술의 작품이 지니고 있는 특성.
43) 창조하는 성질 또는 창조적인 특성

표를 얻을 수 있는 메시지,
기다리는 소식에 대한 메시지,
보탬이 되고 기분을 좋게 하는 메시지,
웃음을 자아내는 메시지,
조합원의 자존심을 높여 주는 메시지…

단순히 이름을 삽입해서 보낸다고 해서 조합원이 좋아할까?

"뭔가 이 후보는 달라! 후보 중에서 제일 마음에 들어! 이 후보를 찍기로 했어!" 이런 말을 들을 수 있는 메시지를 발송해야 한다. 선거 2~3개월 전에 메시지를 만들고 다듬고 전문가의 손길을 거치고 우리 조합의 현안과 이슈들을 담은 메시지를 준비해야 한다.

특별히 상대 후보가 비방(마타도어)하거나 헛소문을 퍼뜨릴 때 대응하는 메시지는 무엇보다 중요하다.
본사에서 선거운동 기간 발송한 문자메시지와 카톡메시지(그림이나 동영상을 위주로) 예시는 아래와 같다. 특별히 공약을 잘 전달하는 것이 중요한데 기간별로 다음 장과 같이 정리할 수 있다.

1) 기본 전략

▶ 메시지 기본 전략

조합장 선거에서 메시지는?

○ 공직선거에서는 문자메시지 발송 횟수를 8회로 제한하고 있으나 조합장 선거에서는 발송 횟수에 제한이 없다. 카톡은 공직선거, 위탁선거 다 제한이 없고 공직선거에서는 누구든지 발송할 수 있다.

○ 문자메시지는 시간 제한(오후10시-오전7시)과 그림문자(화상)나 동영상을 보낼 수 없다(1통화 MMS 기준 약 80원). 카톡은 그림, 동영상 등 제한이 없다.

○ 후보가 발송한 시간과 조합원이 수신하는 시간은 차이가 있다. 발송 메시지 증거 확보(오후 10시 이후 수신한 조합원들의 민원 대비) 문자는 오후 9시 이전에 보내는 것이 안전하며, 상대적으로 카톡은 발송 제한 시간이 없다.

선거운동 기간 메시지 기본 전략

전략	1. 기호, 후보 이름소개 2. 출마의 변	기호·이름 반복하고 인지도 상승 전략	선거공약 소개 후보소개	1. 지지도 상승 전략 2. 나를 뽑아야 되는 당위성 홍보	1. 선거 미담 소개 2. 투표 독려
시기	선거 시작일	선거일 8-12일 전	5-7일 전	2-4일 전	1일 전
단계	1단계 인지도 **90%** 달성 (메시지 **ARS** 등 홍보수단)		2단계 구체적 홍보 전략	3단계 지지도 상승, 당선권 진입 만약 지고 있는 경우 특단의 조치	
전술	다중 장소 방문과 전화 통화 (여론 형성 및 여론 파급 전략)		선거공보 도착	지지자, 조합원께 후보 홍보 여론조사 실시하여 판세 분석	

예를 든다면, 이런 문자나 카톡을 보내면 조합원들은 어떤 반응이 올까?

예시1〉

존경하고 사랑하는 ○○○[44] 조합원님!

연세대학교에 다니는 손녀 ●●●, 학교에 잘 다니고 있으시죠?
저에게도 이런 손주 하나 있으면 얼마나 좋겠습니까?

앞으로 큰 인물로 성장하기를 두 손 모아 기도하겠습니다. 명문 가정이신 ○○○ 조합원님께서 보다 나은 삶을 영위할 수 있도록 제가 최선을 다하겠습니다.

★특별히 대학교에 재학 중인 손·자녀들이 장학금을 충분히 받을 수 있도록 제가 당선되면 장학금을 지급하겠습니다★

기호1번 남대니 후보 올림★

예시2〉

존경하는 ○○○ 선배님!

선배님은 당선중학교 선배님으로서 학창시절 가파른 언덕길을 오르면서 3년을 함께 지냈습니다.

전통과 역사를 자랑하는 당선중학교 □□회 선배님들은 가장 훌륭한 인물들을 배출한 분들 이십니다. 제가 더욱 명예를 높이겠습니다.

★당선이 되면 ○○○ 선배님을 자주 찾아뵙고 우리 당선 조합의 발전을 위해 말씀을 경청하겠습니다.
꼭 이번에 지지를 부탁드립니다★

기호1번
25회 후배 남대니 후보 올림★

♣예시1〉의 경우 ○○○는 조합원 이름을 삽입한다.
연세대학교에 다니는 손녀 ●●● 이 문구는 평소 정보를 파악하여(전화통화 시, 만남에서 대화 시, 주변 사람들로 청취 시 등) 엑셀 정의칸에 삽입해 두면 메시지가 구성되어서 발송된다.
★특별히 대학교에 재학 중인 손·자녀들이 장학금을 충분히 받을 수 있도록 제가 당선되면 장학금을 지급하겠습니다★ 이 문구도 마찬가지 맞춤 공약이라고 할 수 있는데 엑셀에 입력된 대로 발송이 된다.

♣예시2〉의 경우 ○○○ 선배님! 은 조합원 이름을 삽입하며 선배님! 은 엑셀로 입력이 되어서 발송되는데 후보가 당선중학교 25회이기 때문에 25회 이상(1회부터 24회)는 모두 선배님으로 표기되어서 발송된다. 당선중학교 동창회 명부 가운데 조합원을 분류해서 정리하는데 명부가 엑셀파일로 되어 있는 경우는 본사의 노하우로 중복 정리 기능을 통하여 조합원을 추출할 수 있다.

---

[44] 정의 기능(merge)을 활용하여 엑셀파일에 메시지 내용을 기록하면 자동적으로 문장이 구성되어 발송이 되는 시스템

♣평소에 자료를 메모해 두거나 정리해 두면 {정의} 기능을 통하여 입력된 대로 발송이 되어서 수신하는 조합원은 감동하게 된다. 뭔가 다른 후보와 차별화된 메시지는 조합원을 나의 지지자로 만들게 된다.

그룹별로 그룹을 설정하여 다양한 그룹 문자를 발송하면 된다.

★ 특별히 70대 이상 조합원은 60자 정도에서 문자를 발송하고 건강에 대한 안부나 자녀들의 축복을 빌어주는 문자가 효과적이다.

예시) {이름} 어르신! 잘 주무셨습니까?
오늘 눈이 온다니 다니실 때 조심하시기 바랍니다. 아들 딸들이 행복하게 잘 지내기를 빌겠습니다.
이번 선거에 저를 뽑아주시면 자녀들이 {이름} 어르신 사시는데 걱정하지 않도록 잘 하겠습니다.
기호1번 000 아들이 올립니다.

★ 여성 조합원에 대한 맞춤문자: 감성적인 문자, 자녀 교육 문제나 가정적인 맞춤문자
★ 혈연(김씨, 박씨, 이씨 등)에 대한 맞춤 문자: 후보들이 성씨(예를 들어 김씨 성의 조합원의 경우 김씨 성과의 인연이나 미담〈美談〉 등을 메시지로 보내면 효과적)
★ 지역별로 그룹 맞춤 메시지: 동네 경로당이나 마을회관, 동네 모임 등이 있을 때 그 동네 조합원들에게 방문 안내 메시지를 보내고 방문

2) 일자별 메시지 예시

(1) 첫날 기호 안내 메시지와 출마 인사

1	기호1번 소개1	2	기호1번 소개2	3	기호1번 소개3
	존경하옵는 {정의1} 조합원님! 안녕하십니까? 기호1번 {후보이름} 입니다. 쌀쌀한 날씨에 건강은 어떠신지요? 00수협 조합장 선거에서 우후죽순처럼 등장한 여러 후보 중 저 기호1번 {후보이름}은 숫자 1처럼 우뚝 솟은 00수협 조합장이 될 것을 약속드립니다! 올곧은 후보, 기호1번 후보 {후보이름} 기억해 주십시오! 감사합니다♣ 기호1번 {후보이름} 올림★		존경하옵는 {정의1} 조합원님! 안녕하십니까? 기호1번 {후보이름} 입니다. 저는 가장 높은 곳, 가장 눈에 잘 띄는 곳에 있습니다! 여러분, 1등을 원하세요, 2등을 원하세요? 당연히 1등입니다! 기호도 1번, 실력도 1위, 모든 곳에서 앞서 나가는 최고의 00농협 조합장 {후보이름}, 꼭 기억해 주십시오! 감사합니다♣ 기호1번 {후보이름} 올림☆★		존경하옵는 {정의1} 조합원님! 안녕하십니까? 00산림조합 {후보직책}를 역임한 기호 1번 {후보이름} 입니다. 그동안 추진력 없던 답답한 00산림조합 조합장 때문에 고생이 많으셨죠? 이제 기호1번 {후보이름}, 제가 이숫자 1처럼 쭉쭉 추진력 있게 치고나가는 00산림조합 조합장이 되겠습니다! 기호1번 {후보이름} 꼭 기억해 주십시오! 감사합니다☆★

4	출마 인사1	5	출마 인사2(보궐선거)	6	출마 인사3(보궐선거)
	존경하옵는 {정의1} 조합원님! 안녕하십니까? 이번 00축협 조합장 선거에 출마하게 된 {후보이름} 입니다. 우리 00축협과 함께한 저의 기억과 경험을 바탕으로 우리 00축협을 위해 열심히 일하겠습니다. 정말 꼼꼼히 열심히 준비했습니다. 다시 함께할 그 날을 위해 격려해 주시면 저에게 큰 힘이 될 것입니다! 감사합니다. 기호 0번 {후보이름} 올림★		존경하고 사랑하는 {정의1} 조합원님! 안녕하십니까? 00농협을 너무 아끼고 사랑하는 조합원님! 이렇게 어려운 시기에 왜 선거를 다시 해야 합니까? 조합원님들의 피와 같은 돈이 보궐선거 비용으로 결국은 조합원님들의 주머니에서 나간다는 사실입니다. 조합원님과 저 000이 함께 정신 바짝 차리고 똘똘 뭉쳐야 합니다. 조합원님과 함께, 한마음으로 동행하겠습니다. 믿고 지켜봐 주십시오! 기호0번 {후보이름} 올림		♣00농협 기호0번 000♣ 존경하는 00농협 조합원님! 안녕하십니까? 언제나 경청하고 소통하는 후보 000입니다. 조합의 어려운 문제를 해결하기 위해서 언제나 조합원님과 함께, 늘 함께 동행하겠습니다. 저 기호0번 000, 00농협을 안정 속에서 오로지 조합원님들을 위한 조합으로 만들겠습니다. 부모님을 모시듯 정성껏 조합원님을 잘 모시고 섬기겠습니다♪ 기호0번 000 올림★

(2) 타깃 메시지

7	타깃 메시지(직원)	8	타깃 메시지(교회)	9	타깃 메시지(성당)
	00농협에 근무하시는 {정의1} 가족님! 00농협 조합장 선거가 앞으로 다가왔습니다. 저는 직원들의 복리 증진을 위하여 누구보다 발벗고 나서겠습니다. 저녁이 있는 삶을 멋지게 만들겠습니다. 성원해 주시고 지지해 주심에 고개 숙여 감사드립니다. ♣ 직원을 위한 기호0번 {후보이름} ★★		안녕하십니까? 이번 00수협 조합장 선거에 출마한 기호 0번 {후보이름} 입니다. 주 안에서 사랑하는 {정의1} 조합원님! 제 아내는 00교회 장로로서 저희는 믿음의 가정입니다. 저, {후보이름}는 믿음 안에서 우리 00수협을 잘 경영하도록 하겠습니다. 꼭 지지해 주십시오. ♣ 조합원을 위한 기호0번 {후보이름} 올림		안녕하십니까? 이번 00산림조합 조합장 선거에 출마한 기호 0번 {후보이름} 입니다. 주 안에서 사랑하는 {정의1} 조합원님! 저는 00성당에 다니며 영세명은 베드로 입니다. 저, {후보이름}는 믿음 안에서 우리 00산림조합을 잘 경영하도록 하겠습니다. 꼭 지지해 주십시오. ♣ 조합원을 위한 기호0번 {후보이름} 올림
	직원 가운데 조합원이라면 일거양득, 직원에게 집중적으로 홍보하는 것이 중요		본인이 기독교이라면 기독교 조합원들만 소트(분류)해서 발송		가톨릭인 경우

(3) 공약 메시지

10	공약 메시지	11	공약 메시지	12	공약 메시지
	♣00수협 기호0번 {후보이름}♣ 존경하옵는 {정의1} 조합원님! 안녕하십니까? 투명 경영! 조합원 권익이 우선되는 조합원님 중심의 경영! 깨끗하고 공정한 우리 00수협을 만들기 위해 수년간 준비해왔습니다. 저의 모든 열정을 바치겠습니다. 깨끗하고 준비된 00수협 조합장 후보 {후보이름}, 저를 선택해 주십시오! 기호0번 {후보이름} 올림☆★		{정의1} 조합원님! 요즘 시대는 전 세계와 모든 품목에서 경쟁을 하는 시대입니다. 언제까지 세상 탓, 나라 탓만 하고 있을 수 없습니다. {후보이름}, 제가 조합원님들의 손을 잡고 우리 조합의 경쟁력을 강화시킬 수 있는 배움의 장소가 있다면 그곳이 국내·외 어디든 선진화된 기술을 직접 체험하고 익힐 수 있도록 현장감 있는 선진지 견학을 수시로 실시 하겠습니다. 기호 0번 {후보이름} 올림☆★		안녕하십니까? {정의1} 조합원 어르신님♣ 병에 걸려도 병원비가 부담되어 병원에 가지 못하는 조합원이 많습니다. 지역 병원과 협력하여 조합원께서 저렴한 의료비로 진료와 치료를 받을 수 있는 길을 열도록 하겠습니다. 조합원님이 아프시면 제가 달려가겠습니다. 기호 0번 {후보이름} 올림☆★

(4) 선거 전날 메시지

13 호소 메시지	14 호소 메시지	15 호소 메시지
♣00농협 기호0번 {후보이름}♣ 존경하옵는 {정의1} 조합원님! 안녕하십니까? 오늘로써 13일간의 모든 선거운동이 마무리됩니다. 사랑하는 조합원님! 조합원이 중심이 되는 00농협을 위해 저, {후보이름}에게 투표하여 주십시오! 열심히 일하겠습니다! 조합원님이 열망하시는 새로운 변화 꼭 완성하겠습니다! 감사합니다. 기호 0번 {후보이름} 올림☆★	♣00축협 기호0번 {후보이름}♣ 존경하는 {정의1} 조합원님! 안녕하십니까? 지금까지 도와주신 조합원님을 포함한 모든 분들의 따뜻한 손길에 고개 숙여 감사드립니다. 함께해 주셔서, 같이 뛰어주셔서 진심으로 감사드립니다. 조합원 중심의 00축협! {후보이름}, 약속 드리겠습니다. 감사합니다! 기호 0번 {후보이름} 올림☆★	♣00산림조합 기호0번 {후보이름}♣ 저를 지지해 주시는 {정의1} 조합원님! 안녕하십니까? 삶의 모든 순간은 만남이고 그 만남이 남기는 인연은 기적이 됩니다. 보내 주신 성원을 마음 속 깊이 새겨 초심을 잃지 않는 사람이 되겠습니다. 내일 꼭 저, {후보이름}에게 한 표를 부탁드립니다. 감사합니다. 기호 0번 {후보이름} 올림☆★

(5) 투표 독려 메시지

16 투표 독려 메시지(07시)	17 투표 독려 메시지(12시)	18 투표 독려 메시지(16시)
♣오늘은 00농협 조합장 선거일 입니다.♣ ♥잘! 찍고 ♥잘!! 뽑자 조합원님의 소중한 한 표에 의해 우리 00농협의 희망과 미래가 결정됩니다. 꼭 투표에 참여하시어 여러분의 당당한 권리를 행사해 주시기를 간곡히 부탁드립니다. 안전하게 오시는 것 잊지 마세요♬ 감사합니다.	♣00수협 조합장 선거일 입니다.♣ ♥투표 다녀오셨는지요? ♥잘 뽑아야 합니다. 소중한 한 표가 우리 00수협을 바꾸어 놓습니다. 투표는 조합원님의 미래이자 희망으로 꼭 투표해 주시기 바랍니다. 오고 가시는 길 안전하시길 바라겠습니다♬ 감사합니다.	♣투표 시간이 이제 얼마 남지 않았습니다♣ 아직 투표에 참여하지 않으셨다면 우리 00산림조합의 미래를 위해 꼭 조합원님의 소중한 한 표를 행사해 주시기를 부탁드립니다. 아직 투표하지 않은 주위 조합원님도 한번 챙겨 주시어 안전하게 같이 투표장에 오시기를 부탁 드립니다. 꼭!!! 투표 참여하시는 것 잊지 마세요♬ 감사합니다.

3) 그림콘텐츠 및 사례예시

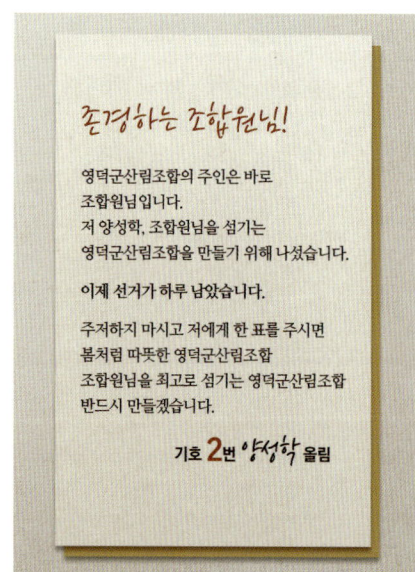

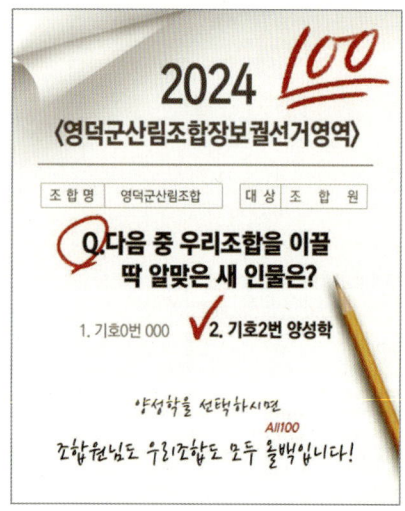

사. 전화를 이용한 선거운동

● 공공단체 등 위탁선거에 관한 법률(§28)
• 기간: 선거운동 기간 중

- **방법**
  - 전화를 이용하여 송·수화자간 직접 통화하는 방법
  - 문자(문자 외의 음성·화상·동영상 등은 제외) 메시지를 전송하는 방법
- **금지 시간**: 오후 10시부터 다음날 오전 7시까지

1) 전화 홍보 준비 사항

전화 홍보 준비 사항
조합원 인지, 호감, 지지의 최고의 방법

전화번호 수집	번호분류 (지인, 소개인, 동호회 등)	전화 통화 메시지 발송	전 화	통화 내용 정리 및 메시지 활용
각종 수단 동원	소트(sort)	통화 6시간 전	오후 2-7시	통화 후

준 비 사 항		
분 류	내 용	비 고
조합원 번호 정리	각종 인적 사항을 수집(평소 만남과 소개, 동호회 및 각종 단체)하여 조합원 파악 및 정리 (* 개인정보보호법 유의) * 새로운 위탁선거법 개정에는 가상번호를 조합에 신청하여 받아서 사용	이름과 핸드폰 번호 필수
조합원 인적 사항 파악	통화 대상 조합원 인적 사항(직장 및 직책, 주소 등 확보) 최대한 파악 * 직전 출마자 보관 선거인 명부를 기준으로	정보 파악
통화 대상자	처음 통화 시도하는 조합원에 대해서는 정중한 예의를 갖추어서 접근(가능하면 카톡 발송 후 또는 지인 소개 등)	
통화 희망 메시지 발송	통화 예상 시간을 삽입해서 통화 희망 메시지 전달 (별첨1)	통화 내용 매뉴얼 (별첨2)
통화 내용 정리	* 별첨 3	
선거법	단순한 안부통화가 아닌 선거운동은 불법	선거운동 기간은

(1) 통화 희망 매뉴얼

분류	내 용	기대효과
통화 시 준비 사항	1. 통화 조합원 인적 사항 충분히 파악(거주 동네, 나이 등등) 2. 통화하게 된 경위(답글을 받았거나 지인이 소개했거나 등등. 통화하기까지 각종 스토리를 준비) 3. 전화번호를 누른다. 신호음이 갈 때 긴 호흡을 하고 조합원님이 전화 받기를 기다린다. 4. 통화 5. 상대 조합원님이 전화를 끊을 때까지 기다린다(상대가 끊고 난후 전화를 끊는다).	전체 통화 시간 가운데 80%를 듣고 20%를 말한다. (가능하면 대화보다는 답변 위주, 애드립 위주로 통화)
매뉴얼	조합원이 전화 받을 때 1. "안녕하십니까? 00농협 이사 000입니다." 2. 상대 응답을 기다리고 (예시 / "누구세요, 반갑습니다. 왜 전화 하셨어요?" 등등 다양한 반응이 있을 것이다). 3. 000 조합원님의 고견을 듣기 위해 전화 했습니다(계속 이어나감). **4. 본사가 제공한 매뉴얼을 활용하여 다음 사항을 질문하면서 대화를 이어간다.** 1) 000 조합원님(또는 어르신)의 특징을 대화로 연결("몸은 괜찮으신지요?" 연로하신 분들은 "손주들 너무 예쁘고 귀여우시죠?" 등등 2) "00조합 이용하시는 데 불편한 점, 개선할 점이 많으시죠?" 3) "훌륭하신 조합원님과 통화하는 것만 해도 영광입니다." 등등으로 마무리 인사	- 65세 이상은 조합원님이라는 호칭보다는 '어르신네' 호칭 - 여성조합원은 호칭에 특별히 주의 - 조합원의 직책이 있으면 직책을 부르는 것이 가장 바람직(이사, 대의원, 회장님 등)

(2) 통화 내용 메시지

분류	내 용	기대효과
메시지 내용	존경하는 OOO 조합원님! **추운 날씨에 건강은 어떠신지요?** OO 농협 발전을 위해서 고견을 듣고자 오후 O시쯤 전화 드리려고 합니다. 전화 받기가 곤란하시면 다음에 연락 드리겠습니다. OO 농협 전)이사 OOO 올림♬♪	**두 번째 줄** 안부인사는 날씨, 근황, 애경사 등 적절히 활용
매뉴얼	1. 상기 메시지를 통화 희망시간 6시간(보통 아침 10시 정도) 전에 발송한다. 2. 메시지 답변이 올 경우 1) 전화 희망 메시지 답장이 올 경우(예시 / 예, 전화하세요): 우호적인 조합원 적극적으로 활용해 향후 조직책으로 활용 2) 답장이 없는 경우에도 통화 시도해서 "메시지 발송한 OOO입니다"하고 소통 3) 전화 거절(예시/ 전화하지 마세요) 인 경우 사과 메시지 발송하여 다음 기회에 소통 진심으로 사과드립니다. 불편하게 해드려서 죄송합니다. OO 농협 전)이사 OOO 올림♬♪	조합장 선거는 선거운동이 극히 제한적이라서 선거운동 기간 전후 전화 통화가 가장 효과적인 선거운동

(3) 통화 내용 정리

분류	내 용	기대 효과
필수 사항	핸드북(본사 제공) 양식 시트에 이름과 전화번호 파일을 참고하여 전화통화 시 녹음 또는 작성한 후 정리 ☞ ■2 조합원 말씀하신 것을 엑셀 파일에 입력 ☞ ■3 메시지로 발송할 수 있도록 문장을 수정 (머지기능)	* 통화 녹음 파일을 클로바노트 앱에서 글(텍스트)로 변환하는 기능 활용하여 파일 정리
향후 활용 방안	1. 40,50대 조합원은 자녀 이야기로, 60대 이상 조합원은 손주 이야기로 소통: 조합원님들이 손주 자랑을 할 때 메모한다(대학입학, 회사취직, 상 수상, 우등생 등등). 선거운동 기간 중 위의 내용을 넣고 문장을 구성(머지 기능)하여 문자 & 카톡을 발송할 수 있다. 2. 조합 건의사항: 조합에 대한 불만(이자가 높다, 불친절하다, 불편하다, 다른 조합과 비교해서 말씀하시는 것 등등)을 해결할 수 있는 대안을 메시지로 보낸다. 3. 주변 조합원 소개: 친인척 등 아시는 조합원님 ("000가 사돈이다. 000가 학교 동창이다" 등등)을 말씀하실 때 기록해 두면 그 조합원과 전화통화 시 아주 효과적이다(반대편일 경우 우리 편으로 설득). 4. 조합원과 통화하면서 상대 후보의 불법(향응 제공 등)과 동네 조합원 애경사, 동네 조합원 지지 성향 등 각종 정보를 획득할 수 있다.	- 평소에도 조합원과 통화하는 것이 효과적이지만 - 예비후보(30일)와 선거 운동 기간(13일 동안, 선거 당일은 안됨)에는 최고의 홍보 수단이자 지지를 이끌어낼 수 있다. - ARS로 후보소개, 공약전달(희망 버튼을 누를 경우) 및 투표 독려를 전체 조합원께 한꺼번에 발신하는 방법도 가능하다.

아. 여론조사

조합장 선거에서는 여론조사가 자유롭다. 법적인 제약이 거의 없다(후보 비방만 하지 않으면 대부분 가능). 공직선거에서는 여론조사 질문지를 선관위에 제출한다든가 선거일 6일 전까지 공표할 수 있는 등 제약이 많지만 조합장 선거에서는 후보를 반복적으로 알리는 행위를 제한하는 것 외에는 시기, 규정 등이 없다.

여론조사를 통하여 판세 분석, 지지도 파악 등을 한 후 선거 전략을 수립하게 되는데 선거 전후에 최소한 3회 정도 실시하고 있다. 선거 2개월 전에 인지도 호감도 조사를 비롯하여 조합원들의 관심사와 공약 등을 사전에 파악할 수 있다. 선거운동 기간 전에 적합도 지지도 조사를 실시하여 나의 지지도가 몇 %인지 파악한 후 선거운동의 방향과 전략을 수립해야 한다.

막판 여론조사를 실시하여(선거일 3-4일 전) 당선 가능 안정권에 도달했는지 파악해서 막판 선거 전략을 수립해야 한다. 만약 지지율이 비슷하다거나 밀리는 경우는 네거티브 등 특단의 전략과 전술을 동원하여 지지율을

끌어올려야 한다. 당사는 그동안 500여 회 여론조사 경험을 통하여 여론조사를 통한 각종 지표를 거의 정확하게 맞추었다. 상대 후보와 15% 이상 이길 경우 대부분 당선이 되었다.

설 문 안

2024 00농협 정책여론조사

| 조사 지역 | 00농협 | 조사 지역 | ARS 여론조사(조합원) |

안녕하세요. 00농협 정책에 대해서 조합원 여러분들의 의견을 듣고자 하오니 잠시만 시간을 내어 응답해 주시면 감사하겠습니다. 전화번호는 02-000-0000번입니다.

A. 응답자선별

SQ1. [조합여부] 선생님께서는 현재 00농협 조합원이십니까?

 그렇다   면 1번)
 아니다   면 2번)을 눌러주세요
 2번)이면 ☞ **[조사 제외 대상]** 멘트 후 종료

SQ2. [연령] 선생님의 연령이 만으로

 30대, 40대   면 1번)
 50대   면 2번)
 60대   면 3번)
 70대   면 4번)
 80대 이상   이시면 5번)을 눌러 주세요.

SQ3. [성별] 선생님께서
 남성이시면 ①번), 여성이시면 ②번)을 눌러 주세요.

SQ4. [성별] 선생님께서 사시는 지역이

00리, 11리	면 1번)
22리, 33리, 44리	면 2번)
55리, 66리, 77리	면 3번)
88리, 99리	면 4번)
01리, 02리, 03리, 04리	면 5번)
기타지역	이시면 6번)을 눌러 주세요.

B. 본 질문

1. 오는 3월 5일 실시되는 00농협 조합장이 최고 우선 순위를 두고 추진해야 할 사업은 무엇이라 생각하십니까?

조합원이 생산한 농산물의 판매 확대와 영농 자재 공급의 획기적 개선이	면 1번)
금융 서비스 개선 등 신용사업 활성화	면 2번)
하나로마트 구색을 다양화하고 가격을 인하해야 된다	면 3번)
기타	이시면 4번)을 눌러 주세요.

2. 00농협이 최고농협으로 발전할 수 있도록 오는 3월 5일 조합장 선거에서 어느 사람이 00농협 조합장으로 적합하다고 생각하십니까?
(가나다 로테이션)

김00 현)00농협 감사	이면	1번),	
박00 전)00농협 상무	이면	2번),	
이00 현)00농협 이사	이면	3번)을 눌러 주세요	

[종료인사]	끝까지 응답해 주셔서 감사합니다. 이 조사는 000에서 실시한 조사입니다.
[제외대상]	죄송합니다. 선생님은 조사 대상이 아니십니다. 조사를 중단하게 된 점 사과드립니다. 이 조사는 000에서 실시한 조사입니다.

자. 매니페스토

중앙선관위 입장에서는 위탁선거가 돈 선거가 될 것을 가장 우려한다. 그래서 '돈 안 쓰는 선거', '정책중심 선거'를 표방하고 있다. 따라서 공약은 조합원들이 후보를 결정할 중요한 요소이다.

다른 후보들과 차별화된, 그리고 실현 가능한 공약을 제시하는 것은 당락에 지대한 영향을 미친다. 매니페스토(Manifesto)의 어원은 '증거' 또는 '증거물'이라는 의미의 라틴어 마니페스투스(manifestus)다. 이 단어는 이탈리아어로 들어가 마니페스또(manifesto)가 되었는데, 그때는 '과거 행적을 설명하고, 미래 행동의 동기를 밝히는 공적인 선언'이라는 의미로 사용됐다. 같은 의미로 1644년 영어권 국가에 소개되었고, 이 단어를 오늘날 우리 사회가 쓰고 있는 것이다.

매니페스토는 더 이상 표를 얻기 위해 거짓말을 하지 않겠다는 선언이며, 6하 원칙에 따라 진심을 담아 쓴 반성문과 같다. 타인과의 차이를 존중하지 않고 소모적 갈등과 분열이 끊이지 않았던 것에 대한 반성문이다. 자신의 이익만을 주장하며 추호의 양보도 없었던 것에 대한 반성과 함께 앞으로는 자신의 가치와 지향, 대안들로 상대방과 경쟁하겠다는 구체적인 계획을 공개적으로 약속하는 것이다. 그럼에도 불구하고 같은 잘못을 저지른다면 어떠한 처벌도 달게 받겠다고 약속하면서 함께 상대방이 실천 내용을 쉽게 검증할 수 있도록 주기적으로 약속의 이행과정 정보를 밝히는 것이다.

2006년 지방선거부터 시작된 매니페스토 운동은 해당 후보자의 정책을 계량화·수치화해서 후보자를 선출하는 데 중요한 판단 기준이 되었다.
평가 기법으로 소개된 SMART 지수는,

△ 후보의 공약이 얼마나 구체적인가(Specific)?
△ 측정하고 검증할 수 있는가(Measurable)?
△ 정말로 달성 가능한가(Achievable)?
△ 지역의 특성과 연계돼 타당성이 있는가(Relevant)?
△ 추진 일정을 명시하였는가(Time table)를 통해,

스마트한 후보자를 선출함과 동시에 이를 정책 선거로 나아가게 하는 전환점이 되었다. 현직 조합장이라면 그간의 실적을 일목요연하게 정리하는 데 있어서 생생한 통계와 효과, 그리고 조합원들에게 돌아갈 이익에 대해 알려야 할 것이다. 반대로 도전자라면 정책과 공약의 청사진을 제시해서 조합원들이 고개를 끄덕일 수 있도록 해야 하며, 철저히 약속을 지킬 수 있다는 것을 보여 주면 승리할 수 있을 것이다.

작은 성공을 이루는 약속을 많이 하고 많이 실천하라. 큰 성공, 큰 위업을 약속해 봤자 유권자가 믿지도 않고 설득력도 떨어진다. 특히 경제적인 비즈니스를 다루는 조합에서는 현실적이고 실용적인 경제적 이익에 관한 구체적이고 명확한 정책과 공약을 제시할 필요가 있다.

조합장은 정치인이 아니라 경영인이다. 정치인처럼 공약(公約)이 공약(空約)이 되면 지역에서 영원히 버림받게 될 것이다.

2. 선거당일 점검사항

드디어 생사여탈(生死與奪, 사느냐 죽느냐)을 결정지을 결전의 날이다. 선거일 저녁 6~7시면 조합장으로 월계관을 쓸 수도 있고, 패잔병으로 쓸쓸하게 무대에서 사라져야 할 수도 있다.

〈 출처 : Pinterest 〉

스웨덴의 유명한 볼보(VOLVO)라는 차의 수입보다 더 수입이 많았던 4인조 그룹 아바(ABBA)의 노래 가운데 승자독식(勝者獨食, the winner takes it all)이라는 노래가 있다.

가사 가운데

The winner takes it all 승자가 모든 걸 다 차지하는 법입니다

The loser standing small beside the victory 승리자 옆 패자의 모습은 꼴이 아니죠

That's her destiny 그게 그녀의 운

명이지요

냉엄한 진리, 육상 경기에서 1등을 하는 주자가 끝까지 최선을 다하여 결승점에서 1위로 골인해야 한다. 뒤를 돌아보다가 1위를 내어준 선수도 있다. 꿈과 목표를 향해 조합장 당선을 위해 최후의 일각까지 최선을 다해 목숨 걸고 뛴 마지막 순간이 다가오고 있다.

의외로 마지막 선거 당일 단도리(だんどり, 일본말이지만 더 적당한 말이 없어서 이 단어를 사용)하지 못하는 경우가 비일비재하다. 심지어 선거일은 전혀 선거운동을 못한다고 알고 있지만, 바로 투표 독려라는 아주 효과적인 선거운동이 있다.

조합 임직원은 선거에 전혀 개입하지 못하지만 유권자들에게 투표 독려 메시지를 보낼 수는 있다. 임직원이 어떤 후보와 친척 등 절대적인 관계라면 아주 효과적일 수도 있다.

선거 당일 선거운동은 위탁선거법에서는 대부분 금지하고 있지만 몇 가지 사항은 체크할 필요가 있다는 것이다. 평소에 형설지공(螢雪之功)으로 당선권에 진입하였지만 선거 당일 몇 가지 사항을 놓쳐서 낙선한 경우가 비일비재하다.

가. 체크 포인트

선거 당일 몇 가지 체크 포인트가 있다. 공직선거와 달리 위탁선거의 특성상 수송 작전과 참관인은 매우 중요하다.

1) 함께 투표장 동행

위탁선거법에서 반복적이고 계획적인 조합원 수송은 불법으로 간주하고 있다.

그러나 당선되신 분들의 당선 비결 가운데 하나가 선거 당일 지역에서 살고 있는 조합원들을 함께 투표하러 가도록 하는 것인데, 이는 일반적인 행위로 간주된다. 투표장까지 함께 가서 투표를 잘 할 수 있도록 안내하는 것이다. 투표장에 가면서 지지할 후보가 바뀌는 경우도 허다하다.

2) 참관인

투표장마다 후보들의 참관인이 투표장에 앉아 있다. 지역에서 누가 참관인으로 앉아 있느냐가 투표에 큰 영향을 미치게 된다. 대부분 안면이 있어서 참관인 앉기를 꺼려하는데 조합원들로부터 덕망 있는 인물이 참관인으로 앉아 있는 경우 그 참관인의 후광으로 후보 결정이 좌우되기도 한다.

평소에 삼고초려(三顧草廬)해서 조합원들로부터 존경받는 인물을 참관인으로 선정해야 할 것이다. 반대로, 참관인이 별 볼 일이 없는 사람이면 그 후보의 자격과는 상관없이 감표 요인이 될 수도 있다.

3) 투표 독려 메시지

나. 투표 방법

대부분의 조합원들이 투표장에 가서 투표를 하지만 위탁선거법은 투표하는 방법으로 공공단체 등 위탁선거에 관한 규칙 제20조에 의거, 거소투표와 순회투표 또는 인터넷투표가 가능하도록 하고 있다.

1) 거소투표

투표소에 직접 가지 않고 우편으로 투표할 수 있는 부재자투표 방식의 하나이다.

위탁선거에 관한 규칙 제20조(거소투표자·순회투표자·인터넷투표자)
① 동시조합장선거에서 법 제41조제5항에 따라 거소투표, 순회투표 또는 인터넷투표(중앙선거관리위원회가 제공하는 정보통신망을 이용한 투표를 말한다)를 실시하려는 위탁단체는 선거인명부 작성 기간 개시일 전일까지 관할 위원회와 협의하여 거소투표 대상 선거인, 순회투표 대상 선거인 또

는 인터넷투표 대상 선거인을 선정하여야 한다.
② 위탁단체는 제1항에 따라 거소투표자, 순회투표자 또는 인터넷투표자로 선정된 선거인에게 그 사실과 투표방법 등을 지체 없이 알려야 한다.
③ 위탁단체는 제1항에 따른 선거인을 선거인 명부의 비고 칸에 "거소투표자", "순회투표자" 또는 "인터넷투표자"로 적고, 선거인 명부 작성 기간 중 거소투표자 명부, 순회투표자 명부 또는 인터넷투표자 명부를 각각 작성하여 지체 없이 관할위원회에 송부하여야 한다.

문제는 거소투표의 방식이다. 선거 당락이 1~2% 포인트 차이로 갈리는 경우가 허다한데 거소투표 선거 전략을 어떻게 세우냐에 따라서 득표율이 1~2% 올라갈 수도 있고 내려갈 수도 있다.

2) 순회투표자 또는 인터넷투표

인터넷투표는 온라인투표 방식으로 컴퓨터를 통해서 투표를 하는 방식이다. 위탁선거에서 법령으로 할 수 있도록 규칙에 정해져 있다. 어떤 방식으로 할 것인지에 대한 자세한 내용은 아직 없지만 투표소에 오지 않고 각 가정이나 투표장 외 장소에서 투표하는 방식이다.

중앙선거관리위원회가 주관하여 블록체인 기반 온라인 전자투표 시스템 구축 시범 사업을 진행하고 있으며, 선관위의 자체 온라인투표 시스템에 연동되어 적용될 예정이라고 한다. 미국에서는 2016년 공화당의 대선 후보 선정에 블록체인 기술을 적용한 인터넷투표를 도입하였다.

3. 조합원 대면방법

선거운동 기간 전에 공을 들여서 내 편으로 만들어 놓은 조합원들이 갑자기 돌변하여 다른 후보를 지지하고 있다는 말이 이쪽저쪽에서 들려온다. 이제까지 숨죽여 한 올 한 올 실타래를 엮어서 이제 옷이 완성(당선)되는가 싶었는데 사방에서 파열음이 들려온다. 합법, 불법으로 선거운동을 하다가 이제는 대놓고, 드러내놓고 마음껏 나를 찍어달라고 눈물을 흘리기도, 무릎을 꿇기도 하지만 훈풍은 커녕 여론의 바람이 차갑게만 불어온다.

남대니 감독의 권유에 따라 여론조사를 실시하였다. 이게 웬일인가?
전라도 OO농협 △△△ 조합장은 선거 2개월 전에 여론조사를 실시하였다. 현 조합장과는 지지도가 하프게임, 지난 선거 이후 4년 동안 공을 들였지만 설마 이렇게 밖에 지지도가 나오지 않다니... 지지도 28%가 조사 결과였다.

그 결과를 듣고 망연자실(茫然自失), 참모는 "일단 남 감독 이야기를 들어봅시다" 라고 권유하여 광주에서 천안까지 단숨에 올라오셨다.

"어떻게 해야 합니까? 포기해야 하는 게 맞죠? 그래도 40% 이상은 나올 줄 알았는데… "

"일단 가장 취약한 곳의 지지도가 13%인데 지금부터 그곳에만 집중해 15일 동안 새벽부터 밤까지 조합원을 설득해 보세요!"

"이제 선거가 코앞에 다가왔는데 그게 무슨 소용이 있습니까?"

몇 가지 다른 전략을 설명하였지만 고개를 푹 숙이고 광주로 발걸음을 돌렸다.

정확히 15일 뒤 여론조사를 실시하였다.

이게 웬일인가? 12% 지지도의 취약 지역이 38% 여론조사 결과가 나왔다. △△△ 후보는 이제 신이 나서 미친 듯이 뛰었고 드디어 선거운동 기간에는 전략적으로 선거운동을 펼쳤다.

결과는 △△△ 후보 830표, 2위 후보(현조합장) 823표, 럭키세븐 7표 차이로 당선되었다. 지역 농축협 가운데 도시농협(직할시 소재)이 91개인데 후보가 현직 조합장을 이기기는 하늘의 별따기이다. 서울 중앙농협 △△△ 조합장, 강서농협 △△△ 조합장, 인천중구농협 △△△ 조합장 등이 당사가 지원한 조합장 가운데 기억에 남는 분들이다. 왜냐하면 조합원들이 대부분 아파트에 살기 때문에 만날 수가 없기 때문이다.

14일 동안 얼마나 많은 조합원을 만나게 될 것인가?

공직선거의 경우 지역에 사는 모두가 유권자이지만 조합장 선거의 경우 조합원을 구별할 수가 없다. 농어촌 조합장 선거의 경우 그 동네에 찾아가면 경로당이나 마을회관에서 조합원을 만날 수 있지만 도시 조합의 경우 조합원을 만나기가 여간 어렵지가 않다. 그러나 만날 수 있는 모든 수단을 동원해서 조합원을 만나야 한다.

어떤 후보들은 피켓을 크게 만들어서 사람들이 많이 다니는 다중 장소(시장이나 마트 앞 등)에 다니기도 하고 선거운동 기간 동안 조합의 행사가 있을 때 참석해서 조합원을 만나기도 한다.

무엇보다 가장 좋은 장소는 조합의 금융 창구가 아닐까 생각한다. 조합의 본점이나 지점 앞에서 명함을 나누어주고 캐치프레이즈나 공약을 설명하는 것이 가장 바람직할 것 같다.

조합원을 만났을 때 강한 인상과 감동을 주어서 나를 지지하도록 해야 한다.

가. 단 3초의 신비 – 첫인상이 경쟁력이다

1) 왜 첫인상인가?

첫인상이 결정되는 시간은 대개 미국 사람들은 15초, 일본 사람들은 6초, 한국 사람들은 3초라고 한다. 한마디로 '보는 순간 결정된다'는 뜻이다. 특히 우리나라 사람들은 매우 짧은 시간에 첫인상을 결정한다. 뿐만 아니라 상대의 첫 마디를 통해 얻은 정보가 나중에 알게 된 정보보다 훨씬 중요하게 다뤄진다. 심리학에서는 이를 초두 효과[45]라고 한다.

이제 조합장선거도 조합원의 공식적인 모임에서 연설이 가능하기 때문에 조합원 앞에서 첫 연설이 너무나도 중요하다.

---

45) 초두 효과(初頭 效果, primacy effect): 첫 만남에서 느낀 인상, 외모, 분위기 등이 그 사람에 대한 고정관념을 형성하여 대인 관계에서 작용하는 것. 처음 만났을 때 느끼는 첫인상은 그 사람이나 대상에 대한 전반적인 신념이나 지식, 그리고 기대를 형성하는 데 결정적인 역할을 한다.

링컨 대통령도 연설에서 가장 중요한 부분은 첫머리라고 강조했다. 처음부터 사람을 사로잡기 위해 노력해야 하는 것이다.

가령,
A라는 사람의 성격 : 똑똑하다. 근면하다. 충동적이다. 고집이 세다. 질투심이 강하다.
B라는 사람의 성격 : 질투심이 강하다. 고집이 세다. 충동적이다. 근면하다. 똑똑하다.
위의 경우는 순서만 바꾸었을 뿐이지만 긍정적인 말이 먼저 나온 A를 B보다 더 호의적으로 생각한다.
앞서 첫인상은 시각적 요소 55%, 청각적 요소 38%와 말의 내용 7%가 합쳐져서 만들어진다고 했다. 이성보다는 감성에 좌우되는 것이다.

"나는 생각한다. 고로 나는 존재한다"라는 명언을 남기며 이성을 중시했던 데카르트의 주장과 달리 인간은 이성적인 존재임에도 불구하고 감정에 더 치우친다는 결론이다.
예를 들어 첫인상이 좋은 사람은 실수를 해도 "오늘 뭔가 안 좋은 일이 있었나? 뭐 그럴 수도 있지"라고 넘어 가는 반면 첫인상이 안 좋았을 때는 "역시 그럼 그렇지"라고 생각한다. 첫인상을 통해 그 사람의 모든 것을 평가하는 것이다.

2) 첫인상의 경영학

CEO가 회사를 경영하듯 첫인상도 경영하는 것이 필요하다. 그러므로 이번 장에서는 첫인상과 얼굴을 경영하는 방법을 알아보자.

(1) 내면 가꾸기

인상은 심성, 즉 내면의 모습이 밖으로 나타난 것이다. 그래서 좋은 인상을 만들기 위해서는 내면을 아름답게 가꿔야 한다. 하지만 많은 사람들이 마음 가꾸기에는 무관심하다.

첫인상을 잘 경영하기 위해서는 마음 성형(成形) 다시 말해 마음 관리를 잘 해야 한다. 항상 긍정적인 마인드로 매사에 감사하며 사랑스러운 말을 하고 밝은 표정을 짓는다. 독서를 통해 마음의 양식을 쌓는다면 내면이 풍성해지고 아름다워진다.

(2) 미인대칭 비비불(微人對稱 非批不)

미인대칭 비비불이 무슨 뜻일까?

나부터 '미소 짓고, 인사 나누며, 대화하고, 칭찬하자. 어떤 순간에도 비난, 비평, 불평은 하지말자'는 뜻이다.

○ 미소(微笑, smile) - 첫 대면 시 웃고 있으면 웃지 않는 사람보다 훨씬 좋은 첫 인상을 남긴다. 백 마디 말보다 한 번의 미소가 강력한 효과를 가진다.

○ 인사(人事, greeting) - 인사만 잘 해도 성공한다. 인사는 상대를 향해 마음을 여는 행동이다. 먼저 인사를 건넬 때 나이가 많고 적음을 떠나 상대방과의 관계에서 주도권을 갖는다. 인사하는 사람을 싫어하는 사람 또한 없다는 사실을 명심하자.

○ 대화(對話, talk) - '말 한마디에 천 냥 빚을 갚는다'는 속담이 있듯이 말 한마디로 그 사람의 평가가 달라진다. 그만큼 대화가 중요한 것이다. 호감을 주는 대화법은 상대방의 말을 끝까지 들어주고 일단 긍정하는 것이다. 다음에 자신의 생각을 말한다. 그러면 상대방도 즐거운 마음으로 자신의 말을 받아들이기 때문에 대화가 부드럽게 흘러간다. 이것이 바로 마음을 움직이는 따뜻한 대화법이다.

탈무드에 나오는 "입은 하나이지만 귀는 두 개다"라는 말은 경청(傾聽)이 얼마나 중요한 것인가를 설명한다. 말하는 것보다 최대한 듣는 것이 더 중요하다는 말이다. 그러나 선거에서는 다중 장소에서 짧은 시간에 스쳐가는 조합원에게는 짧고 명확한 메시지로 말을 먼저 던져야 한다.

○ 칭찬(稱讚, compliment) - 누군가를 칭찬하기 위해서는 관심을 가지고 관찰해야 한다. 그러면 반드시 칭찬거리가 보인다. 중고등학생을 대상으로 '부모님이 좋을 때'를 묻는 설문조사에서 1위가 칭찬과 격려를 해줄 때로 나왔다. 2위가 용돈 줄 때였으니, 학생들이 바라는 것은 용돈이 아니라 부모님의 칭찬인 것이다. 칭찬 듣기를 싫어한다고 알려진 나폴레옹조차 실은 칭찬에 약했다고 한다.
"각하를 존경합니다. 그것은 칭찬을 싫어하는 각하의 고고한 성품이 마음에 들기 때문입니다."
칭찬 아닌 칭찬 같은 부하의 말에 크게 흐뭇해했다고 하니 말이다.

이제 비비불(非批不)에 대해서 설명한다. 이것이 위의 4가지보다 더 중요한 덕목(德目)이다.

○ 비난(非難, attack)하지 않기(비난보다는 이해를 합시다)[46] - 인간 처세

술 중에서 가장 중요한 것은 남을 비난하지 않고 오히려 이해하려고 노력하는 일이라는 뜻이다.

세계 사람들이 존경하는 위인으로 인식되는 링컨 대통령도 태어나면서부터 그렇게 위대한 인간성이 만들어진 것은 절대로 아니다.

1842년 가을, 링컨은 허세를 잘 부리고 시시비비를 가리기 좋아하는 아일랜드 출신의 정치인 제임스 쉴즈를 조롱하는 풍자(諷刺) 글을 지어 스프링필드의 저널지에 익명으로 투고하였다. 그 글이 신문에 실리자 스프링필드 사람들은 모두들 쉴즈를 비웃었고, 자존심이 강한 데다가 스스로의 감정을 억누르지 못하는 쉴즈는 불같이 화를 냈다. 결국 쉴즈는 여러 가지 채널을 동원하여 그 글을 쓴 사람이 링컨이라는 사실을 알아냈고 곧 바로 링컨에게 결투를 신청하였다. 평소 링컨은 '결투'라는 것에 대해 반대하는 입장이었지만, 명예가 달린 일이었기 때문에 쉴즈의 결투 신청을 거절할 수는 없었다. 어쨌든 무기의 선택권은 링컨에게 위임되었고 팔이 길었던 링컨은 기병대용 장검을 택하였다. 그리고 육군사관학교 출신인 친구에게 장검의 사용법을 지도 받았다. 그러나 링컨은 밤낮을 가리지 않고 쉴즈를 비난한 것에 대해서 후회를 하고 또 하였다. 비난을 하다가 죽게 생겼으니 말이다. 드디어 결투하기로 약속한 날, 두 사람은 미시시피 강변의 모래사장에서 만나게 되었다. 그리고 목숨을 건 결투를 시작하려는 그 순간, 쌍방의 입회인들이 적극적으로 중재에 나서 다행히 결투는 벌어지지 않았다. 하지만 이 사건으로 인해 링컨은 커다란 충격을 받게 되었다. 그 덕분에 그는 사람을 다루는 방법에 대해 매우 귀중한 교훈을 얻을 수 있었고, 그 뒤로는 두 번 다시 남을 조롱하는 글을 쓰지 않았으며 어떠한 일이 있어도 남을 비판하지 않게 되었다.

---

46) https://m.blog.naver.com/nlboman/200214866 한국교육리더십연구소에서 인용

"남의 비난을 받고 싶지 않다면 남을 비난하지 말라"

이것이 바로 링컨의 좌우명이 되었고, 그는 결국 크게 성공한 대통령이 되었다.

백의민족인 대한민국은 남을 힐난하거나 비난하는 것을 좋아하지 않는다. 연로한 조합원은 후보들이 비방하거나 비난을 하면 "서로 좋은 말을 해야지 남을 헐뜯으면 안되지!"
위탁선거법에서 상대후보를 비방할 경우 허위 및 비방죄가 적용되는데 유일하게 양형 기준이 벌금 500만 원 이상의 처벌로 하고 있다.

○ 비판(批評, criticism)하지 않기(비판보다는 협조와 제안을!) - 다른 사람을 비판하는 것은 위험한 불꽃놀이를 하는 것과 같다. 그리고 그 불꽃놀이는 자존심이라는 화약고의 폭발을 유발하기 쉬운 것이다. 게다가 한 번 폭발이 일어나면 사람의 목숨까지 앗아가는 일이 발생하기도 한다. 영문학의 귀재 토마스 하디가 영원토록 소설을 쓰지 않게 된 이유도 매서운 비평 때문이며, 영국의 천재 시인 토마스 채터튼을 자살로 몰아넣은 것도 역시 날카로운 비평 때문이었다. 영국의 위대한 사상가 카알라일은 이렇게 말하고 있다.

'대인(大人)은 소인(小人)을 다루는 솜씨로써 그 위대함을 보여준다'

선거운동 과정에 별 일이 다 있게 될 것이다. 일희일비(一喜一悲)하면 나만 피해를 입게 된다. 문자메시지를 발송하면 "당신 내 번호 어떻게 알았어!", "당신에 대해서 잘 알고 있어. 당신이 조합장이 되면 내 손에 장을 지지지!" 등 입에 담지 못할 욕까지 하면서 공격을 한다.

당선되신 분들의 공통된 이야기는 그런 악담을 들을 때 오히려 더 힘이 생기고 더 열심히 운동하게 되었다고 한다. 왜냐하면 "내가 이제 당선될 것 같으니까 온갖 공격을 하는구나! 이런 사람들은 상대 후보의 조직들로서 의도적으로 하는 것이니까 드디어 이제 당선되는구나?" 하면서 꿋꿋하게 조합원을 더 만나고 더 뛰게 되었다고 하였다.

비판을 묵묵히 감수해야만 위대함으로 도약할 수 있고 당선될 수 있다는 사실이다.

"나는 나를 부당하게 비판한 사람들도 용서하겠다. 나는 나 자신을 용서하겠다. 나는 매일 용서하는 마음으로 오늘 하루를 맞이하겠다."

○ 불평(不平, complaint)하지 않기(불평보다는 같이 지혜를 모아 문제를 해결합시다) - 영원한 베스트셀러 『적극적인 사고의 힘』의 저자 노만 빈센트 필은 1993년 크리스마스 이브에 95세의 일기로 세상을 떠났다. 그는 사랑과 평화, 그리고 주위 사람들의 따뜻한 보살핌에 둘러싸여 집에서 임종을 맞이했다. 노만은 그런 대우를 받을 만한 충분한 자격이 있었다. 그가 벌인 적극적인 사고 갖기 운동은 여러 세대에 걸쳐 수많은 사람들에게 마음의 평화와 자신감을 심어 주었다. 그의 강연, 연설, 라디오 방송, 책을 접한 사람들은 우리가 처한 환경이 곧 우리의 책임이라는 사실을 깨달았다.

하나님이 결코 쓰레기를 만들지 않는다는 것을 느낀 다음부터 노만은 우리에게 아침에 눈을 뜰 때마다 두 가지 선택이 존재함을 상기시켰다. 우리 자신에 대해 좋은 기분을 갖든지 아니면 자신을 불행하게 느끼든지 말이다.

조합장에 출마한다고 선언한 후 조합원을 만나다보면 별의별 일이 다 발생한다. 믿었던 죽마고우(竹馬故友)같은 친구가 상대 후보의 참모가 된 경우, 가까운 친척이 오히려 반대편에 서 있는 경우 등 배신의 연속이고 절망의 늪에 빠질 때가 많다. 많은 후보들은 자포자기(自暴自棄)하고 "왜 내가 이런 짓을 하는지 모르겠다"면서 포기하고 싶은 마음이 굴뚝 같아진다. 심지어 가장 이해해 줘야 할 배우자(주로 아내)마저 나를 공격할 경우 죽고 싶은 심정이 될 것이다. 선거에 출마하신 대부분의 사람들이 공통적으로 경험하는 일이다. 그렇다면 하루빨리 포기하는 것이 낫다. 그러나 시작을 했으면 끝장을 보아야 하는 것이 선거이다. 많은 후보들이 마지막 결승점 앞에서 포기하는 경우를 많이 보아왔다. 그렇게 되면 나의 웅대한 비전과 계획은 다시 실패로 돌아가며 나는 중도에 포기한 사람으로 낙인(烙印) 찍히게 된다.

오늘 나는 어떠한 경우에도 불평하지 않을 것을 선택한다. 나는 결과에 집중한다. 내가 바라는 결과를 이루기 위하여 그 과정을 즐기지 못해도 개의치 않겠다. 내가 결과에 집중하면서 그 과정을 계속하는 것이 무엇보다도 중요하다. 운동선수는 훈련의 고통을 절대로 즐기지 않는다. 운동선수는 훈련을 완수했다는 결과를 즐긴다. 상처 없는 독수리가 어디 있으랴! 어미 독수리는 무서워 떠는 새끼 독수리를 둥지에서 꺼내어 벼랑 아래로 떨어뜨린다. 날기를 배우는 고통은 결코 즐거운 경험이 아니다. 하지만 어린 독수리가 하늘을 향해 솟구칠 수 있을 때 그 고통은 순식간에 잊혀진다.

상처 없는 새가 어디 있으랴![47]

상처를 입은 젊은 독수리들이 벼랑으로 모여들기 시작했다.
날기 시험에서 낙방한 독수리....
짝으로부터 따돌림을 받은 독수리....
윗 독수리로부터 할큄을 당한 독수리....

---

47) 무명 시인의 글

그들은 이 세상에서 자기들만큼 상처가 심한 독수리는 없을 것이라고들 생각했다. 그들은 사는 것이 죽느니만 못하다는 데 금방 의견이 일치했다.
이 때, 망루에서 파수를 보고 있던 독수리 중의 영웅이 쏜살같이 내려와서 이들 앞에 섰다.
"왜 자살하고자 하느냐?"
"괴로워서요, 차라리 죽어버리는 것이 낫겠어요."

영웅 독수리가 말했다.
"나는 어떤가? 상처 하나 없을 것 같지? 그러나 이 몸을 봐라."

영웅 독수리가 날개를 펴자 여기저기 빗금진 상흔이 나타났다.
"이것은 날기 시험 때 솔가지에 찢겨 생긴 것이고 이건 윗 독수리한테 할큄 당한 자국이다. 그러나 이것은 겉에 드러난 상처에 불과하다. 마음의 빗금 자국은 헤아릴 수도 없다."
영웅 독수리가 조용히 말했다.

〈 클립아트코리아 제공 〉

"상처의 크기와 숫자는 새들의 제왕이 되는데 필수적인 계급장이니라. 일어나 날자꾸나. 상처 없는 새들이란 이 세상에 낳자마자 죽은 새들 밖에 없다. 살아가는 우리 가운데 상처 없는 새가 어디 있으랴!"

나. 연설

1) 1%의 변화가 당선의 기초

(1) 단어 선택이 당선의 비법

새로운 개정법에는 정책 발표라는 제도가 생겼다. 한 마디로 조합원 앞에서 연설을 하는 것이다.

똑같은 내용이라도 '어떤 단어를 선택하느냐'에 따라서 상대는 전혀 다른 의미로 받아들이게 된다. 말을 할 때는 단 한 마디를 하더라도 강력한 이미지를 심어줄 수 있어야 한다. 구구절절하는 설명은 힘이 없다.

후보의 연설은 당락에 절대적인 영향을 미친다. 공공장소(경로당이나 마을회관 등)를 방문해서 조합원들을 향해 어떤 말을 하느냐를 듣고 조합원들은 점수를 매기게 된다. 그동안 정치인들이 말로 인하여 패가망신한 경우와 횡재를 얻은 경우가 헤아릴 수 없이 많았다.

30일 예비후보 기간과 14일 선거기간에 무수히 많은 말을 하고 많은 말을 듣는다. 하지만 말을 제대로, 효과적으로 할 수 있는 사람은 그렇게 많지 않다. 똑같은 내용의 말을 하더라도 어떻게 표현하느냐에 따라 그 말을 받아들이는 상대는 전혀 다르게 받아들이게 된다. 이것이 바로 화술의 힘이요, 스피치의 매력이다.

단어 선택의 비법

– 말을 할 때는 단 한 마디를 하더라도 상대에게 강력한 이미지를 심어줄 수 있어야 한다.

그것이 백 마디 말로 구구절절 설명하는 것보다 훨씬 효과적이고 확실하다. 동네를 방문할 때 최소한 그 동네의 역사나 현황은 알고 가야 할 것이다. 어느 씨족이 많이 살고 있는지 사전에 파악해 자신과의 인연이나 추억 등을 먼저 풀어놓는 것이 좋다.

– 상상을 쉽게 만드는 대상

단어마다 갖는 이미지가 있다. 연상이 쉽게 되는 단어를 선택하는 것이 좋다.

예) 드는 비용에 비해 수익이 얼마 없는 시설=돈 먹는 하마

– 부담은 나누고 이득은 합하고

조합원을 설득하려면 내가 내민 명함과 대화가 부담이 없어야 하고, 바로 조합원에게 이익이 돌아오리라는 느낌을 전해야 한다. 부담을 줄이고 줄일수록 조합원은 가벼운 마음으로 응할 수 있는 것이다.

예를 들어 어떤 사업을 한다면 들어가는 비용은 나눠서 적은 숫자로 말하고 얻는 이득은 합해서 큰 숫자로 말한다.

예) 지점 건립에 드는 기간이 2년이며 총 비용은 20억 원, 예상 매출이 연간 10억 원, 순이익은 연 1억 원이라고 한다면… 같은 내용을 아래와 같이 표현할 수가 있다.

"월 8,000만 원의 돈을 들여 지점을 건립하면 5년 후에는 5억 원의 돈을 벌 수 있습니다."

(2) 감정에 호소하라!

만남에서 조합원을 설득하고 내 편으로 끌어들여야 할 때 우리는 늘 생각한다.

'내 진심이 조금만 더 잘 전달됐더라면….'

이러한 고민을 누구보다 절실하게 하는 이들이 있다. 바로 홈쇼핑 채널의 쇼호스트다.

쇼호스트는 그야말로 말 하나로 먹고 사는 직업이다. 말을 얼마나 잘하느냐 못하느냐에 따라 그날 방송 상품의 매출이 좌우될 정도로, 그들에게는 말로 사람을 설득하는 기술이 가장 중요한 무기다.

그러나 설득의 달인이라고 해서 특별한 비법이 따로 있는 것은 아니다. 화려한 언변이나 테크닉이 필요한 것도 아니다. 오히려 누구나 다 아는 것을 어떻게 잘 활용하느냐가 관건이다.

이를 위해서는 조합원들의 심리를 잘 관찰하고 설득의 원리를 공부하는 자세가 필요하다. 똑같은 내용의 말이라도 단 1%의 차이가 전혀 다른 효과를 불러오는 것이다.

(3) 주도권을 잡아라!

한때 강호동이 출연한 '무릎팍 도사'가 재미있는 이유는? 세상에는 말로 하는 설득만 있는 것은 아니다. 비즈니스 현장이나 대인 관계를 가만히 살펴보면 의외로 언어 외적인 부분에서 대화가 이루어지는 경우가 많다. 이것을 '말없이 하는 설득'이라고 부르는데, 그 대표적인 예가 바로 '무릎팍 도사'의 강호동이다.

강호동은 게스트가 무대에 들어오면 한바탕 떠들썩하게 춤을 추다가 자리를 잡고 앉는다. 게스트가 자리에 앉으면 그는 탁자를 '쾅'하고 강하게 치면서 몸으로 탁자 위를 덮고 게스트의 코앞까지 얼굴을 들이댄다. 이때 게스트는 깜짝 놀라며 몸을 뒤로 빼면서 어색해하게 되는데, 이것이 바로 강호동 식의 기선 제압이라고 할 수 있다. 이제 대화는 자연스럽게 진행자가 주도권을 쥐게 되고, 기 싸움에서도 진행자가 이기게 되는 것이다.

저자는 고등학교 시절 한국일보 강당에서 전국웅변대회에 참가한 적이 있다. 순서가 거의 마지막이어서 단상에 올라갔을 때 분위기가 너무 어수선하였다. 그 때 저자는 손가락을 강당 뒤편 방향으로 하면서 큰소리로 "잡아라!" 하고 고함을 치니까 관중들이 일제히 뒤를 쳐다보았다. 아무 일도 없으니까 저자의 얼굴을 쳐다보았다. 그때 저자는 "여러분 마음을 잡으십시요!" 모두가 조용히 나의 웅변을 경청하였고 저자는 우수상을 수상하게 되었다.

많은 사람 앞에서 노래를 부를 때 "목이 메어 불러 보는 이 노래는 연습이다" 하고 한 박자 쉬고 노래를 시작하면 조합원들이 귀를 쫑긋하고 듣는다.

조합원을 만날 때 다양한 방법을 동원하여 한바탕 놀고 웃고 왁자지껄하게 쇼맨십을 보여주어야 한다. 내가 주도권을 쥐고 시작하게 되면 자신도 모르게 심리적 안정을 얻게 되고, 이것은 자신감을 얻는 데 최상의 무기가 된다.

(4) 메라비언의 법칙(The Law of Mehrabian)
미국 캘리포니아대학교 명예교수이자 심리학자인 앨버트 메라비언은 상대방을 판단하는데 있어 시각적 요소가 55%를 차지한다고 밝혔다. 뒤이어 청각적 요소 38%, 말하는 내용 7%가 더해져 호감도가 결정된다는 것이다.

말의 내용보다는 비언어적 요소인 시각과 청각이 훨씬 중요하다는 뜻이다. 상대방의 외모, 표정, 행동, 태도, 옷차림 등 눈에 보이는 것들이 첫인상을 만들어내기 때문이다. 선거에서도 후보자의 인상에 따라 호감도가 달라진다. 외적인 모습이 선거 결과에 영향을 끼친다는 의미이므로 언어 구사, 말하는 태도 등에 유의해야 한다.

그렇다면 효과적으로 말하기 위해서는 어떻게 해야 할까?
우리는 날마다 말을 하면서 살지만 말을 잘 한다는 것은 생각처럼 쉬운 일이 아니다. 특히 사람들 앞에 서면 당황해 실수하기도 한다.
후보는 앞에 서는 일이 많은 만큼 반드시 말하는 능력을 갖춰야 한다. 즉, 말을 잘 하기 위해서는 오랜 시간 지속적으로 연습해야 한다.

생텍쥐페리의 『인간의 대지』 중에서 "오래 사귄 벗은 저절로 만들어지는 것이 아니다. 참나무를 심었다고 오래지 않아 그 그늘 밑에서 쉬기를 바란다는 것은 헛된 일이다"라고 하였다.

<희대의 말더듬이 세계 최고의 연설가가 되다> 데모스테네스[48]는 '아테네의 10대 웅변가' 중 한 사람이었지만 선천적으로 말을 잘 하는 사람은 아니었다. 태어날 때부터 지독한 말더듬이였고 호흡기가 약해 몇 마디만 해도 숨이 찼다. 몸도 허약하고 운동도 못했으니 친구들에게 '피리 부는 광대'라는 놀림을 받곤 했다. 안타깝게도 부유한 집안에서 태어났지만 일곱 살 때 부모님이 돌아가시고 백부(伯父)에게 전 재산을 빼앗기는 바람에 제대로 된 교육조차 받지 못했다.
성인이 된 뒤 그는 자신의 불합리한 상황을 바로잡기 위해 당대 유명한 웅

---

48) 데모스테네스(기원전 384년~기원전 322년)는 고대 그리스 아테네의 저명한 정치가이자 웅변가

변가 '이사이오스'[49]에게 웅변술을 배웠다. 덕분에 소송에서 승리했으나 백부가 이미 모든 재산을 탕진해 법정에서 연설문을 작성해 주는 일을 했다. 그로 인해 시민들의 기구한 사연을 자주 접하게 되었던 그는 정치를 하기로 결심했다. 하지만 그의 첫 연설은 시민들의 웃음거리가 되고 말았다. 타고나길 목소리가 작았던 그는 말을 더듬거렸으며 습관적으로 오른쪽 어깨를 위로 올렸다. 호흡도 짧아 한 문장을 말하기 위해서는 몇 번이나 쉬어야 했다. 데모스테네스는 산으로 올라가 거울을 앞에 놓고 연습을 했지만 좀처럼 멋진 연설이 나오지 않았다.

친구에게 고민을 토로하자 세 가지 문제점을 지적해 주었다.
첫째, 연설을 할 때에 호흡이 급하고 목소리가 크지 않다. - 호흡법의 문제.
둘째, 언변이 유창하지 않고 막히다 보니 말의 매듭이 분명치 않다. - 말솜씨의 문제.
셋째, 한 단락 또는 한 구절을 마칠 때마다 어깨를 치켜 올리는 듯 보인다. - 태도의 문제.

데모스테네스는 친구가 지적한 내용을 염두에 두고 연습했다. 그럼에도 불구하고 연단에 올라가면 긴장감이 엄습해 와 말을 더듬거렸다. 그는 머리와 수염을 깎고 세상과 단절한 채 연습에 매진했다. 짧은 호흡을 극복하기

---

[49] 이사이오스는 기원전 4세기 아테네의 대표적인 법정 변론가였다. 특히 그는 상속권에 관한 소송의 전문가

위해 가파른 언덕을 뛰어오르며 발성 연습을 한 결과 복식 호흡이 가능 해졌다. 논리적으로 말하기 위해 수사학자 세지데이즈의 책을 여덟 번이나 베껴 쓰는 등 독서에 주력했다. 그러나 무대 공포증은 쉽사리 극복되지 않았다. 긴장감 때문에 한쪽 어깨가 올라가는 습관 또한 고쳐지지 않았다. 어깨에 신경 쓰느라 좀처럼 연설에 몰입할 수 없었던 그는 천장에 날이 선 칼을 매달아 놓았다. 수없이 어깨를 베고 나서야 결국 버릇을 고쳤.

작은 돌(자갈)을 혀 밑에 넣어 발음 연습을 하고 큰 거울을 보면서 가장 좋은 자세를 연구하는 등 1년간 연습에 연습을 더한 결과 그는 아테네 시민들에게 가장 존경받는 웅변가가 되었다.

이처럼 훌륭한 연설가가 되기 위해서는 피나는 연습이 필요하다.

2) 선거의 스피치란 무엇인가

사람들은 누구나 대중 앞에서 당당하게 말하길 원한다.
하지만 정도의 차이만 있을 뿐 누구나 사람들 앞에 서면 떨리고 머릿속이 하얗게 된다. 무슨 말을 어디서부터 어떻게 해야 할지 캄캄해지는 것이다. 결국 두서없이 말하다 결국 중요한 말을 놓치기도 한다. 스피치를 배워야 하는 까닭이다.

스피치란 무엇일까? 이는 수다와 전혀 다른 개념이다. 수다가 특별한 목적 없이 하고 싶은 이야기를 하는 것이라면 스피치는 하나의 주제를 일관성 있게 전달하는 것이다. 따라서 반드시 말에 목적이 있어야 한다. 정보를 제공하고 감동을 주며 상대의 마음을 움직일 수 있어야 하는 것이다.
그런 의미에서 스피치는 선거운동에 있어 중요한 당선 솔루션이다. 떨림과 불안증을 극복하고 짧은 시간 안에 자신이 하고자 하는 말의 핵심을 명료하게 전달해야 한다. 데모스테네스를 떠올리며 꾸준히 반복한다면 누구나 최고의 연설가가 될 수 있다.

(1) 스피치의 기본요소
① 올바른 발음과 발성
많은 사람 앞에서 말을 할 때 원고를 잘 외우고 내용이 훌륭하더라도 발음이 부정확하고 발성이 시원스럽지 않으면 듣는 사람이 불편하고 집중하기 어렵다. 긴장하면 발음이 더 부정확해지고 목소리도 작아지거나 어눌해진다.

〈올바른 발음과 발성을 통한 목소리〉
자연스럽고 듣기에 편한 목소리
당당하고 자신감 있는 목소리
설득력이 있는 목소리

〈피해야 할 목소리〉
힘이 없는 목소리
퉁명스러운 목소리
비음 섞인 목소리

② 발음 발성 연습
발음 발성의 기본은 올바른 입모양이다.
입을 크게 벌리지 않고 말하는 습관이 있다면 입에 볼펜이나 나무젓가락을 물고 연습한다. 입모양이 작으면 발음이 명확하지 않으므로 도구를 사용해 정확한 소리를 내는 훈련을 하는 것이다.
발음과 발성 연습을 매일 지속적으로 한다.

소리 내어 책을 읽거나 시 낭송 등을 한다.

적어도 하루 한 시간 이상 스피치 주제를 정해 생각하고 쓰는 연습을 한다.
자신의 스피치 모습을 영상으로 녹화하거나 녹음해 객관적으로 다시 점검한다.
연습 스피치 계획을 일주일 단위로 준비해 꾸준히 실천한다.

③ 올바른 호흡법

〈복식 호흡〉

올바른 발성은 올바른 호흡에서 가능하므로 복식 호흡을 한다.
우리는 태어날 때 복식호흡을 하지만 성장하면서 가슴 근육으로 하는 흉식 호흡을 하게 된다. 그러나 흉식 호흡으로 말을 하면, 힘과 공명 있는 소리가 나지 않는다. 즉, 스피치를 할 때는 배에 힘을 주고, 공기의 양을 많이 들이마실 수 있는 복식 호흡을 한다.

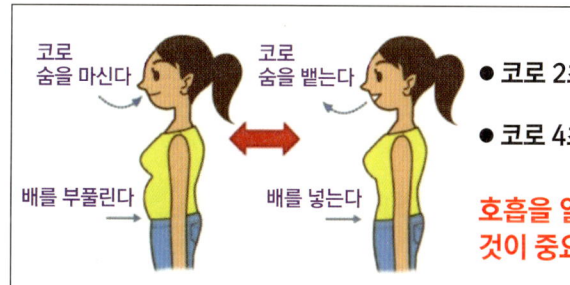

- 코로 2초 들이마시기, 4초 '후~' 내뱉기
- 코로 4초 들이마시기, 8초 '후~' 내뱉기

호흡을 일정한 속도로 마시고 내뱉는 것이 중요함!

좋은 목소리를 만드는 복식 호흡법과 시선 처리

- 목소리를 좋게 하기 위해서는 후두를 진동시키는 에너지원인 산소의 공급이 충분해야 하며, 이는 복식 호흡을 통해 가능해진다.

- 복식 호흡은 아랫배 속이 불룩하도록 바깥의 좋은 공기를 코로 천천히 들이 마시고 3~5초 정도 잠시 숨을 참았다가 코로 천천히 내뱉는 것이다. 매일 반복해 10회 이상 훈련하면 좋은 목소리를 가질 수 있다.

> - 말을 할 때 시선은 중앙→오른쪽→중앙→왼쪽 순으로 한 문장씩 눈을 맞춰 머무르다 천천히 옮겨가도록 한다. 큰 목소리로 또박또박 천천히 자연스럽게 말하며 크기, 높고 낮음, 쉬기 등으로 조절한다. 특히 입이 아닌 마음으로 말을 하면 잘 전달된다.

④ **올바른 언어습관**

우리는 자신도 모르게 습관적으로 사용하는 말이 있다. 예를 들면 '같아요, 음, 저' 등은 무의식적으로 나오는 경우가 많으므로 평소에 바르게 말하기 위해 노력해야 한다.

말끝을 흐리면 자신감이 없어 보이기 때문에 끝맺음을 명확히 해야 한다.

속어나 비어, 또는 사이버 상에서 통용되는 말들도 삼간다.

이렇듯 적절한 단어를 선택해 사용하는 것은 스피치에서 매우 중요한 부분이다.

⑤ **올바른 자세**

눈을 똑바로 뜬다.

가슴을 자신감 있게 편다.

주먹을 가볍게 쥐어 바지 옆선으로 편안하게 내린다.

발과 발 사이를 약간 띄어 준다.

얼굴은 살짝 미소 띤 편한 표정을 짓는다.

(2) 선거 유세를 위한 말하기 훈련
① 대화의 방법
● 소극적 대화 - 대화는 하고 있지만 상대방 조합원의 이야기를 열심히 듣지 않는다거나, 상대방의 이야기에 적극적으로 반응하지 않는 경우이다. 긍정적인 소통이 이루어지기 어렵기 때문에 관계 형성에 부정적인 영향을

끼칠 수 있다.

● 적극적 대화 - 서로가 말하고자 하는 내용이 훨씬 잘 전달되는 대화이다.

☞시선: 말을 할 때 상대방을 외면하지 않고 똑바로 바라보면서 대화하면 진정성이 느껴진다. 시선을 다른 곳에 두거나 밑을 보면서 말을 하면 자신감이 없거나 대화에 관심이 없어 보인다.

☞표정: 전달하고자 하는 내용에 적합한 표정을 지어야 한다.

☞자세: 적극적으로 상대의 말에 관심이 있다는 자세를 취하면 내용 전달에 있어서 더 효과적이다. 상대에 대한 친밀감도 높일 수 있다.

② 경청(傾聽)

경청이란 말 그대로 상대방의 말을 잘 듣는 것이다. 듣는 사람이 적극적으로 들으며 긍정을 표시할 때 말하는 사람도 적극적으로 대화에 응할 수 있다.

특히 농협 조합장 선거의 경우 농업 관련 단체(후계농업경영인 등)들이 주최하여 후보 토론회를 개최하는 경우도 가끔 있다. 토의와 토론의 생명은 경청이다. 자칫 하고 싶은 말을 생각하다 상대의 말을 제대로 듣지 않으면 객관적인 비판이 불가능해지므로 설득력을 잃어버리게 된다. 토론의 흐름도 깨지기 때문에 말하는 것 못지않게 경청하는 법을 배워야 한다.

〈바람직한 경청〉

Ⓐ 시선은 언제나 상대방에게 - 관심이 있다는 사실을 느낄 수 있도록 긍정적인 눈빛으로 상대방을 바라봐야 한다.

Ⓑ 고개를 끄덕여라 - 상대방의 말을 이해했다고 표시할 때 상대방도 더욱 적극적인 태도로 대화에 임한다.
Ⓒ 질문하라 - 의문점이나 다른 의견이 있을 때 바로 질문을 하면 더 넓은 공감대를 형성할 수 있다.
Ⓓ 상대방이 한 말을 반복하라 - 상대방이 했던 말을 다시 반복하면, 열심히 듣고 있다는 사실을 보여주는 것이기 때문에 대화의 이해도와 공감대를 높인다.

③ 발표 불안과 위기 상황 극복
〈발표 불안 극복하기〉
대중을 앞에 두고 말하는 것에 대한 두려움은 누구에게나 있다. 이를 극복하기 위해서는
긍정적인 사고를 갖는다.
몸을 자연스럽게 움직인다.
심호흡을 천천히 반복하며 호흡을 원활하게 한다.
완벽하게 해야 된다는 욕심을 버린다.

〈위기 상황 극복하기〉
많은 사람들 앞에서 말을 하다 보면 본의 아니게 실수할 때가 있다. 이 때 당황하지 말고 침착하게 넘기는 것도 말을 잘하는 방법 중의 하나다.

Ⓐ 중간에 할 말을 잊어버렸을 때 - 당황하지 말고 침착하게 그 다음 이야기로 넘어가는 것이 좋다. 해야 할 말이 나중에 생각날 경우 반드시 할 말이라면 전체적인 스토리가 어색하지 않도록 자연스럽게 끼워 넣는다.
Ⓑ 청중의 분위기가 산만하고 집중하지 않을 때 - 말을 잠시 멈추어 시선을 집중시킨 다음에 계속하거나, 질문을 해서 사람들의 대답을 유도하는 것도

좋다. 질문이 그들에게 올 경우를 대비해 집중하게 되는 것이다. 분위기가 허락된다면 다함께 박수를 치거나 짧은 노래를 부르게 하는 것도 효과적인 방법이다.

ⓒ 프레젠테이션 발표 시 컴퓨터 사용에 문제가 있을 때 - 요즘 학생들은 프레젠테이션을 이용해 발표하는 경우가 많아 갑작스러운 위기상황이 발생하곤 한다. 이를 대비해 칠판을 준비하거나, 도구 없이도 발표할 수 있도록 철저한 준비가 필요하다.

의사소통의 요인		
언어적 요인	말	언어의 개념이나 형식적인 말의 내용
비언어적 요인	목소리	1. 너무 높거나 낮은 소리를 내고 있는가? 2. 충분한 울림이 있는 안정적인 톤을 갖고 있는가? 3. 너무 빨리 말하거나 느리게 말하고 있지는 않은가? 4. 말투가 지나치게 가볍거나 성의 없어 보이지 않은가? 5. 말끝을 흐려 자신감이 없어 보이는가? 6. 적당히 쉬어가면서 전달력을 높이고 있는가? 7. 억양, 속도, 높낮이, 발음과 공명 등에 유의하는가?
	표정과 시선	1. 편안한 미소를 띠고 있는가? 2. 표정의 변화가 자연스러운가? 3. 눈빛이 명료한가? 4. 청중과의 눈맞춤이 골고루 이루어지는가?
	태도	1. 편하고 당당한가? 2. 제스처가 자연스러운가? 3. 옷차림이 시간과 장소에 어울리는가?

〈말하기 실전〉

Ⓐ **언어와 비언어**

의사소통에 있어 언어적 요소와 비언어적 요소 중 어느 것이 더 중요할까? 앞서 메라비언의 법칙에서 알 수 있듯이 시각적 요소와 청각적 요소가 훨씬 중요하다.

(3) 1분 스피치와 3분 스피치

"21세기는 스피치의 시대로서 웅변은 은, 침묵은 금, 스피치는 다이아몬드다"라는 말이 있다. 스피치를 다이아몬드로 표현할 만큼 21세기는 자기표현이 중요한 시대이다.

미래학자 피터 드러커[50] 역시 "21세기는 자기표현을 잘하는 사람이 성공한다"고 전했다.

1분 스피치는 짧지만 그 안에 하고 싶은 말을 압축해야 하므로 간결하고 깔끔해야 한다. 물론 1분 안에 자신의 장점을 어필하고 호감을 얻기란 쉽지 않다. 그러나 두서없이 중언부언하면 듣는 사람이 느낄 때 매우 길고 지루할 수도 있다. 짧은 시간이지만 스피치 안에 핵심주제가 논리정연하게 들어가 있어야 한다는 뜻이다.

3분 스피치는 스피치의 꽃이라 불릴 만큼 매우 중요하다. 왜냐하면 3분은 사람이 참을 수 있는 최초의 한계점이며, 말하고 싶은 내용을 정확하게 전달할 수 있는 기초이자 실력과 운명을 결정하는 중요한 단위이기 때문이다. 3분 동안 자신의 의견을 조리 있게 전달하기 위해서는 내용이 간결하고 명확해야 한다.

구체적으로 살펴보자면 큰 목소리로 천천히 주제를 선언한다. 화제를 전개시키면서 마지막으로 결론을 말하고 다시 한 번 주제를 반복한다. 가벼운 주제를 정하고 '연습을 실전처럼 실전을 연습처럼' 반복적으로 훈련한다. 완벽한 스피치를 하기 위해서는 대략 1주일에서 열흘 정도의 준비 시간이 필요하다.

미국의 클린턴 전 대통령은 5분 스피치를 위해 10시간 이상 준비하는 연습

---

50) 피터 퍼디낸드 드러커(영어: Peter Ferdinand Drucker, 1909~2005)는 오스트리아 출신의 미국의 작가이자 경영학자

벌레였다고 한다. 스피치의 잘하고 못함은 연습의 양에서 결정되는 것이다. 아울러 긍정적인 말을 하는 것이 바람직하다. 자신감과 긍정의 언어는 우리의 내면을 성장시킨다. 자존감 또한 높아지므로 용기도 생긴다. 스피치를 잘하기 위해서는 자존감이 높아야 하기 때문에 더더욱 긍정적인 생각을 해야 한다.

긍정적인 생각은 긍정적인 감정을, 긍정적인 감정은 긍정적인 말을, 긍정적인 말은 곧 긍정적인 행동을 만들어 결국 긍정적인 태도가 생긴다는 원리이다.

인사는 말 인사와 행동 인사가 있다.

우리는 흔히 말을 하는 동시에 인사를 한다. 이렇게 하면 긍정적인 이미지를 전달하기 어렵다. 자신을 제대로 소개하기 위해서는 준비가 필요하기 때문이다.

다리는 약간 벌려 당당함이 느껴지도록 선다. 두 손은 생달걀을 잡은 듯 살짝 주먹을 쥐고 바지선 옆으로 내린다. 그런 뒤에 자신의 이름을 또박또박 말하고 정중히 인사를 한다. 인사를 먼저 하고 자신의 이름을 말하는 것도 무방하다.

> **Tip**
>
> **인사, 자기소개, 발표 등 3분 트리플 스피치의 틀**
>
> (1) 안녕하십니까? OOO입니다.
> 지금부터 ------- 에 대해 말씀 드리겠습니다.
> (2) 본론(주제에 대해 전개시키기)
> 첫째,
> 둘째,
> 셋째,
> (3) 지금까지 ------ 에 대해 말씀드렸습니다. 끝까지 들어(경청해) 주셔서 감사합니다.

첫인상은 '똑딱, 똑딱, 똑딱' 3초 안에 결정되며, 한번 결정된 첫인상을 바꾸기 위해서는 60번 이상의 만남이 필요하다. 따라서 자신을 소개하는 3분 스피치를 꾸준히 연습해 누구를 만나도 좋은 첫인상을 남기도록 노력하자.

조합원을 길거리에서 스쳐 지나갈 때 5초 스피치, 만났을 때 30초 스피치, 모임에서 조합원과 서서 이야기할 때 1분 스피치, 행사에서 소개받아 단상에서 짧게 하는 3~5분 스피치, 제법 길게 연설을 하는 5~10분 스피치 등 다양한 스피치를 누가 듣는지 대상(연령, 남녀, 직책 등)에 따라서 스피치를 평소에 준비하고 수백 번 연습해야 한다.

칭찬은 사람도 춤추게 한다 - 칭찬 스피치

스피치 주제 중 가장 중요한 소재는 칭찬이다. 세계적인 경영컨설턴트 켄 블랜차드(Ken Blanchard)[51]의 말처럼 '칭찬은 고래도 춤추게 할 수 있기 때문이다.' 칭찬은 우리 안에 잠재된 재능과 능력을 끌어내는 가장 강력한 힘 중의 하나다.

그러므로 조합원을 만나면 강점, 잘하는 일, 잘하는 행동 등에 초점을 맞춰 칭찬을 한다. 그 안에서 폭넓은 인간관계를 형성하고 당선으로 나아갈 수 있다.

심리학자 스키너 역시 "칭찬은 행동을 변화시키는 강력한 도구이다. 칭찬

---

51) 세계에서 가장 영향력 있는 리더십 전문가이자 켄 블랜차드 컴퍼니의 CSO(Chief Spiritual Officer)이다. 코넬대학교 초빙교수

은 사람들이 더 좋은 행동을 하게 만들고 담대한 모험을 할 수 있도록 용기를 준다"고 말했다.

"멋있어요, 정말 근사해요, 대단해요, 참 잘했습니다, 좋습니다"등의 말은 자신과 상대의 자신감을 높이는 최고의 언어표현이기 때문이다. 이렇듯 칭찬은 조합원님 안에 깃들어 있는 최상의 능력을 끌어내는 마력을 가지고 있으므로 조합원 누구에게나 아끼지 않도록 한다.

특별히 여성 조합원을 만났을 때 칭찬은 바로 표로 이어질 수 있다.

> 성공공식 → 칭찬 = 잘할 수 있는 것에 초점을 맞추는 것
> 성공원리 → 칭찬 = 자존감 = 자신감 = 하는 일마다 잘 된다.

미국의 시인이자 사상가인 랄프 왈도 에머슨(Ralph Waldo Emerson)[52]은 성공의 비결을 자신감이라고 말했다. 칭찬을 받으면 자존감이 높아지고, 자존감이 높아지면 자신감을 갖게 되고, 자신감을 갖게 되면 하는 일마다 잘되기 때문이다. 성공의 원동력은 자신감인 것이다.

소설가 마크 트웨인(Mark Twain)[53]은 "칭찬 한마디로 두 달을 살 수 있다"고 말했으니 만나는 조합원들에게 아낌없이 칭찬하는 습관을 기르도록 하자.

특별히 후보를 도와주는 스탭(참모)들에게 하루를 시작할 때 상쾌하게 할 수 있는 것이 칭찬이다.

---

[52] 랄프 월도 에머슨(Ralph Waldo Emerson, 1803년 5월 25일~1882년 4월 27일)은 미국 보스턴에서 태어난 미국의 시인이자 사상가이다.
[53] 새뮤얼 랭혼 클레먼스는 마크 트웨인이라는 필명으로 더욱 유명한 미국의 소설가이다. 주요 작품으로는 미시시피 강 유역을 배경으로 개구쟁이 소년인 톰 소여와 허클베리 핀의 모험을 그린 동화 《톰소여의 모험》이 있다.

"우와! 오늘 하루 OOO 때문에 하늘을 날아갈 것 같습니다. 홧팅!"

> **선거를 위한 칭찬하고, 배려하고, 감사하는 표현 요령**
> ① 상대방의 이름을 부른다
> ② 밝은 미소를 짓는다
> ③ 곧바로 칭찬의 표현을 한다

(4) 무대만 서면 불안해요, 발표 불안증을 한 방에 해결하라

입술이 바짝바짝 타고 머리는 하얗게 변하며 다리가 후들후들, 심장이 쿵쾅쿵쾅, 얼굴이 빨개진다.

정도의 차이는 있지만 누구나 이런 경험을 해 봤을 것이다. 선천적으로 뛰어난 언변을 가진 사람도 있지만 대체적으로 남 앞에 서면 발가벗겨진 것 같은 느낌이 들어 얼굴이 붉어진다. 겉으로는 안 떠는 것처럼 보여도 속으로는 떨고 있는 사람도 많다.

원인은 잘해야 된다는 부담감, 실패를 두려워하는 긴장감 때문이다. 자기보다 수준이 높은 사람들 앞에 서면 더욱 그렇다. 준비가 소홀하거나 경험이 부족할 때도 마찬가지이다. 이 같은 발표 불안증은 질병이 아니라 수줍음을 잘 타는 성격 탓이다. 극복하지 않으면 꿈을 이루어나가는 데 어려움이 따른다.

조합장선거의 경우 앞에 서야 하는 경우가 자주 있다. '나는 조합장이다.' 그림을 그리고 지도자로서 자부심과 긍지를 갖고 스피치를 하면 자신감이 넘치고 박력이 저절로 나오게 될 것이다.

① **인정하기**: 떨린다는 사실을 있는 그대로 받아들이는 것이 중요하다. 사고의 전환이 필요한 것이다. '사람들 앞에 설 때 떨리는 게 당연해'라고 인

정해 보자. 예를 들면 불면증으로 고통을 당하는 사람들을 보면 잠을 자야 한다는 생각만 한다. 그럴수록 잠이 더 안 온다. 이때는 잠이 안 올 수 있다는 사실을 인정하고 자리에서 일어나 할 일을 하자. 그러면 피곤해서 잠이 온다. 말을 더듬는 사람도 마찬가지다. 말을 더듬을까 봐 걱정하다 보면 더 말을 더듬게 된다. 오히려 최대한 더듬으면서 말을 하면 긴장이 풀린다. 떨리는 것을 두려워하지 말고 그 자체를 인정하면 오히려 편안해지면서 떨리는 현상이 줄어든다.

② **철저한 준비**: 후보는 발표 내용에 대한 지식과 경험으로 무장되어 있어야 한다. 부족한 경험을 지식으로 채우면 자신감이 생긴다. 아이디어, 경험, 신념, 생각 등을 틈틈이 메모하는 습관으로 만반의 준비를 다 하자. 걱정은 공포심만 더 커지게 하므로 좋은 인상을 남길 수 있도록 평소 꾸준히 독서를 하는 등 철저히 준비를 하자.
천재는 1%의 영감과 99%의 노력으로 탄생하기 때문이다.

③ **리허설과 같은 연습**: 프레젠테이션의 달인 스티브 잡스[54]도 실전에 앞서 3,000번 이상 연습을 했다고 한다. 이때는 무조건 외우는 것이 아니라 내용을 자신의 것으로 만들어야 한다. 키워드만 기억하고 살을 붙여 나가듯 이야기를 만들어야 풍부한 연설이 되기 때문이다.
연습을 할 때는 혼자 거울을 보면서 큰 소리로 말한다. 절대 중얼거려서는 안 된다. 그런 다음 가족이나 편한 친구 앞에서 실전처럼 연습한다.
이때는 자신이 최고의 연설가가 되었다고 생각하자. '나는 잘 할 수 있어'라고 스스로에게 되뇌면 정말 잘하게 된다. 이것이 바로 이미지 트레이닝이다. 동영상을 찍어서 부족한 점을 모니터링하며 보완해 나가는 것도 효과

---

[54] 스티븐 폴 잡스(Steven Paul Jobs, 1955년 2월 24일~2011년 10월 5일)가 본명인 그는 미국의 기업인이었으며 애플의 전 CEO이자 공동 창업주이다.

적이다.

④ **자신감 있는 태도 갖기**: 스스로를 과소평가하지 않는다. 긍정적인 마인드로 부정적인 생각을 버리는 것이다. 또 기존의 잘못된 자세, 행동, 표정을 바꾸기 위해 노력해야 한다. 자신감 있는 걸음걸이, 밝은 표정, 단정한 옷차림 등 자신을 최대한 당당하고 멋스럽게 꾸민다. 조합원의 수가 많거나 수준이 높을지라도 긴장하지 말자. 청중은 발표자처럼 긴장하지 않는다. 여유롭게 팔짱을 끼기도 하고 하품을 하는 등 그저 바라볼 뿐이다. 눈이 빠질 것처럼 몰입해서 보지 않기 때문에 발표 후보의 실수에 둔감하다. 여유를 가져도 된다는 뜻이다. 발표하기 전에 먼저 청중과 친해진다면 더 할 나위 없이 좋다. 실제로 말을 걸어보면 더 이상 낯설게 느끼지 않고 친근감을 가질 수 있다. 자신감은 언제 어디서나 예방주사가 되어 준다.

⑤ **단 한 번의 성공을 끌어내기**: 갓난아기가 걸음마를 시작한 뒤 걷기까지 약 4만 번 정도 넘어진다고 한다. 그러다가 넘어지지 않고 걸음마를 성공하면 그 다음부터는 눈에 띄게 좋아진다. 실패보다 성공이 쉽게 기억되기 때문이다. 스피치도 마찬가지다. 발표 불안증으로 인해 긴장된다는 것은 제대로 성공한 적이 없다는 뜻이다. 수많은 실패를 경험했을지라도 단 한 번만 성공한다면 그 후로는 최고의 스피치를 할 수 있게 될 것이다.

〈선거 스피치의 핵심: 꿈 + 목표 = 비전〉

(5) 단 1분간 연설에서 상대방의 마음을 사로잡는 9가지 방법
① **옷매무새를 정돈**
짧은 연설에서 연설 내용만으로 상대를 사로잡기란 힘들다. 그래서 사람이 자아내는 분위기가 아주 중요하다. 그래서 첫인상을 만드는 복장, 표정, 헤

어스타일에 신경을 써야 한다.

옷매무새를 정돈하면서 자신이 하려는 연설의 핵심 포인트를 청중이 어떻게 주목하게 만들 것인지 생각하자.

② 호흡을 맞춘다

연설을 자주 하는 사람도 사람들 앞에 서면 긴장하게 마련이다. 그러면 아무리 연습해 봐도 생각나지 않고 100%의 힘을 발휘하지 못한 채 시간이 지나버린다. 그 상태에서 연설을 바로 시작한다면 횡설수설하다가 할 말도 못 한 채 시간이 끝나버리는 일이 많다.

호흡을 맞춘다는 것은 시작하기 전 연설장을 둘러보아 그 장소와 조합원들과 하나의 호흡으로 맞춘다는 뜻이다. 잠시 바라보고 있으면 자신이 진정되기도 하지만 듣는 조합원들도 집중하기 때문에 더욱 설득력 있는 연설을 할 수 있다.

③ 주장·논점을 명확히 하기

1분이란 시간은 길지 않다. 말하고 싶은 주장을 먼저 말해야 한다. 이것은 짧은 연설뿐 아니라 긴 연설에서도 마찬가지다. 주장의 핵심을 먼저 전달해야지 사람들의 머릿속에 '이 사람이 이런 이야기를 하는 구나'라는 인식이 생겨 그 말을 이해하기 쉬워진다.

④ 듣는 조합원 입장에서

'핵심을 어떻게 전달할 것인가'를 정하는 데 있어서 가장 중요한 것은 '듣는 사람의 관점'이다. 듣는 사람은 무엇을 듣고 싶은지, 무엇에 관심이 있는지가 중요하다. 조합장 선거이니만큼 지역 조합원들이 원하는 것을 먼저 알아 두어야 한다는 이야기다.

그런 관점에서 '내가 하고 싶은 말'을 선택할 수 있다면 듣는 사람. 즉, 조합원들의 마음을 단단히 붙잡을 수 있을 것이다.

⑤ 웃긴 이야기는 중요한 양념
미국의 연설 영상을 보면 웃긴 이야기로 듣는 사람을 웃게 만든다. 진지한 주제라도 시작 부분에서는 가볍게 웃게 만든다. 몸이 굳어 있으면 일을 할 때 쉽게 움직이지 못하는 것처럼 정신이 굳어 있으면 연설을 온전히 듣지 못한다. 그래서 웃긴 이야기로 사람들이 나의 이야기를 잘 들을 수 있도록 하는 것이다. 단, 너무 웃기려고 할 필요는 없고 분위기를 가볍게 하는 정도면 충분하다.

⑥ 아군을 찾아라
연설에서는 원고를 외워서 가는 것이 기본이다. 듣는 조합원의 눈을 보고 이야기를 해 나가야지 연설의 효과가 더욱 높다. 종이를 읽는 사람에게는 흥미를 잃기 마련이기 때문이다.

하지만 연설을 하는 중에는 대부분의 조합원들이 나를 무표정한 얼굴로 바라보고 있어 연설에 흥이 나지 않는다. 하지만 조합원들 중에는 나의 이야기에 관심을 보여주고 고개를 끄덕이며 웃는 사람이 반드시 있다.

그런 조합원을 찾아 눈을 맞추고 나의 이야기를 전달한다면 연설이 흥이 나 듣기 좋아지고 설득력 있는 연설이 된다. 물론 그 사람이 나의 적극적인 지지자가 될 가능성도 높다.

⑦ 동작 연습
이야기는 말로만 하는 것이 아니다. 전화로만 이야기하는 것보다 직접 만나서 이야기하는 것이 좋은 것은 대화에는 말만 있는 것이 아니라 표정과 행동 등의 시각 정보도 있고 그것이 더 중요하기 때문이다.

앞에서 말한 메라비안의 법칙처럼 "이야기할 때 조합원에게 전달되는 정보의 비율은 내용이 7%, 어조와 이야기 속도 등의 정보가 38%, 신체적 표현이 55%"이다. 즉, 사람은 나의 행동에서 가장 많은 정보를 얻는다. 그래서 연설을 할 때 표정과 손의 움직임, 행동 등이 가장 중요하다.
- 두 손을 모아 공을 쥐는 모양을 만드는 행동은 '내가 상당한 정보를 알고 있다'는 뜻이다. 특별히 중요한 사항을 이야기할 때 사용한다.
- 주먹을 꽉 쥐는 행동은 '나는 반드시 당선될 것이다'라는 의지를 보여준다.
- 오른손을 펴서 앞으로 내밀면서 앞으로 살짝 숙이는 행동은 '나는 조합원님과 함께하고 싶다'는 표시다.
- 옆으로 내민다면 '함께 합시다'라는 의미다.
자신의 이야기에 맞춰 몸짓 손짓을 넣으면 더욱 효과적이기 때문에 연설에 맞춰 행동도 연습해 두면 나의 주장을 효과적으로 호소할 수 있다.

⑧ 실전 장소에서 연습

가능하다면 연설하는 장소에서 연습해보는 것이 중요하다. 사람은 환경이 바뀌면 기분도 바뀌어서 실력을 100% 발휘할 수 없기 때문에 실제 장소의 분위기를 느껴두면 실전에서 좀 더 편안하고 안정되게 실력을 발휘할 수 있다.

⑨ 반복 연습

당연하지만 연습은 반복해야 한다. 연습으로 자신감을 확보할 수 있고 자신감 확보는 사람을 끌어당기는 힘을 만들어 낸다.
특히 첫 부분이 가장 중요하므로 확실히 연습하는 것이 좋다. 처음에 좋은 흐름을 만들어 두면 자연스럽게 흘러가기 쉽고 자신 있는 연설이 될 수 있기 때문이다.

4. 공약

선거의 당락을 결정짓는 것은 공약(公約)이다.
그것은 조합원의 간지러운 등을 긁어주는 것과 같다. 시원한 사이다와 같은 공약, 내가(조합원이) 간절히 바라고 있는 니즈(needs), 유능한 조합장으로 이미지 메이킹 될 수 있는 약속은 바로 표심을 끌어올 수 있다.

조합장 선거의 공약은 조합원들에게 혜택이 되는 것으로 만들어야 한다.
공약은 구체적이어야 하고 실현 가능성 있는 것이어야 한다.

오른쪽 그림 캐리커처 공약 콘텐츠에서 보이는 농협 조합장의 경우 '농산물 판매에 앞장서겠다', '백화점에 입점해서 높은 가격으로 우리 농산물을 팔겠다' 이런 공약을 후보의 사진으로 한 아름 안겨드리는 내용이다.

다음 장의 그림은 어마어마한 표를 모으는 콘텐츠이

다. 바로 연로한 조합원께 생일상 차려주는 공약이다. 연로하신 조합원 생신날 쓸쓸하게 지내는 경우가 대부분이다. 딸과 며느리가 찾아와서 미역국을 끓여 주는 효자효녀 가정도 있지만 대부분 혼자서 그냥 생일날도 기억하지 못하고 지내는 경우가 허다하다. 조합의 자원봉사팀이 구성이 되어서 따듯한 밥 한 그릇, 미역국을 끓여서 방문해서 대접하는 공약이다. 눈물을 흘리시면서 드신다고 한다. 선거는 마음을 녹이는 것이다. 표는 단순한 데서 갖고 올 수 있다.

가. 캐치프레이즈(구호)

캐치프레이즈는 후보들의 슬로건으로, 조합원들의 호감과 구미를 당길 수 있는 것이어야 한다. 일반적으로 슬로건에는 보상을 담는데 진보진영의 교육감 후보들이 내건 '무료급식'이 단적인 예이다. 네거티브 슬로건 중에서는 '원전 반대' 등과 같은 것이 지방선거에서 조합원들로부터 큰 호응을 받았다.

▶ 예시
- 든든한 일꾼, 준비된 조합장
- 새로운 변화 000과 함께
- 00조합의 혁신적인 변화, 000이 만들겠습니다.
- 변해야 삽니다.
- 000와 함께해요.
- 할 일 많은 00농협 일 잘하는 000

- 각종 경비 절감과 소모성 비용 절감으로 경영 이익 극대화
- 조합 운영에 대한 정보 열람 및 공개로 투명 경영 실시
- 경비성 업무비 및 조합장 업무 추진비의 사용 내역 등 정기적 공개
- 현재 총자산 1,800억 원을 2,500억 원으로 성장
- 선제적인 연체 관리로 자산 건전성 강화
- 순이익 100억 원 이상, 총자산 1조 5,000억 원 달성 △전국 최우수 농협으로 도약
- 조합원들의 의견을 듣고 건의 사항과 애로 사항을 해결하는 조합장!
- 사업 효율성 극대화로 지속 발전 가능한 조합 육성과 직원 자질 향상으로 미래를 대비하여 이끌어가는 조합장!
- 건전경영으로 지속 발전 가능한 조합 육성과 직원 자질 향상으로 미래를 이끌어가는 조합장!
- 조합원은 물론 직원과도 소통하며 일하는 조합장!
- 조합원의 실익 증진과 지역민들과의 상생으로 경제적 삶에 품격을 높이는 조합장!

나. 공약

조합원과의 약속, 뭔가 구미가 당기는 공약이 표를 모을 수 있다.
지키지 못할 공약을 남발하는 경우도 있지만 의외로 공약을 통해서 중도층의 표심을 끌어올 수 있다.
공직선거〔공직선거법 제66조(선거공약서)〕에서는 선거공보에 공약 기재 시 공약 이행 계획서를 같이 제출해야 한다. 추진 계획으로 각 사업의 목표·우선순위·이행 절차·이행 기한은 물론이고 재원은 무엇으로 할 것인가(국비, 도비, 시군비, 민간자본 등) 등을 구체적으로 기입해야 한다. 그러나

조합장 선거에서는 규정이 따로 없다. 매니페스토 점검 기관에서 공약 이행을 체크하기도 한다.

향후 조합의 모범사례 공약을 블로그(www.조합장.com)에 게재할 예정이며, 표를 모을 수 있는 공약은 조합원에게 직접적으로 혜택이 되어 생활에 보탬을 줄 수 있는 그런 종류의 공약들이다. 생일 선물을 비롯하여 조합원 우대금리 등이 효과가 크다.

1) 신용 사업

- 조합원과 고객이 감동할 수 있는 영업점포 운영
- 수익성과 안정성을 기조로 조화로운 자금 운용
- 불확실한 금융시장 여건에 선제적 대응 전략을 실천
- 중앙회 유용 가능한 사업 자금(무이자 자금, 상생 자금) 등을 찾아내고 적극적으로 유치, 자금 운영력을 확대

- 금융 환경 변화에 대응할 수 있는 전문가 양성
- 상호 금융 경영 혁신
- 정책 자금 수익은 상호 금융 대출금리 인하 재원으로 활용
- 조합원 및 고객 상담 문의 시 찾아가는 서비스로 대응
- 여·수신 사업 운용을 안정적으로 관리
- 현재 은행 업무에만 치중하고 있는 기존 여수신 업무에 재테크 상담 기능 강화
- 태양광 설치에 따른 대출 취급 확대
- 일반 산업단지 토지 매매 대금 예금 유치
- 부실 채권 사전 방지 및 건전 여신 확대
- 신용카드, 보험 사업 등 비이자 사업 부문 수익 확대
- 신용 대손충당금 적립 비율 증대
- 경제 변화에 대응한 영업점 통합 및 수익구조 개선
- 어디든 고객을 찾아가는 적극적 업무 추진
- 친절 봉사 마인드 구축으로 이용 고객 사전 불편 해소

2) 조합원 복지 및 우대 정책

- 법률·금융·세무 전문 상담 창구 운영
- 교육 지원 사업비를 최대한 확충하여 조합원 제고 실익
- 조합원 및 고객 상담 문의 시 찾아가는 서비스 상담
- 조합원 간 정보교류, 문화·생활 교육, 건강 강좌가 상시 운용되는 종합금융센터로 활용
- 조합원들의 주인의식 고취 및 적극적인 의견 수렴을 위한 조합원 사랑방 운영(지점장실 개방)

- 조합원과 소통하며 의견을 수렴하여 사업에 반영
- 조합원들과 상시적인 소통으로 조합원 중심의 합리적인 운영
- 적극적인 조합원의 의견 수렴으로 상호 소통하는 조합 육성

3) 직원 복지 및 인사 정책

- 직원의 인사이동을 효율적으로 운용하여 개인의 적성과 능력을 발휘할 수 있는 업무 분장
- 편향적인 인사이동을 배제하고 직원들이 새로운 마음가짐으로 변모하는 혁신 조합으로 변신
- 능력 있는 직원이 능력을 평가받을 수 있는 조직 구축
- 능력과 성과 중심의 인사 운영으로 책임 경영 구축
- 직원 역량 강화 및 성과주의 도입
- 직원 역량교육 강화 및 친절 서비스에 역점
- 직원들의 전문성 향상으로 조합원님에게 최고의 서비스 제공
- 직원의 인화 단결과 사업 추진 동기 부여
- 직원 교육을 강화하여 조합원 및 고객에 대한 서비스 향상

4) 소통 경영, 상생 경영, 혁신 경영, 정도 경영

- 관내 행사에 적극적으로 참여하고 선도적인 역할
- 직원 운용을 효율적 구조로 개혁하여 인건비 절감
- 지역사회와의 연대로 성공하는 00농협 구축
- 보다 민주적인 조합 운영 및 투명한 경영 유도

- 투명한 경영과 활기찬 분위기 조성으로 함께하는 00농협 구현
- 각종 경비 절감과 소모성 비용 절감으로 경영 이익 극대화
- 자기자본 확충을 통한 고정자산 투자 재원 마련과 사업 부분 개혁 및 활성화 (전시성 행사 축소, 선심성 예산 절감)
- 경영 혁신으로 사업성과 극대화
- 내부 통제 시스템 관리 강화로 사고 예방
- 투명과 정도 경영으로 믿고 찾는 00농협 구현
- 수익성과 건전성을 지속적으로 강화하여 조합원님에게 든든한 힘이 되는 협동조합으로 성장
- 기본과 원칙을 준수하며 투명한 경영 / 민주적 운영을 실천
- 사업계획서·예산결산서를 조합원이 이해하기 쉽게 작성하여 공개
- 경쟁력 강화를 위해 임직원을 담당 업무 전문가로 육성
- 책임 있는 이사회를 위한 조합원의 참관제 운영
- 경비성 업무비 및 조합장 업무 추진비의 사용 내역 등 정기적 공개
- 효율 개선을 위한 책임 경영의 제도적 보완
- 총회 상정 신규 사업안에 대한 이사회 실명제 도입
- 정도 경영과 내실 경영을 통하여 불필요한 예산을 절감 또는 삭감하여 수입 극대화
- 주요 사업 추진 시 조합원님의 의견을 적극 반영할 수 있는 체계 구축
- 경영 관리 혁신을 통한 안정된 조합 구현
- 조합 운영에 대한 정보 열람 및 공개로 투명 경영 실시
- 대내외적으로 치열해지는 경쟁 구도 속에서 경쟁력 강화를 위해 임직원을 담당 업무 전문가로 육성
- 조합 대표권의 독선적인 행사 예방 및 합리적인 운영체제로의 개선을 통한 투명성 유지
- 상임이사제의 경영 효율 극대화를 위한 과감한 권한 위임

- 경영 책임제 실현을 위한 대표권 감독 제도 개선
- 조합장 급여를 원로 조합원 공로연금 지급에 보태는 등 조합원들에게 환원하고, 조합장 전용 차량을 공용 업무용으로 전환
- 조합장 급여와 조합의 당기순이익 일정액을 공로 연금으로 조성해 원로 조합원에게 연금으로 지급

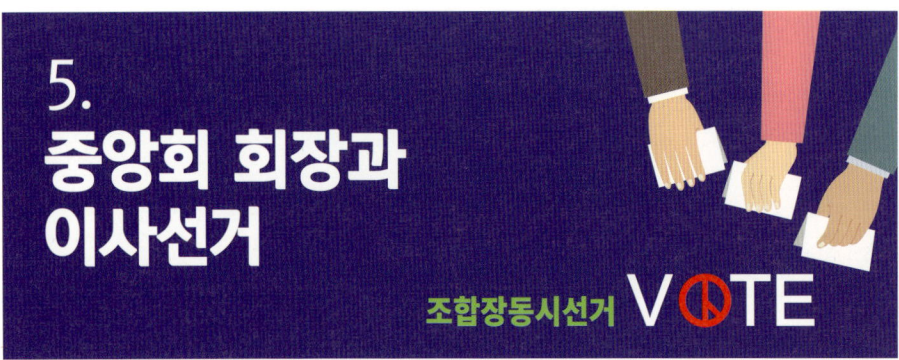

5. 중앙회 회장과 이사선거

가. 중앙회 회장(농협을 중심으로)

농수산림조합의 중앙회장 선거는 조합장들이 직접 선출하는 직선제 방식이다. 농협법, 수협법, 산림조합법과 중앙선관위 위탁선거법이 적용되어서 조합장선거와 동일하게 선거 관리가 이루어지고 있다.
막강한 권한과 무소불위(無所不爲)의 인사권 등의 원인 때문에 중앙회장이 비리에 연루되어서 임기를 채우지 못한 경우도 허다하였다.

이사의 경우 지역별로 각종 조직, 중앙회장이 개입하여 중앙회 이사를 독식하는 경우도 비일비재하다. 농협의 경우 중앙회장의 입김이 작용하여 중앙회장과 연을 강조하여 출마를 하는 경우도 있으며, 산림조합의 경우 00도에서는 직원 출신 조합장이 아니면 아예 중앙회 이사를 할 수 없는 경우도 있다.

1) 농협중앙회장 선거 변천

선거 방식 변천을 살펴보면,

농협중앙회장선거 변화 (자료: 농림축산식품부·농협중앙회)

1961년	중앙농협 발족, 중앙회장 정부임명제
1988년	중앙회장 선거 조합장 직선제 도입 (1조합 1표)
2009년	중앙회장 선거 대의원 간선제 도입 (293조합, 1조합 1표)
2021년	중앙회장 선거 조합장 직선제 전환 (부가의결권 도입, 총 1259표)

민주주의 방식(1인 1표)과 다른 부가의결권을 도입하여 조합원이 3,000명 이상인 경우 1인 2표를 실시하였다.

농협중앙회장선거 직선제 도입 후 투표권 변화

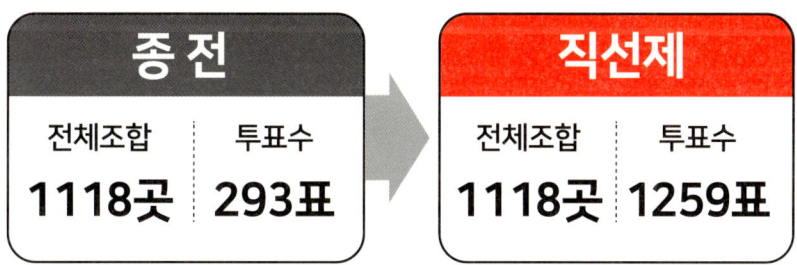

종전: 전체조합 1118곳 / 투표수 293표 → 직선제: 전체조합 1118곳 / 투표수 1259표

※ 직선제 개편과 함께 부가의결권 도입. 조합원 3000명 이상인 조합은 2표, 3,000명 미만인 조합은 1표
※ 2월말 기준 조합원 3000명 이상인 조합 141곳 2표와 3000명 미만인 조합 977곳 1표를 합치면 총 1259표

농협의 경우 무엇보다도 중앙회장 연임 법안이 쟁점이 되었다. 21대 국회에서 여야가 농축식품해양수산위원회에서 치열한 격론을 통해 내부 통제 강화, 운영 투명성 방안 등을 마련했지만 민주당이 법제사법위원회에서 현 회장의 위인설법을 주장하면서 또 다시 제동을 걸어서 국회 법사위 문턱을 넘기지 못하였다.

현재 농협법 개정안 130조는 농협중앙회 회장은 4년 임기 후 연임할 수 없다고 규정하고 있다. 1998년 농협법 개정 이후 선출된 4명의 회장 중 3명이 횡령 등으로 구속되면서 2009년 비리 근절을 위해 4년 단임제로 해당 규정을 바꾼 것이다.
하지만 이미 신협, 산림조합, 새마을금고 등 전국 각 지역에 점포를 둔 상호금융권에서는 연임을 허용해 형평성 논란이 있는 데다 중장기적으로 사업 연속성을 위해 연임을 허용해야 한다는 목소리가 높아졌지만 끝내 개정되지 못하였다.

2) 불법이 판치는 중앙회장 선거

역대 농수산림조합(비교적 산림조합은 조용하게 선거가 치러졌다) 중앙회장 선거는 선거가 끝나자 마자 고소고발로 얼룩졌다.
농협의 경우 대부분의 후보들은 '유사 사무실을 설치하고 캠프를 가동하고 있다'는 소문이 무성하며 시도별로 조직책 구성과 각 농협 조직별 책임자, 후보가 속해 있는 권역별 조직 다지기 그리고 중·고·대학 심지어 농협대학에서 각종 경영자과정 등 조직에 박차를 가하고 있는데 대부분 불법의 소지가 있다.

중앙회장은 누가 당선될 것인가?

무엇보다도 '전략적으로 선거기획하고 선거운동을 준비하느냐'에 당락이 결정된다고 판단되며 역대 중앙회장 선거에서 나타났듯이

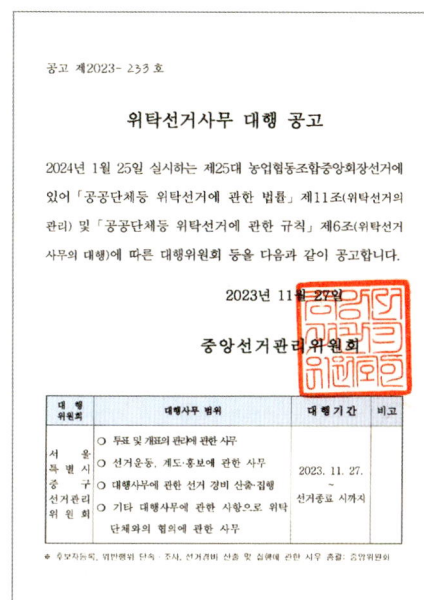

① 전국적 조직이 탄탄한 후보 (시도 책임자, 단체별 책임자 등)
② 선거법을 잘 해석하고 잘 활용하며 상대 고소 고발 시 대응할 수 있는 시스템과 감동적인 콘텐츠와 솔루션을 기획하고 활용하는 후보
③ 중앙회 전현직 간부들이 열정적으로 홍보해 주는 후보(선거법에서 가능한 범위가 많음, 단순한 의견 개진과 준비 행위 등)
④ 지역 구도에서 승리하는 전략을 구사하여 여론조사 등 각종 방법으로 지역 단일화 또는 합종연횡해서 승리하는 후보
⑤ 기타 농협중앙회 거대한 조직을 이끌고 갈 준비가 된 후보(미션과 비전, 업무 능력 등)와 선거의 특성 상 자금여력, 건강, 스펙, 선거 경력, 선거 전문가, 선거 전략 등 준비가 된 후보

항상 지난 중앙회장 선거에서 2, 3위를 한 후보가 다음 중앙회장 선거에서 당선된 것도 특이한 현상이다. 낙선 후 바로 다음 날부터 조합장 애경사를 비롯 선거운동을 한 것이 주효하지 않았나 분석된다

나. 중앙회 이사(농협을 중심으로)

> **어떻게 하면 중앙회 이사 선거를 잘 준비하고 당선될 수 있을 것인가?**
>
> 농협중앙회 이사 선거는 농협법에 의하여 선거가 실시된다. 향후 위탁선거법에 의하여 선거가 실시될 수 있도록 제도적인 보완 및 법령 개정 등이 있을 것으로 예상되나 현행 제도 및 법령 하에서 홍보 및 전략적인 방법들을 활용할 수 있다.
> 무엇보다는 선거는 전략과 전술이다. 감동적인 콘텐츠로 조합장의 마음을 얻을 수 있다.

1) 중앙회 이사 선거 정책 방향

현재 조합장 출신 중앙회 이사는 지역 10명, 품목 8명이다.
농협중앙회장 선거가 끝난 후 3-4개월 후에 중앙회 이사 선거가 실시된다.
간혹 중앙회 이사 궐위(중앙회장 선거 출마로 사퇴하거나 조합장 선거에서 낙선한 경우가 대부분)가 있을 시 보궐선거를 실시한다.
시도별, 품목별로 평균 출마자가 4~5명 선이다.
제주의 경우 조합장 19명 가운데 중앙회 이사를 선출한다. 제주도는 관행적으로 서귀포 지역 조합장(9명)과 제주시 지역 조합장(10명)이 순차적으로 이사를 선출하고 있다.

다음 장의 그림은 법무법인 한결의 양문식 변호사께서 농협중앙회 이사 선거에 대해서 정리한 내용으로 본사가 주최한 중앙회 이사 선거 당선아카데미에 강의한 내용이다.

농업협동조합법상의 선거

중앙회장 선거 / 지역 조합장 선거
공공단체등위탁선거에관한법률 적용
(공공단체등위탁선거에관한법률 §4 ⅰ, 농업협동조합법 §130⑧에 따른 의무위탁)

지역 조합 임원·대의원 선거
농업협동조합법 §51에 따라 조합선관위가 관리
농업협동조합법 §50 ④ - 후보자등록 마감일부터 선거일 전일까지
  선전벽보 부착, **선거공보의 배부**, 합동연설회 또는 공개 토론회의 개최
  전화(문자메시지 포함)·컴퓨터통신(전자우편 포함)을 이용한 지지 호소
  도로,시장 등 농축산식품부령으로 정하는 다수인이 왕래하거나 집합하는 공공장소에서의 지지 호소 및 명함 배부

중앙회 임원 선거
농업협동조합법 §130 ③ "회원조합장인 이사는 … 정관에서 정하는 추천절차에 따라 추천된 사람을 총회에서 **선출**한다"
농협중앙회 정관 §53②, §93
  지역농협 조합장 10인 (도별 각 1인, 특별시 및 광역시 1인)
  지역축협 조합장 2인
  품목조합 조합장 6인 (농업계 3인, 축산계 2인, 인삼계 1인)

정관상 회원조합장인 이사의 선거절차

선거운동의 전면 금지
농업협동조합법 §130 ⑪ "누구든지 회장 외의 임원선거의 경우에는 선거운동을 할 수 없다"
  위반 시 농업협동조합법 §172 ② ⅱ에 따라 징역 1년 이하 또는 2천만원 이하의 벌금
  공소시효는 해당 선거일 후 6개월을 경과함으로써 완성 (§172 ③ 도피 등의 경우는 3년)

선거공고   농협중앙회 정관 §91
회장은 선거일전 10일에
  선거하여야 할 임원 및 그 정수, 선거인, 선거일시 및 장소, 피선거권자, 기타 필요한 사항을 공고

선거방법   농협중앙회 정관 §92, §97
선출 및 추천 단위별 전체 회원조합장으로 구성된
이사후보자추천위원회에서 추천된 후보자를 대상으로 하여 대의원회에서 선출
 - 후보자추천서에 의하여 이사선출의안 작성 후 대의원회에 부의, 일괄하여 의결 (과반 투표, 과반 찬성)

선거운동   농협중앙회 정관 §91의2
임기만료일 전 90일부터 선거일까지 선거인을 호별로 방문하거나 특정장소에 모이게 할 수 없음
누구든지 이사선거와 관련하여 연설·벽보 기타의 방법으로 허위의 사실을 공표하거나 공연히 사실을 적시하여 후보자를 비방할 수 없음

판결 사례 - 천안지원 2020고단2261

누구든지 회장 외의 임원 선거의 경우에는 선거운동을 할 수 없다. 그럼에도 불구하고

○ 2020. 3. 26. 충남지역 임원 보궐 선거 관련
　단위 이사후보자 추천회의에서 조합장들로부터 추천을 받기 위하여
　세종시 소재 지역 조합장 최대 116명의 휴대전화로
　"조합장님들을 위해 능력을 마음껏 발휘하여 일할 수 있는 기회를 만들어주시길 간곡히 부탁드립니다.
　존경하는 조합장님들의 응원을 부탁드립니다!.....충남 세종 심부름꾼!...올림" 등의
　문자메시지 7회 발송

○ 2020. 6. 4. 충남지역 임원 선거 관련
　단위 이사후보자 추천회의에서 조합장들로부터 추천을 받기 위하여
　세종시 소재 지역조합장 최대 114명의 휴대전화로
　"조합장님의 뜻을 받들고 제가 갖고 있는 모든 역량을 발휘하여 주어진 문제를 반드시 해결하겠습니다.
　한 번 믿고 맡겨주십시오!... 어려운 시기에 조합장님의 건강과 행운을 기원합니다
　....충남·세종의 심부름꾼! ... 올림" 등의
　문자메시지 2회 발송

○ 33회에 걸쳐 조합장들을 찾아가 자신을 이사로 추천해달라는 취지로 지지를 호소

→ 벌금 200만원

※ 농업협동조합법 §173 ① i 당선무효
"§172에 해당하는 죄를 범하여 징역형 또는 100만원 이상의 벌금형을 선고받은 때"

선거운동

선거운동의 정의

당선되거나 되게 하거나 되지 못하게 하기 위한 행위
　특정 선거에서 특정 후보자의 당선 또는 낙선을 도모한다는 목적의사가 객관적으로
　인정될 수 있는 행위를 말하는 것으로,
　구체적으로 어떠한 행위가 선거운동에 해당하는지 여부를 판단함에 있어서는
　외부에 표시된 행위를 대상으로 선거인의 관점에서
　그 행위 당시의 구체적인 상황에 기초하여 객관적으로 판단하여야 함.
　　　　　　　　　　　　　　　　　　(대법원 2016. 8. 26. 선고 2015도11812 판결)

선거와 선출

농업협동조합법은 선거운동에 대한 정의 규정 두지 않은 채 금지행위만 나열(§50 ①)
　자기 또는 특정인을 지역농협의 임원이나 대의원으로 당선되게 하거나 당선되지 못하게 할 목적으로
　기부행위, 매수 및 이해유도 등을 할 수 없도록 규정

선거운동이 금지되는 대상은 선출로 표현
　지역 조합 상임이사 및 상임감사의 선출(§50 ⑥), 중앙회 임원(130) 등

선거에 대한 의견 개진

선거운동의 정의

공공단체등 위탁선거에 관한 법률 제58조에서 정한 '선거운동'이란 위탁선거법 제3조에서 규정한 위탁선거에서의 당선 또는 낙선을 위하여 필요하고도 유리한 모든 행위로서 당선 또는 낙선을 도모한다는 목적의사가 객관적으로 인정될 수 있는 능동적·계획적인 행위를 말하고, 구체적으로 어떠한 행위가 선거운동에 해당하는지를 판단할 때에는 단순히 행위의 명목뿐만 아니라 행위의 태양, 즉 행위가 행하여지는 시기·장소·방법 등을 종합적으로 관찰하여 그것이 특정 후보자의 당선 또는 낙선을 도모하는 목적의지를 수반하는 행위인지를 선거인의 관점에서 객관적으로 판단하여야 한다(대법원 2016. 8. 26. 선고 2015도11812 전원합의체 판결 등 참조)

선거운동으로 보지 아니하는 행위

선거에 관한 단순한 의견개진 및 의사 표시

입후보와 선거운동을 위한 준비행위

통상적인 활동

설날·추석 등 명절 및 석가탄신일·기독탄신일 등에 하는 의례적인 인사말을 문자메시지(그림말·음성·화상·동영상 등을 포함)로 전송하는 행위

> 공공단체등위탁선거에 관한 법률 §23
> 이 법에서 "선거운동"이란 당선되거나 되게 하거나 되지 못하게 하기 위한 행위를 말한다. 다만, 다음 각 호의 어느 하나에 해당하는 행위는 선거운동으로 보지 아니한다.
> 1. 선거에 관한 단순한 의견개진 및 의사표시
> 2. 입후보와 선거운동을 위한 준비행위

선거운동

선거에 대한 단순한 의견개진

입후보 예상자가 친척, 친지의 집을 방문하여 입후보의사를 표시한 경우

입후보자에게 '필승을 기원함', '축 건투' 등 내용의 전문을 보낸 경우

환경단체가 입후보 예정자들에게 환경의식 수준을 알아보기 위해 행한 설문조사 결과를 단순히 공표

각종 행사에 참석하여 의례적인 인사말을 하거나 행사 주제와 관련한 사항에 자신의 견해를 밝히는 행위

◆ 대전지방법원 서산지원 1991. 10. 25. 선고 91고합58 판결
  주간지역신문의 인터뷰 요청에 소극적으로 응하여 사회경력활동 및 지방자치제 등에 대한 의견과 완곡한 출마의사표시 등에 관한 기사가 신문의 인터뷰란에 실려 선거에 다소 도움을 받았더라도 이는 신문의 보도행위로 인하여 반사적으로 얻게 된 이익에 불과할 뿐 선거운동에 해당하지 않음

◆ 대법원 1992. 4. 28. 선고 92도344 판결
  입후보예정자가 자신의 이름을 알릴 목적으로 지역발전에 관한 설문서를 선거구민들에게 배포하는 행위는 선거에 관한 단순한 의사표시가 아니라 선거운동에 해당한다.

선거운동

통상적인 활동

의례적 내용의 연하장 · 명절 현수막 · 명절인사 신문광고 · 의례적 내용의 인사말을 문자메시지로 전송
- 명절, 정월대보름, 연말연시, 농번기, 각종 기념일 등 포함
  개인의 애경사, 향우회, 종친회, 동창회, 동호인회, 계모임 등 개인간 사적 모임이나 행사는 불포함
- 짧은 기간에 반복적으로 보내거나 주기적으로 보내면 선거운동으로 평가될 가능성 매우 높음
- 출마 권유 유도 X, 지지 호소 X, 공약 언급 X, 특정인(상대 후보 등) 비판 X

◆ 대법원 2006도38318 판결
  선거와 무관한 일상적 · 의례적 행위인지 여부 – 과거와의 비교

◆ 대법원 2020. 12. 10. 선고 2020도12236 판결
- 선거에 근접한 시기에 기존의 소통 수단과 다른 접촉
- 문자메시지 수신 대상 범위 확대(수신인에게 보낼 이유의 유무)
- 조직원으로서의 자긍심 표현 및 지도자적 지위 암시 등
  → 선거운동

형사상 특별규정

선거범죄신고자등에 대한 보호 §175

공직선거법 §262의2를 준용하여 보호
  신고 · 진정 · 고소 · 고발 등 조사 또는 수사단서의 제공, 진술 또는 증언, 그 밖의 자료제출행위 및
  범인검거를 위한 제보 또는 검거활동을 한 사람이 그와 관련하여
  피해를 입거나 입을 우려가 있다고 인정할 만한 상당한 이유가 있는 경우
  → 해당 범죄에 관한 형사절차 및 관할위원회 조사과정에서는
    특정범죄신고자 등 보호법 §5(불이익처우금지) · §7(인적 사항의 기재 생략) · §9(신원관리카드의 열람)
    · §10(영상물 촬영) · §11(증인 소환 및 신문의 특례) · §12(소송진행의 협의 등) · §16(범죄신고자 등에
    대한 형의 감면)를 준용

위탁선거 위반행위 신고자에 대한 포상 §176

조합 또는 조합선거관리위원회가 인지하기 전에 그 위반행위의 신고를 한 사람에 대하여는 포상금을 지급할 수 있다.
- 중앙회장 선거(총액 5천만원, 건당 1천만원)

적극적/전략적 대응

대법원 2017. 3. 22. 선고 2016도18031 판결

항소심이 심리과정에서 심증의 형성에 영향을 미칠 만한 객관적 사유가 새로 드러난 것이 없음에도
제1심의 판단을 재평가하여 사후심적으로 판단하여 뒤집고자 할 때에는,
제1심의 증거가치 판단이 명백히 잘못되었다거나
사실인정에 이르는 논증이 논리와 경험법칙에 어긋나는 등으로
그 판단을 그대로 유지하는 것이 현저히 부당하다고 볼 만한 합리적인 사정이 있어야 하고,
그러한 예외적 사정도 없이 제1심의 사실인정에 관한 판단을 함부로 뒤집어서는 안 된다

대법원 2021. 4. 15 선고 2021도190판결

원심판결 이유를 관련 법리와 적법하게 채택된 증거에 비추어 살펴보면,
원심의 판단에 논리와 경험의 법칙에 반하여 자유심증주의의 한계를 벗어나거나
공공단체등위탁선거에관한법률위반죄의 기부행위와 위법성조각사유에 관한 법리를 오해한 잘못이 없다.

그러므로, 상고를 기각하기로 하여, 관여 대법관의 일치된 의견으로 주문과 같이 판결한다.

낮은 무죄율, 낮은 항소인용률
→ 기소되면 대부분 유죄 선고, 1심 유죄 선고되면 2심도 대부분 유죄 선고
⇒ 각 단계별로 총력 대응 필요(불송치, 불기소 !!!)

최후의 수단 - 헌법소원

헌법재판소 2016. 11. 24.자 2015헌바62 결정

이 사건 법률조항들은 지역농협 이사 선거가 과열되는 과정에서 후보자들의 경제력 차이에 따른 불균형한 선거운동 및 흑색선전을 통한 부당한 경쟁이 이루어짐으로써 선거의 공정이 해쳐지는 것을 방지하기 위하여 선거 공보의 배부를 통한 선거운동만을 허용하고 전화・컴퓨터통신을 이용한 지지 호소의 선거운동을 금지하며 이를 위반하여 선거운동을 한 자를 처벌하는바, 입법목적의 정당성 및 수단의 적합성이 인정된다. 그러나 전화・컴퓨터통신은 누구나 손쉽고 저렴하게 이용할 수 있는 매체인 점, 농업협동조합법에서 흑색선전 등을 처벌하는 조항을 두고 있는 점을 고려하면 입법목적 달성을 위하여 위 매체를 이용한 지지 호소까지 금지할 필요성은 인정되지 아니한다. 이 사건 법률조항들이 달성하려는 공익이 결사의 자유 및 표현의 자유 제한을 정당화할 정도로 크다고 보기는 어려우므로, 법익의 균형성도 인정되지 아니한다. 따라서 이 사건 법률조항들은 과잉금지원칙을 위반하여 결사의 자유, 표현의 자유를 침해하여 헌법에 위반된다.
⇒농업협동조합법 §50 ④, §172 ② ii 위헌

2017. 10. 31. 농업협동조합법 개정

제50조(선거운동의 제한) ① ~ ③ (생 략)	제50조(선거운동의 제한) ① ~ ③ (현행과 같음)
④ 누구든지 임원 선거와 관련하여 다음 각 호의 방법(이사 및 감사 선거의 경우에는 제2호에 한정한다) 외의 선거운동을 할 수 없다.	④ 누구든지 임원 선거와 관련하여 다음 각 호의 방법(이사 및 감사 선거의 경우에는 제2호 또는 제4호에 한정한다) 외의 선거운동을 할 수 없다.

2) 중앙회 이사 선거 당선 노하우

현재 중앙회 이사 선거는 선거운동을 할 수 없도록 규정하고 있다. 그러나 후보의 정책 제시 및 선거운동에 준하지 않는 홍보활동은 얼마든지 가능하다.
예를 든다면 위탁선거법 개정으로 인한 입장 표명과 향후 재개정에 앞장서서(조합장 편에 서서) 활동을 하겠다고 하면서 조합장들의 지지를 얻을 수 있다.

중앙회 이사 선거와 관련하여 불법과 금품 살포설이 난무하고 있는 가운데 위탁선거법 적용을 받고 중앙선관위에 의무 위탁하는 법률이 조속한 시일 내에 개정될 것으로 예상된다.

대부분 당선되신 중앙회 이사들은 오랫동안 조합장 애경사를 비롯 각종 농협단체(후계자농업경영인, RPC, 주유소협의회, 농협 최고경영자과정, 해외 선진지 견학 등)에 앞장서서 일을 하며 외연을 넓히고 지역 중앙회 이사인 경우 상생자금 등 지속적으로 조합장으로부터 존경과 신뢰를 보여준 후보들이 당선되었다.

평소에 카톡 메시지를 통해서 생일 축하, 절기 인사 등은 기본적인 홍보활동이다. 각종 연(緣)을 앞세워서 혈연(같은 성)과 나이(동갑) 등 공통분모를 찾아서 꾸준히 뜻을 밝히고 출마를 결심해야만 가능하다. 강호동 농협중앙회장의 경우도 진주 강씨(晉州 姜氏)와 토끼띠(63년생)가 조직의 뿌리가 되어서 중앙회장에 당선되었다고 해도 과언이 아니다.

VI. 조합장 당선 이후

1. 선거법을 해결하자
2. 4년을 하루같이
3. 4년 뒤는 무투표당선

1. 선거법을 해결하자

혹독한 전쟁을 치렀다.

일부 무투표 당선된 조합장은 어깨를 으쓱하면서 발을 뻗고 잘 수 있지만 무투표 당선된 조합장도 선거법으로부터 자유롭지는 않다. 매수해서 후보를 포기시켰다든지(매수 및 이해유도죄), 선거 전에 기부 행위를 한 것이 발각되었다든지, 조합원 장례식에 부의금을 10만 원 한 경우가 있다든지(기부행위) 등등의 경우 공소시효 6개월 동안은 피를 말린다고 한다.

필자가 보기에는 선거법에 자유로운 당선자는 한 명도 없다는 것이 조합장 선거의 현실이다. 대부분의 조합장 당선자들은 아래에 해당될 것이다.

① 천연기념물같이 선거법에 저촉되는 것이 한 건도 없는 무공해 당선자
② 상대 후보들이나 조합원들이 불법사실을 다 알고 있지만 눈감아 주어서 공소시효를 넘기는 당선자-후보는 자신도 불법을 저질렀기 때문에 겁이 나서 고소 고발을 하지 못하는 경우도 많다.
③ 상대 후보나 조합원에게 선거 전에 고소 고발을 당해서 선거법을 해결해야 하는 당선자

④ 선거 후 답례 계획 등의 불법 사실이 들통나서 고소 고발을 당한 당선자
⑤ 선관위, 경찰에서 인지하여 수사가 시작되었거나 진행되고 있는 당선자
⑥ 무자격 조합원의 선거인 명부 등재로 인한 소송

이렇게 6가지로 분류할 수 있다. 한 가지 더 있다면 선거 전 현직 조합장이었던 후보가 다시 재선이 된 경우 업무상(횡령 배임 등)의 건이나 각종 비리(성희롱, 노사문제 등)로 고소 고발이 된 경우도 있다. 선거법은 아니지만 금고 이상의 판결이 날 경우 자격 상실이 된다.

위 ①②의 경우는 살아남아서 현직 조합장으로 정상적인 업무에 집중하면 되지만 ③④⑤의 경우는 피의자로서 수시로 수사기관에 조사를 받아야 하고 심지어 집과 사무실, 차량 등을 압수수색 당하면서 1심 판결까지 피를 말리는 고통을 겪어야 한다. ⑥의 경우는 무자격 조합원이 투표를 하여 낙선자가 조합을 상대로 무효 소송을 제기하는 경우이다.

수사단계에서 무혐의가 되어서 사건이 종결될 수도 있지만 대부분 검찰은 법원에 기소를 하게 된다. 심지어 1심에서 100만 원 이하 판결을 받아도 검찰에서 2심 재판부에 항고하면 다시 2심 재판을 철저히 준비해야 한다.

조합원들 사이에 흉흉한 소문이 돌기 시작한다.
"우리 조합장이 선거법에 걸렸다면서~ 보궐선거 한다고 하던데"
조합의 직원들도 조합장이 임기를 마칠지에 대해 반신반의(半信半疑)하면 업무 지시를 제대로 하지도 못하게 되고 조합의 분위기도 뒤숭숭해진다.
'선거법 전문 변호사 누가 사건 해결을 잘 한다고 카더라~'
'누구 조합장은 법무법인에 수억 원을 주고 사건을 의뢰했다고 카더라~'
온갖 '카더라' 소문이 퍼지고 담당 검사나 담당 판사와의 인맥이 있는 변호

사(학교 동기동창이나 사법시험 동기 등)를 만나러 동분서주(東奔西走)하게 된다.

선거 후 공소시효 6개월 안에 검찰은 모두 법원에 기소를 하면서 재판기일이 결정이 되고 6개월 안에 1심 재판 선고를 하게 되는데 100만 원 이하 판결을 받은 조합장들은 그때부터 비교적 자유롭게 업무를 할 수 있지만 100만 원 이상 판결을 받은 조합장들은 또 재판에 시달리게 된다.

심지어 금품 수수(금액이 100만 원 이상인 경우)인 경우에는 인신 구속이 되고 한 번도 겪지 못한 구치소나 교도소 생활을 하게 되면서 모든 것이 무너지는 형국이 된다.

필자도 과거에 선거법으로 온갖 수난(受難)을 다 겪어 본 경험이 있다.

일반적으로 고소 고발을 당하는 경우 아래와 같다.
① 정의로운 조합원에게 불법을 행할 경우(금품을 전달한 경우)
② 상대 후보를 적극적으로 지지하는 조합원에게 불법 행위를 한 경우
③ 상대 후보 진영이나 조합원이 함정을 파놓은 덫에 걸리는 경우
④ 선거가 끝나고 본인이 당연히 당선될 것이라 예상했던 현직 조합장이 낙선한 후 앙심을 품고 온갖 방법을 동원하여 당선자를 고소하거나 고발하는 경우
⑤ 당선자를 위해 함께 뛰었던 참모가 무언가 섭섭함을 느끼거나 당선자가 약속을 지키지 않아서 고소 고발한 경우
⑥ 당선자 본인이나 참모들이 술자리에서 선거법 위반 내용을 발설하여 주변 사람들이 듣고 고소 고발한 경우
동시조합장선거 이전에도 많은 불법 사례들이 있었지만 통계가 명확하지

않았고 대부분 자체 선관위에 의해서 처리되면서 고소 고발 사건의 기준과 적용이 애매모호하였다. 그러나 이제 동시조합장 선거를 실시하면서 중앙 선관위가 조사권을 갖고 처리하기 때문에 고소 고발 사건은 비일비재 하였다.

3회에 걸쳐 동시조합장 선거가 실시되었는데 그동안의 통계를 살펴본다.

가. 조합 대검찰청 발표자료

돈 선거, 금품선거 〈꼬리표〉 붙은 조합장선거.. 1,441명 입건되다.
제3회 동시조합장 선거에서 836명이 재판을 기다리고 있다. 100만 원 이상 벌금형에 처하면 당선자는 조합장직을 내려놓아야 한다.
인신 구속이 되어 유치장 또는 교도소에 갇힌 분도 33명이나 되는데 전원 다 금품 선거 사범이다.
당선자 중에서는 226명이 입건되었는데 이 중 103명(구속 7명)이 기소되었다. 전체 당선자(1,346명)의 7.7%에 해당된다.

이 보도자료는 2023. 9. 10.(일) 10:00부터 보도하여 주시기 바라며, 기재된 범죄사실은 재판에 의하여 확정된 사실이 아님을 유의하여 주시기 바랍니다.

검찰 PROSECUTION SERVICE	**대 검 찰 청** 대변인실 전화 02-3480-2100 / 팩스 02-3480-2704	**보 도 자 료** 2023. 9. 10.(일) 자료문의 : 선거수사지원과 전화번호 : 02-3480-2330 주책임자 : 선거수사지원과장
제 목	제3회 전국 농협·수협·산림조합 조합장 선거사범 수사결과 - 입건 1,441명·기소 836명, 당선자 103명 기소 -	

○ 검찰은 '23. 3. 8. 실시된 제3회 농협·수협·산림조합 전국동시조합장선거(이하 '조합장선거') 선거사범에 대한 수사를 진행하여, 공소시효 완성일인 '23. 9. 8.까지 <u>1,441명을 입건, 836명을 기소하였음</u>(구속 33명)

- '19. 3. 실시된 제2회 조합장선거와 비교하여 입건은 1,303명에서 1,441명으로 10.6%, 기소는 759명에서 836명으로 10.1% 증가

○ 유형별로는 금품선거 1,005명(69.7%), 흑색선전 137명(9.5%), 사전선거운동 57명(4.0%) 순이며, 구속된 33명은 모두 금품선거사범에 해당함

○ 당선자 총 1,346명 중 <u>226명을 입건</u>하여 <u>103명(7명 구속)을 기소</u>하였음

- '19. 3. 실시된 제2회 조합장선거와 비교하여 당선자 입건인원(229명 → 226명) 및 기소인원(116명 → 103명) 모두 감소

○ 이번 조합장선거는 '22. 5. 검찰청법 및 형사소송법 개정으로 검사의 수사개시가 불가능하게 된 후 치러진 최초의 전국단위 조합장선거로, 6개월 단기 공소시효의 제약까지 겹쳐 막바지에 사건이 집중 송치되는 문제가 발생하였기에 개선방안을 마련하겠음

- 향후 수사준칙 개정을 통해 '선거범죄 시효완성 3개월 전 검·경간 필수적 협의' 제도가 도입되면, 제도의 취지에 따라 검·경 협력을 더욱 강화하겠음

1 입건·기소 현황

> **제3회 조합장선거 개요**
>
> ▶ '23. 3. 8. 전국 1,346곳의 조합장 선출 ('19. 3. 제2회 선거 1,344곳)
> - 농협 1,114곳, 수협 90곳, 산림조합 142곳에서 실시
> - 전국 지역조합 총자산은 544조원으로 서울·경기 내 모든 지자체 자산 합계 502조원보다 크며, 대한민국 경제에 큰 영향을 미치는 선거
>
> ▶ 등록 후보자수는 총 3,082명으로 평균 경쟁률 2.3 : 1
> ▶ 선거인 수는 총 2,029,558명 (제2회 선거 총 2,216,844명)
> - 농협 1,649,878명, 수협 125,629명, 산림조합 254,051

○ 제3회 조합장선거 선거사범은 총 **1,441명 입건, 836명 기소**

- 제2회 조합장선거 대비, **입건인원 10.6% 증가(1,303명 → 1,441명), 기소인원 10.1% 증가(759명 → 836명)**

○ **구속인원은 총 33명**으로, 제2회 선거 대비 9명 감소(42명 → 33명)

선거(조합 수)	입건(구속)	기소
'23. 제3회 조합장선거(1,346)	1,441 (33)	836 (58.0%)
'19. 제2회 조합장선거(1,344)	1,303 (42)	759 (58.3%)
'15. 제1회 조합장선거(1,326)	1,334 (81)	847 (63.5%)

※ 단위 '명', (%)는 점유율, 이하 같음

2 유형별 입건 현황

○ 총 입건인원 1,441명 중 **금품선거사범이 1,005명**으로 큰 비중을 차지하고, **구속된 33명은 모두 금품선거사범**

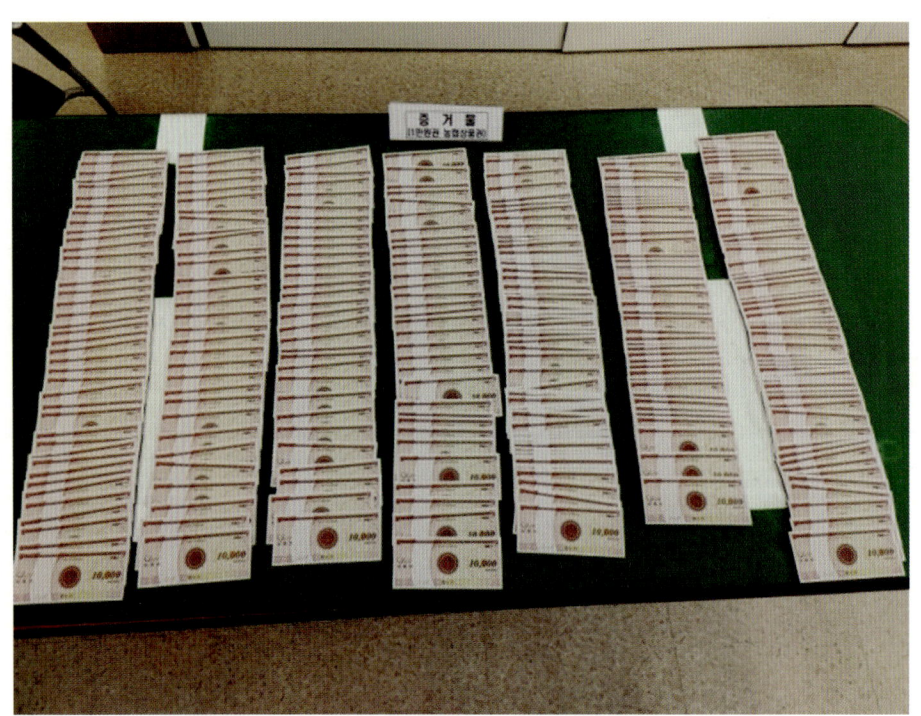

〈 조합장 기부행 위에 쓰인 상품권 증거물 (사진, 서귀포경찰서) 〉

- <u>금품선거 1,005명(69.7%)</u>, 혹색선전 137명(9.5%), 사전선거운동 57명(4.0%), 임원등의 선거개입 37명(2.6%), 기타 205명(14.2%) 등

선거	금품선거	혹색선전	사전선거운동	임원등의 선거개입	기타
제3회	1,005 (69.7%)	137 (9.5%)	57 (4.0%)	37 (2.6%)	205 (14.2%)
제2회	824 (63.2%)	177 (13.6%)	67 (5.2%)	34 (2.6%)	201 (15.4%)
제1회	737 (55.2%)	190 (14.2%)	169 (12.7%)	25 (1.9%)	213 (16.0%)

○ 제2회 조합장선거 대비, 금품선거사범 비중은 증가(63.2% → 69.7%), 혹색선전사범 비중은 소폭 감소(13.6% → 9.5%)

- 혹색선전사범이 최대 비중을 차지하는 공직선거와 달리 **조합장선거**는 여전히 고질적 **금품선거의 병폐가 만연**

  ※ 그 이유는 △특별한 선거이슈가 없고 유권자 수도 적어 근소한 표차로 당락 결정 △지역사회에서 사적 관계에 얽매인 투표 경향 등

③ **당선자 기소 현황**

○ <u>당선자 226명</u>을 입건하여 총 <u>103명(구속 7명)</u>을 기소하였고, 이는 전체 당선자 1,346명의 <u>7.7% 차지</u>

【당선자 기소 현황】

선거	입건	기소			불기소
		합계	구속	불구속	
제3회	226	103	7 (3.1%)	96 (42.5%)	122 (54.0%)
제2회	229	116	11 (4.8%)	105 (45.9%)	113 (49.3%)
제1회	262	157	19 (7.2%)	138 (52.7%)	105 (40.1%)

※ 당선자 중 농협 81명, 수협 13명, 산림조합 9명 기소, 당선자 중 1명은 공범 기소로 공소시효가 정지되어 계속 수사중

④ 위탁선거사범 수사체계 개선 필요

검찰 직접 수사개시의 전면 제한

○ '21. 1. 수사권 조정으로, 검찰 직접 수사개시를 제한하면서도 선거범죄 등 중요범죄는 직접 수사개시가 가능하도록 예외를 두었음

○ 그러나, '22. 5. 개정 『검찰청법』 및 『형사소송법』, 이에 따른 『검사의 수사개시 범죄 범위에 관한 규정』 시행으로, <u>『공직선거법』상 금품선거, 공무원 선거개입 등 일부 선거범죄만 직접 수사개시 가능</u>

※ 다만, 위 개정 법률은 선거범죄 전체에 대한 직접 수사개시를 '22. 12. 31. 까지 허용하여 '22. 3. 대선, '22. 6. 지방선거 사건은 수사권 조정 이전과 마찬가지로 검찰의 직접 수사개시가 가능하였음

○ 한편, '23. 3. 8. 실시된 제3회 조합장선거는 『공직선거법』이 아닌 『<u>공공단체등 위탁선거에 관한 법률(약칭 위탁선거법)</u>』이 적용되어, <u>금품선거를 포함한 모든 선거범죄에 대하여 검사의 직접 수사개시가 불가능함</u>

이번 선거에서 나타난 문제점

○ 이번 선거는 '21. 수사권 조정, '22. 직접 수사개시 제한 이후 치러진 최초 전국단위 조합장선거로, <u>단기 공소시효 및 비효율적 수사시스템의 문제</u>가 노출됨

- 위탁선거법위반 사건은 지역사회에서 조직적이고 은밀히 행해지는 만큼 난이도가 높아 치밀한 수사가 필요하나,

- 6개월의 단기 공소시효가 적용되고, 공소시효 완성 전 1개월 동안에 경찰에서 수사하던 280명 이상이 검찰에 집중적으로 접수되어, 면밀한 검토와 보완수사에 검·경 모두 시간적 한계에 봉착

○ 기존 선거사범 대응체계와 달리 수사단계가 늘어나 검·경이 최선을 다하였음에도 <u>공소시효에 쫓겨 사건처리가 이루어지는 부작용</u> 우려

- 기존 대응체계에서 일반 사건은 경찰이 1차 수사한 후 검찰이 보완수사를 진행하고, 선관위 고발 사건 등 중요사건은 검찰이 직접 수사하였음에 반해, 현재는 모든 사건에 대해 (선관위 →) 경찰 → 검찰을 거치도록 변경

- 현행법은 입건지휘를 폐지하여 송치 이후에야 보완수사를 요구할 수 있으므로, 1회 보완수사요구만 하여도 '경찰 → 검찰 → 경찰 → 검찰'의 4단계가 필요하고, 검찰과 경찰 사이에 단계별 실질적 협의도 곤란

  ※ '21. 수사권조정 이전에는 수사개시 보고, 입건지휘, 송치 전 지휘에 따라 송치사건도 긴밀한 사전 협의를 거쳐 경찰 → 검찰의 2단계로 종결되었음

○ '22. 실시된 대선·지방선거 관련 공직선거법위반 사건은 검사의 수사개시가 가능했으나, 제3회 조합장선거 관련 위탁선거법위반 사건은 **검찰 직접수사 개시가 법률상 제한되어 처리속도 지연**

- 시효완성 1개월 전 시점의 처리율이 36.9%, 15일 전 처리율이 53.4%에 불과(마지막 1개월간 1,038명, 그 중 최종 15일간 775명 처리)

[최근 전국단위 선거별 검찰 사건처리율 변동 추이(D-30은 공소시효 30일 전)]

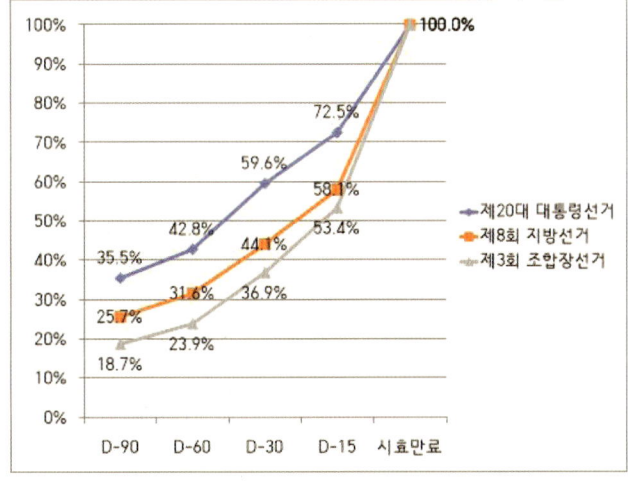

※ 검찰에 접수되거나 입건 보고된 사건 중 최종 처리 비율(이하 같음)

- 수사권 조정 전 실시된 지난 제1회, 제2회 조합장선거에 비하여 공소시효에 임박하여 처리된 사건 비율이 현저히 증가

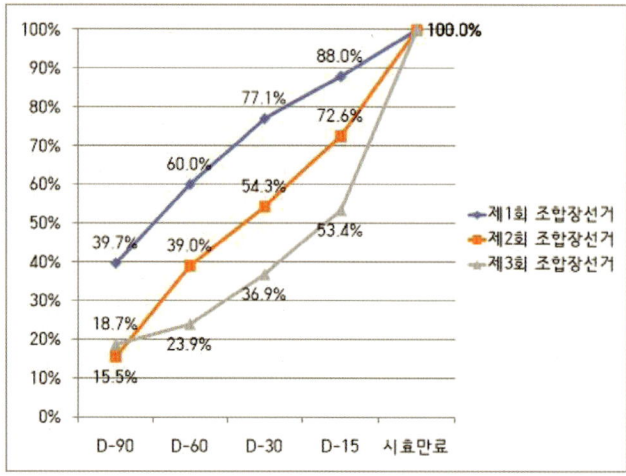

[역대 조합장선거별 검찰 사건처리율 변동 추이]

개선방안

○ 초동수사 단계부터 검·경 협력절차 실질화

- 향후 수사준칙 개정을 통해 '선거범죄 시효완성 3개월 전 검·경간 필수적 협의' 제도가 도입되면, 제도의 취지에 따라 검·경 협력을 더욱 강화하겠음

- 나아가 경찰청 국가수사본부와 함께 세부 시행방안을 마련하여, 검찰과 경찰이 수사 초기부터 상호 협력할 수 있도록 제도 안착에 최선

- 시효 만료일 3개월 시점 이전이더라도, 접수된 사건의 현황, 개요 등 기본적 사항을 공유하는 협력방안도 경찰과 협의하여 추진할 예정

○ 선거사범 단기 공소시효 제도 개선

- 현행 6개월 <u>초단기 공소시효 특례를 폐지</u>하거나 기간을 1년 내지 2년으로 <u>연장</u>하여 최소한의 수사기간 확보 필요

- 해외 입법례, 수사단계별 소요 기간 등 분석하여 지속적 개정 건의

※ 범죄 발생 후 발견(고발 등)까지 기간을 고려했을 때, 현 제도는 6개월보다 더 적은 기간을 선관위·경찰·검찰이 나누어 쓰는 상황

⑤ **향후 계획**

○ 중요사건은 원칙적으로 수사검사가 직접 공판에 관여하는 등 불법에 상응하는 형벌이 선고될 수 있도록 <u>공소유지 철저</u>

○ '23. 10. 11. 재보궐선거, '24. 4. 10. 제22대 국회의원선거 등 <u>향후 예정된 주요 선거가 공정하게 실시</u>될 수 있도록 <u>검찰의 역량을 집중</u>

이같은 조합장 선거 불·탈법 행위는 2019년 제2회 조합장 선거에 비해 입건과 기소 건수가 모두 10%(입건 10.6%, 기소 10.1%) 넘게 증가했다. 이같은 선거사범 증가에 대해 검찰이 대책을 제시했다. 검찰은 검경 수사권 조정과 검찰의 수사개시 범위 제한 이후 치러진 선거 사건인 탓에 사건 처

리 속도가 지연됐다고 밝혔다. 검찰은 초동수사 단계부터 검·경 협력을 실질화하고, 현행 6개월의 선거사범 공소시효를 폐지하거나 연장하는 방안이 필요하다고 밝혔다. 조합장 선거의 불·탈법이 반복되지 않게 대책을 마련해야 한다.

향후 조합장 선거도 이와 유사한 결과를 초래할 것으로 예상된다.

나. 선거법 조사 및 수사 방향

선거사범은 선관위라는 기관에서 대부분 조사를 하게 된다. 경찰 지능범죄수사팀이나 광역 경찰의 경우 반부패수사팀에서 수사할 수도 있고 검찰(7개 지검에 설치된 반부패수사부와 공안부에서 관할, 지청의 경우에는 형사부에서 담당)에서도 선거사범 중에서 중대한 범죄자(주로 금품 수수와 허위비방, 매수 및 이해유도)에 대해서는 직접 수사할 수 있다.
일반 범죄의 공소시효는 범죄의 경중에 따라 최장 25년에서부터 1년까지 다양하게 정하고 있으나, 선거범죄의 공소시효는 선거일을 기준으로 6개월이다.

재판 기간도 공직선거의 경우에는 1심은 6월 이내, 2심과 3심은 각각 3월 이내에 선고하도록 규정하고 있는데 이번에 개정된 위탁선거법으로 공직선거와 동일하게 재판 기간을 규정하고 있다.

전에는 현직 조합장의 경우 재판이 보통 2~3년을 끌었는데 충남 아산의 조합장의 경우 최장 5년에 걸쳐 재판을 종결한 경우도 있다.
조합장 선거의 대표적인 주요 선거범죄는 돈 선거, 흑색선전, 임직원의 선거 관여, 무자격 조합원의 선거 명부 등재 등 4가지를 들 수 있고, 기타 다양한 절차적 위반 행위가 있다.

1) 조사 및 수사 주체

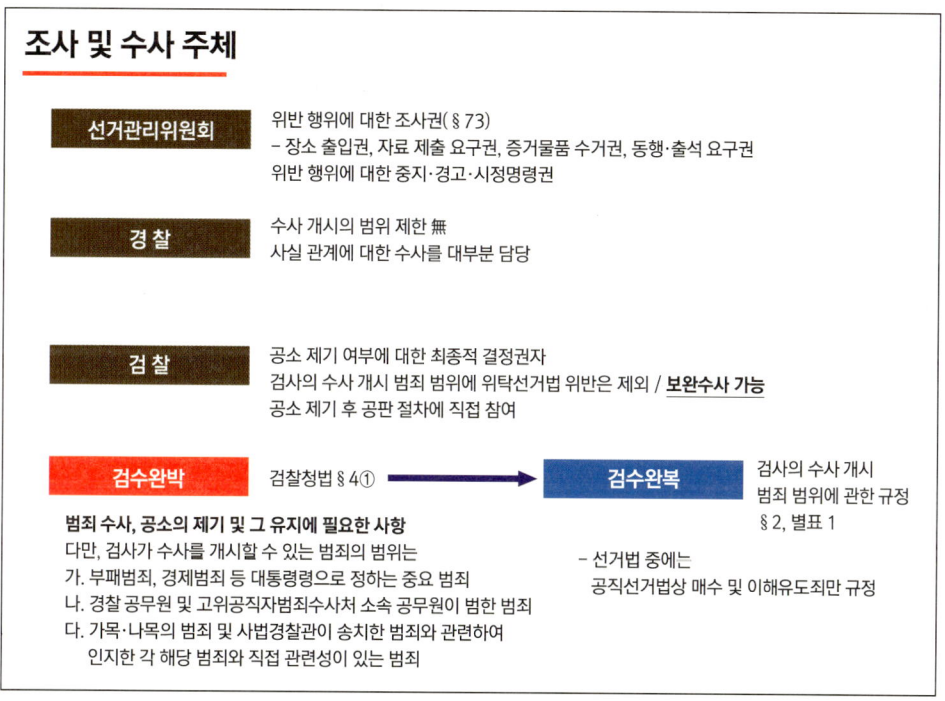

2) 조합장 선거 수사 절차

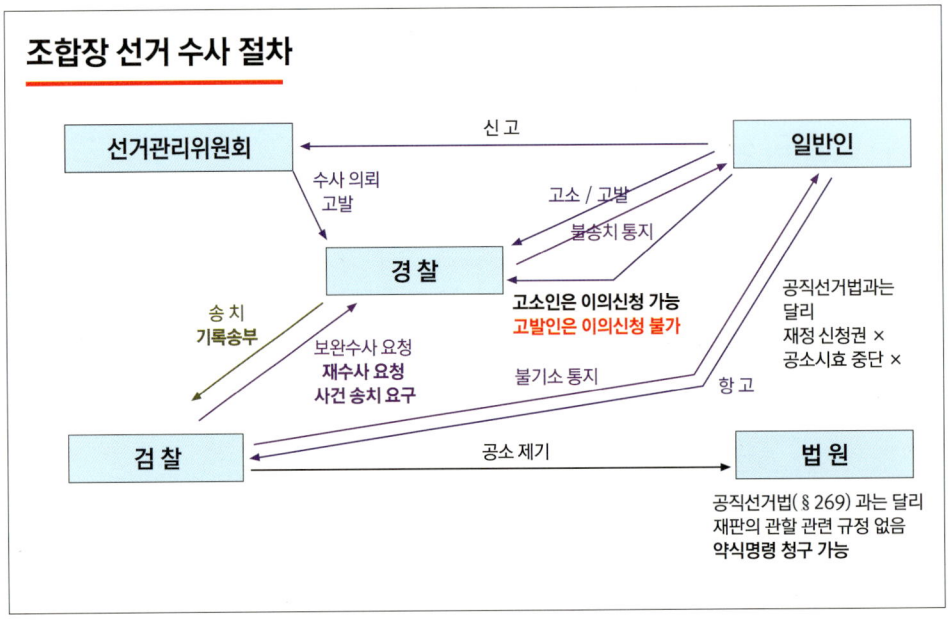

상기 표에서 일목요연하게 각 기관별 선거법 위반 절차를 설명하였다. 선관위는 사안의 중대성이 있는 경우 경찰에 수사 의뢰나 고발을 하게 된다. 경미한 사안인 경우 행정조치로 주의나 경고 조치를 한다. 최종적으로 검찰에서 법원으로 공소 제기를 하게 되는데 6개월이 지나면 공소를 제기할 수 없다.

재판부의 판결 요지 가운데 "특정 지역 내지 산업을 기반으로 하는 농업협동조합법 등에 따른 조합에서 조합장을 선출하는 선거의 경우 좁은 지역사회 및 특정 업종에 종사하는 사람들 사이의 촘촘하고 끈끈한 인간관계와 오랜 기간 지역을 중심으로 이루어진 견고한 인맥 내지 정(情) 문화를 바탕으로 하여 선거인과 후보자 사이에 금품수수가 이루어지는 일명 '금권선거'가 발생할 가능성이 높다"며 "이와 같은 문제를 근절하고 공공단체 등의 건전한 발전과 민주사회 발전에 기여함을 목적으로 공공단체등 위탁선거에 관한 법률이 제정되었음에도 조합장이 되기 위해 수억 원 이상이 필요하다거나 조합원들에게 지급되는 돈이 수십만 원이라는 특정 기사가 보도될 만큼 조합 관련 금권선거 문화는 쉽게 사라지지 않고 뿌리 깊은 악습이 이어지고 있다"고 지적했다.

이어 "이를 근절하기 위해서는 이와 같은 범행을 한 자들에 대해 엄중한 경고와 중한 처벌이 필요하다"며 "피고인의 선거인 매수 정도, 수사 과정 및 재판 과정에서 드러난 피고인들의 태도 등을 종합해 형을 정했다"고 판시했다.

공직선거보다 더 엄한 잣대를 선거의 특수성을 갖고 있는 위탁선거에 적용하고 있다.

3) 형사상 특별 규정과 선거일 후 답례 금지

형사상 특별규정

위탁선거범죄로 인한 당선무효 §70

당선인이 해당 위탁선거에서 이 법에 규정된 죄를 범하여 징역형 또는 100만원 이상의 벌금형을 선고받은 때

당선인의 배우자나 직계존비속이 해당 위탁선거에서 매수 및 이해유도죄(§58)나 기부행위의 금지·제한 등 위반죄(§59)를 위반하여 징역형 또는 300만원 이상의 벌금형을 선고받은때
(다른 사람의 유도 또는 도발에 의하여 해당 당선인의 당선을 무효로 되게 하기 위하여 죄를 범한 때는 예외)

공소시효 §71

해당 선거일 후 6개월(선거일 후 행하여진 범죄는 그 행위가 있는 날부터 6개월) 경과 시 완성

범인이 도피한 때나 범인이 공범 또는 범죄의 증명에 필요한 참고인을 도피시킨 때에는 3년

【대법원 2006. 8. 25. 선고 2006도3026 판결】
"당해 선거일"이란 그 선거범죄와 직접 관련된 선거의 투표일을 의미하는 것이므로 그 선거범죄를 당해 선거일 전에 행하여진 것으로 보고 기산일을 당해 선거일로 할 것인지 아니면 그 선거범죄를 당해 선거일 후에 행하여진 것으로 보고 기산일을 행위가 있는 날로 할 것인지의 여부는 그 선거범죄가 범행 전후의 어느 선거와 관련하여 행하여진 것인지에 따라서 좌우된다.

※ 기부행위는 장래 치러질 선거를 위해 행하여지는 것이 통상적(제주지방법원 2017고단2649 판결)

선거일 후 답례금지는 후보자, 후보자의 배우자, 후보자가 속한 기관·단체·시설은 선거일 후 당선되거나 되지 아니한 데 대하여 선거인에게 축하·위로나 그 밖의 답례를 하기 위하여 다음 각 호의 어느 하나에 해당하는 행위를 할 수 없다.

1. 금전·물품 또는 향응을 제공하는 행위
2. 선거인을 모이게 하여 당선 축하회 또는 낙선에 대한 위로회를 개최하는 행위

> **할 수 있는 행위**
>
> ○ **당선·낙선에 대한 의례적인 인사장**을 선거인에게 발송 또는 지역신문에 의례적인 광고를 게재하는 행위
> ○ 당선 또는 낙선에 대한 현수막을 거리에 게시하는 행위
> ○ 당선 또는 낙선에 대한 인사를 전화나 문자메시지를 이용하여 하는 행위
>
> ◆ 당선되어 조합장 임기가 시작된 경우에는 기부 행위 제한 위반의 문제가 발생할 가능성이 있다.

2. 4년을 하루같이

조합장동시선거 VOTE

드디어 월계관을 쓰게 되었다. 선관위에서 당선증을 아내와 함께 받고 꽃다발을 목에 걸었다. 이제 시작이다.

조합장의 자리에 앉자마자 권한을 최대한 누리는 사람이 있는가 하면 오늘부터 다시 운동화 끈을 조여매고 새롭게 시작하는 사람이 있다.

그리고 선거 기간에 있었던 일로 감정의 골이 파여진 것을 앙갚음하고 복수하는 사람도 있다.

상대적으로 낙선한 사람들은 사경을 헤맨다. 두문불출(杜門不出)하고 일절 대면 관계를 단절하며 한을 품고 한숨만 내쉬고 있다. 부인(여성 조합장의 경우 남편)의 잔소리가 심해지고 모든 것을 남 탓으로 돌린다. 선거 기간 믿었던 사람에 대한 실망이 분노로 이어져 술로 나날을 보내게 된다.

중국 명나라 말기에 문인 홍자성이 저작한 책 <채근담(菜根譚)>에 나오는 글이다.

<내 뜻대로 되지 않는다고 해서>
내 뜻대로 되지 않는다고 해서 괴로워하지 말라.
모든 일이 뜻대로 잘 되어 가더라도 너무 기뻐하지 말라.

현직에 취임한 조합장에게 아주 걸맞은 이야기가 있다.[56]

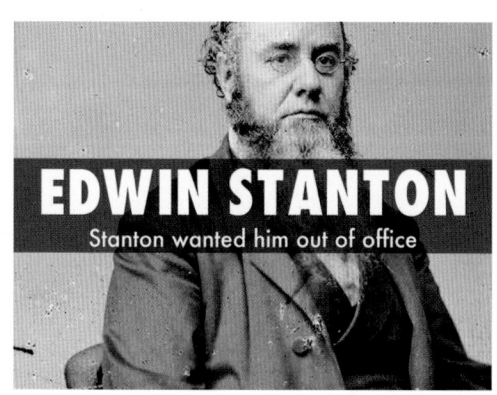

미국의 16대 대통령 에이브람 링컨에게는 에드윈 스탠튼(Edwin Stanton)이라는 정적이 있었다. 젊은 시절 링컨이 대통령이 되기 전 변호사를 하고 있었을 때, 링컨을 '애송이요 시골뜨기'라고 모욕하는 언사를 일삼던 사람이 유명 변호사 에드윈 스탠턴이었다.

링컨이 대통령 선거에 출마했을 때에도 반대당(민주당)에 소속된 사람이자 법무장관으로서 정적 가운데서도 그를 가장 강도 높게 비난했던 이도 스탠턴이었다. 스탠턴은 성품이 아주 강직했으며, 또한 독설로 아주 유명한 사람이었다. 그는 대놓고 링컨을 비난하며 아주 심한 모욕적인 발언을 서슴지 않았다.

선거 기간 동안 미국 전역을 다니며 링컨을 헐뜯고 그를 이름으로 부르지 않으면서 "깡마르고 무식한 자"라고 놀려댔다. 심지어 스탠턴은 인신공격적인 발언도 서슴지 않았다. "여러분! 링컨의 얼굴을 한 번 보십시오. 그 얼굴이 도대체 우리나라의 대통령이 될 얼굴입니까? 저는 고릴라를 잡기 위해서는 아프리카로 가야만 되는 줄 알았습니다. 그러나 이제는 생각을 바

---

56) 레이크뉴스(18.04.05), 김덕권 시인의 칼럼 "링컨의 사랑은 사람을 변화시키는 힘이 있었습니다"

꾸었습니다. 링컨의 고향에 가면 얼마든지 고릴라를 잡을 수 있다는 사실을 깨달았기 때문입니다."

하지만 그런 스탠턴의 노력(?)에도 불구하고 링컨은 대통령에 선출되었다. 이때도 스탠턴은 "링컨이 대통령이 된 것은 국가적 재난"이라며 독설을 퍼부었다. 이런 스탠턴과는 달리 링컨이 대통령이 되고 나서 차기 행정부를 조직하면서 놀랍게도 자신을 그토록 비난했던 스탠턴을 전쟁장관(현 국방장관)에 임명했다.

모든 참모들이 스탠턴의 등용을 재고할 것을 건의하자 링컨은 "나를 수백 번 무시한들 어떻습니까? 그는 사명감이 투철한 사람으로 국방부 장관을 하기에 충분합니다."
"그래도 스탠턴은 당신의 원수가 아닙니까? 원수를 없애버려야지요!"

참모들의 이런 말에 링컨은 빙그레 웃으며 말했다.
"저도 그렇게 생각합니다. 원수는 마음 속에서 없애버려야지요! 그러나 그것은 '원수를 사랑으로 녹여 친구로 만들라'는 말입니다. 예수님도 원수를 사랑하라고 하셨습니다."

그는 이렇게 과거 자기를 비난했던 스탠턴의 모든 잘못들을 깨끗하게 용서해 주었을 뿐 아니라 자질을 높이 평가해서 국방장관에 임명했던 것이다. 스탠턴은 기대에 어긋나지 않게 링컨을 잘 도와 남북전쟁에서 승리했으며 훌륭한 업적을 많이 남겼다.

1865년 4월, 링컨이 암살을 당했을 때 제일 슬퍼했던 사람이 바로 스탠턴이었다. 그는 링컨의 시신 앞에서 유명한 말을 했다.
"여기에 인류 역사상 가장 위대한 통치자가 누워 있습니다. 이제 그의 마음은 영원히 기념되어질 것입니다."

스탠턴은 며칠 동안 지칠 줄 모르고 수도를 방어하고 음모자들을 체포하려고 노력하면서도 걷잡을 수 없이 슬퍼했고, 누군가 링컨의 이름을 꺼내기만 해도 주저앉아 통곡했다. 링컨을 보내면서 자원해서 조사(弔辭)를 맡은 사람도 역시 스탠턴이었다.

그는 울먹이며 이렇게 조사를 낭독했다.
"링컨은 역사적인 인물입니다. 링컨의 사랑은 사람을 변화시키는 힘이 있었습니다. 그는 이 시대의 위대한 창조자입니다."

링컨 대통령이 지은 시 가운데 <우리가 웃으면 세상도 따라 웃고>라는 시가 있다.

세상은 거울과 같아서 우리가 웃으면 세상도 따라 웃고,
우리들이 찡그리면 세상 또한 찡그립니다.

붉은 색안경을 끼고서 세상을 보면 모든 것이 다 붉은 빛으로 보이기 마련이고,
푸른 색안경을 끼고서 세상을 보면 모든 것이 푸르게 보이고,
흐린 안경을 끼면 세상도 모두 흐리고 뿌옇게 보이는 것입니다.

세상에 웃음을 선물하는 사람은 자신도 곧 웃음을 받는 사람이 됩니다.
아름다운 말, 아름다운 웃음, 아름다운 표정으로 모든 사람을 대하기를....
그러면 세상도 분명히 당신을 그렇게 대해 줄테니...

현직 조합장은 다른 경쟁자 후보에 비해서 유리한 것과 불리한 것이 있다.

위의 링컨의 삶에서 우러나온 고백 시(詩) 처럼 조합장이 섬김과 나눔, 희생과 봉사로 그 직을 수행한다면 조합원은 신뢰와 박수를 보내게 될 것이다. '지금은 미약(微弱)하지만 나중은 창대(昌大)하게 될 것'이라는 성경의 말씀이 진리이다. 4년 내내 훈풍이 솔솔 불어서 아무도 경쟁자가 없는 선거를 다음에는 맞이하게 될 것이다.

현직 조합장은 취임하자마자 바로 선거운동이 가능하다. 즉 조합의 다양한 행사와 각종 회의, 영업점 등 여러 장소에서 조합원을 만나거나 조합원과 관계된 사람들과 접촉하게 된다. 이미지 메이킹이 4년 내내 가능하다는 것이다. 그런데 만난다고 해서 무조건 유리한 것만은 아니다.

이 책에서 유권자를 감동시킬 수 있는 '에티켓'을 쓴 이유는 한 번 만남이 영원한 만남이 될 수 있도록 감동을 주고 기억에 남도록 해야 한다는 점을 강조하기 위해서다. 4년을 하루같이 유권자를 섬기고 유권자와 함께 울고 웃을 수(동고동락同苦同樂) 있는 조합장, 친구 같은 조합장, 기쁨을 주는 조합장, 보고 싶은 조합장이 되어야 한다.

참고로 언론에 보도된 조합장들의 사례를 소개한다.

가. 우수 사례

1) 경기도 00농협 000 조합장

건전한 조직문화를 만들기 위해 회식 자리에서 술잔 돌리지 않기, 한 자리에서만 회식하기(2차 하지 않기), 남을 험담하지 않고 칭찬하기 등이다. 특히 고객 중심의 경영 마인드를 지닌 그는 직원들이나 조합 간부는 고객들 앞에서 음주하거나, 도박하는 모습을 절대 보이지 말아야 한다는 원칙을 정하고 있다.

"회식 후 술에 취해 비틀거리며 걸어가는 모습, 혹은 도박하는 모습을 보고 고객님들이 과연 우리 농협을 믿고 신뢰할 수 있을까요? 그렇기에 회식이 끝나면 택시를 타고 곧 바로 귀가하라고 강조합니다"라며 확고한 뜻을 전했다.

또한 '감동을 주는 농협'을 만들기 위해 세심한 부분까지 신경 쓰고 있다. 그는 "행사를 진행하면서 조합원들에게 튜브 고추장을 나눠준 직원들에게 이것은 고객들에게 고추장을 드린 것이지, 감동을 준 것이 아니라고 말하며 그 이상의 가치를 주문했습니다. 그랬더니, 직원들이 소고기를 갈아서 볶음 고추장을 만들어 한 숟갈씩 떠서 조합원들에게 드리더군요. 또 약주를 드신 조합원들을 위해 수삼을 직접 갈아서 미리 준비한 꿀차를 대접해 드리니, 감동 받지 않을 수 없겠지요. 이 뿐 아니라, 조합원을 모시고 워크숍을 떠나기 전 직원들이 아침 일찍 나와서 고구마와 계란을 삶고, 보온 저장고에 미리 넣어둔 따뜻한 두유를 준비했다가 드리니 이를 받은 조합원님들이 감동받고 눈시울을 붉히기도 했습니다"라며 당시를 떠올렸다.

이어 그는 "초복 때에는 고향 주부 모임의 도움을 받아 생강과 찹쌀, 인삼과 각종 약재를 넣어 삼계닭을 직접 만들어 2마리씩 아이스박스에 포장해 우수 고객들의 집으로 직접 가져다 드렸다. 이런 진심을 다하는 직원들의 모습에 조합원들은 감동을 받고, 칭찬을 아끼지 않고 있다"며 자부심을 표했다. 이렇듯 고객 감동 경영을 실천하는 OOO 조합장은 직원들에게도 감동을 주는 것으로도 유명하다. 매달 형식적인 직원조회를 하는 것이 아니라, 감동이 있는 동영상을 준비해 보여 줌으로써 직원들이 스스로 감명받아 마음이 움직여 고객감동을 위해 새로운 아이디어를 구상하도록 하는 것이다. 그렇기에 OO농협의 직원들은 늘 얼굴이 밝다.

2) OO 조합의 모범사례[56]

(1) 적절한 시점에 투자

당진 OO농협은 공동 사업 법인에 투자 지분을 증자하고, 실질적인 주관농협을 맡음으로써 시설노후, 소규모 RPC 때문에 미질저감으로 소비자가 외면하여 저가미로 전락하여 경영상 어려움을 겪고 있던 조직을 정상화하는 데에 큰 역할을 수행하였습니다. 당시 해체 위기였던 당진시 공동 사업법인은 정규직을 일괄하여 명예 퇴직 시키고 신규채용과 대표를 외부 공모를 통하여 대기업 출신의 경력자로 능력이 출중한 직원을 뽑아 구조 조정을 강행하고, 경쟁력을 강화함으로써 당진시 원예농산물 유통에 도약의 발판을 마련하였다. 대기업과 계약재배 등의 역할을 성공적으로 수행하면서 명실상부한 당진시 원예농업의 유통 메카로 자리잡게 하는 데 일조하고, 리스크 관리에 있어 탁월한 재능을 증명하였다.

(2) 현장에 답이 있다

조합장실에는 '현장에 답이 있다.' '바른 삶이 힘이다.' '갖춤이 경쟁이다.'라는 캐치프레이즈를 붓글씨로 잘 써서 3곳에 부착하여 방문객에

---

[56] 농협조합장 정보 공유지에서 인용

게 감동을 주고 있다. 각 지점을 방문해 보니 지점마다 어린이 북카페를 운영하며 어린이들이 좋아하는 책을 많이 비치하고 어린이들이 찾아오게 한다. 아울러 지점마다 농협의 명품인 '군산짬뽕라면' 관련 제품을 인기리에 판매하고 있다.

이후 '군산짬뽕 컵라면, 채소라면'을 추가로 개발하여 젊은이들에게 인기 있는 상품으로 급부상하고 있다. 이러한 국내 인기와 더불어 해외로 판로를 개척하여 미국, 호주, 뉴질랜드 등의 기업들과 수출 계약이 성사되었고 캐나다, 일본, 중국, 동남아에서 수출 문의가 빗발치고 있다.

제품 개발 성공요인은 첫째, 산학협동의 열매라는 것이며, 둘째, 지자체 협력을 끌어낸 것이며 셋째, OEM방식의 생산으로 설비투자에 대한 리스크가 전혀 없이 추진한 것이라 할 수 있다. 이 제품들은 수입 밀로 만들어진 일반 라면제품과 다르게 순수 우리 농산물과 수산물을 이용한 천연조미료로 만들어진 라면으로써 이를 지방 농협에서 개발하였다는 사실이 우리에게 희망과 큰 감동을 주었다.

(3) 탁월한 경영 능력

3만 평의 농사를 경영하던 중 농대교수의 제안으로 이스라엘을 견학하고 1995년도에 충북 지역 최초로 50% 정부 보조로 1억 7,000만 원을 투자하여 650평의 자동화 하우스 시설을 갖추고 일본의 시비 기술을 전수받아 양액재배로 오이·토마토 등을 재배하여 충북 농업의 기술 혁신을 이끌었다.

하나로마트는 읍내 인구가 1만 6,000명에 불과함에도 지난해 232억 원의 매출을 올렸으며, 정육코너는 정육반장이 주 2회 관내 한우 사육 농가를 방문하여 비육 정도를 판단하여 매입 선택을 하고 제천에서 도축하여 금왕으로 옮겨 발골 작업을 할 때 농협 정육직원이 참여하여 기름을 완전 제거하고 지육으로 350~380kg을 입고하며 비선호 부위는 불고기용이나 냉동 처리하는데 한우 고기를 저렴하게 판매한다는 입소문이 많이 퍼졌으며 돈육은 고급 브랜드와 일반 업체 입고분을 구분하여 가격 경쟁력을 높여 고급 브랜드 20%, 일반업체 입고

> 분 80%비중으로 판매되고 있으며, 정육에서만 총 매출액의 25% 이상을 판매하고 농축산물 판매 비중이 전체 매출액의 50%를 상회하였다. 지난해 하나로마트의 순이익은 5억 7,000만 원이었다

나. 조합장으로 할 수 있는 사항

위탁선거법과 규칙, 그리고 법규 운용 기준 가운데 현직 조합장이 할 수 있는 운용 기준이 있다. 아래는 조합장 선거를 위하여 중앙선관위에서 발간한 바 있던 선례 정비 및 법규 운용 기준인데 다시 적어 보았다.

○ 제1회 전국동시조합장선거를 대비하여 중요 판례나 현행 운용 기준에 따라 기존 「공공단체등 위탁선거에 관한 법률」 (이하 '법', '위탁선거법'이라 함) 관련 선례들을 대상으로,
○ 변경이 필요하거나 「공직선거법」과 운용 방향이 다른 사안, 명확한 선례가 없거나 선례 적용이 어려운 사안 등을 검토하여 법규 운용 업무의 수용성 및 효율성 등을 제고하고자 한다.
○ 작성방향은 대법원은 위탁선거법상 선거운동 판단 기준에 관하여 대법원 2016. 8. 26. 선고 2015도11812 판결의 「공직선거법」상 선거운동 판단 기준을 참조(대법원 2017. 3. 22. 선고 2016도16314 판결, 2018. 2. 8. 선고 2016도19546 판결)하였다.
○ 이에 따라 「공직선거법」상 선거운동 판단 기준, 위탁단체의 자율성 등을 고려하여 위탁선거법상 선거운동 등에 대한 규제를 법률의 문언 범위 내에서 원칙적으로 완화하는 방향으로 운용하고자 한다.
○ 다만, 위탁선거법이 선거운동을 제한적으로만 허용하고 그 외의 선거운

동을 일체 금지하고 있는 취지, 지역구가 협소하고 후보자와 선거인의 사적 연대가 존재하는 조합장 선거의 특성, 선거의 공정성 확보 등 위탁선거법의 입법 목적을 종합적으로 고려하여 개별 사안에 따라 일부 달리 판단하고자 한다(대법원 2021. 4. 29. 선고 2019도14338 판결 참조).

1) 각종 매체를 이용한 통상적인 행위

(1) 관련 선례 및 의견(조합장)

○ 조합이 선거 기간 전에 선거와 무관하게 조합의 경비로 연말연시·명절·국경일 등 통상적인 계기가 있는 때에, 조합장의 직명·성명·사진을 게재하여 의례적인 내용으로 조합원에게 연하장 등 인쇄물 또는 문자메시지·전자우편(음성·화상·동영상 등 포함)을 보내거나, 거리에 현수막을 게시하거나, 의례적인 내용으로 조합원에게 조합장 명의의 ARS 전화를 할 수 있다.

○ 조합이 선거 기간 전에 선거와 무관하게 조합의 경비로 조합의 운영, 사업수행, 재난·재해 안내·고지 등 직무상 행위의 일환으로, 그의 직명·성명·사진을 게재하여 조합원에게 통상적인 내용의 안내장 등 인쇄물 또는 문자메시지·전자우편(음성·화상·동영상 등 포함)을 보내거나, 거리에 현수막을 게시하거나, 조합원에게 조합장 명의의 ARS 전화를 할 수 있다.

○ 다만, 상기 행위를 조합의 설립 및 활동 목적 범위 안에서 통상 안내·고지해오던 수준을 넘어 계속적·반복적으로 하거나, 선거 기간 중에 시행하거나, 이에 조합장에 대한 지지·선전 등 선거운동에 이르는 내용이 포함되는 경우 등에는 행위 양태에 따라 법 제24조·제28조·제29조·제31조·제66조에 위반될 수 있을 것이다.

(2) 관련 선례 및 의견(후보)

○ 후보자가 되려는 사람이 선거 기간 전에 자신의 경비로 연말연시·명절·국경일 또는 재난·재해 등 통상적인 계기가 있는 때에, 자신의 직명·성명·사진을 게재하여 의례적인 내용으로 다수의 조합원에게 연하장 등 인쇄물 또는 문자메시지·전자우편(음성·화상·동영상 등 포함)을 보내거나, 거리에 현수막을 게시하거나, 의례적인 내용으로 다수의 조합원에게 ARS 전화를 할 수 있다.

○ 후보자가 되고자 하는 사람이 선거 기간 전에 출판 기념회를 개최하는 경우 개최 일정 등 통상적인 홍보 사항을 안내·고지하는 목적 범위 내에서 다수의 조합원에게 초청장 등 인쇄물, 문자메시지, 전자우편으로 보내거나 거리에 현수막을 게시할 수 있다.

○ 다만, 상기 행위를 계속적·반복적으로 하거나, 선거 기간 중에 하거나, 이에 후보자가 되려는 사람에 대한 지지·선전 등 선거운동에 이르는 내용이 포함되는 경우 등에는 행위양태에 따라 법 제24조·제28조·제29조·제66조에 위반될 수 있을 것이다.

2) 전화를 이용한 선거운동

▶ **레터링 서비스를 이용한 선거운동**

○ 후보자가 선거 운동 기간에 통신사의 문자 레터링 서비스를 이용하여 수신자의 휴대전화 화면에 선거운동 내용의 문자를 표출할 수 있음.

○ 다만, 레터링 서비스를 이용하여 문자 외에 사진 등을 표출하는 경우에는 법 제24조·제28조·제66조에 위반될 것임.

3) 상장 및 부상 수여

▶ 조합장 명의 상장 수여 시 조합 명의의 부상을 제공하는 행위

조합장이 법령 또는 정관에 근거하여 조합의 사업계획 및 수지예산에 따라 조합원에게 조합장 명의의 상장을 수여하면서 통상적인 범위 내에서 조합 명의의 부상을 제공할 수 있다.

4) 투표 참여 권유활동

(1) 후보자(후보자가 되려는 사람 포함)가 아닌 사람의 투표 참여 권유 활동

○ 후보자의 가족은 자신의 명의를 나타내어 투표 참여 권유 활동을 할 수 없다.

○ 조합의 임·직원, 조합원, 일반시민은 자신의 명의를 나타내어 투표 참여 권유 활동을 할 수 있으나, 특정 후보자를 지지하는 것으로 평가되어 그의 투표 참여 권유 활동이 선거운동에 이르는 경우에는 행위 양태에 따라 법 제24조 및 제66조에 위반될 수 있을 것이다.

(2) 투표소로부터 100미터 이내의 투표 참여 권유 활동

투표소(순회투표소 포함)로부터 100미터 안에서 하는 투표 참여 권유 활동은 통상 소란한 언동에 해당될 것이므로 법 제51조 제1항에 따라 제한할 수 있을 것이다.

3. 4년 뒤는 무투표당선

조합장동시선거 V☮TE

사람의 마음을 얻는 일, 선거일 투표소에서 투표용지에 있는 내 이름 옆에 기표용구로 도장을 찍게 하는 일, 원 안에 점 '복(卜)'자가 찍힌 투표용지가 한 장 두 장 드디어 51%를 넘어서게 된다. 당선이다.

당선(當選)과 낙선(落選)의 차이는 얼마일까?
선거에 출마한 많은 분들의 공통적인 말이 있다. 당선되는 순간, 모든 아픔이 사라지고 기쁨과 환희 그리고 희망과 광명의 빛이 비친다. 낙선되는 순간, 한마디로 패가망신(敗家亡身)이다. 온갖 병이 도지고 얼굴을 들고 다닐 수 없어서 숨어 지내고 어딘가로 멀리 떠나게 된다. 빚 독촉에 시달리는 것은 물론이다. 식당을 비롯해 곳곳의 외상값은 또 왜 그리 많은지…

많은 주변 사람들이 조언한다. "웬만하면 출마하지 마라. 잘못하면 패가망신한다. 선거를 생각하면 즐겁지 아니하고 골치만 아프다면 또한 접어라. 차라리 남을 돕는 것이 당신과 조합을 위해서 더 좋은 일이다." 여기서 필자의 한 마디를 보태고자 한다.

"그래도 출마할 것이라면 최소한 이 책을 완벽하게 이해하고 출마하라!"

필자는 김영삼 대통령 선거본부 '나사본'에서 조직부장이라는 직책을 맡으면서 처음으로 정치판에 뛰어들어 김영삼 대통령을 당선시키고, 이후 최연소 국회의원 보좌관을 하면서 여러 번의 선거와 지방자치단체장 선거 등 수 백 명의 선거 출마자를 당선시킨 경험이 있다. 물론 그중 일부는 낙선하기도 하였다.

지난 2015년 1회 조합장 동시선거에서는 중앙선거관리위원회 강사로 전국 16개 도시를 다니면서 선거 당선 전략을 외쳤다. 그리고 필자 자신이 직접 전국 주민투표 최초의 선거였던 방사능 폐기물 유치 찬반 투표 시 국책사업추진위원장으로 주민 반대 80%를 찬성 80%로 돌려놓기도 하였다.

이후에 지역 단체장에 출마하여 낙선의 아픔도 겪었고 선거법 위반으로 경찰서 유치장에 26일을 지낸 적도 있다. 한 달 가까운 시간 동안 자유를 잃으면서 경험한 그 아픔과 원망은 이루 말할 수가 없었다. 이런저런 실전의 경험과 선거 전략을 진두지휘하면서 이제는 선거 전문가의 반열에 올라서게 되었고, 초중고 학생회장 선거 관련 서적 <저! 학생회장 할래요>와 조합장 선거 관련 서적 <당선바이블>과 새마을금고와 신협 이사장 선거 관련 서적 <당선가이드> 등 선거 전문 서적을 발간하였다.

그 과정에서 깨달은 것은 '선거에서 우아한 2등은 없다'라는 것이다. 하물며 13표, 7표, 2표 차이로 졌다면 그 심정과 처지를 어찌 말로 표현할 수 있을 것인가?

어떤 유권자가 이런 이야기를 하였다. "4년 동안 받았어야 할 인사를 13일 동안 다 받았다." 왜 선거운동 기간에만 조합원에게 고개를 숙이고 온갖 아첨을 떠는가 말하고 있는 것이다. 평소에 땀을 흘리며 씨를 뿌려야 한다는 사실을 잊지 말아야 한다.

여러 명이 출마하여 각자도생(各自圖生)하지만 승리의 월계관은 한 사람만 쓰게 된다. 평소에 유비무환(有備無患)의 정신으로 준비하지 않고 갑자기 뜬구름 잡듯이 출마하는 많은 후보자를 보면 결론은 하나임을 상기시켜 주고 싶다.

'땀을 흘린 사람보다는 피를 흘린 사람이 당선된다',
'뿌린 만큼 열매를 거둔다',
'되게 하면 된다'라는 사실이다.

그리고 출마를 결심하는 사람들이 선거 전문가인 필자에게 묻는다.
먼저 필자가 후보에게 건너는 말은
"선거는 무조건 이겨야 합니다."
"당선이 확실하지 않으면 아예 시작도 하지 마십시오."
"당선되면 뿌린 돈과 명예의 2배를 얻지만, 낙선하면 뿌린 모든 것의 20배를 더 잃습니다. 가정파탄뿐만 아니라 건강과 돈, 친구도 다 잃습니다."

이제 4년을 하루같이 앞 장에서 이야기한 것과 같이 매일 매일 형설지공(螢雪之功, 고생을 하면서 꾸준히 노력하여 얻은 보람)하여 금자탑을 쌓아야 한다.

가. 약점을 보완하라

선거를 치르면서 SWOT 분석기법과 같이 내부 환경으로 나의 강점(장점, strength)과 약점(단점, weakness), 그리고 외부 환경으로 기회(opportunity)와 위협(threat) 요인은 무엇인지 분석하는 것이다.

○ 강점(장점, strength): 후보는 자기만의 강점이 있다. 이것이 득표로 직결되기도 한다. 조합원과 만남을 통해 자연스럽게 각인시킬 수도 있다. 다른 후보와 비교해서 자신만의 강점을 분석하고 승리로 이르게 하는 방법을 모색해 본다.

○ 단점(Weakness): 자기에 대한 분석을 철저히 하다보면 약점도 발견된다.
이에 대한 사전 방어책을 마련하고 상대 후보가 지적하는 경우 즉각적으로 역공을 취할 수 있는 준비가 필요하다.

○ 기회(Opportunity): 선거에 영향을 주는 것은 후보 본인의 역량뿐만이 아니라 지역 민심의 흐름이나 주변 환경 등에 따라 당락이 좌우되는 경우가 많다. 각종 최적 변수를 활용하여 승리 가능성을 높여야 한다.

○ 위협(Threat): 후보의 사정은 본인이 누구보다 더 잘 알고 있다. 위기로 작용할 수 있는 요소들을 파악하여 그 영향을 최소화할 수 있는 방안들을 미리 모색한다.

이것을 자신과 경쟁 후보에 대입해 출신 지역, 연령, 학력, 주요 경력이나 업적, 메시지 등으로 구분하여 분석해 본다. 이 분석표를 통해 경쟁후보와의 분석우위를 알아보고, 이것이 조합원의 정서와 요구에 맞는지 비교해야 한다. 자신의 비교우위는 출신 지역이 될 수도 있고 연령이 될 수도 있다. 하지만 대부분은 주요 경력과 주요 업적이 그 사람의 인물 경쟁력을 좌우하게 된다. 최대 이슈가 '예금과 대출'이라면 금융 문제에 대한 전문성과 경륜이 후보 경쟁력의 핵심이 될 수 있을 것이다.

낙선 원인을 사람들을 통해서 알 수도 있지만 디지털 시대인 오늘날에는 여론조사기법 등을 통하여 실패 보고서를 작성하는 것이 바람직하다. 지금 일본에서 가장 유명한 강의는 '실패학'이라고 한다. 그만큼 실패했을 때 실패 원인을 냉철하게 분석하여 다음 기회에 대비할 수 있도록 전략과 전술을 수립하는 것이 중요하다.

당선되었을 때 내가 예상했던 득표율보다 대부분 적게 나오는 것이 선거이다. 선거 출마자 본인들의 예상 득표수를 합산해보면 일반적으로 조합원 유권자 수의 2배가 넘는데 그만큼 아전인수(我田引水)격으로 자기 위주로 판단하고 자기 셈법으로 득표를 계산하기 때문이다.

나. 4년 장기계획을 수립하라

선거는 전략과 전술이다. 출마하려면, '불공정한 선거법부터 고쳐라'라는 말이 있다.
위탁선거법은 공직선거법과 달리 너무나 제한적이고 대부분 현직 조합장들에게 유리한 것이 많다. 도전하는 신인은 조합원 전화번호 하나 입수하기 힘들다. 그리고 가가호호 방문하는 것도 엄격히 제한하였다. 선거운동 기간에도 후보와 그가 지정하는 1명만 선거운동을 할 수 있고 연설이나 대담, 토론 한 번 하지 않고 선거를 치른다. 그러면 어떻게 선거를 하란 말인가? 그래도 공직선거법보다 자유로운 것은 선거 기간 동안 조합원들에게 무제한으로 메시지를 보내는 정도가 전부이다. 조합장 선거의 경우 현직 조합장의 당선율(當選率)이 수치상으로는 53%라고 하지만 실제로는 65% 가량 된다. 3선 연임 상임 조합장이나 건강 등으로 포기한 조합장이 20%가량 된다. 따라서 도전자가 당선될 수 있는 확률은 겨우 25% 정도이다. 그러나 이번 위탁선거법 개정으로 도전자(후보)의 약진이 예상된다.

1) 현직 조합장 장기 계획

현직 조합장은 취임 즉시 선거운동이 가능하다. 즉 조합원 관리 차원에서 조합원을 일일이 깨알같이 파악할 수 있다. 사업계획에 의하여 이사회에서 의결하고 대의원총회에서 통과만 되면 그 사업을 집행하여 조합원들로부터 후한 점수를 마음껏 얻을 수 있다. 물론 위탁선거법에서 엄격히 제한하는 것이 있지만 대부분 무용지물이다.

조합 직원들의 인사권과 경영권을 시의적절(時宜適切)하게 활용해서 직원들을 줄 세우기 하면서 직원들도 조합장 홍보맨이 되게끔 할 수도 있다. 조합원 동호회(산악회 등)와 봄가을 각종 행사 등으로 조합장은 조합원과 빈번한 만남의 장이 있지만 그것으로 충분하다고 자만에 빠지면 안 된다.

언제든지 후보들의 반격이 예상된다. 불법 사례들을 수집해서 출마 포기를 종용하기도 한다.

2) 도전자 장기 계획[57]

많은 도전자들이 현직 조합장이 3선 연임이라서 출마할 수 없는 조합인 경우나 불출마한다는 정보를 갖고 도전하는 경우가 가장 많다. 그래서 꼭 당선되리라는 예상보다는 다음 선거를 겨냥해서 이름이라도 알리겠다는 생각으로 출마하는 경우도 있다. 아주 기회주의적인 발상이다.

선거는 당선(當選)이라는 두 글자 외에는 어떠한 타협을 해서는 안 된다.
선거라는 것이 그렇게 우아하고 고상한 것이 아니다. '적을 죽이지 않으면 내가 죽는다'는 전쟁의 정신으로 선거전을 치러야 한다.

필자는 가끔 그런 말을 한다.
선거는 무조건 이겨야 한다.
당선되었을 때 얻는 수입 또는 효율(效率, efficiency, 투입과 비교된 산출의 비율)은 낙선했을 때 잃은 비용과 에너지와는 그 차이가 산술급수적이 아니라 기하급수적이다.
국회의원 가운데 암으로 사망했거나 병환으로 사망했다는 기사는 거의 듣지 못했다. 엔돌핀과 도파민이 얼마나 솟는지 '여의도 국회만 들어가면 아픈 병도 다 낫는다'는 속설도 있다.
실제로 맞는 이야기이다. 당선되면 아픈 병도 고쳐진다. 그러나 낙선하면 '안 아픈 몸도 아프게 된다'라고 역설적으로 말할 수 있다. 당선될 자신과 각오, 준비(돈과 평판 등)가 되어 있지 않으면 아예 출마를 포기하라고 두 번 세 번 강조한다.

---

57) 조합장 당선 이후 제목이지만 도전자도 4년을 어떻게 준비할 지를 설명한다.

공직선거는 첫 번째 관문이 있다. 공천이라는 제도가 있어서 한 번 걸러주는 역할을 한다. 다시 말해 끝까지 완주하지 않아도 낙선의 여지가 있는 사람에게 공천 탈락이라는 제도를 통해 큰 손실을 줄일 수 있게 해준다. 그러나 위탁선거인 조합장 선거는 걸러주는 역할이 없어 도전하면 그냥 호랑이 등에 올라타는 것이기 때문에 비용이 기하급수적으로 늘어난다는 것이다.

공직선거는 선거 비용도 국가 세금으로 보전해 주고 후원회 제도도 있어서 금전적인 손실은 거의 없다.
그러나 조합장 선거는 모든 것이 자기 부담이다.

지금까지 선거에 관한 다양한 이야기들을 사례 위주로 썼다. 도전자가 당선되기 위해서 현직 조합장보다는 몇 배의 노력을 해야 한다. 어느 정도 자질이 있고 당사의 컨설팅 자문을 잘 받아서 전략적으로 선거를 준비한다면 당선될 수 있다는 것이 필자의 견해이다. 단, 선거 출마자로서의 전략과 전술이 있다는 전제하에…

선거에 출마해서 낙선한 후보라면 이번 선거의 패인(敗因)을 냉철하게 분석해서 그 패인을 성공의 요인으로 바꾸어야 한다. 대부분 가장 큰 패인은 나 자신을 제대로 알지 못했다는 것이다. 그동안 필자가 선거 컨설팅을 하면서 많은 조합장 후보들을 만나 보았는데, 10분 정도 이야기하면 이 분이 당선될지 낙선될지 판단이 선다. 물론 대내외적인 변수들과 환경, 상대 후보의 경쟁력 등이 복합적으로 작용하지만 필자가 판단하는 것은 선거에 기본적인 핵심 자질을 갖추었느냐의 여부이다. 유권자를 만나면 그들에게 부드럽고 좋은 인상(이미지 메이킹)을 심어 주어야 하는데, 행동에 잔꾀가 보이고 사람을 활용하는 것이 아니라 이용하려고 하고 상대를 배려하는 마음이 없는 그런 사람을 보면 필자는 침묵하게 된다.

입이 마르도록 자기 자랑을 늘어놓고 남들(경쟁 후보) 비판에 열을 올리는 후보들이 있다. 그런 사람은 낙선될 확률이 높다. 한 올 한 올 실타래를 풀고 정성을 다해 당선이라는 멋진 목도리를 만들어야 하는데 기본이 되어 있지 않은 것이다. 특별히 도전자는 더욱 자신의 정체성(正體性)을 파악하고 선거에 뛰어들어야 한다.

그렇게 도와주겠다는 사람들도 막상 출마를 선언하면 감쪽같이 사라져 버리기 일쑤다. 필자도 군수 선거에 한 번 출마한 적이 있다. 지역에서 필자에 대한 여론이 좋아서 친구들 가운데 지역에서 병원을 운영하던 친구가 얼마를 선거자금으로 빌려주겠다느니 그냥 주겠다느니 했다. 그래서 필자는 그 말을 찰떡같이 믿고 과감하게 추진하였는데, 차일피일 후원을 미루던 그는 결국 부도수표를 냈다.

마지막으로 당부하고 싶은 것은 한 번도 선거 경험이 없는 후보라면 꼭 선거 전문가에게 자문을 얻기 바란다. 대개 지역의 선배들이나 선거에 한두 번 출마 경험이 있는 사람들에게 자문을 구하는데, 대부분 그런 경우 자기의 이해관계(利害關係) 때문에 주관적(主觀的)으로 이야기해서 오판의 단초를 제공하기 쉽기 때문이다. 다양한 사례와 경험, 과학적이고 체계적인 시스템을 갖춘 전문적인 선거 컨설팅회사에 의뢰하면 실패를 줄일 수도 있고 단기간에 인지·호감·적합·지지도를 올릴 수 있다. 그리고 무엇보다 매뉴얼에 의한 체크 포인트 등 필요한 정보를 얻을 수 있다.

다. 실적으로 승부를 걸어라

조합원이 출자한 만큼 배당을 주어야 한다.

배당을 많이 주는 조합장, 무투표 당선으로 가는 지름길이다.

예적금을 유치하기 위해 조합장은 영업의 달인이 되어야 한다. 대출도 건실한 업체에 대출을 해서 부실 채권이 없도록 해야 하며 예대(預貸) 마진의 수익을 최대한 올려야 한다.

수많은 직원들의 급여와 복지를 상승시키기 위해서 이제는 앉아 있는 조합장이 되어서는 안된다.

시군에 있는 조합은 출향인 기업인들을 찾아가서 예금과 대출을 유치해야 한다.

지역에서 유사한 금융기관의 고객을 조합으로 유치할 수 있도록 조합장은 경영 전문가가 되어야 한다.

서로 경쟁적으로 예적금 이자율을 높이면 바로 다른 금융기관도 이자율을 높여서 고객을 유치한다. 따라서 고객을 뺏기지 않기 위해서가 아닌 고객을 유치하기 위한 첨단 영업 기법을 활용해야 한다.

1) 기존 고객을 매니아(충성고객,忠誠顧客)가 되게 한다

(1) 정책 여론조사 실시

우리 조합 고객들의 불편한 점과 불만은 무엇인지? 계좌를 타 금융기관에 이관(移管)한 고객이나 조합원에게 설문조사를 실시하여 문제점을 파악하고 개선한다.

일반적으로 이자율 때문에 예적금이나 대출을 다른 금융기관으로 이관한다고 하는데 분석해 보면 꼭 그렇지는 않다. 다른 금융기관에서는 고객 응대 시 기립(起立)해서 응대를 하는데 우리 조합은 앉아서 고개만 까딱하고 있지는 않는지? 상담 대화 가운데서 고객을 언짢게 하는 언어를 사용하고 있지 않는지?

무한경쟁시대(無限競爭時代) 1금융권 수준의 CS(Custumer Satisfaction, 고객 감동)를 하여야 하며 "고객이 왕이다", "고객은 나의 봉급을 주는 사람이다", "고객이 먼저다"라는 신념이 교육을 통해 몸에 배어 있어야 한다.

필자는 선거 전문가이지만 연세대학교에서 마케팅을 전공하고 당사 주)4차산업에서 마케팅 솔루션을 개발하고 있다. 그동안 전국의 조합들을 상대로 매출 증대를 위한 특강을 수백 회 하였고 매출 극대화 컨설팅을 실시하여 괄목할 만한 결과를 얻었다.

(2) 고객을 세분화(細分化)하고 맞춤 콘텐츠로 소통(疏通)하라

선거에서 동일하게 적용되지만 고객과 조합원을 다양한 분야로 세분화해서 콘텐츠를 발송하는 것이다.

산을 좋아하는 산악회 고객과 조합원을 대상으로 산에 대한 정보와 산행 투어를 실시한다.

종교별(기독교, 불교 등), 연령별, 남녀별, 직업별(자영업, 사무직, 음식점 등) 세분화하여 각 분야에 관심 있는 콘텐츠를 매 주 발송해서 소통하며 관심을 갖게 한다.

금융에 관한 새로운 소식이나 연말 정산, 세제 혜택은 물론이고 조합의 특판 예적금이나 특판 대출 상품, 보험 상품을 소개해서 영업으로 연결되도록 한다.

어지간하게 감동(感動)해서는 고객이 되지 않는다고 한다.
상대를 졸도(卒倒)시킬만한 고객 졸도 서비스를 제공해야 조합의 영원한 고객이 될 수 있다.

지역 관공서(구청, 군청, 시청)와 연계하여 관공서 공지사항(정부 지원금

안내 등)을 전달하는 것도 좋은 방법이다.

지역에서 사업을 하는 자영업자나 기업인들에게 매일 아침 경제뉴스를 카톡으로 발송하는 것도 좋다. 당사에서는 매일 아침 08시 30분에 전날 조선일보, 중앙일보, 동아일보, 매일경제, 한국경제 기사 가운데 경제뉴스(경제, 금융, 기업, 부동산, 증권, 국제경제)를 정리하여 당사의 콘텐츠발전소[59]에 올리고 있다. 이 콘텐츠를 그대로 카톡으로 발송하면 된다.

앞으로 고객 눈높이에 맞는 콘텐츠 및 솔루션 개발에 더욱 박차를 가할 것이다.

(3) 지역을 훈훈하게 하는 조합

조합은 지역 사회에서 선한 영향력(影響力)을 키워가야 한다. 일반적으로 많이 하고 있는 지역 장학사업, 구제 사업은 물론이고 실제적으로 고객들의 매출 증대와 이익 창출로 연결될 수 있는 사업을 펼쳐나가야 한다. 음식점을 경영하는 고객과 조합원의 대박 매출을 위한 컨설팅과 아카데미 개최, 자영업자를 위한 SNS 솔루션으로 매출 증대 전문 강사를 초빙하여 조합 강당에서 특강을 개최한다.

2) 잠재 고객을 확보하라

조합의 직원은 1인 1단체(community)를 공략하여 영업 하도록 한다.
① 지역의 각종 단체: 잠재 고객으로 영업에 크게 도움이 될 지역 청년회의소(JC), 로타리클럽, 라이온스클럽, 상공회의소, 기업인 단체(음식업중앙회 지역 지부 등), 기독교 교회, 성당, 사찰 등과 지역 공무원 및 교직원을 책임

---

59) https://cafe.naver.com/contents

진다는 자세로 그 단체에 가입하거나 활동을 하면서 유대를 강화시킨다.

② 지역의 출향인(재경 00군 향우회 등)과 지역 학교 동창회(재경 00중학교 동창회) 가운데 기업하시는 분들의 D/B(대부분 명부를 발행하기 때문에 명부를 입력해서 관리)를 갖고 담당직원(같은 고향 또는 같은 학교)을 배치하여 고향의 소식을 수시로 전한다. 가을이면 고향 관광지의 단풍모습을 사진으로 동영상으로 제작하여 발송한다. 초중고등학교의 경우 30~50년 전 학창시절의 사진을 수집(대개 문화원에서 사진을 보관)하여 콘텐츠로 제작해서 발송한다. 70년 대 다닌 학교 교문이나 학교 교정을 콘텐츠로, 배경음악은 다닌 학교의 교가로 동영상을 제작해서 카톡으로 발송하면 그 콘텐츠를 받은 동문들은 눈물을 흘리게 될 것이다.

조합장은 수시로 수도권의 고향 출신 기업인들을 방문하여 고향 조합에 예적금을 유치하고 대출 영업을 한다.

③ 지역의 각종 취미 동호회(골프, 배드민턴 등)에 직원들이 가입하여 영업을 확장시킨다. 시간 외 활동을 해서 영업을 유치하면 그에 상응한 인센티브를 제공하면 된다. 먼저 선도하는 직원이 특별 보너스를 수백만 원 수령하면 모든 직원들이 경쟁적으로 영업에 참여하게 되는 나비효과가 나타날 것이다.

④ 모든 캠페인(마케팅 솔루션)을 통하여 영업을 확장시킨다. 자동차 영업처럼 아침 출퇴근 시간에 어깨띠를 매고 영업 전단지를 배부한다든지 특판 예적금 현수막을 거리에 게첨하는 것 등 모든 수단을 동원하여 영업력 제고에 앞장선다.

3) 카톡 발송 시스템과 SNS(페이스북, 인스타 등) 솔루션

(1) 당사의 AI톡, 힐링톡 시스템
IV장에서 자세히 설명하였다. 조합에서 조합원과 원활하게 할 수 있는 가장 중요한 수단이다.

(2) SNS 홍보 전략(솔루션 및 방법)
앞장에서 설명한 다양한 솔루션 메신저를 활용하여 꾸준히 SNS 활동을 하도록 한다.

라. 강점을 강화하라

선거에서 내가 갖고 있는 강점이 무엇인지를 파악하고 그 강점을 더욱 세분화하여 극대화하는 것이 바람직하다.

프랭크 시나트라의 마이웨이(My way)라는 노래가 있다. 한 사람의 인생을 노래한 곡인데 프랭크는 아주 정치적인 인물이었다. 본인의 향후 성장을 위해서 당시 민주당 후보였던 프랭클린 루즈벨트를 지지했으며 루즈벨트를 존경하는 뜻에서 그의 이름을 따 자기 아들의 이름을 프랭클린 웨인 시나트라로 짓기도 했다. 가수조차도 자기의 아성을 지키고 발전시키기 위해 정치인에게 접근하여 자기 자신의 강점을 최대한 활용한 것이다. 때로는 백악관의 만찬석상에 출연하여 노래를 부르기도 하였다.

각자의 장기나 특기를 살려서 선거에 활용하는 것은 그렇지 않은 후보보다 몇 배 더 효과가 있다.

들꽃을 제목으로 한 시 수십 편을 지은 정연복 시인은 <내게 기적이 일어나는 시간> 시집 등 기독교 명시를 많이 썼다. 그의 시 가운데 <벗 하나>라는 시를 필자는 자주 읽는다.

세상이라는 너른 바다에서 함께 노를 저어 갈
벗 하나 곁에 있으면

때로 고통의 바다 같은 세상살이라고 하여도
한결 견딜만한 것이 되리라

최고의 가수 조용필이 부른 <들꽃>이라는 노래가 필자의 18번 곡이다.

나 그대만을 위해서 피어난 저 바위틈에 한 송이 들꽃이여
돌틈 사이 이름도 없는 들꽃처럼 핀다 해도
내 진정 그대를 위해서 살아가리라
언제나 잔잔한 호수처럼 그대는 내 가슴에 항상 머물고
그 많은 꽃 중에 들꽃이 되어도 행복하리.....

돌틈 사이 이름도 없는 들꽃처럼 산다 해도
내 진정 그대를 위해서 살아가리라
오색이 영롱한 무지개여 그대는 내 가슴에 항상 머물고
수많은 꽃 중에 들꽃이 되어도 행복하리

조합원이 나의 벗 중 하나이다. 조합원이 들꽃이다.
내 진정 조합원을 위해서 살아가리라~

공공단체등 위탁선거에 관한 법률 (약칭: 위탁선거법)
신구조문대비표

공공단체등 위탁선거에 관한 법률 [법률 제19623호, 2023. 8. 8., 일부개정]	공공단체등 위탁선거에 관한 법률 [법률 제20179호, 2024. 1. 30., 일부개정]
제6조(선거관리 협조) (생 략) <신 설>	**제6조(선거관리 협조 등)** ① (현행과 같음) ② 중앙행정기관의 장은 위탁선거의 관리에 관한 내용의 법령을 제정·개정 또는 폐지하려는 경우에는 미리 해당 법령안을 중앙선거관리위원회에 보내 그 의견을 들어야 한다. 국회의원이 발의한 위탁선거의 관리에 관한 법률안이 국회 소관 상임위원회 등에 회부된 사실을 통보받은 때에도 또한 같다.
제8조(선거관리의 위탁신청) 공공단체등이 임원 등의 선출을 위한 선거의 관리를 위탁하려는 때에는 다음 각 호에 따른 기한까지 관할위원회에 서면으로 신청하여야 한다. 다만, 재선거, 보궐선거, 위탁단체의 설립·분할 또는 합병으로 **인한 선거**의 경우에는 그 선거의 실시사유가 발생한 날부터 5일까지 신청하여야 한다. 1.·2. (생 략)	**제8조(선거관리의 위탁신청)** 공공단체등이 임원 등의 선출을 위한 선거의 관리를 위탁하려는 때에는 다음 각 호에 따른 기한까지 관할위원회에 서면으로 신청하여야 한다. 다만, 재선거, 보궐선거, 위탁단체의 설립·분할 또는 합병으로 **인한 선거**(이하 "보궐선거등"이라 한다)의 경우에는 그 선거의 실시사유가 발생한 날부터 5일까지 신청하여야 한다. 1.·2. (현행과 같음)
제14조(선거일) ① 동시조합장선거 및 동시이사장선거의 선거일은 그 임기가 만료되는 해당 연도 3월 **중 두** 번째 수요일로 한다. ② ~ ⑥ (생 략)	**제14조(선거일)** ① 동시조합장선거 및 동시이사장선거의 선거일은 그 임기가 만료되는 해당 연도 3월 중 첫 번째 수요일로 한다. ② ~ ⑥ (현행과 같음)
제15조(선거인명부의 작성 등) ① (생 략) ② 위탁단체는 선거인명부를 작성한 때에는 즉시 그 등본(전산자료 복사본을 포함한다. 이하 **이 조**에서 같다) 1통을, 선거인명부가 확정된 때에는 지체 없이 확정된 선거인명부 등본 1통을 각각 관할위원회에 송부하여야 한다. 이 경우 둘 이상의 투표소를 설치하는 경우에는 투표소별로 분철하여 선거인명부를 작성·확정하여야 한다. ③ 제2항에도 불구하고 동시조합장선거 또는 동시이사장선거를 실시하는 경우 위탁단체는 중앙선거관리위원회규칙으로 정하는 구역단위로 선거인명부를 작성·확정하여야 하며, 중앙선거관리위원회는 확정된 선거인명부의 전산자료 복사본을 해당 조합 또는 금고로부터 제출받아 전산조직을 이용하여 하나의 선거인명부를 작성한 후 투표소에서 사용하게 할 수 있다. <후단 신설> ④ 선거인명부의 작성·수정 및 확정 사항과 확정된 선거인명부의 오기 등의 통보, 그 밖에 필요한 사항은 중앙선거관리위원회규칙으로 정한다. <신 설> <신 설>	**제15조(선거인명부의 작성 등)** ① (현행과 같음) ② 위탁단체는 선거인명부를 작성한 때에는 즉시 그 등본(전산자료 복사본을 포함한다. 이하 이 항에서 같다) 1통을, 선거인명부가 확정된 때에는 지체 없이 확정된 선거인명부 등본 1통을 각각 관할위원회에 송부하여야 한다. 이 경우 둘 이상의 투표소를 설치하는 경우에는 투표소별로 분철하여 선거인명부를 작성·확정하여야 한다. ③ 제2항에도 불구하고 동시조합장선거 또는 동시이사장선거를 실시하는 경우 위탁단체는 중앙선거관리위원회규칙으로 정하는 구역단위로 선거인명부를 작성·확정하여야 하며, 중앙선거관리위원회는 확정된 선거인명부의 전산자료 복사본을 해당 조합 또는 금고로부터 제출받아 전산조직을 이용하여 하나의 선거인명부를 작성한 후 투표소에서 사용하게 할 수 있다. 이 경우 위탁단체는 선거인명부 등본을 제출하지 아니할 수 있다. ④ 위탁단체는 선거인명부작성개시일 전 30일까지(보궐선거등의 경우 그 실시사유가 발생한 날부터 5일까지) 해당 위탁단체의 조합원 자격 등을 확인하여 회원명부(그 명칭에 관계없이 위탁단체가 해당 법령이나 정관등에 따라 작성한 구성원의 명부를 말한다)를 정비하여야 한다. ⑤ 동시조합장선거 및 동시이사장선거를 실시하는 경우 위탁단체는 선거인명부의 작성을 위하여 「주민등록법」 제30조에 따라 주민등록전산정보자료를 이용할 수 있다. ⑥ 선거인명부의 작성·수정 및 확정 사항과 확정된 선거인명부의 오기 등의 통보, 그 밖에 필요한 사항은 중앙선거관리위원회규칙으로 정한다.

제16조(명부 열람 및 이의신청과 결정) ① 위탁단체는 선거인명부를 작성한 때에는 선거인명부작성기간만료일의 다음 날부터 선거인명부확정일 전일까지의 기간 중에 열람기간을 정하여 선거권자가 선거인명부를 열람할 수 있는 기회를 보장하여야 한다. <후단 신설> ②·③ (생 략)	제16조(명부 열람 및 이의신청과 결정) ① 위탁단체는 선거인명부를 작성한 때에는 선거인명부작성기간만료일의 다음 날부터 3일간 선거권자가 선거인명부를 열람할 수 있도록 하여야 한다. 이 경우 선거인명부의 열람은 공휴일에도 불구하고 매일 오전 9시부터 오후 6시까지 할 수 있다. ②·③ (현행과 같음)
제18조(후보자등록) ①～③ (생 략) ④ 관할위원회는 후보자등록마감 후에 후보자의 피선거권에 관한 조사를 하여야 하며, 그 조사를 의뢰받은 기관 또는 단체는 지체 없이 그 사실을 확인하여 해당 관할위원회에 회보(回報)하여야 한다. ⑤ 관할위원회는 후보자등록마감 후 지체 없이 해당 위탁단체의 주된 사무소 소재지를 관할하는 검찰청의 장에게 후보자의 범죄경력(해당 법령이나 정관등에서 정하는 범죄경력을 말한다)에 관한 기록을 조회할 수 있고, 해당 검찰청의 장은 지체 없이 그 범죄경력을 관할위원회에 회보하여야 한다. ⑥ 후보자등록신청서의 서식, 그 밖에 필요한 사항은 중앙선거관리위원회규칙으로 정한다. <신 설>	제18조(후보자등록) ①～③ (현행과 같음) ④ 후보자가 되려는 사람은 선거기간개시일 전 60일부터 본인의 범죄경력(해당 법령이나 정관등에서 정하는 범죄경력을 말한다. 이하 같다)을 국가경찰관서의 장에게 조회할 수 있으며, 그 요청을 받은 국가경찰관서의 장은 지체 없이 그 범죄경력을 회보(回報)하여야 한다. 이 경우 회보받은 범죄경력은 후보자등록시 함께 제출하여야 한다. ⑤ 관할위원회는 후보자등록마감 후에 후보자의 피선거권에 관한 조사를 하여야 하며, 그 조사를 의뢰받은 기관 또는 단체는 지체 없이 그 사실을 확인하여 해당 관할위원회에 회보하여야 한다. ⑥ 관할위원회는 제4항 후단에 따라 제출된 범죄경력에 대하여 그 확인이 필요하다고 인정되는 경우에는 후보자등록마감 후 지체 없이 해당 위탁단체의 주된 사무소 소재지를 관할하는 검찰청의 장에게 해당 후보자의 범죄경력을 조회할 수 있고, 해당 검찰청의 장은 그 범죄경력의 진위여부를 지체 없이 관할위원회에 회보하여야 한다. ⑦ 후보자등록신청서의 서식, 그 밖에 필요한 사항은 중앙선거관리위원회규칙으로 정한다.
제19조(등록무효) ① 관할위원회는 후보자등록 후에 다음 각 호의 어느 하나에 해당하는 사유가 있는 때에는 그 후보자의 등록은 무효로 한다. 1.·2. (생 략) <신 설> ② (생 략)	제19조(등록무효) ① 관할위원회는 후보자등록 후에 다음 각 호의 어느 하나에 해당하는 사유가 있는 때에는 그 후보자의 등록은 무효로 한다. 1.·2. (현행과 같음) 3. 제25조제2항을 위반하여 범죄경력을 게재하지 아니한 선거공보를 제출하거나 범죄경력에 관한 서류를 별도로 제출하지 아니한 것이 발견된 때 ② (현행과 같음)
제24조(선거운동의 주체·기간·방법) ① 후보자가 제25조부터 제30조의2까지의 규정에 따라 선거운동을 하는 경우를 제외하고는 누구든지 어떠한 방법으로도 선거운동을 할 수 없다. ② (생 략) ③ 선거별 선거운동방법은 다음 각 호와 같다. 1. 「농업협동조합법」 제45조제5항제1호, 「수산업협동조합법」 제46조제3항제1호 및 「산림조합법」 제35조제4항제1호에 따른 선출방법 중 총회 외에서 선출하는 조합장선거와 「새마을금고법」 제18조제5항에 따라 회원의 투표로 직접 선출하는 이사장선거: 제25조부터 제30조까지의 규정에 따른 방법 2. 「농업협동조합법」 제45조제5항제1호, 「수산업협동조합법」 제46조제3항제1호 및 「산림조합법」 제35조제	제24조(선거운동의 주체·기간·방법) ① 후보자와 후보자가 그의 배우자, 직계존비속 또는 해당 위탁단체의 임직원이 아닌 조합원·회원 중 지정하는 1명(이하 "후보자등"이라 한다)이 제25조부터 제30조의4까지의 규정에 따라 선거운동을 하는 경우(제30조의4에 따른 방법은 후보자가 하는 경우에 한정한다)를 제외하고는 누구든지 어떠한 방법으로도 선거운동을 할 수 없다. ② (현행과 같음) ③ 선거별 선거운동방법은 다음 각 호와 같다. 1. 「농업협동조합법」 제45조제5항제1호, 「수산업협동조합법」 제46조제3항제1호 및 「산림조합법」 제35조제4항제1호에 따른 선출방법 중 총회 외에서 선출하는 조합장선거와 「새마을금고법」 제18조제5항에 따라 회원의 투표로 직접 선출하는 이사장선거: 제25조부터 제30조까지, 제30조의3 및 제30조의4의 규정에 따른 방법 2. 「농업협동조합법」 제45조제5항제1호, 「수산업협동조합법」 제46조제3항제1호 및 「산림조합법」 제35조제

4항제1호에 따른 선출방법 중 총회에서 선출하는 조합장선거와 「새마을금고법」 제18조제5항 단서에 따라 총회에서 선출하는 이사장선거: 제25조부터 **제30조의2**까지의 규정에 따른 방법 3. 「농업협동조합법」, 「수산업협동조합법」, 「산림조합법」 및 「새마을금고법」에 따른 중앙회장선거, 「농업협동조합법」 제45조제5항제2호, 「수산업협동조합법」 제46조제3항제2호 및 「산림조합법」 제35조제4항제2호에 따라 대의원회에서 선출하는 조합장선거 및 「새마을금고법」 제18조제5항 단서에 따라 대의원회에서 선출하는 이사장선거: 제25조·제28조·제29조·제30조 및 **제30조의2에 따른** 방법(제30조에 따른 방법은 중앙회장선거에 한정한다)	4항제1호에 따른 선출방법 중 총회에서 선출하는 조합장선거와 「새마을금고법」 제18조제5항 단서에 따라 총회에서 선출하는 이사장선거: 제25조부터 **제30조의4**까지의 규정에 따른 방법 3. 「농업협동조합법」, 「수산업협동조합법」, 「산림조합법」 및 「새마을금고법」에 따른 중앙회장선거, 「농업협동조합법」 제45조제5항제2호, 「수산업협동조합법」 제46조제3항제2호 및 「산림조합법」 제35조제4항제2호에 따라 대의원회에서 선출하는 조합장선거 및 「새마을금고법」 제18조제5항 단서에 따라 대의원회에서 선출하는 이사장선거: 제25조·제28조·제29조·제30조 및 **제30조의2부터 제30조의4까지에 따른** 방법(제30조에 따른 방법은 중앙회장선거에 한정한다)
제24조의2(예비후보자) ① **제24조제3항제3호에 따른 중앙회장선거**의 예비후보자가 되려는 사람은 선거기간개시일 전 30일부터 관할위원회에 예비후보자등록을 서면으로 신청하여야 한다. ② ~ ⑥ (생 략) ⑦ 제24조에도 불구하고 **예비후보자는** 다음 각 호의 어느 하나에 해당하는 방법으로 선거운동을 할 수 있다. 1. (생 략) 2. 제30조에 따른 방법(위탁단체가 사전에 공개한 행사장에서 하는 경우에 **한정한다)** **<신 설>** ⑧·⑨ (생 략)	**제24조의2(예비후보자)** ① 제24조제3항제1호부터 제3호까지에 따른 선거의 예비후보자가 되려는 사람은 선거기간개시일 전 30일부터 관할위원회에 예비후보자등록을 서면으로 신청하여야 한다. ② ~ ⑥ (현행과 같음) ⑦ 제24조에도 불구하고 **예비후보자와 예비후보자가 그의 배우자, 직계존비속 또는 해당 위탁단체의 임직원이 아닌 조합원·회원 중 지정하는 1명(이하 "예비후보자등"이라 한다)은** 다음 각 호의 어느 하나에 해당하는 방법으로 선거운동을 할 수 있다. 1. (현행과 같음) 2. 제30조에 따른 방법(위탁단체가 사전에 공개한 행사장에서 하는 경우에 한정하며, 제24조제3항제3호에 해당하는 선거의 경우에는 중앙회장선거에 한정한다) 3. 제30조의4에 따른 방법(예비후보자가 하는 경우에 한정한다) ⑧·⑨ (현행과 같음)
<신 설>	**제24조의3(활동보조인)** ① 중앙선거관리위원회규칙으로 정하는 장애인 예비후보자·후보자는 그의 활동을 보조하기 위하여 배우자, 직계존비속 또는 해당 위탁단체의 임직원이 아닌 조합원·회원 중에서 1명의 활동보조인(이하 "활동보조인"이라 한다)을 둘 수 있다. ② 제1항에 따라 예비후보자·후보자가 활동보조인을 선임하거나 해임하는 때에는 지체 없이 관할위원회에 서면으로 신고하여야 한다. ③ 제24조에도 불구하고 예비후보자·후보자와 함께 다니는 활동보조인은 다음 각 호에 따라 선거운동을 할 수 있다. 이 경우 활동보조인은 관할위원회가 교부하는 표지를 패용하여야 한다. 1. 예비후보자의 활동보조인: 제24조의2제7항제2호에 해당하는 방법 2. 후보자의 활동보조인: 선거운동기간 중 제27조(제24조제3항제3호에 해당하는 선거의 경우에는 제외한다) 및 제30조(제24조제3항제3호에 해당하는 선거의 경우에는 중앙회장선거에 한정한다)에 해당하는 방법 ④ 예비후보자·후보자는 활동보조인에게 수당과 실비를 지급할 수 있다. ⑤ 활동보조인의 선임·해임 신고서, 표지, 수당과 실비, 그 밖에 필요한 사항은 중앙선거관리위원회규칙으로 정한다.
제25조(선거공보) ① (생 략)	**제25조(선거공보)** ① (현행과 같음)

② 관할위원회는 제1항에 따라 제출된 선거공보를 선거인명부확정일 후 2일까지 제43조에 따른 투표안내문과 동봉하여 선거인에게 발송하여야 한다. ③ 후보자가 제1항 후단에 따른 기한까지 선거공보를 제출하지 아니하거나 규격을 넘는 선거공보를 제출한 때에는 그 선거공보는 발송하지 아니한다. ④ 제출된 선거공보는 정정 또는 철회할 수 없다. 다만, 오기나 이 법에 위반되는 내용이 게재되었을 경우에는 제출마감일까지 해당 후보자가 정정할 수 있다. ⑤ 선거인은 선거공보의 내용 중 경력·학력·학위·상벌에 관하여 거짓으로 게재되어 있음을 이유로 이의제기를 하는 때에는 관할위원회에 서면으로 하여야 하고, 이의제기를 받은 관할위원회는 후보자와 이의제기자에게 그 증명서류의 제출을 요구할 수 있으며, 그 증명서류의 제출이 없거나 거짓 사실임이 판명된 때에는 그 사실을 공고하여야 한다. ⑥ 관할위원회는 제5항에 따라 허위게재사실을 공고한 때에는 그 공고문 사본 1매를 선거일에 투표소의 입구에 첩부하여야 한다. ⑦ 선거공보의 작성수량·규격·면수·제출, 그 밖에 필요한 사항은 중앙선거관리위원회규칙으로 정한다. <신 설>	② 후보자가 제1항에 따라 선거공보를 제출하는 경우에는 중앙선거관리위원회규칙으로 정하는 바에 따라 선거공보에 범죄경력을 게재하여야 하고, 선거공보를 제출하지 아니하는 경우에는 범죄경력에 관한 서류를 별도로 작성하여 제1항에 따른 선거공보의 제출마감일까지 관할위원회에 제출하여야 한다. ③ 관할위원회는 제1항 또는 제2항에 따라 제출된 선거공보 또는 범죄경력에 관한 서류를 선거인명부확정일 후 3일까지 제43조에 따른 투표안내문과 동봉하여 선거인에게 발송하여야 한다. ④ 후보자가 제1항 후단에 따른 기한까지 선거공보 또는 범죄경력에 관한 서류를 제출하지 아니하거나 규격을 넘는 선거공보를 제출한 때에는 그 선거공보는 발송하지 아니한다. ⑤ 제출된 선거공보는 정정 또는 철회할 수 없다. 다만, 오기나 이 법에 위반되는 내용이 게재되었을 경우에는 제출마감일까지 해당 후보자가 정정할 수 있다. ⑥ 후보자 및 선거인은 선거공보의 내용 중 경력·학력·학위·상벌·범죄경력에 관하여 거짓으로 게재되어 있음을 이유로 이의제기를 하는 때에는 관할위원회에 서면으로 하여야 하고, 이의제기를 받은 관할위원회는 후보자와 이의제기자에게 그 증명서류의 제출을 요구할 수 있으며, 그 증명서류의 제출이 없거나 거짓 사실임이 판명된 때에는 그 사실을 공고하여야 한다. ⑦ 관할위원회는 제6항에 따라 허위게재사실을 공고한 때에는 그 공고문 사본 1매를 선거일에 투표소의 입구에 첩부하여야 한다. ⑧ 선거공보의 작성수량·규격·면수·제출, 그 밖에 필요한 사항은 중앙선거관리위원회규칙으로 정한다.
제26조(선거벽보) ① (생 략) ② 관할위원회는 제1항에 따라 제출된 선거벽보를 제출마감일 후 2일까지 해당 위탁단체의 주된 사무소와 지사무소의 건물 또는 게시판에 첩부하여야 한다. ③ 제25조제3항부터 제6항까지의 규정은 선거벽보에 이를 준용한다. 이 경우 "선거공보"는 "선거벽보"로, "발송"은 "첩부"로, "규격을 넘는"은 "규격을 넘거나 미달하는"으로 본다. ④ (생 략)	제26조(선거벽보) ① (현행과 같음) ② 관할위원회는 제1항에 따라 제출된 선거벽보를 제출마감일 후 2일까지 해당 위탁단체의 주된 사무소와 지사무소의 건물 또는 **게시판 및 위탁단체와 협의한 장소**에 첩부하여야 한다. ③ 제25조제4항부터 제7항까지의 규정은 선거벽보에 이를 준용한다. 이 경우 "선거공보"는 "선거벽보"로, "발송"은 "첩부"로, "규격을 넘는"은 "규격을 넘거나 미달하는"으로 본다. ④ (현행과 같음)
제27조(어깨띠·윗옷·소품) 후보자는 선거운동기간 중 어깨띠나 윗옷(상의)을 착용하거나 소품을 이용하여 선거운동을 할 수 있다.	제27조(어깨띠·윗옷·소품) 후보자등은 선거운동기간 중 어깨띠나 윗옷(上衣)을 착용하거나 소품을 이용하여 선거운동을 할 수 있다.
제28조(전화를 이용한 선거운동) 후보자는 선거운동기간 중 다음 각 호의 어느 하나에 해당하는 방법으로 선거운동을 할 수 있다. 다만, 오후 10시부터 다음 날 오전 7시까지는 그러하지 아니하다. 1.·2. (생 략)	제28조(전화를 이용한 선거운동) 후보자등은 선거운동기간 중 다음 각 호의 어느 하나에 해당하는 방법으로 선거운동을 할 수 있다. 다만, 오후 10시부터 다음 날 오전 7시까지는 그러하지 아니하다. 1.·2. (현행과 같음)

제29조(정보통신망을 이용한 선거운동) ① 후보자는 선거운동기간 중 다음 각 호의 어느 하나에 해당하는 방법으로 선거운동을 할 수 있다. 1. 해당 위탁단체가 개설·운영하는 인터넷 홈페이지의 게시판·대화방 등에 글이나 동영상 등을 게시하는 방법 2. (생 략) ② ~ ④ (생 략)	제29조(정보통신망을 이용한 선거운동) ① 후보자등은 선거운동기간 중 다음 각 호의 어느 하나에 해당하는 방법으로 선거운동을 할 수 있다. 1. 인터넷 홈페이지의 게시판·대화방 등에 글이나 동영상 등을 게시하는 방법 2. (현행과 같음) ② ~ ④ (현행과 같음)
제30조(명함을 이용한 선거운동) 후보자는 선거운동기간 중 다수인이 왕래하거나 집합하는 공개된 장소에서 길이 9센티미터 너비 5센티미터 이내의 선거운동을 위한 명함을 선거인에게 직접 주거나 지지를 호소하는 방법으로 선거운동을 할 수 있다. 다만, 중앙선거관리위원회규칙으로 정하는 장소에서는 그러하지 아니하다.	제30조(명함을 이용한 선거운동) 후보자등은 선거운동기간 중 다수인이 왕래하거나 집합하는 공개된 장소에서 길이 9센티미터 너비 5센티미터 이내의 선거운동을 위한 명함을 선거인에게 직접 주거나 지지를 호소하는 방법으로 선거운동을 할 수 있다. 다만, 중앙선거관리위원회규칙으로 정하는 장소에서는 그러하지 아니하다.
<신 설>	제30조의3(선거운동을 위한 휴대전화 가상번호의 제공) ① 후보자는 제28조에 따른 선거운동을 하기 위하여 해당 위탁단체에 그 구성원의 이동전화번호가 노출되지 아니하도록 생성한 번호(이하 "휴대전화 가상번호"라 한다)를 이동통신사업자로부터 제공받아 후보자에게 제공하여 줄 것을 요청할 수 있다. ② 위탁단체는 제1항에 따른 휴대전화 가상번호 제공 요청이 있는 경우에는 관할위원회를 경유하여 이동통신사업자에게 휴대전화 가상번호를 제공하여 줄 것을 서면(이하 "휴대전화 가상번호 제공 요청서"라 한다)으로 요청하여야 한다. ③ 관할위원회는 해당 휴대전화 가상번호 제공 요청서를 심사한 후 제출받은 날부터 3일 이내에 해당 휴대전화 가상번호 제공 요청서를 이동통신사업자에게 송부하여야 한다. ④ 관할위원회는 휴대전화 가상번호 제공 요청서의 심사를 위하여 필요하다고 판단되는 때에는 해당 위탁단체에 휴대전화 가상번호 제공 요청서의 보완 또는 자료의 제출을 요구할 수 있으며, 그 요구를 받은 위탁단체는 지체 없이 이에 따라야 한다. ⑤ 이동통신사업자가 제2항에 따른 요청을 받은 때에는 그 요청을 받은 날부터 7일 이내에 휴대전화 가상번호 제공 요청서에 따라 휴대전화 가상번호를 생성하여 유효기간을 설정한 다음 관할위원회를 경유하여 해당 위탁단체에 제공하여야 한다. ⑥ 이동통신사업자(그 대표자 및 구성원을 포함한다)가 제5항에 따라 휴대전화 가상번호를 제공할 때에는 다음 각 호의 어느 하나에 해당하는 행위를 하여서는 아니 된다. 1. 휴대전화 가상번호에 유효기간을 설정하지 아니하고 제공하거나 휴대전화 가상번호를 제공하는 날부터 선거일까지의 기간을 초과하는 유효기간을 설정하여 제공하는 행위 2. 휴대전화 가상번호의 제공을 요청한 위탁단체 이외의 자에게 휴대전화 가상번호를 제공하는 행위 ⑦ 위탁단체는 제2항에 따라 휴대전화 가상번호 제공 요청을 하기 전에 해당 단체의 구성원에게 위탁선거 후보자의 선거운동을 위하여 본인의 이동전화번호가 후보자에게 휴대전화 가상번호로 제공된다는 사실과 그 제공을 거부할 수 있다는 사실을 알려야 한다. 이 경우 위탁단체는 전단에 따른 고지를 받고 명시적으로 거부의사를 밝힌 구성원의 휴대전화 가상번호를 후보자에게 제공하여서는 아니

	된다. ⑧ 위탁단체는 제5항에 따라 제공받은 휴대전화 가상번호를 제1항에 따라 제공을 요청한 후보자 외에 해당 선거의 다른 후보자에게도 제공할 수 있다. ⑨ 위탁단체로부터 휴대전화 가상번호를 제공받은 후보자는 다음 각 호의 어느 하나에 해당하는 행위를 하여서는 아니 된다. 1. 제공받은 휴대전화 가상번호를 제28조에 따른 선거운동 외의 다른 목적으로 사용하는 행위 2. 제공받은 휴대전화 가상번호를 다른 자에게 제공하는 행위 ⑩ 휴대전화 가상번호를 제공받은 후보자는 유효기간이 지난 휴대전화 가상번호를 즉시 폐기하여야 한다. ⑪ 이동통신사업자가 제5항에 따라 휴대전화 가상번호를 생성하여 제공하는 데 소요되는 비용은 휴대전화 가상번호의 제공을 요청한 위탁단체가 부담한다. 이 경우 이동통신사업자는 휴대전화 가상번호 생성·제공에 소요되는 최소한의 비용을 청구하여야 한다. ⑫ 휴대전화 가상번호 제공 요청 방법과 절차, 휴대전화 가상번호의 유효기간 설정, 휴대전화 가상번호 제공 요청서 서식, 그 밖에 필요한 사항은 중앙선거관리위원회규칙으로 정한다.
<신 설>	제30조의4(공개행사에서의 정책 발표) ① 예비후보자와 후보자는 해당 위탁단체가 개최하는 공개행사에 방문하여 자신의 정책을 발표할 수 있다. ② 제1항에 따라 공개행사에서 정책을 발표하려는 예비후보자와 후보자는 참석할 공개행사의 일시, 소견 발표에 소요되는 시간과 발표 방법 등을 해당 위탁단체에 미리 신고하여야 한다. 이 경우 위탁단체는 정당한 사유 없이 이를 거부할 수 없다. ③ 위탁단체는 예비후보자등록신청개시일 전 5일부터 선거일 전일까지 매주 제1항에 따른 공개행사의 일시와 소견 발표가 가능한 시간을 공고하여야 한다. ④ 제2항에 따른 신고 및 제3항에 따른 공고의 절차·방법과 그 밖에 필요한 사항은 중앙선거관리위원회규칙으로 정한다.
제32조(기부행위의 정의) 이 법에서 "기부행위"란 다음 각 호의 어느 하나에 해당하는 사람이나 기관·단체·시설을 대상으로 금전·물품 또는 그 밖의 재산상 이익을 제공하거나 그 이익제공의 의사를 표시하거나 그 제공을 약속하는 행위를 말한다. 1. 선거인(선거인명부를 작성하기 전에는 그 선거인명부에 오를 자격이 있는 자를 포함한다. 이하 이 조에서 같다)이나 그 가족(선거인의 배우자, 선거인 또는 그 배우자의 직계존비속과 형제자매, 선거인의 직계존비속 및 형제자매의 배우자를 말한다. 이하 같다) 2. (생 략)	제32조(기부행위의 정의) 이 법에서 "기부행위"란 다음 각 호의 어느 하나에 해당하는 사람이나 기관·단체·시설을 대상으로 금전·물품 또는 그 밖의 재산상 이익을 제공하거나 그 이익제공의 의사를 표시하거나 그 제공을 약속하는 행위를 말한다. 1. 선거인[선거인명부를 작성하기 전에는 그 선거인명부에 오를 자격이 있는 자(해당 위탁단체에 가입되어 해당 법령이나 정관등에 따라 위탁선거의 선거권이 있는 자 및 해당 위탁단체에 가입 신청을 한 자를 말한다)를 포함한다. 이하 이 조에서 같다]이나 그 가족(선거인의 배우자, 선거인 또는 그 배우자의 직계존비속과 형제자매, 선거인의 직계존비속 및 형제자매의 배우자를 말한다. 이하 같다) 2. (현행과 같음)
제33조(기부행위로 보지 아니하는 행위) ① 다음 각 호의 어느 하나에 해당하는 행위는 기부행위로 보지 아니한다. 1. 직무상의 행위	제33조(기부행위로 보지 아니하는 행위) ① 다음 각 호의 어느 하나에 해당하는 행위는 기부행위로 보지 아니한다. 1. 직무상의 행위

가. 기관·단체·시설(나목에 따른 위탁단체를 제외한다)이 자체사업계획과 예산에 따라 의례적인 금전·물품을 그 기관·단체·시설의 명의로 제공하는 행위(포상을 **포함하되, 화환·화분을 제공하는 행위는 제외한다**. 이하 나목에서 같다) 나. ~ 라. (생 략) 2. 의례적 행위 가. (생 략) 나. 친족 외의 사람의 관혼상제의식에 통상적인 범위에서 **축의·부의금품(화환·화분을 제외한다)**을 제공하거나 주례를 서는 행위 다. ~ 바. (생 략) 3.·4. (생 략) ② **제1항에 따라 통상적인 범위에서 1명에게 제공할 수 있는 축의·부의금품, 음식물, 답례품 및 의례적인 선물의 금액범위는 중앙선거관리위원회규칙으로 정한다.** <신 설>	가. 기관·단체·시설(나목에 따른 위탁단체를 제외한다)이 자체사업계획과 예산에 따라 의례적인 금전·물품을 그 기관·단체·시설의 명의로 제공하는 행위(포상을 **포함한다**. 이하 나목에서 같다) 나. ~ 라. (현행과 같음) 2. 의례적 행위 가. (현행과 같음) 나. 친족 외의 사람의 관혼상제의식에 통상적인 범위에서 **축의·부의금품**을 제공하거나 주례를 서는 행위 다. ~ 바. (현행과 같음) 3.·4. (현행과 같음) ② 제1항제1호 각 목 중 위탁단체의 직무상 행위는 해당 법령이나 정관등에 따라 포상하는 경우를 제외하고는 해당 위탁단체의 명의로 하여야 하며, 해당 위탁단체의 대표자의 직명 또는 성명을 밝히거나 그가 하는 것으로 추정할 수 있는 방법으로 제공하는 행위는 기부행위로 본다. 이 경우 다음 각 호의 어느 하나에 해당하는 경우에는 "그가 하는 것으로 추정할 수 있는 방법"에 해당하는 것으로 본다. 1. 종전의 대상·방법·범위·시기 등을 법령 또는 정관등의 제정 또는 개정 없이 확대 변경하는 경우 2. 해당 위탁단체의 대표자의 업적을 홍보하는 등 그를 선전하는 행위가 부가되는 경우 ③ 제1항에 따라 통상적인 범위에서 1명에게 제공할 수 있는 축의·부의금품, 음식물, 답례품 및 의례적인 선물의 금액범위는 중앙선거관리위원회규칙으로 정한다.
제34조(기부행위제한기간) 기부행위를 할 수 없는 기간(이하 "기부행위제한기간"이라 한다)은 다음 각 호와 같다. 1. 임기만료에 따른 선거: 임기만료일 전 **180일**부터 선거일까지 2. 해당 법령이나 정관등에 따른 **재선거, 보궐선거, 위탁단체의 설립·분할 또는 합병으로 인한 선거**: 그 선거의 실시 사유가 발생한 날부터 선거일까지	**제34조(기부행위제한기간)** 기부행위를 할 수 없는 기간(이하 "기부행위제한기간"이라 한다)은 다음 각 호와 같다. 1. 임기만료에 따른 선거: 임기만료일 전 **1년**부터 선거일까지 2. 해당 법령이나 정관등에 따른 **보궐선거등**: 그 선거의 실시 사유가 발생한 날부터 선거일까지
제40조(투표소의 설치 등) ①·② (생 략) <신 설>	**제40조(투표소의 설치 등)** ①·② (현행과 같음) ③ 관할위원회로부터 투표소 설치를 위한 장소 사용 협조 요구를 받은 기관·단체의 장은 정당한 사유가 없으면 이에 따라야 한다.
제41조(동시조합장선거·동시이사장선거의 투표소의 설치 등) ① 동시조합장선거 또는 동시이사장선거를 실시하는 경우 관할위원회는 제40조제1항에도 불구하고 그 관할구역 안의 읍·면[「지방자치법」 제7조(자치구가 아닌 구와 읍·면·동 등의 명칭과 구역)제3항에 따라 행정면을 둔 경우에는 행정면을 말한다]·동(「지방자치법」 제7조제4항에 따라 행정동을 둔 경우에는 행정동을 말한다)마다 1개소씩 투표소를 설치·운영하여야 **한다.** 다만, 조합 또는 금고의 주된 사무소가 설치되지 아니한 지역 등 중앙선거관리위원회규칙으로 정하는 경우에는 관할위원회가 해당 조합 또는 금고와 협의하여 일부 읍·면·동에 투표소를 설치할 수 있다. ② ~ ⑥ (생 략)	**제41조(동시조합장선거·동시이사장선거의 투표소의 설치 등)** ① 동시조합장선거 또는 동시이사장선거를 실시하는 경우 관할위원회는 제40조제1항에도 불구하고 그 관할구역 안의 읍·면[「지방자치법」 제7조(자치구가 아닌 구와 읍·면·동 등의 명칭과 구역)제3항에 따라 행정면을 둔 경우에는 행정면을 말한다]·동(「지방자치법」 제7조제4항에 따라 행정동을 둔 경우에는 행정동을 말한다)마다 1개소씩 투표소를 설치·운영하여야 **하며, 감염병 발생 등 부득이한 사유가 있는 경우 중앙선거관리위원회규칙으로 정하는 바에 따라 추가로 투표소를 설치할 수 있다.** 다만, 조합 또는 금고의 주된 사무소가 설치되지 아니한 지역 등 중앙선거관리위원회규칙으로 정하는 경우에는 관할위원회가 해당 조합 또는 금고와 협의하여 일부 읍·면·동에 투표소를 설치할 수 있다. ② ~ ⑥ (현행과 같음)

제45조(투표·개표의 참관) ① 후보자는 선거인 중에서 투표소마다 2명 이내의 투표참관인을 선정하여 선거일 전 2일까지, 개표소마다 2명 이내의 개표참관인을 선정하여 선거일 전일까지 관할위원회에 서면으로 신고하여야 한다. 이 경우 개표참관인은 투표참관인이 겸임하게 할 수 있다. ② ~ ⑥ (생 략)	제45조(투표·개표의 참관) ① 후보자는 해당 위탁단체의 조합원 또는 회원 중에서 투표소마다 2명 이내의 투표참관인을 선정하여 선거일 전 2일까지, 개표소마다 2명 이내의 개표참관인을 선정하여 선거일 전일까지 관할위원회에 서면으로 신고하여야 한다. 이 경우 개표참관인은 투표참관인이 겸임하게 할 수 있다. ② ~ ⑥ (현행과 같음)
제46조(개표소의 설치 등) ① ~ ③ (생 략) ④ 제1항 단서에 따라 투표소에 개표소를 설치하는 경우의 개표 절차, 개표사무원의 위촉, 개표참관, 그 밖에 필요한 사항은 중앙선거관리위원회규칙으로 정한다. <신 설>	제46조(개표소의 설치 등) ① ~ ③ (현행과 같음) ④ 개표소의 설치를 위한 장소 사용 협조 요구를 받은 위탁단체 등의 장은 정당한 사유가 없으면 이에 따라야 한다. ⑤ 제1항 단서에 따라 투표소에 개표소를 설치하는 경우의 개표 절차, 개표사무원의 위촉, 개표참관, 그 밖에 필요한 사항은 중앙선거관리위원회규칙으로 정한다.
제53조(총회 등에서 선출하는 조합장선거·이사장선거에 관한 특례) ① 동시조합장선거 또는 동시이사장선거를 실시하는 경우 제24조제3항제2호 및 제3호에 따른 조합장선거·이사장선거(이하 이 조에서 "총회 등에서 선출하는 조합장선거 등"이라 한다)의 선거인명부 작성·확정, 투표 및 개표에 관하여는 다음 각 호에 따른다. 1. 제24조제3항제3호에 따른 조합장선거와 이사장선거에서는 제15조·제16조 및 제17조에 따른 "선거인명부"를 각각 "대의원명부"로 본다. 다만, 제15조제3항은 적용하지 아니한다. 2. ~ 6. (생 략) ② 제1항에도 불구하고 관할위원회는 총회 등에서 선출하는 조합장선거 등의 재선거, 보궐선거, 설립·분할 또는 합병으로 인한 선거의 투표 및 개표의 절차 등에 관하여 해당 조합 또는 금고와 협의하여 달리 정할 수 있다.	제53조(총회 등에서 선출하는 조합장선거·이사장선거에 관한 특례) ① 동시조합장선거 또는 동시이사장선거를 실시하는 경우 제24조제3항제2호 및 제3호에 따른 조합장선거·이사장선거(이하 이 조에서 "총회 등에서 선출하는 조합장선거 등"이라 한다)의 선거인명부 작성·확정, 투표 및 개표에 관하여는 다음 각 호에 따른다. 1. 제24조제3항제2호 및 제3호에 따른 조합장선거와 이사장선거에서는 제15조제3항을 적용하지 아니한다. 2. ~ 6. (현행과 같음) ② 제1항에도 불구하고 관할위원회는 총회 등에서 선출하는 조합장선거 등의 보궐선거등의 투표 및 개표의 절차 등에 관하여 해당 조합 또는 금고와 협의하여 달리 정할 수 있다.
제58조(매수 및 이해유도죄) 선거운동을 목적으로 다음 각 호의 어느 하나에 해당하는 행위를 한 자는 3년 이하의 징역 또는 3천만원 이하의 벌금에 처한다. 1. 선거인(선거인명부를 작성하기 전에는 그 선거인명부에 오를 자격이 있는 자를 포함한다. 이하 이 조에서 같다)이나 그 가족 또는 선거인이나 그 가족이 설립·운영하고 있는 기관·단체·시설에 대하여 금전·물품·향응이나 그 밖의 재산상 이익이나 공사(公私)의 직을 제공하거나 그 제공의 의사를 표시하거나 그 제공을 약속한 자 2. (생 략) 3. 제1호 또는 제2호에 규정된 이익이나 직을 제공받거나 그 제공의 의사표시를 승낙한 자 4. 제1호부터 제3호까지에 규정된 행위에 관하여 지시·권유·알선하거나 요구한 자 5. 후보자등록개시일부터 선거일까지 포장된 선물 또는 돈봉투 등 다수의 선거인(선거인의 가족 또는 선거인이나 그 가족이 설립·운영하고 있는 기관·단체·시설을 포함한다)에게 배부하도록 구분된 형태로 되어 있는 금품을 운반한 자	제58조(매수 및 이해유도죄) 선거운동을 목적으로 다음 각 호의 어느 하나에 해당하는 행위를 한 자는 3년 이하의 징역 또는 3천만원 이하의 벌금에 처한다. 1. 선거인[선거인명부를 작성하기 전에는 그 선거인명부에 오를 자격이 있는 자(해당 위탁단체에 가입되어 해당 법령이나 정관등에 따라 위탁선거의 선거권이 있는 자 및 해당 위탁단체에 가입 신청을 한 자를 말한다)를 포함한다. 이하 이 조에서 같다]이나 그 가족 또는 선거인이나 그 가족이 설립·운영하고 있는 기관·단체·시설에 대하여 금전·물품·향응이나 그 밖의 재산상 이익이나 공사(公私)의 직을 제공하거나 그 제공의 의사를 표시하거나 그 제공을 약속한 자 2. (현행과 같음) 3. 위탁단체의 회원으로 가입하여 특정 후보자에게 투표하게 할 목적으로 위탁단체의 회원이 아닌 자에게 제1호에 규정된 행위를 한 자 4. 제1호부터 제3호까지에 규정된 이익이나 직을 제공받거나 그 제공의 의사표시를 승낙한 자 5. 제1호부터 제4호까지에 규정된 행위에 관하여 지시·권유·알선하거나 요구한 자

<신 설>	6. 후보자등록개시일부터 선거일까지 포장된 선물 또는 돈봉투 등 다수의 선거인(선거인의 가족 또는 선거인이나 그 가족이 설립·운영하고 있는 기관·단체·시설을 포함한다)에게 배부하도록 구분된 형태로 되어 있는 금품을 운반한 자
제66조(각종 제한규정 위반죄) 다음 각 호의 어느 하나에 해당하는 자는 2년 이하의 징역 또는 2천만원 이하의 벌금에 처한다. 1. 제24조를 위반하여 후보자가 아닌 자가 선거운동을 하거나 제25조부터 제30조의2까지의 규정에 따른 선거운동방법 외의 방법으로 선거운동을 하거나 선거운동기간이 아닌 때에 선거운동을 한 자. 다만, 제24조의2제7항에 따라 선거운동을 한 예비후보자는 제외한다. 1의2. 제24조의2제7항을 위반하여 선거운동을 한 자 2. 제25조에 따른 선거공보의 종수·수량·면수 또는 배부방법을 위반하여 선거운동을 한 자 3. 제26조에 따른 선거벽보의 종수·수량 또는 첩부방법을 위반하여 선거운동을 한 자 4. 제27조를 위반하여 선거운동을 한 자 5. 제28조에 따른 통화방법 또는 시간대를 위반하여 선거운동을 한 자 6. 제29조를 위반하여 해당 위탁단체가 아닌 자가 개설·운영하는 인터넷 홈페이지를 이용하여 선거운동을 한 자 7. 제30조에 따른 명함의 규격 또는 배부방법을 위반하여 선거운동을 한 자 7의2. 제30조의2제4항을 위반하여 투표관리관등의 제지명령에 불응한 자 8. 제31조를 위반한 자 9. 제36조를 위반하여 축의·부의금품을 제공한 자 10. 제37조를 위반한 자 11. 제38조를 위반한 자 12. 제73조제3항을 위반하여 출입을 방해하거나 자료제출의 요구에 응하지 아니한 자 또는 허위자료를 제출한 자 13. 제75조제2항을 위반한 자	**제66조(각종 제한규정 위반죄)** ① 다음 각 호의 어느 하나에 해당하는 자는 3년 이하의 징역 또는 3천만원 이하의 벌금에 처한다. 1. 제30조의3제6항제2호를 위반하여 해당 위탁단체 이외의 자에게 휴대전화 가상번호를 제공한 자 2. 제30조의3제7항을 위반하여 명시적으로 거부의사를 밝힌 구성원의 휴대전화 가상번호를 제공한 자 3. 제30조의3제9항제1호를 위반하여 휴대전화 가상번호를 제28조에 따른 선거운동 외의 다른 목적으로 사용한 자 4. 제30조의3제9항제2호를 위반하여 휴대전화 가상번호를 다른 자에게 제공한 자 5. 제30조의3제10항을 위반하여 유효기간이 지난 휴대전화 가상번호를 즉시 폐기하지 아니한 자 ② 다음 각 호의 어느 하나에 해당하는 자는 2년 이하의 징역 또는 2천만원 이하의 벌금에 처한다. 1. 제24조를 위반하여 후보자등이 아닌 자가 선거운동을 하거나 제25조부터 제30조의4까지의 규정에 따른 선거운동방법 외의 방법으로 선거운동을 하거나 선거운동기간이 아닌 때에 선거운동을 한 자. 다만, 제24조의2제7항에 따라 선거운동을 한 예비후보자등과 제24조의3제3항에 따라 선거운동을 한 활동보조인은 제외한다. 1의2. 제24조의2제7항을 위반하여 선거운동을 한 자 2. 제25조에 따른 선거공보의 종수·수량·면수 또는 배부방법을 위반하여 선거운동을 한 자 3. 제26조에 따른 선거벽보의 종수·수량 또는 첩부방법을 위반하여 선거운동을 한 자 4. 제27조를 위반하여 선거운동을 한 자 5. 제28조에 따른 통화방법 또는 시간대를 위반하여 선거운동을 한 자 6. 삭 제 7. 제30조에 따른 명함의 규격 또는 배부방법을 위반하여 선거운동을 한 자 7의2. 제30조의2제4항을 위반하여 투표관리관등의 제지명령에 불응한 자 7의3. 제30조의3제6항제1호를 위반하여 휴대전화 가상번호에 유효기간을 설정하지 아니하고 제공하거나 휴대전화 가상번호를 제공하는 날부터 선거일까지의 기간을 초과하는 유효기간을 설정하여 제공한 자 8. 제31조를 위반한 자 9. 제36조를 위반하여 축의·부의금품을 제공한 자 10. 제37조를 위반한 자 11. 제38조를 위반한 자 12. 제73조제3항을 위반하여 출입을 방해하거나 자료제출의 요구에 응하지 아니한 자 또는 허위자료를 제출한 자 13. 제75조제2항을 위반한 자

<신 설>	제70조의2(기소·판결에 관한 통지) ① 위탁선거에 관한 범죄로 당선인, 후보자, 후보자의 배우자 또는 직계존비속을 기소한 때에는 관할위원회에 이를 통지하여야 한다. ② 제58조, 제59조, 제61조부터 제66조까지의 범죄에 대한 확정판결을 행한 재판장은 그 판결서등본을 관할위원회에 송부하여야 한다.
<신 설>	제71조의2(재판기간) 이 법을 위반한 죄를 범한 자와 그 공범에 관한 재판은 다른 재판에 우선하여 신속히 하여야 하며, 그 판결의 선고는 제1심에서는 공소가 제기된 날부터 6개월 이내에, 제2심 및 제3심에서는 전심의 판결의 선고가 있은 날부터 각각 3개월 이내에 하도록 노력하여야 한다.
제76조(위탁선거 위반행위 신고자에 대한 포상금 지급) 관할위원회는 위탁선거 위반행위에 대하여 선거관리위원회가 인지하기 전에 그 위반행위의 신고를 한 사람에 대하여 중앙선거관리위원회규칙으로 정하는 바에 따라 포상금을 지급할 수 있다.	제76조(위탁선거 위반행위 신고자에 대한 포상금 지급) ① 관할위원회는 위탁선거 위반행위에 대하여 선거관리위원회가 인지하기 전에 그 위반행위의 신고를 한 사람에게 포상금을 지급할 수 있다. ② 관할위원회는 제1항에 따라 포상금을 지급한 후 다음 각 호의 어느 하나에 해당하는 사유가 있는 경우에는 그 포상금의 지급결정을 취소한다. 1. 담합 등 거짓의 방법으로 신고한 사실이 발견된 경우 2. 사법경찰관의 불송치결정이나 검사의 불기소처분이 있는 경우 3. 무죄의 판결이 확정된 경우 ③ 관할위원회는 제2항에 따라 포상금의 지급결정을 취소한 때에는 해당 신고자에게 그 취소 사실과 지급받은 포상금에 해당하는 금액을 반환할 것을 통지하여야 하며, 해당 신고자는 통지를 받은 날부터 30일 이내에 그 금액을 해당 관할위원회에 납부하여야 한다. ④ 관할위원회는 제3항에 따라 포상금의 반환을 통지받은 해당 신고자가 납부기한까지 반환할 금액을 납부하지 아니한 때에는 해당 신고자의 주소지를 관할하는 세무서장에게 징수를 위탁하고 관할 세무서장이 국세강제징수의 예에 따라 징수한다. ⑤ 제3항 또는 제4항에 따라 납부 또는 징수된 금액은 국가에 귀속된다. ⑥ 포상금의 지급 기준 및 절차, 제2항제2호에 해당하는 불송치결정 또는 불기소처분의 사유, 반환금액의 납부절차, 그 밖에 필요한 사항은 중앙선거관리위원회규칙으로 정한다.
제78조(선거관리경비) ① 위탁선거를 위한 다음 각 호의 경비는 해당 위탁단체가 부담하고 선거의 실시에 지장이 없도록 제1호의 경우에는 선거기간개시일 전 60일(재선거, 보궐선거, 위탁단체의 설립·분할 또는 합병으로 인한 선거의 경우에는 위탁신청을 한 날부터 10일)까지, 제2호 및 제3호의 경우에는 위탁관리 결정의 통지를 받은 날(의무위탁선거의 경우에는 위탁신청을 한 날)부터 10일까지 관할위원회에 납부하여야 한다. 1. ~ 3. (생 략) <신 설> ② ~ ⑦ (생 략)	제78조(선거관리경비) ① 위탁선거를 위한 다음 각 호의 경비는 해당 위탁단체가 부담하고 선거의 실시에 지장이 없도록 제1호의 경우에는 선거기간개시일 전 60일(보궐선거 등의 경우에는 위탁신청을 한 날부터 10일)까지, 제2호부터 제4호까지의 경우에는 위탁관리 결정의 통지를 받은 날(의무위탁선거의 경우에는 위탁신청을 한 날)부터 10일까지 관할위원회에 납부하여야 한다. 1. ~ 3. (현행과 같음) 4. 제79조에 따른 보상을 위한 재해보상준비금 ② ~ ⑦ (현행과 같음)

제79조(시행규칙) 위탁선거의 관리에 관하여 이 법의 시행을 위하여 필요한 사항은 중앙선거관리위원회규칙으로 정한다.	제79조(질병·부상 또는 사망에 대한 보상) ① 중앙선거관리위원회는 각급선거관리위원회위원, 투표관리관, 공정선거지원단원, 투표 및 개표사무원(공무원인 자를 제외한다)이 선거기간(공정선거지원단원의 경우 공정선거지원단을 두는 기간을 말한다) 중에 이 법에 따른 선거업무로 인하여 질병·부상 또는 사망한 때에는 보상금을 지급하여야 한다. ② 제1항의 보상금 지급사유가 제3자의 행위로 인하여 발생한 경우에는 중앙선거관리위원회는 이미 지급한 보상금의 지급 범위에서 수급권자가 제3자에 대하여 가지는 손해배상청구권을 취득한다. 다만, 제3자가 공무수행 중의 공무원인 경우에는 손해배상청구권의 전부 또는 일부를 행사하지 아니할 수 있다. ③ 제2항의 경우 보상금의 수급권자가 그 제3자로부터 동일한 사유로 인하여 이미 손해배상을 받은 경우에는 그 배상액의 범위에서 보상금을 지급하지 아니한다. ④ 제1항의 보상금 지급사유가 그 수급권자의 고의 또는 중대한 과실로 인하여 발생한 경우에는 해당 보상금의 전부 또는 일부를 지급하지 아니할 수 있다. ⑤ 보상금의 종류 및 금액, 고의 또는 중대한 과실에 의한 보상금의 감액, 중대한 과실의 적용범위, 그 밖에 필요한 사항은 중앙선거관리위원회규칙으로 정한다.
<신 설>	제80조(선전물의 공익목적 활용 등) ① 각급선거관리위원회는 이 법에 따라 위탁단체 또는 후보자(후보자가 되려는 사람을 포함한다. 이하 이 조에서 같다)가 선거관리위원회에 제출한 벽보·공보 등 각종 인쇄물, 사진, 그 밖의 선전물을 공익을 목적으로 출판·전시하거나 인터넷 홈페이지 게시, 그 밖의 방법으로 활용할 수 있다. ② 제1항에 따라 각급선거관리위원회가 공익을 목적으로 활용하는 위탁단체 또는 후보자의 벽보·공보 등 각종 인쇄물, 사진, 그 밖의 선전물에 대하여는 누구든지 각급선거관리위원회에 대하여 「저작권법」상의 권리를 주장할 수 없다.
<신 설>	제81조(시행규칙) 위탁선거의 관리에 관하여 이 법의 시행을 위하여 필요한 사항은 중앙선거관리위원회규칙으로 정한다.

본사 지원컨설팅 분야(선거 6개월 전까지)

각종 홍보 솔루션				
	일 정	내 용	효과	예상비용(비용주체)
1. 조합소식지	년 1-4회	조합장 행사, 수상 등 토탈홍보	중	부수 1권 2-5천원
2. 조합안내장	년 3-6회	조합의 알림소식을 레터(DM)로 조합원께 우편발송	상	1부 1,500원(우편료 포함)
3. AI톡 카톡시스템	매월 2-3회	24절기, 생일 등 메시지 발송	상	1년 100만원
4. 24절기 등 콘텐츠와 명함	매월 2-3회	메시지 발송 콘텐츠 제작, 명함		1년 150만원
5. 연하장	년 1-3회	추석, 새해, 설 연하장 발송	상	1장 1,500원(우편료 포함)
6. 현수막	년 1-6회	안내, 명절 현수막 게첨	중	1장 20,000원
7. 블로그, 유튜브 등	수시로	조합장 홍보 블로그 및 유튜브	중	개인부담
8. 여론조사(정책)	년 1-3회	호감도 등 여론추이 파악	하	1회 300만 원(2천명)
9. 동영상(조합)	년 1회	조합 홍보 영상	하	5백 만~2천만 원
10. 동영상(개인)	수시로	핸드폰으로 활동영상 촬영, 편집	중	개인부담
11. 당선아카데미	1-4단계	위탁선거법과 당선전략	중	1회 20만 원
12. 브랜드 디자인	수시로	조합 특산물 패키지 디자인	하	2천만~1억 원

● 조합 및 현직 조합장용   ● 후보용   ■ 겸 용

1. 조합소식지 ●

조합소식지는 조합의 소식을 조합원에게 전달하는 형식이지만 거의 조합장의 홍보지 수준(조합 및 조합장 각종 수상, 조합 활동 및 행사(조합장) 소개, 조합 운영공개 및 조합 자랑 게재)

♣ 순천농협, 서귀포축협을 비롯 50개 조합 소식지 발행, 우수조합원(농장, 사업체 등) 인터뷰, 행사 동영상 QR코드 삽입, 조합장 머리말 인사

♣ 투명비닐봉투에 조합소식지 조합원 한 분 한 분 집으로 배송, 조합원 이름을 삽입한 인사장 동봉

♣ '우리 조합장 일 잘하는 조합장' 이미지메이킹(호감도 상승효과), 착한 가격으로 조합소식지 제작 (값은 그대로, 품질은 최고)

2. 조합안내장 ■

연로한 조합원에게는 종이 알림장이 최고, 조합의 각종 행사안내 및 배당금, 농자재와 어업자재 수령 안내, 질병검진 안내, 선진지 견학 안내 등 문자와 카톡에서 직접 우편(편지)으로 소식 전달

♣ 본사 DM(우편배달) 인쇄시스템 본사 3층에 완벽 구비(인쇄에서 발송봉투제작까지 원스탑)

♣ 조합원 개인별 다른 내용(예를 들어 배당금액, 조합원 이름 등)도 각각 다르게 인쇄되어 발송

♣ 의외로 메시지를 못 봤다는 조합원에게 최고의 만족

♣ 가성비 대비 효과는 아주 큰 조합 감동솔루션

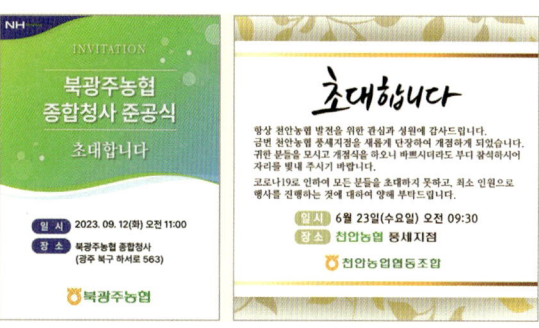

3. AI톡 카톡시스템

매월 2~3회 조합원 90% 이상에게 보내는 카톡 감동 콘텐츠, 24절기를 비롯, 생일콘텐츠, 농사정보, 부부의날 기념일에 보내는 카톡메시지는 조합원과 소통에 가장 밀접한 수단이다.

♣ 위탁선거법에 비교적 자유로운 카톡시스템, 그림은 물론 동영상 등 다양한 콘텐츠 방식도 다 가능한 AI톡 시스템

♣ 300개 조합에서 현재 사용하고 있는 최고의 홍보수단(출향인 기업인에게 고향소식을 전하고 금융상품 및 명절선물세트까지 판매)

♣ 통신요금은 무료, 하루에 5천 명까지 발송 가능한 조합마케팅의 효자 카톡솔루션

♣ 선거운동 기간에는 문자는 그림이나 동영상 발송 불법이지만 카톡은 가능

♣ 예약기능(금요일에 예약작업 토일요일에 발송), 그룹기능(75세 이상조합원 그룹, 여성조합원 그룹, 대의원 그룹 등)으로 맞춤 콘텐츠를 발송하여 감동하게 한다.

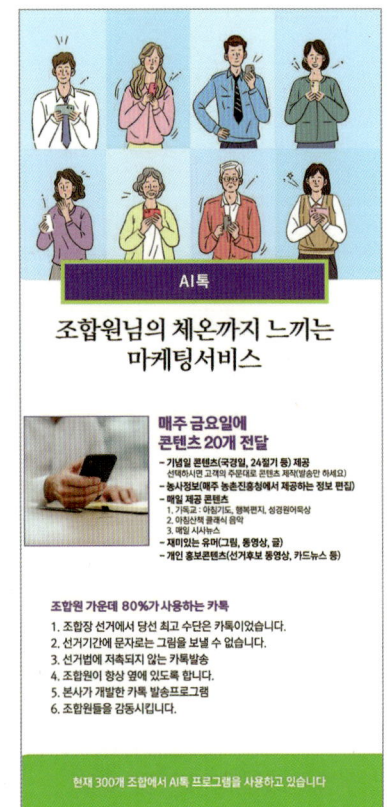

4. 24절기 등 콘텐츠

본사의 콘텐츠팀은 서울대 출신의 기획과 대학교수 출신의 디자인팀이 합세하여 각종 콘텐츠를 제공(24절기, 조합소식, 금융상품 안내, 기념일, 명절현수막 디자인 등)

♣ 매년 새로 업그레이드 된 콘텐츠 제공, 동일지역 중복되지 않는 콘텐츠 제공(시군 산림조합이나 축협, 농협이 중복될 경우 새로운 콘텐츠

제공)
♣ 조합의 특화된 콘텐츠 제공(마트 그랜드 오픈 인사, 조합장 수상, 조합장과 이사팀 사진 콘텐츠 등)
♣ 사진과 학력경력슬로건 명함

5. 연하장

추석, 새해, 설에 전체 조합의 30%가 이용하는 연하장(400개 조합), 일일이 명절에 다 찾아뵐 수 없는 특별한 날에 조합원 집으로 배달되는 연하장은 조합원 감동의 필수 솔루션이다.
♣ 한지, 카드 등 최고의 품질과 디자인, 조합원 한 분 한 분 성함을 기재하여 발송되는 감동 연하장
♣ 연로한 조합원들이 거실테이블 유리 아래 보관할 정도로 감동을 주는 연하장
♣ 명절선물과 같이 발송되거나 우편으로 집집마다 발송

6. 현수막

추석, 새해, 구정(설)에 거리거리에 게첨되는 조합장 현수막은 고향방문 친지나 자녀들까지 조합과 조합장을 알리는 가성비 대비 최고 홍보수단
♣ 회관이나 동네 입구에 게시할 경우 더욱 효과적인 명절 현수막

♣ 특별한 이벤트(수상이나 행사안내 등)나 기념일(농업인의 날, 어업의 날, 식목일 등)에도 게시가 가능한 현수막
♣ 본사에서 원가로 공급 (1개 2만원)

7. 블로그, 유튜브, 페이스북 등

개정된 위탁선거법에 의거 평소에도 가능한 블로그, 유튜브, 페이스북 등 SNS 솔루션은 선거운동기간에는 전천후로 활용 가능한 선거운동 수단이다.

♣ 평소의 정책이나 소견, 활동상(수상, 업적 홍보, 농사, 어업, 임업정보)을 블로그에 게재하고 홍보한다. 링크해서 유입될 경우 블로그나 유튜브에 게시물을 조회하게 되며 이후로 긍정적인 이미지 메이킹 또는 소문을 낸다.

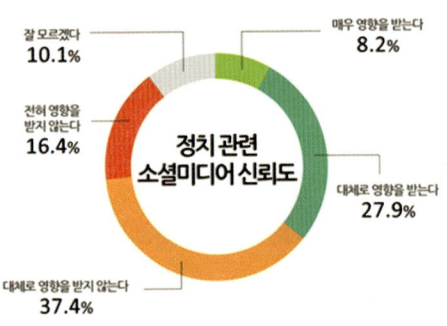

♣ 선거운동기간에는 집중적으로 게재하여 조합원께 링크해서 메시지 전달
♣ 2,000명 이상 조합원 조합은 필수적으로 SNS 솔루션 활용

♣ 살아온 이력, 학창시절, 비전과 꿈 등을 게시하여 준비된 조합장, 참 괜찮은 조합장으로 조합원께 인정받게 된다.

8. 여론조사(정책) ■

현행 위탁선거법에서 제한 규정이 거의 없는 여론조사(나를 알고 전쟁을 준비)는 조합원들의 바람(민원이나 공약)과 나의 인지, 호감, 적합, 지지도를 파악하여 선거전략을 수립한다.

♣ 조합의 추진사업이나 쟁점이 되는 것은 여론조사를 통하여 조합원의 찬반을 점검한다.

♣ 조합의 금융창구 친절도, 예적금에 대한 불만 등을 정책조사(여론조사)하여 경영에 반영한다.

♣ 조합장의 경영평가(조합을 잘 이끌고 있는가?)를 하여 정책에 반영하고 전략을 수립한다.

주요 조사 / 분석 내용

구 분	설문항목	비 고
경쟁력 분석	- 출마 희망자 인지도 - 출마 희망자의 호감도 - 조합원 경쟁력	출마 희망자의 인지 / 호감도와 경쟁력 파악 현재 수준의 경쟁력 및 잠재 경쟁력을 동시에 파악 분석
선거 전략 수립	- 출마 희망자의 선호 경력 - 조합과 조합원을 위한 공약 - 지지 후보 선택시 고려사항	기초적인 선거 전략 수립을 위하여 출마 희망자의 강점을 파악하고 그 지역 조합원의 니즈를 발굴함
인구통계학 변수	- 성별 / 연령별 / 작목별 - 학력 / 소득 / 업종 별 - 투표 참여 정도	조합원 유권자 세분화 원칙을 통해 유권자 타겟팅을 통한 선거 전략 발굴

9. 동영상(조합) ●

조합의 홍보 동영상, 한 해 동안 이룩한 실적, 수상, 새로운 경제사업 등을 대의원 총회나 운영공개 시 영상으로 소개할 경우 조합원께 높은 점수를 받게 된다. 하나로마트 등 고객 및 홈페이지 방문 고객, 조합 홍보를 위한 조합의 동영상은 필수적인 홍보수단이다.

♣ 동영상을 홈페이지나 블로그, 유튜브에 업로드하고 링크해서 조합원께 발송

♣ 분야별로 영상을 세분화(운영공개, 각종실적, 수상 등)해서 영상을 제작 가능

♣ 조합원의 쟁점이 되는 사업의 경우 홍보용(설득)으로 동영상 제작하여 정책에 활용
♣ 조합 소식지를 동영상으로 편집하여 활용

10. 동영상(개인)

조합장 개인의 동영상을 수시로 제작한다. 특별한 상을 수상할 경우 수상의 내용, 수상 장면 등을 동영상으로 제작한다. 조합의 실적과 활동, 조합원 선진지 견학 등 다양한 주제로 동영상을 제작하여 활용한다.
♣ 조합장 개인 블로그나 개인 유튜브에 업로드해서 활용한다.
♣ 평소 풋풋한 활동(다정한 부부, 농사장면, 유명한 인사와 만남)을 동영상으로 제작하여 활용

11. 당선아카데미

본사가 실시한 당선아카데미는 국내 최고의 선거전문가 배종찬 소장을 비롯 소병철 전 국회의원, 국내 위탁선거법의 최고 승소기록을 갖고 있는 양문식 변호사, 선거감독 남대니 소장 등이 출마자에게 당선 알파(α)에서 오메가(Ω)까지 선거전략을 알려준다. 그동안 당선아카데미를 거쳐간 1,000명의 현직,후보들이 70% 당선을 기록하였다.
♣ 기본 1단계에서는 출마에 대한 앙케이트, 위탁선거법이 무엇인지? 에서 실전 4단계 선거운동기간에 해야 할 필수적인 당선가이드를 국내 최고 10여 명의 강사들이 노하우를 전달한다.
♣ 대부분 주먹구구식 준비에서 구체적으로 이기는 선거전략과 전술을 전달한다.
♣ '나 만 잘하면 된다'에서 '상대의 불법이나 헛점'을 파고드는 방법을 깨닫게 된다.

《그동안 실시한 아카데미 사진》

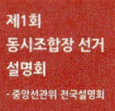
제1회
동시조합장 선거
설명회
- 중앙선관위 전국설명회

21대 총선 민주당 국회의원후보를 교육하는 남대니소장

2015년 1월 6일(화) 목포해양대학교를 시작으로
1월 15일(목) 제주도 한라경찰수련원까지
16개 시도에서 조합장 후보님들을 대상으로
중앙선거관리위원회 주최 순회 설명회가
열렸습니다. 남대니 한국선거연구소 소장은 조합장 동시선거 선거준비사항을 설명했습니다.

중앙선관위 주최 조합장동시선거설명회 / 강사 남대니소장

한농연 전국대회. 2018. 충주

농협대학 최고경영자 과정 등 20차례 실시

천안 본사교육장 100여회 실시

22대 김희정 국회의원 캠프교육

473
회사 소개서

12. 브랜드 디자인

조합의 이미지 메이킹, 특산품이나 가공제품 브랜드 디자인은 조합의 향후 중점적으로 해야 할 사업이다. 그동안 본사에서는 농축협의 브랜드 토탈디자인을 실시하였다.

♣ 서귀포축협의 사례: 제주도의 디자인지원 사업 공모에 참여하여 과제를 획득하여 국가지원비 5천만 원을 지원받아 제주흑우육포 포장재 디자인 및 제품을 장흥축협 육가공공장에 납품하였다.

♣ 각 농협의 쌀브랜드 포장재와 마케팅, 자체 제품의 브랜드를 토탈디자인 한다.

본사 개발 제주한우육포 포장재
(서귀포축협)

본사 언론소개 및 추천인사

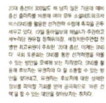
동아일보 국회토론회 남대니소장 주제발표, 2015년

부산일보 출판의 정치 본사소개, 2013년

본사 제휴 언론사

  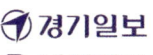

경인일보, 대전일보, 국제신문,
한라일보, 경남매일 등과
공동사업을 실시

김 병 준 (전 청와대 정책실장, 교육부총리)

이번 지방선거에는 선거혁명이라 할 만한 선거문화의 변화가 있을 것입니다. 국민 대부분이 갖고 있는 스마트폰에서 SNS를 통한 디지털 선거문화, 그리고 정당무관천에가 미칠 영향력이나, 사전선거를 어떻게 준비하느냐가 당선의 관건이다. 후보자의 철학이 담긴 책을 통하여 유권자들의 마음을 감동시킨다면 당선의 지름길이 될 것이다. 평소 가장 아끼는 후배(대구상고) 남대니가 시작한 일이 대한민국을 밝고 환하게 만드는 일이라 할 기원합니다.

최 영 훈 (동아일보 편집국장)

미국 대선에서 버락 오바마 대통령은 자서전 두 권(4백만 권 분야)으로 힐러리 클린턴 후보를 제치고 흑인으로 최초의 대통령이 되었다. 우리나라도 만들수 대석호가 저서로 1백만권 판매와 북콘서트가 그를 일약 스타로 만들었다. 최저 두 가지 성공을 보면서 당선이 될 확률이 높은 것은 사람들은 책이었는 사람들이다. 일상에 힘 권의 책을 만드는 것은 유권자들을 끌어모으는 힘이고, 유권자들로부터 후보의 철학과 비전을 보게 된다. 20대가 마지막 날 연이 아우가 선거문화를 선도해 나가는 데 힘찬 박수를 보낸다.

윤 덕 홍 (전 교육부총리, 민주당 공천심사위원장)

후보자 공천 기준은 능력과 비전이다. 그리고 디지털시대에 부응하는 인물을 통하여 지역을 발전시키고 지역과 소통하는 것이다.
사랑하는 내 고향 후배 남대니는 최고의 선거전문가이며 19년동안 큰 뜨거운 빗매양과 고향 영덕에 내려가서 갈려하게 해결해왔다. 경남무공천제가 실시되면 후보들이 남는데게 된 권의 자서전을 패낸다면 그 책을 보고, 그의 인물 됨됨이를 평가하고 높은 점수를 주게 될 것이다. 그리고 e-book을 통하여 SNS로 자서전 내용을 유권자에게 매일 아침마다 보낸다면 유권자들의 마음을 사로잡게 될 것이다.

조 민 제 국민일보 회장

함께 학문을 연마하는 현장에서 만난 남대니님의 후보자 출판 프로젝트에 무궁한 발전이 있기를 기도한다. 프로티어와 노마드 정신으로 억경과 고난을 헤쳐 나갈 2014년 6월 지방선거의 추자들과 함께 주인됨의 눈물을 닦아 주시길
남대니님이 만나는 후보자 모두가 당선될 수 있길, 지방자치 단체장들의 의회들도 어느보그에서 디지털 마인드로, 무장되어야 할 시대이다.
미 박마관 줄신 기자단 적 토드는 "책은 정치인이 표지에서 아직까 장까지 모두 못다를 할 수 있는 거의 유일한 매체이며 판매량은 대중적인 인기를 가늠하는 수단"이라고 하였다.

64 지방선거를 끝으로 당분간 큰 선거는 없다고 합니다. 그러나 동아일보와 채널A는 내년 3·11 전국 조합장선거야말로 대선, 총선 못지않은 국가 大事라고 생각합니다. 대한민국 산업의 근간인 농림·수산·축산업의 차세대 지도자를 선출하는 행사이기 때문입니다.
동아일보와 채널A는 이번 선거가 보다 나은 대한민국을 건설하기 위한 중요한 발판이라는 인식으로 '조합원 선거 아카데미'를 통해 공명한 선거를 치르고 선진 조합을 만드는데 보탬이 되고자 합니다. 많은 관심과 격려 부탁드립니다.

동아일보·채널A 김재호 사장

농협, 수협, 산림조합은 우리 농어촌 주민들에게 필요한 자금을 제공하는 어머니의 젖줄과 같은 역할을 수행합니다. 이제는 민주적으로 선출된 진정한 대표들이 이들 기관을 맡아서 그 일을 더욱 선진화해야 할 시기입니다. 이번에 치뤄지는 3·11 조합장 선거는 시시대를 여는 분수령이라고 생각합니다. 높은 경륜과 식견을 갖춘 여러분들이 이번의 공정하고 투명한 선거를 통하여 진정한 리더로 거듭나기를 바라마지 않습니다. 그 과정에 국민대학교 정치대학원 여러분들이 함께 해주시길 기대합니다.

국민대학교 정치대학원 박휘락 원장

새누리당 대표최고위원 김 무 성

SNS 선거는 시공간의 제약을 벗어나 유권자들에게 즉각적인 정보를 제공하고 정보의 동시전파성이 높으며 선거비용을 절감하는 장점이 있습니다. 여하튼 정치인과 유권자간 정보의 전달과 공유, 소통을 동시에 충족시키면서 기존의 선거문화에 혁명적 변화를 가지고 있습니다. SNS 선거 전략을 어떻게 세우고 가장 '핫'한 매체를 얼마나 효율적으로 운영하느냐에 따라서 거의 승패가 좌우된다 해도 과언이 아닙니다.

새정치민주연합 당대표 문 재 인

20대 총선은 디지털 선거혁명의 원년이 될 것입니다.
SNS를 통한 선거혁명은 이제 거스를 수 없는 흐름이 되었습니다.
우리나라는 세계 IT 산업을 선도하는 첨단 디지털 강대국입니다. 분부시계 발전하는 첨단 디지털 기술에 발맞춰 우리나라의 온라인 언론 환경 역시 급속도로 성장하였습니다. 온라인 세상은 시공간을 초월하여 함께 소통하고 정보를 공유할 수 있는 무한한 가능성을 열어주었고, 이를 통해 새로운 방식의 선거운동도 가능해졌습니다. 방방항항 소통채널인 SNS는 깨끗한 선거, 돈 안 드는 선거, 매니페스토 정책 선거 등 선진 선거 문화가 정착할 수 있는 지름길을 열어 주었습니다.

동아일보와 공동사업시 추천사 및 브로쉐 추천사

본사 지원컨설팅 분야(선거기간)

선거운동 솔루션				
	일 정	내 용	효과	예상비용
1. 조합원 주소정리	수시로	조합원 핸드폰 번호 소트	필수	50만~2백만 원
2. 사진촬영	수시로	콘텐츠, 선거공보 활용	필수	1백만 원
3. 카톡시스템 구축	수시로	조합원과 카톡 친구	필수	50만~2백만 원
4. 카톡 발송	평소, 선거기간	카톡메시지 발송	상	1통 70원(그림)
5. 문자 발송	평소, 선거기간	문자메시지 발송	하	30원, 그림 70원
6. 콘텐츠 제작	선거기간	카톡 및 문자발송 선거콘텐츠	필수	1개 5만 원
7. 선거공보, 벽보	선거기간	조합원께 발송하는 공보, 벽보	상	5백만~1천만 원
8. 선거용품, 명함	년 1-3회	운동복, 어깨띠, 판넬, 선거명함 등	하	
9. 선거법 자문	수시로	언제든지 상담	필수	년 50만~100만 원
10. 동영상	수시로	최고의 홍보수단 영상 콘텐츠	중	1개 20만 원(편집)
11. ARS 시스템	선거기간	전화로 조합원 홍보	중	100~200만 원
12. 기 타	수시로	출마기자회견, 언론방송보도, 탐정, 당선보고서 등	중	각각 맞춤가격

1. 조합원 주소정리

조합에서 발행한 조합원 명부(이름,주소,영농회 / 어촌계이름 등)를 기준으로 조합원 주소록을 정리하여 유권자 홍보활동을 펼친다. 특별히 핸드폰번호는 전쟁에서 무기와 같다. 현직은 비교적 조합원관리 차원에서 대부분 핸드폰번호를 활용하고 있지만 후보들은 핸드폰번호 확보가 쉽지 않다. 조합원 명부를 입력한 후 영농회, 어촌계, 면별로 핸드폰번호를 확보하는데 개인정보보호법에 유의해야 한다.

♣ 조합원 주소록을 번호별, 이름별, 직책별 등 다양한 인적사항을 분류하여 향후 홍보활동 및 조합원 파악에 활용할 수 있도록 한다.

♣ 핸드폰번호가 확보되는 대로 동별·연령별·여성남성별·학교별 등 그룹을 설정하고, 생일의 경우 카톡에서 파악할 수 있고 카톡 불능 조합원은 문자메시지로, 카톡 활용 조합원은 카톡 발송. 성씨별 마을별 분류하여 맞춤콘텐츠 발송

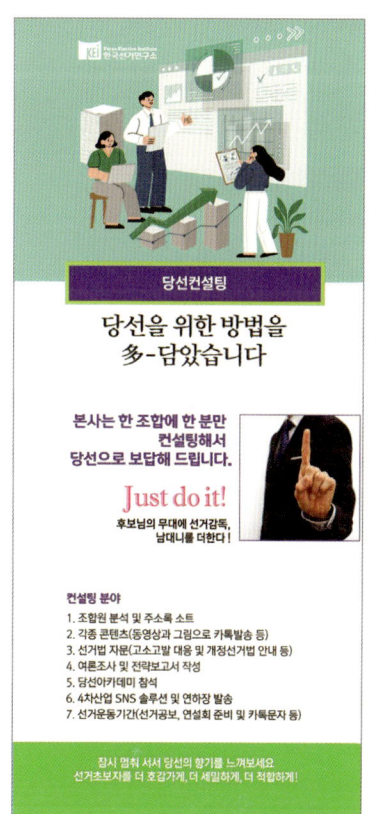

2. 사진촬영

감동적인 사진을 연출하여 각종 콘텐츠 및 SNS에 활용한다. 특별히 선거공보 및 벽보에 사용할 사진은 가장 중요하다.

♣ 조합건물 앞이나 현장에서 스냅사진 및 야외사진 촬영(200컷)

♣ 절기 동영상 및 각오 영상(3개, 30초 제작)

3. 카톡시스템 구축

조합원과 카톡친구 맺어서 카톡으로 각종 콘텐츠를 발송한다. 특별히 선거운동기간에는 카톡만이 그림이나 동영상을 발송할 수 있다.
♣ 조합원과 1:1 카톡 소통하는 2천명 기준 최소한 2개월 소요
♣ 알고리즘에 의한 이용자보호조치로 카톡발송이 제한 될 수 있다. 최소한 선거 1년 전에 카톡시스템을 구축해야 한다.

**선거의 당락은 'SNS'입니다.
표밭을 'SNS'로 다지십시오.**

선거운동방법	횟수	발송주체	방법	효과
문자메시지	무제한	후보	단문, 장문으로 일방적	짜증남
SNS	무제한	누구든지	동영상, 그림 등으로 소통	신남
홍보물	1회	후보	인쇄물	보통
유세	운동기간	후보	거리에서 대면	싫어함

4. 카톡 발송

평소에 24절기, 국경일, 기념일, 생일 조합원에게 발송하는 카톡발송과 선거기간에 집중적으로 발송하는 카톡 콘텐츠는 당선에 가장 중요한 홍보수단이다.
♣ 선거기간 전 월 2~3회 다양한 그림 콘텐츠를 발송하여 조합원과 소통하며, 블로그나 유튜브 등에 자료를 업로드하고 링크를 보내는 것도 중요하다(예비후보 기간 30일에도 가능).
♣ 선거운동기간(14일) 동안에는 선거운동 콘텐츠 및 언론기사 링크 등 다양한 방법으로 조합원들의 지지를 이끌어내야 한다. 평균 하루에 1회 이상, 여성조합원, 원로조합원 등 특수한 대상에게 맞춤콘텐츠를 발송한다.

5. 문자 발송

평소에 카톡으로 소통되지 않는 10~20% 조합원에게 문자로 메시지를 발송한다. 평소에는 그림(화상)을 발송할 수 있지만 선거기간에는 그림을 발송할 수 없다.

♣ 월 2~3회 선거기간 전 그림문자 및 링크는 위 카톡과 동일하다.
♣ 핸드폰에서 그룹을 설정하여 하루 5백 명까지 문자를 무료로 발송할 수 있다.

6. 콘텐츠 제작

메시지 및 SNS용으로 만드는 콘텐츠는 조합원으로부터 인지도와 호감도를 상승시키는 홍보수단이다. 다양한 현장사진(일터와 가족화목 등)으로 콘텐츠를 제작한다. 다양한 사진을 촬영하여 콘텐츠에 활용하며 그룹별(여성조합원, 학교동문, 각종 단체 등) 맞춤 콘텐츠를 제작하여 그룹별로 특색있는 콘텐츠를 연출하면 더 효과적이다.

♣ 최근에는 그림보다는 움직이는 그림(GIF)이나 동영상으로 만든 콘텐츠가 훨씬 효과적이다. 특별히 크리스마스나 연말연시는 동영상으로 발송하여야 한다.
♣ 카톡 프로필을 조합장 선거용으로 디자인해서 프로필로 사용하며, 생일콘텐츠는 생일조합원 사진을 넣어서 발송할 수도 있다.
♣ 선거운동기간에는 상대후보와 비교(학력, 경력, 수상, 공약 등)하는 콘텐츠, 대세가 기울어졌다는 콘텐츠 등 지지도를 올리고 중도층 조합원을 지지로 끌어 올리는 콘텐츠를 제작한다.

7. 선거공보, 벽보

선거기간 중간에 조합원 각 가정에 배달되는 선거공보는 막판 표심을 결집하는 최고의 선거운동 방법이다. 8페이지를 어떻게 구성하느냐에 당락이 결정되며 조합원들은 후보들의 선거공보를 펼쳐놓고 후보를 결정하는 경우가 많다.

♣ 출마의 변이나 공약은 평소에 준비하여 선거공보를 기획하고 디자인해야 하며 조합원의 1.1배를 인쇄하여 선관위에 접수한다. 선관위에서는 후보별 전담직원이 배치되어 기획 및 수정, 상담한다.

♣ 위탁선거법 개정으로 전과기록도 선거공보에 기재, 상대후보와 비교표 삽입, 조합원들이 판단할 때 적합도 지지도를 끌어낼 수 있는 한 눈에 보는 비교표 선거공보에 삽입

♣ 벽보 게시장소 증가: 눈에 띄는 벽보, 차별화 된 벽보

♣ 그동안 지지도를 확~ 올릴 수 있는 공약(1,000여 개: 신용, 경제/복지/교육 등)과 조합실정에 맞는(규모, 도농, 연령 등) 공약, 서울대 출신의 선거공보 기획(총괄 나영빈이사, 서울대 외교학과 졸업)과 대학교수 출신의 디자인(디자인본부장 김용상, 원광대), 전국 시도별 최고의 인쇄소에서 인쇄 및 선관위에 접수

8. 선거용품, 명함

선거운동 기간에 후보를 최대한 어필할 수 있는 선거용품, 4차산업에 맞는 첨단 선거용품을 제공, 후보외 1인까지 가능한 선거용품은 무엇보다 다른 후보와 차별화가 중요하다.

♣ 선거운동복은 색상, 슬로건, 옷감재질과 디자인 등 야간에도 눈에 띄는 형광글자 등 다른 후보와 비교우위의 선거운동복 제공

♣ 그 밖에 어깨띠, 보드판 등 13일 동안 다이나믹한 선거운동 용품으로 막판 부동층 결집

♣ 단계별 선거명함, 연령별 남녀별 명함을 제작하여 타켓 표심공략을 일사불란하게 한다.

9. 선거법 자문

선거운동 기간은 물론이고 평소에 선거법에 저촉되어 어려움을 겪거나 고소고발 당하여 아예 출마를 포기하는 경우가 비일비재한다. 철저히 사전에 문의하여 안전한 홍보와 선거운동을 펼쳐야 하며 상대후보의 불법사례는 수집하여 경쟁후보를 제거해야 한다.

♣ 언제든지 상담 가능한 위탁선거법 최고의 전문가(대부분 전직 중앙선관위 국장급 이상 출신)들이 상담하며 총괄로 손재권 전)중앙선관위 법제국장이 전체 후보들의 선거법 자문을 한다.

♣ 지역 선관위에 문의하면 대부분 '안된다'는 답변을 듣게 되는데 할 수 있는 것을 하지 못하면 조합원 호감이나 지지를 얻을 수 없다.

♣ 지역 관할 선관위와 유대, 고소고발 당했을 시 대처하는 방법 등을 충분히 숙지하여 당선 후에도 조합장 직무를 수행하는데 어려움이 없어야 한다.

♣ 그 밖에 국내 최고의 선거법 전문가 이정회 변호사(법무법인 플래닛, 전/ 인천지검 검사장, 대검 공안과장)와 양문식 변호사(법무법인 클라스한결, 전/ 부산지검 검사)를 비롯 10명의 선거법 변호사)들이 선거법에 어려움을 겪지 않도록 전천후 도움을 준다.

10. 동영상

수시로 조합원과 소통할 수 있는 최고의 홍보수단은 영상콘텐츠이다. 새로운 개정법에는 블로그 유튜브 등을 활용할 수 있다. 동영상은 필수적인 홍보수단이다.

♣ 평소에는 명절인사, 농어임업 활동 및 정보 등을 동영상으로 제작하여 조합원께 발송한다.

♣ 선거운동기간에 사용하는 출마의 변(조합 앞에서 촬영 또는 편집)에서부터 선거전일 지지호소 영상까지 주제별 6개 파트로 제작하여 집중적으로 발송한다.

11. ARS 시스템

선거기간에 전화기계음으로 한꺼번에 조합원과 통화하는 시스템으로 조합원들은 전화를 받고 공약을 청취할 수 있다.

♣ 전화로 하는 조합원 홍보는 선거운동기간 막판에 효과적이다. 막판에 치열한 선거운동이 전개되어 조합원 손을 한 번이라도 더 잡아주고 후보의 목소리를 한 번이라도 더 전달하는 것이 효과적이다.

♣ 후보의 육성멘트가 나가고 공약을 청취할 수 있다.

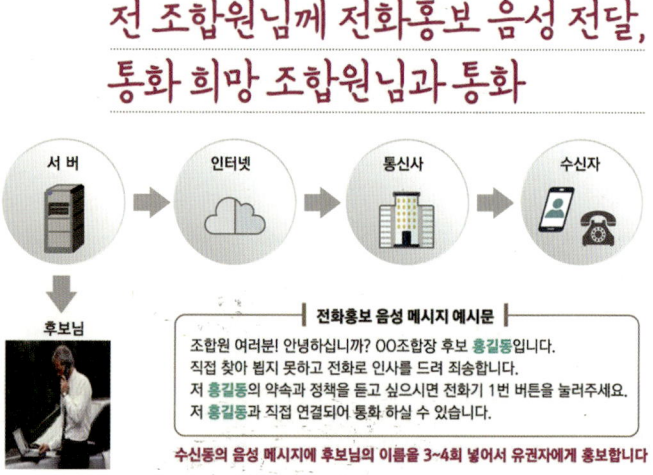

12. 기 타
(출마기자회견, 언론방송보도, 탐정, 당선보고서, 학력경력수상 등)

기타 선거운동기간 및 사전에 할 수 있는 모든 홍보수단을 동원하여 조합원 가까이에 다가서야 표를 얻을 수 있다.

♣ 출마기자회견은 선거운동 기간 전에 한다. 시군청 기자실에서 출마기자회견 현수막과 회견문을 준비하여 출마기자회견을 한다. 기자들과 일문일답을 하며 이후 각 언론사에 기사가 게재된다.

♣ 언론 매력적인 보도자료 작성 및 기사게재(국내 최고의 인터넷 언론사를 비롯 신문, 방송)

세계 인명사전 남대니소장 등재

♣ 상대의 불법 증거를 수집하는 탐정이라는 제도가 있다. 상대후보의 금품살포 예방 및 적발에 활용하는데 효과적이다.

♣ 선거 100일 전에 당선보고서를 만들어서 일정별, 대상별 철저한 계획에 의하여 당선되게 하는 전략보고서이다.

♣ 학력은 조합장 선거에서는 6개월 최고위과정도 학력에 활용할 수 있다. 기타 경력과 수상 등 조합장 후보로서 스펙을 업그레이드 한다.

당사 발간 서적 및 당사 안내

당사 출판사 2개(파워북스, 힐링북스) 발행서적 130권(정치분야, 종교분야 등)
남대니 감독 선거관련 저서 4권

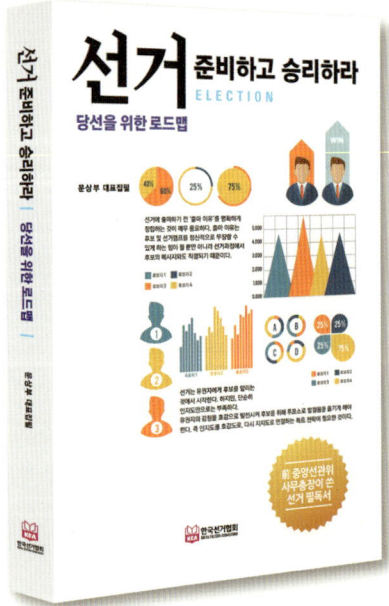

국내 최고의 선거전문가들이 함께 해서 '무조건 당선'을 만들어갑니다.

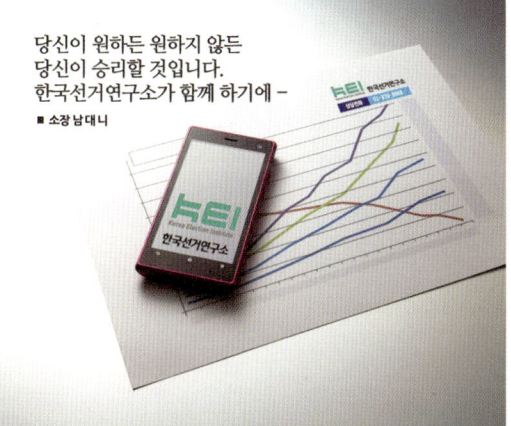

서울대,연대,고대를 졸업한 배종찬소장과 함께

남대니 선거감독의 몸에는 붉은 피가 아니라 '당선의 피'가 흐르고 있습니다.

당선그룹은 국내 뿐만 아니라 해외 선거 후보들을 4차산업 첨단기법으로 당선시키는 글로벌 기업입니다.

미국 백악관 앞에서 남대니 감독

국내 최초로 선거빌딩, 당선사옥(7층, 국회 여의도 한강 건너편)에서 여러분의 당선을 위하여 불철주야 일하고 있습니다.

그는 하나님의 성전을 관리하는 일이나, 율법을 지키는 일이나,
하나님을 섬기는 일이나, 하는 일마다 최선을 다하였으므로, 하는
일마다 잘 되었다.

(성경 / 역대하 31장 21절)

조합장 선거
당선 바이블 BIBLE

초판 1쇄 발행	2018년 6월 30일
개정판	2025년 2월 22일
지은이	남대니 / 남예인 손재권
펴낸이	남대니
편집책임	나영빈 남하민
디자인	이룸커뮤니케이션
마케팅	고재한 김현숙
펴낸곳	(주식회사) 4차산업
주소	충남 아산시 배방읍 고속철대로 147. 2층
대표전화	070 8898 8822
팩스	041 552 3929
홈페이지	www.조합장.com
ISBN	979-11-964146-0-3

저자와의 협약 아래 인지는 생략되었습니다.
ⓒ 이 출판물은 저작권법에 의해 보호를 받는 저작물이므로 무단 전제와 복제를 할 수 없습니다.
책값은 뒤 표지에 있습니다.